Os trechos de poesia foram traduzidos
por **J. Herculano Pires**.
Cada coleção anual traz o *fac-símile* do frontispício do
primeiro número da edição original francesa
correspondente ao ano. Reservados todos os direitos
de reprodução de acordo com a legislação vigente pela
Editora Cultural Espírita Ltda. – *EDICEL*.

3ª edição
2.000 exemplares
Do 4º ao 6º milheiro
Janeiro/ 2022

© 2018-2022 by Boa Nova Editora

Capa
Éclat! Comunicação Ltda

Projeto gráfico e diagramação
Juliana Mollinari

Tradução do francês
Julio Abreu Filho

Revisão, inclusive da tradução
João Sergio Boschiroli

Assistente editorial
Ana Maria Rael Gambarini

Coordenação Editorial
Ronaldo A. Sperdutti

Impressão
AR Fernandez Gráfica

Todos os direitos reservados.
Nenhuma parte desta obra pode ser
reproduzida ou transmitida por qualquer
forma e/ou quaisquer meios (eletrônico ou
mecânico, incluindo fotocópia e gravação) ou
arquivada em qualquer sistema ou banco de
dados sem permissão escrita da Editora.

O produto da venda desta obra é
destinado à manutenção das
atividades assistenciais da Sociedade
Espírita Boa Nova, de Catanduva, SP.

1ª edição: Agosto de 2018 - 2.000 exemplares

REVISTA ESPÍRITA

JORNAL

DE ESTUDOS PSICOLÓGICOS

Contendo:
O relato das manifestações materiais ou inteligentes dos Espíritos, aparições, evocações etc., bem como todas as notícias relativas ao Espiritismo. – O ensino dos Espíritos sobre as coisas do mundo visível e do invisível; sobre as ciências, a moral, a imortalidade da alma, a natureza do homem e o seu futuro. – A história do Espiritismo na Antiguidade; suas relações com o magnetismo e com o sonambulismo; a explicação das lendas e das crenças populares, da mitologia de todos os povos etc.

FUNDADA POR
ALLAN KARDEC

Todo efeito tem uma causa. Todo efeito inteligente tem uma causa inteligente. O poder da causa inteligente está na razão da grandeza do efeito.

DÉCIMO ANO – 1867

Tradução do francês
por
JULIO ABREU FILHO

Revisada e rigorosamente conferida
com o texto original pela
EQUIPE REVISORA EDICEL

REVISADA, INCLUSIVE A TRADUÇÃO, POR
JOÃO SERGIO BOSCHIROLI

Dados Internacionais de Catalogação na Publicação (CIP)
(Câmara Brasileira do Livro, SP, Brasil)

Kardec, Allan, 1804-1869
   Revista Espírita : jornal de estudos psicológicos,
ano X : 1867 / Allan Kardec ; tradução do francês por
Julio Abreu Filho. -- Catanduva, SP : Editora
Cultural Espírita Edicel, 2018.

   Título original: Revue Spirite : Journal d'études
psychologiques
   Bibliografia.
   ISBN 978-85-92793-23-4

   1. Espiritismo 2. Kardec, Allan, 1804-1869
3. Revista Espírita de Allan Kardec I. Título.

18-18453   CDD-133.901

Índices para catálogo sistemático:

1. Artigos espíritas : Filosofia espírita   133.901
2. Doutrina espírita : Artigos   133.901

   Cibele Maria Dias - Bibliotecária - CRB-8/9427

REVISTA ESPÍRITA

JORNAL DE ESTUDOS PSICOLÓGICOS

ANO X	JANEIRO DE 1867	VOL. 1

AOS NOSSOS CORRESPONDENTES

A época de renovação das assinaturas, a 1º de janeiro, como todos os anos, é para a maioria dos nossos correspondentes da França e do estrangeiro, ocasião para nos dar novos testemunhos de simpatia, com o que ficamos profundamente tocado.

Na impossibilidade em que estamos de responder a todos, rogamos-lhes recebam aqui a expressão de nossos sinceros agradecimentos e da reciprocidade de nossos votos, rogando-lhes se persuadam de que não esquecemos, em nossas preces, nenhum daqueles, encarnados ou desencarnados, que se nos recomendam.

Os testemunhos que têm a bondade de nos dar são poderoso encorajamento e muito suaves compensações que facilmente nos fazem esquecer as penas e fadigas do caminho. E como não as esqueceríamos, quando vemos a Doutrina crescer incessantemente, vencer todos os obstáculos e que cada dia nos traz novas provas dos benefícios que ela espalha! Agradecemos a Deus o insigne favor que ele nos concede, de testemunhar seus primeiros sucessos e entrever o seu futuro. Nós lhe pedimos nos dê as forças físicas e morais necessárias para realizar o que nos resta a fazer, antes de voltar ao mundo dos Espíritos.

Aos que têm a bondade de fazer votos pelo prolongamento de nossa demora aqui embaixo, no interesse do Espiritismo, diremos que ninguém é indispensável para a execução dos desígnios de Deus; que o que fizemos, outros poderiam ter feito, e que o que não pudermos fazer, outros farão. Então, quando lhe aprouver chamar-nos, Ele saberá prover à continuação de sua obra. Aquele que for chamado a lhe tomar as rédeas cresce na sombra e revelar-se-á, oportunamente, não

6 | REVISTA ESPÍRITA

por sua pretensão a uma supremacia qualquer, mas por *seus atos*, que chamarão a atenção de todos. A esta hora ele ignora a si mesmo, e é útil, neste momento, que ainda se mantenha à margem.

O Cristo disse: "Aquele que se exaltar será rebaixado." É, pois, entre os humildes de coração que ele será escolhido, e não entre os que quiserem elevar-se por sua própria autoridade e contra a vontade de Deus; esses apenas colherão vergonha e humilhação, porque os orgulhosos e os presunçosos serão confundidos. Que cada um traga a sua pedra ao edifício e se contente com o papel de simples obreiro. Deus, que lê no fundo dos corações, saberá dar a cada um o justo salário de seu trabalho.

A todos os nossos irmãos em crença diremos: "Coragem e perseverança, porque se aproxima o momento das grandes provas. Fortalecei-vos nos princípios da Doutrina e deles penetrai-vos cada vez mais; alargai as vossas vistas; elevai-vos pelo pensamento acima do círculo limitado do presente, de maneira a abarcar o horizonte do infinito; considerai o futuro, e então a vida presente, com seu cortejo de misérias e decepções, vos parecerá um ponto imperceptível, como um minuto doloroso que em breve não deixará mais traços na lembrança; as preocupações materiais parecerão mesquinhas e pueris, ao lado dos esplendores da imensidade.

Felizes os que colherem na sinceridade de sua fé a força de que necessitarão. Esses bendirão a Deus por lhes ter dado a luz; reconhecerão sua sabedoria nas suas vistas insondáveis e nos meios, sejam quais forem, que ele emprega para sua realização. Eles marcharão através dos escolhos com a serenidade, a firmeza e a confiança que dá a certeza de atingir o porto, sem se deter nas pedras que ferem os pés.

É nas grandes provas que se revelam as grandes almas; é também então que se revelam os corações verdadeiramente espíritas, pela coragem, pela resignação, pelo devotamente, pela abnegação e pela caridade sob todas as suas formas, de que dão exemplo. (Vide o artigo de outubro de 1866: Os tempos são chegados).

OLHAR RETROSPECTIVO
SOBRE O MOVIMENTO ESPÍRITA

Não resta dúvida a ninguém que tanto para os adversários quanto para os partidários do Espiritismo, este assunto, mais do que nunca, agita os espíritos. Esse movimento é um fogo de palha, como dizem alguns afetadamente? Mas esse fogo de palha se mantém há quinze anos, e em vez de se extinguir, sua intensidade aumenta de ano para ano. Ora, não é este o caráter das coisas efêmeras e que só se dirigem à curiosidade. O último alçar de escudos com que esperavam abafá-lo, apenas o reavivou, superexcitando a atenção dos indiferentes. A tenacidade desta ideia nada tem que possa surpreender quem quer que haja sondado a profundidade e a multiplicidade das raízes pelas quais ela se liga aos mais sérios interesses da Humanidade. Os que se admiram apenas viram a superfície; a maioria só o conhece de nome, mas não lhe compreendem nem a sua finalidade nem a sua grandeza.

Se uns combatem o Espiritismo por ignorância, outros o fazem precisamente porque lhe sentem toda a importância, porque pressentem o seu futuro e nele veem um poderoso elemento regenerador. Há que se persuadir que certos adversários estão perfeitamente convertidos. Se estivessem menos convictos das verdades que ele encerra, não lhe fariam tanta oposição. Eles sentem que o penhor de seu futuro está no bem que ele faz. Fazer ressaltar esse bem aos seus olhos, longe de acalmá-los, é aumentar a causa de sua irritação. Assim foi, no século quinze, a numerosa classe dos escritores copistas, que de bom grado teriam queimado Gutenberg e todos os impressores. Não teria sido em lhes demonstrando os benefícios da imprensa, que iria suplantá-los, que os teriam apaziguado.

Quando uma coisa está de acordo com a verdade e é chegado o momento de sua eclosão, ela marcha a despeito de tudo. A força de ação do Espiritismo é atestada por sua persistente expansão, malgrado os poucos esforços que faz para se expandir. Há um fato constante: é que *os adversários do Espiritismo despenderam mil vezes mais forças para abatê-lo, sem conseguir, do que seus partidários para propagá-lo.* Ele avança sozinho, por assim dizer, como um curso d'água que se infiltra através das terras, abre uma passagem à direita se o barram à esquerda, e pouco a pouco mina as pedras mais duras e acaba por fazer desabarem montanhas.

Um fato notório é que, *em seu conjunto,* a marcha do Espiritismo não sofreu nenhum momento de interrupção; ela pôde ser entravada, comprimida, retardada nalgumas localidades por influências contrárias, mas, como dissemos, a corrente, barrada num ponto, ressurge em cem outros; em vez de correr em abundância, divide-se numa porção de filetes. Entretanto, à primeira vista, dir-se-ia que sua marcha é menos rápida do que foi nos primeiros anos. Temos que deduzir que o abandonam? Que ele encontra menos simpatias? Não, mas simplesmente que o trabalho que ele realiza neste momento é diferente, e, por sua natureza, menos ostensivo.

Desde o começo, como já dissemos, o Espiritismo ligou a si todos os homens nos quais estas ideias estavam, de certo modo, no estado de intuição. Bastou-lhe apresentar-se para ser compreendido e aceito. Ele imediatamente colheu abundantemente por toda parte onde encontrou terreno preparado. Feita essa primeira colheita, restavam os terrenos sem cultura, que exigiram mais trabalho. É agora, através das opiniões refratárias, que ele deve abrir caminho, e é o período em que nos encontramos. Semelhante ao mineiro que retira sem esforço as primeiras camadas de terra solta, ele chegou à rocha que é preciso talhar e no seio da qual só pouco a pouco pode penetrar. Mas não há rocha, por mais dura que seja, que resista indefinidamente a uma ação dissolvente contínua. Sua marcha é, pois, ostensivamente menos rápida, mas se, num dado tempo, não reúne um tão grande número de adeptos francamente confessos, nem por isso deixa de abalar convicções contrárias, que caem, não de um golpe, mas pouco a pouco, até que a brecha esteja feita. É o trabalho a que assistimos, e que marca a fase atual do progresso da Doutrina.

Esta fase é caracterizada por sinais inequívocos. Examinando a situação, torna-se evidente que a ideia ganha terreno dia a dia, que se aclimata; que encontra menos oposição; riem menos, e mesmo aqueles que ainda não a aceitam, começam a conceder-lhe foros de cidadania entre as opiniões. Os espíritas já não são apontados com o dedo, como outrora, e considerados como animais curiosos. É o que constatam sobretudo os que viajam. Por toda parte eles encontram mais simpatia ou menos antipatia pela coisa. Não podemos negar que não haja nisto um progresso real.

Para compreender as facilidades e as dificuldades que o Espiritismo encontra em seu caminho, é necessário observar a diversidade das opiniões através das quais ele deve abrir passagem. Jamais se impondo pela força ou pelo constrangimento, mas só pela convicção, ele encontrou uma resistência mais ou menos grande, conforme a natureza das convicções existentes, com as quais podia assimilar-se mais ou menos facilmente, dentre as quais umas o receberam de braços abertos, enquanto outras o rejeitam com obstinação.

Duas grandes correntes de ideias dividem a Sociedade atual: o Espiritismo e o Materialismo. Embora este último constitua uma incontestável minoria, não podemos ignorar que ele teve uma grande expansão nos últimos anos. Um e outro se fracionam numa porção de nuanças que podemos resumir nas principais categorias seguintes:

1º – *Os fanáticos* de todos os cultos – 0.

2º – *Os crentes satisfeitos,* com convicções absolutas, fortemente limitados e sem restrições, embora sem fanatismo, sobre todos os pontos do culto que professam e com o qual estão satisfeitos. Esta categoria compreende também as seitas que, pelo fato de terem aberto cisão e operado reformas, se julgam de posse de toda a verdade, e por vezes são mais absolutas do que as religiões mães. – 0.

3º *Os crentes ambiciosos,* inimigos das ideias emancipadoras que lhes poderiam fazer perder o ascendente que exercem sobre a ignorância – 0.

4º – *Os crentes pela forma*, que por interesse simulam uma fé que não têm e quase sempre se mostram mais rígidos e mais intolerantes do que os religiosos sinceros – 0.

5º – *Os materialistas por sistema,* que se apoiam numa teoria racional, na qual muitos se obstinam contra a evidência, por orgulho, para não confessar que puderam enganar-se. Em sua maioria, são tão absolutos e intolerantes em sua incredulidade quanto os fanáticos religiosos em sua crença – 0.

6º – *Os sensualistas,* que repelem as doutrinas espiritualistas e espíritas por medo que elas venham perturbá-los em seus prazeres materiais. Eles fecham os olhos para não ver – 0.

7º – *Os despreocupados,* que vivem o dia a dia, sem se preocupar com o futuro. A maioria deles não saberia dizer se são espiritualistas ou materialistas. Para eles o presente é a única coisa séria – 0.

8º – *Os panteístas,* que não admitem uma divindade pessoal, mas um princípio espiritual universal, no qual se confundem as almas, como as gotas d'água no oceano, sem conservar sua individualidade. Esta opinião é um primeiro passo para a espiritualidade e, por consequência, um progresso sobre o materialismo. Embora um pouco menos refratários às ideias espíritas, os que a professam são, em geral, muito absolutos, porque neles é um sistema preconcebido e raciocinado, e muitos não se dizem panteístas senão para não se confessarem materialistas. É uma concessão que fazem às ideias espíritas para salvar as aparências – 1.

9º – *Os deístas,* que admitem a personalidade de um Deus único, criador e soberano senhor de todas as coisas, eterno e infinito em todas as suas perfeições, mas rejeitam qualquer culto exterior – 3.

10º – *Os espiritualistas sem sistema,* que não pertencem, por convicção, a nenhum culto, mas que não repudiam nenhum, e não têm qualquer ideia assentada sobre o futuro – 5.

11º – *Os crentes progressistas,* ligados a um culto determinado, mas que admitem o progresso na religião e a concordância das crenças com o progresso das ciências – 5.

12º – *Os crentes não satisfeitos,* nos quais a fé é indecisa ou nula sob os pontos de dogma que não satisfazem completamente à sua razão atormentada pela dúvida – 8.

13º – *Os incrédulos por falta de coisa melhor,* dos quais a maior parte passou da fé à incredulidade e à negação de tudo, por não terem encontrado nas crenças com que foram embalados uma sanção satisfatória para a sua razão, mas nos quais a incredulidade deixa um vazio penoso que eles ficariam felizes se fosse preenchido – 9.

14º – *Os livres pensadores,* nova denominação pela qual se designam os que não se sujeitam à opinião de ninguém em matéria de religião e de espiritualidade, que não se julgam ligados pelo culto em que o nascimento os colocou sem seu consentimento, nem obrigados à observação de quaisquer práticas religiosas. Esta qualificação não especifica nenhuma crença determinada. Ela pode ser aplicada a todas as nuanças do espiritualismo racional, tanto quanto à mais absoluta incredulidade. Toda crença eclética pertence ao livre pensamento;

todo homem que não se guia pela fé cega é, por isto mesmo, livre-pensador. Sob este ponto de vista, os espíritas também são livres-pensadores.

Mas para os que podem ser chamados os radicais do livre pensamento, esta designação tem uma acepção mais restrita, e, por assim dizer, exclusiva; para eles, ser livre-pensador é não crer apenas no que vê, é não crer em nada; é libertar-se de todo freio, mesmo do medo de Deus e do futuro; a espiritualidade é um aborrecimento, e eles não a querem. Sob este símbolo da emancipação intelectual, procuram dissimular o que a qualidade de materialista e de ateu tem de repulsivo para a opinião das massas; e, coisa singular, é que em nome desse símbolo, que parece ser o da tolerância por todas as opiniões, eles jogam pedra em todos os que não pensam como eles. Há, pois, uma distinção essencial a fazer entre os que se dizem *livres-pensadores,* como entre os que se dizem *filósofos.* Eles se dividem naturalmente em: Livres-pensadores incrédulos, que entram na 5.ª categoria – Os livres pensadores crentes, que pertencem a todas as nuanças do espiritualismo racional – 9.

15º – *Os espíritas por intuição,* aqueles em quem as ideias espíritas são inatas e que as aceitam como uma coisa que não lhes é estranha – 10.

Tais são as camadas de terreno que o Espiritismo deve atravessar. Lançando um olhar sobre as diversas categorias acima, é fácil ver aquelas junto às quais ele encontra um acesso mais ou menos fácil e aquelas contra as quais ele se choca como a picareta contra o granito. Ele não triunfará destes senão com a ajuda dos *novos elementos* que a renovação trará à Humanidade: esta é a obra daquele que dirige tudo e que faz surgirem os acontecimentos de onde deve sair o progresso.

Os números colocados após cada categoria indicam aproximadamente a proporção do número de adeptos, sobre 10, que cada uma fornece ao Espiritismo.

Se admitirmos, em média, a igualdade numérica entre essas diferentes categorias, veremos que a parte refratária, por sua natureza, abarca mais ou menos a metade da população. Como ela possui a audácia e a força material, não se limita a uma resistência passiva: é essencialmente agressiva; daí uma luta inevitável e necessária. Mas esse estado de coisas está com os dias contados, porque o passado se vai e vem o futuro. Ora, o Espiritismo marcha com o futuro.

É, pois, na outra metade que o Espiritismo deve recrutar, e o campo a explorar é bastante vasto; é aí que ele deve concentrar seus esforços, e que verá seus limites se ampliarem. Entretanto, essa metade ainda está longe de ser-lhe inteiramente simpática, pois ele aí encontra resistências opiniáticas, mas não insuperáveis, como na primeira, da qual a maior parte é devida a prevenções que se apagam à medida que o objetivo e as tendências da Doutrina forem mais bem compreendidos e desaparecerem com o tempo. Se nos podemos admirar de uma coisa, é que, malgrado a multiplicidade dos obstáculos que ele encontra, dos embustes que lhe apresentam, ele conseguiu chegar em poucos anos ao ponto em que hoje está. Um outro progresso não menos evidente é o da atitude da oposição. À parte as violentas investidas lançadas de tempos em tempos por uma plêiade de escritores, *sempre mais ou menos os mesmos,* que só veem por toda parte motivos para risos, que ririam mesmo de Deus, e cujos argumentos se limitam a dizer que a Humanidade caminha para a demência, muito surpresos que o Espiritismo tenha avançado sem sua permissão, é muito raro ver a Doutrina envolvida numa polêmica séria e continuada. Em vez disto, como já enfatizamos em artigo precedente, as ideias espíritas invadem a imprensa, a literatura, a filosofia; delas se apropriam sem que elas se deem conta, e é por isto que vemos a cada instante surgirem nos jornais, nos livros, nos sermões, no teatro, pensamentos que se diriam bebidos na própria fonte do Espiritismo. Sem dúvida seus autores protestariam contra a qualificação de espíritas, mas nem por isso deixam de sofrer a influência das ideias que circulam e que parecem justas. É que os princípios sobre os quais repousa a doutrina são de tal modo racionais, que fermentam numa multidão de cérebros e vêm à luz malgrado seu; eles abrangem tantas questões que é, por assim dizer, impossível entrar na via da espiritualidade sem fazer Espiritismo involuntariamente. É um dos fatos mais característicos que marcaram o ano que acaba de passar.

Em vista disto, deve-se concluir que a luta está terminada? Não, por certo, e nós devemos, ao contrário, mais do que nunca, nos mantermos em guarda, porque teremos que enfrentar assaltos de um outro gênero, mas, esperando que as fileiras se reforcem e os passos à frente sejam também ganhos. Guardemo-nos de crer que certos adversários se deem por vencidos e de tomar o seu silêncio por uma adesão tácita, ou mesmo por neutralidade. Persuadamo-nos que certas pessoas *jamais* aceitarão o Espiritismo, nem aberta nem tacitamente, enquanto viverem, como há aquelas que jamais aceitarão certos regimes políticos. Todos os raciocínios para a ele conduzi-los serão impotentes, porque eles não o querem a nenhum preço; sua aversão pela Doutrina cresce em razão do desenvolvimento que ela toma.

Os ataques a céu aberto tornaram-se mais raros, porque reconheceram a sua inutilidade, mas eles não perdem a esperança de triunfar com o auxílio de manobras tenebrosas. Longe de dormirmos numa enganadora segurança, mais que nunca é preciso desconfiar dos falsos irmãos que se insinuam em todas as reuniões para espiar e em seguida *travestir* o que aí se diz e se faz; que semeiam sub-repticiamente elementos de desunião; que sob a aparência de um zelo fictício e por vezes interesseiro, procuram empurrar o Espiritismo para fora das vias da prudência, da moderação e da legalidade; que provocam em seu nome atos repreensíveis aos olhos da lei. Como não conseguiram ridicularizá-lo porque por em sua essência ele é uma coisa séria, seus esforços tendem a *comprometê-lo,* para torná-lo suspeito diante das autoridades e provocar medidas rigorosas contra ele e os seus adeptos. Desconfiemos, pois, dos beijos de judas e dos que querem abraçar-nos para nos sufocar.

É preciso imaginar que estamos em guerra e que os inimigos estão à nossa porta, prontos para aproveitar a ocasião favorável, e que manobram inteligências no lugar.

Que fazer nesta ocorrência? Uma coisa muito simples: fechar-se nos estritos limites dos preceitos da Doutrina; esforçar-se em mostrar o que ela é por seu próprio exemplo e declinar toda solidariedade com o que pudesse ser feito em seu nome e que fosse de natureza a desacreditá-lo, porque isto não seria adequado para o caso de adeptos sérios e convictos. Não basta dizer-se espírita; aquele que o é de coração prova-o por seus atos. Não pregando senão o bem, o respeito às leis, a caridade, a tolerância e a benevolência para todos; repudiando a Doutrina toda violência feita à consciência de outrem, todo charlatanismo, todo pensamento interesseiro no que concerne às relações com os Espíritos e todas as coisas contrárias à moral evangélica, aquele que não se afasta da linha traçada não pode incorrer nem em censuras fundadas nem em perseguições legais. Mais ainda, quem quer que tome a Doutrina como regra de conduta, não pode senão conquistar a estima

14 | REVISTA ESPÍRITA

e a consideração das pessoas imparciais. Diante do bem, a própria incredulidade trocista se inclina e a calúnia não pode conspurcar o que não tem mácula. É nessas condições que o Espiritismo atravessará as tempestades que serão amontoadas em sua rota e que sairá triunfante de todas as lutas.

O Espiritismo também não pode ser responsável pelas más atitudes daqueles a quem agrada se dizerem espíritas, da mesma forma que a religião não é responsável pelos atos repreensíveis dos que só têm a aparência da piedade. Antes, pois, de fazer cair a censura de tais atos sobre uma doutrina qualquer, seria preciso saber se ela contém alguma máxima, algum ensinamento que possa justificá-los ou mesmo desculpá-los. Se, ao contrário, ela os condena formalmente, é evidente que a falta é inteiramente pessoal e não pode ser imputada à doutrina. Mas é uma distinção que os adversários do Espiritismo não se dão ao trabalho de fazer. Ao contrário, eles se sentem muito felizes por encontrar uma ocasião de difamá-lo a torto e a direito, sem escrúpulo de lhe atribuir o que lhe não pertence, envenenando as coisas mais insignificantes antes de lhes buscar as causas atenuantes.

Há algum tempo as reuniões espíritas sofreram uma certa transformação. As reuniões íntimas e de família multiplicaram-se consideravelmente em Paris e nas principais cidades, em razão da própria facilidade que acharam em se formar, pelo aumento do número de médiuns e de adeptos. No princípio os médiuns eram raros; um bom médium era quase um fenômeno; era, pois, natural que se agrupassem em torno dele, mas à medida que essa faculdade se desenvolveu, os grandes centros se fracionaram, como enxames, numa porção de pequenos grupos particulares, que têm mais facilidade de se reunir, mais intimidade e mais homogeneidade em sua composição. Este resultado, consequência da própria força das coisas, estava previsto. Desde a origem assinalamos os escolhos que naturalmente deveriam encontrar as sociedades numerosas, necessariamente formadas de elementos heterogêneos, abrindo a porta às ambições e, por isto mesmo, expostas às intrigas, aos complôs, às manobras surdas da malevolência, da inveja e do ciúme, que não podem emanar de uma fonte espírita pura. Nas reuniões íntimas, sem caráter oficial, as pessoas são mais senhoras de si, conhecem-se melhor e recebem quem elas querem; ali o recolhimento é maior, e sabemos que os resultados são mais satisfatórios. Conhecemos bom número de reuniões deste gênero, cuja organização nada deixa a desejar. Há, pois, tudo a ganhar nessa transformação.

Além disso, o ano de 1866 viu se realizarem as previsões dos Espíritos sobre vários pontos interessantes da Doutrina, entre outros sobre a extensão e os novos caracteres que devia tomar a mediunidade, bem como sobre a produção de fenômenos de natureza a chamar a atenção sobre o princípio da espiritualidade, embora aparentemente estranhos ao Espiritismo. A mediunidade curadora revelou-se em plena luz, nas circunstâncias mais próprias a fazer sensação; está em germe em muitas outras pessoas. Em certos grupos manifestaram-se numerosos casos de sonambulismo espontâneo, de mediunidade falante, de segunda vista e de outras variedades da faculdade mediúnica que puderam fornecer úteis assuntos de estudo. Sem ser precisamente novas, essas faculdades ainda estão no nascedouro numa porção de indivíduos; elas só se mostram em casos isolados e, por assim dizer, ensaiam-se na intimidade, mas com o tempo adquirirão mais intensidade e vulgarizar-se-ão. É sobretudo quando se revelam espontaneamente em pessoas estranhas ao Espiritismo que elas chamam a atenção mais fortemente, porque não se pode supor conivência nem admitir a influência de ideias preconcebidas. Limitamo-nos a assinalar o fato, que cada um pode constatar, e cujo desenvolvimento necessitaria de detalhes muito extensos. Aliás, teremos ocasião de a ele voltar, em artigos especiais.

Em resumo, se nada de muito brilhante assinalou a marcha do Espiritismo nestes últimos tempos, podemos dizer que ela prossegue nas condições normais traçadas pelos Espíritos e que só temos que nos felicitar pelo estado das coisas.

PENSAMENTOS ESPÍRITAS QUE CORREM O MUNDO

16 | REVISTA ESPÍRITA

Em nosso último número mencionamos alguns dos pensamentos que se encontram aqui e ali, na imprensa, e que o Espiritismo pode reivindicar como partes integrantes da Doutrina. Continuaremos a falar, de tempos em tempos, daqueles que vierem ao nosso conhecimento. Essas citações têm o seu lado útil e instrutivo, pois provam a vulgarização das ideias espíritas. Na revista hebdomadária do *Siècle* de 2 de dezembro, o Sr. E. Texier, referindo-se a uma nova obra do Sr. P.-J. Stahl intitulada *Bonnes fortunes parisiennes*, assim se exprime:

"O que distingue essas *Bonnes fortunes parisiennes* é a delicadeza que toca a pintura do sentimento, é o bom perfume do livro que se respira como uma brisa. Raramente tinham tratado deste assunto tão vasto, tão explorado, tão rebatido e sempre novo, o amor, com mais ciência verdadeira, mais observação sentida, mais tacto e leveza de mão. *Disseram que, numa existência anterior, Balzac deveria ter sido mulher; poder-se-ia dizer também que Stahl tinha sido uma jovem.* Todos os pequenos segredos do coração que se abre ao contacto do primeiro arroubo, ele os capta e os fixa até nos seus mais finos detalhes. Ele fez melhor do que estudar as suas heroínas: dir-se-ia que *ressentiu* todas as suas impressões, todos os seus frêmitos, todos os esses lindos choques – alegria ou dor – que se sucedem na alma feminina e a enchem aos primeiros botões da floração de abril."

Não é a primeira vez que a ideia das existências anteriores é expressa fora do Espiritismo. O autor do artigo outrora não poupou sarcasmos à nova crença, a propósito dos irmãos Davenport, nos quais, como a maioria de seus confrades jornalistas, ele acreditou e talvez ainda acredite encarnada a Doutrina. Escrevendo essas linhas, ele certamente não suspeitava que formulava um dos seus mais importantes princípios. Se o fez seriamente ou não, pouco importa! A coisa não deixa de provar que os próprios incrédulos encontram na pluralidade das existências, ainda que só admitida a título de hipótese, a explicação das aptidões inatas da existência atual. Esse pensamento, lançado a milhões de leitores pelo vento da publicidade, se populariza, infiltra-se nas crenças; a gente a ele se habitua; cada um aí procura a razão de ser de uma porção de coisas incompreendidas, de suas próprias tendências: aqui gracejando, ali seriamente; a mãe cujo filho é um tanto precoce sorri complacente à ideia de que ele pode ter sido homem de gênio. Em nosso século racionalista, queremos saber de tudo;

repugna à maioria ver nas boas e nas más qualidades trazidas ao nascer, um jogo do acaso ou um capricho da divindade; a pluralidade das existências resolve a questão mostrando que as existências se encadeiam e se completam uma pelas outras. De dedução em dedução chega-se a encontrar, neste princípio fecundo, a chave de todos os mistérios, de todas as anomalias aparentes da vida moral e material, das desigualdades sociais, dos bens e dos males daqui de baixo; enfim o homem sabe de onde vem, para onde vai, por que está na Terra, por que é feliz ou infeliz e o que deve fazer para assegurar sua felicidade futura.

Se acham racional admitir que já vivemos na Terra, não é menos racional que possamos aqui reviver ainda. Como é evidente que não é o corpo que revive, só pode ser a alma; esta conservou, pois, a sua individualidade; ela não se confundiu no todo universal; para conservar suas aptidões, é preciso que tenha *ficado ela mesma.* O princípio da pluralidade das existências, tão somente ele é, como se vê, a negação do materialismo e do panteísmo.

Para que a alma possa realizar uma série de existências sucessivas no mesmo meio, é preciso que ela não se perca nas profundezas do infinito; ela deve ficar na esfera de atividade terrestre. Eis, pois, o mundo espiritual que nos cerca, em meio do qual vivemos, no qual se derrama a Humanidade corporal, como ele mesmo se derrama nesta. Ora, chamai essas almas de *Espíritos* e eis-nos em pleno Espiritismo.

Se Balzac pode ter sido mulher e Stahl uma mocinha, então as mulheres podem encarnar-se como homens e, por consequência, os homens encarnar-se como mulheres. Não há, pois, entre os dois sexos senão uma diferença material, acidental e temporária, uma diferença de vestimenta carnal; mas quanto à natureza essencial do ser, ela é a mesma. Ora, da igualdade de natureza e de origem, a lógica conclui pela *igualdade dos direitos sociais.* Vê-se a que consequência conduz apenas o princípio da pluralidade das existências. O Sr. Texier provavelmente não crê ter dito tanto nas poucas linhas citadas.

Mas talvez digam que o Espiritismo admite a presença das almas em meio a nós e suas relações com os vivos, e eis onde está o absurdo. Sobre este ponto escutemos o Sr. Pe. V..., novo cura de São Vicente de Paulo. No discurso que ele pronunciou domingo, 25 de novembro último, por ocasião da instalação da sua paróquia, fazendo o elogio do patrono, ele disse: "O Espírito de São Vicente de Paulo está aqui, eu o afirmo, meus irmãos; sim, ele está em meio a nós; ele plana sobre esta assembleia; ele nos vê e nos ouve; eu o sinto perto de mim, inspirando-me." Que mais teria dito um espírita? Se o Espírito de São Vicente de Paulo está na assembleia, como é ele para aí atraído senão pelo pensamento simpático dos assistentes? É o que diz o Espiritismo. Se ele aí está, outros Espíritos também aí podem encontrar-se. Eis o mundo espiritual que nos rodeia. Se o senhor cura sofre a sua influência, pode sofrer a de outros Espíritos, como outras pessoas. Há, pois, relações entre o mundo espiritual e o mundo corporal. Se ele fala sob a inspiração desse Espírito, então é médium falante; mas se fala, também pode escrever sob essa mesma inspiração, e sem dúvida o fez mais de uma vez sem o suspeitar. Ei-lo, então, médium escrevente inspirado, intuitivo. Entretanto, se lhe dissessem que havia pregado o Espiritismo, provavelmente defender-se-ia com todas as forças.

Mas sob que aparência o Espírito de São Vicente de Paulo poderia estar nessa assembleia? Se o senhor cura não o diz, di-lo São Paulo: é com o corpo espiritual ou fluídico, *o corpo incorruptível* que reveste a alma após a morte, ao qual o Espiritismo dá o nome de perispírito.

O perispírito, um dos elementos constitutivos do organismo humano, constatado pelo Espiritismo, tinha sido suspeitado há muito tempo. É impossível ser mais explícito a este respeito que o Sr. Charpignon, na sua obra sobre o magnetismo, publicada em 1842[1]. Com efeito, lê-se no Cap. II, página 355:

"As considerações psicológicas a que acabamos de nos entregar tiveram como resultado fixar-nos na necessidade de admitir, na composição da individualidade humana, *uma verdadeira trindade,* e achar neste *composto ternário um elemento de uma natureza essencialmente diferente das duas outras partes,* elemento perceptível, antes por suas faculdades fenomênicas do que por suas propriedades constitutivas, porque a natureza de um ser espiritual escapa aos nossos meios de investigação. O homem é, pois, um *ser misto,* um organismo de composição dupla, a saber: combinação de átomos formando os órgãos, e um elemento de natureza material, mas *indecomponível, dinâmica por essência, numa palavra, um fluido imponderável.* Isto quanto à parte material. Agora, como elemento característico

---

[1] *Physiologie, medecine et métaphysique du magnetisme,* por Charpignon! Vol. In-8, Rua de l´École-de-Médecine, 17 - Paris. Preço: 6 francos.

da espécie hominal, é um ser simples, inteligente, livre e voluntário, que os psicólogos chamam de *alma*..."

Estas citações e as reflexões que as acompanham têm por fim mostrar que a opinião está menos afastada das ideias espíritas do que se poderia crer, e que a força das coisas e a irresistível lógica dos fatos a isto conduzem por uma inclinação muito natural. Não é, pois, uma vã presunção dizer que o futuro é nosso.

OS ROMANCES ESPÍRITAS

O ASSASSINATO DA PONTE VERMELHA POR CH. BARBARA

O romance pode ser uma maneira de exprimir pensamentos espíritas sem se comprometer, porque o autor temeroso pode sempre responder à crítica trocista que apenas pretendeu fazer uma obra de fantasia, o que é certo para a maioria. Ora, à fantasia tudo é permitido. Mas, fantasia ou não, não deixa de ser uma das formas graças à qual a ideia espírita pode penetrar nos meios onde não seria aceita sob uma forma séria.

O Espiritismo ainda é muito pouco, ou melhor, muito mal conhecido pela literatura, para ter fornecido assunto a muitas obras deste gênero. A principal, como se sabe, é a que Théophile Gautier publicou sob o nome de *Spirite,* e ainda se pode censurar o autor por se haver afastado, em vários pontos, da ideia verdadeira.

Uma outra obra de que igualmente falamos, e que sem ter sido feita especialmente em vista do Espiritismo a ele se liga de certo modo, é a do Sr. Elie Berthet, publicada em folhetim no *Siècle,* em setembro e outubro de 1865, sob o título de *La double vue*[2]. Aqui o autor dá provas de um conhecimento aprofundado dos fenômenos de que fala, e o seu livro junta a este mérito, o do estilo e de um interesse contínuo. Ele é, ao mesmo tempo, moral e instrutivo.

---

[2] A dupla vista. N. do T.

20 | REVISTA ESPÍRITA

La seconde vie[3] de X.-B. SAINTINE, publicada em folhetim no grande *Moniteur,* em fevereiro de 1864, é uma série de novelas que não têm nem o fantástico *impossível* nem o caráter lúgubre dos contos de Edgard Poe, mas a doce e graciosa simplicidade das cenas íntimas entre os habitantes deste mundo e os do outro, nos quais o Sr. Saintine acreditava firmemente. Embora sejam histórias de fantasia, elas em geral pouco se afastam dos fenômenos dos quais muitas pessoas puderam ser testemunhas. Ademais, sabemos que em vida o autor, que conhecemos pessoalmente, não era incrédulo nem materialista. As ideias espíritas lhe eram simpáticas, e o que escrevia era reflexo de seu próprio pensamento.

Séraphita, de Balzac, é um romance filosófico baseado na doutrina de Swedenborg. Em *Consuelo* e na *Comtesse de Rudolfstadt,* da Sra. George Sand, o princípio da reencarnação representa papel capital. O *Drag,* da mesma autora, é uma comédia representada há alguns anos no *Vaudeville,* cujo enredo é inteiramente espírita. É fundamentada numa crença popular entre os marinheiros da Provence. Drag é um Espírito brincalhão, mais levado do que mau, que se diverte em pregar peças. Ele é visto sob a figura de um jovem que exerce sua influência para constranger um indivíduo a escrever contra sua própria vontade. A imprensa, de ordinário tão benevolente com essa escritora, mostrou-se severa a respeito dessa peça, que merecia melhor acolhimento.

A França não tem o monopólio exclusivo deste gênero de produções. O *Progrès Colonial,* da ilha Maurício, publicou, em 1865, sob o título de *Histoires de l'autre monde, racontées par des Esprits*[4], um romance que não ocupou menos de vinte e oito folhetins, cuja intriga era toda feita pelo Espiritismo, e no qual o autor, Sr. de Germonville, deu provas de perfeito conhecimento do assunto.

Nalguns outros romances, a ideia espírita apenas fornece o tema de episódios. O Sr. Aurélien Scholl, nos seus *Nouveaux Mystères de Paris*[5], publicados pelo *Petit Journal,* faz intervir um magnetizador que interroga uma mesa pela tiptologia, depois é posta em sonambulismo uma moça cujas revelações

---

[3] A segunda vida. N. do T.
[4] *Histórias do outro mundo, contadas pelos Espíritos.* (Nota do revisor Boschiroli)
[5] *Novos mistérios de Paris.* (Nota do revisor Boschiroli)

deixam alguns assistentes em dificuldades. A cena é bem apresentada e perfeitamente verossímil *(Petit Journal,* 23 de outubro de 1866).

A reencarnação é uma das ideias mais fecundas para os romancistas, e que pode oferecer efeitos empolgantes pelo fato de em nada se afastar das possibilidades da vida material. O Sr. Charles Barbara, jovem escritor falecido há alguns meses numa casa de saúde, dela fez aplicações das mais felizes em seu romance intitulado *O Assassinato da Ponte Vermelha,* que o *Événement* recentemente reproduziu em folhetim.

O protagonista é um agente de câmbio que se escondia no estrangeiro, levando a fortuna de seus clientes. Atraído por um indivíduo a uma casa miserável, sob pretexto de favorecer-lhe a fuga, ele ali é assassinado, despojado e depois atirado ao Sena, com o auxílio de uma mulher chamada Rosália, que morava com esse homem. O assassino agiu com tal prudência e soube tão bem tomar precauções, que todos os vestígios do crime desapareceram e toda suspeita de assassinato foi afastada. Pouco depois ele casou-se com sua cúmplice Rosália e ambos puderam, daí por diante, viver na abastança, sem temer qualquer perseguição, a não ser a do remorso, quando uma circunstância veio pôr termo às suas angústias. Eis como ele próprio a conta:

"Essa quietude foi perturbada desde os primeiros dias do nosso casamento. A não ser que houvesse intervenção direta de um poder oculto, temos que convir que o acaso aqui se mostrou estranhamente inteligente. Por maravilhoso que pareça o fato, não pensareis em pô-lo em dúvida, tanto mais porque dele tendes a prova viva em meu filho. Aliás, muitas pessoas não deixarão de aí ver um fato puramente físico e fisiológico e de o explicar racionalmente. Seja como for, de repente notei os traços de tristeza no rosto de Rosália. Perguntei-lhe a razão. Ela fugiu à resposta.

"A partir do dia seguinte, sua melancolia crescia, e eu convidei-a a me tirar a inquietação. Ela acabou me confessando uma coisa que não deixou de me comover no mais alto grau. Na primeira noite de nossas núpcias, em meu lugar, embora estivéssemos no escuro, ela tinha visto, visto mesmo, pretendia ela, como eu vos vejo, o rosto pálido do agente de câmbio. Inutilmente ela havia esgotado suas forças em expulsar o que tomava a princípio por simples lembrança. O fantasma não saiu de seus olhos senão aos primeiros clarões da madrugada.

22 | REVISTA ESPÍRITA

Além disso, o que de certo era de natureza a justificar o seu pavor, a mesma visão a tinha perseguido com uma tenacidade análoga durante várias noites seguidas.

"Simulei um profundo desdém e tratei de convencê-la que ela simplesmente era vítima de uma alucinação. Compreendi, pela mágoa que dela se apoderou e se transformou insensivelmente nesse langor em que a vistes, que eu não tinha conseguido inculcar-lhe o meu sentimento. Uma gravidez penosa, agitada, equivalente a uma doença longa e dolorosa piorou ainda mais esse mal-estar de espírito; e se um parto feliz, cumulando-a de alegria, teve uma influência salutar sobre o seu moral, foi de curta duração. Além disso, vi-me forçado a privá-la da felicidade de ter o filho ao seu lado, porque, tendo em vista os meus recursos oficiais, uma ama morando em minha casa teria parecido uma despesa superior aos meus meios.

"Comovidos pelos sentimentos de figurar dignamente numa pastoral, nós íamos ver nosso filho de quinze em quinze dias. Rosália o amava até a paixão, e eu mesmo não estava longe de amá-lo com frenesi; porque, coisa singular, nas ruínas amontoadas em mim, só os instintos da paternidade ainda restavam de pé. Eu me abandonava a sonhos inefáveis; me prometia proporcionar uma educação sólida ao meu filho; prometia a mim mesmo preservá-lo, se possível, de meus vícios, de minhas faltas, de minhas torturas. Ele era minha consolação, minha esperança.

"Quando digo eu, falo igualmente da pobre Rosália, que se sentia feliz à simples ideia de ver esse filho crescer ao seu lado. Quais não foram as nossas inquietações e ansiedades quando, à medida que o menino se desenvolvia, percebemos em seu rosto as linhas que lembravam o de uma pessoa que desejaríamos esquecer para sempre. A princípio foi apenas uma dúvida, sobre a qual guardamos silêncio, mesmo quando estávamos um diante do outro. Depois a fisionomia do menino aproximou-se a tal ponto da de Thillard, que Rosália me falou com espanto, e que eu mesmo não pude ocultar senão em parte as minhas cruéis apreensões. Enfim, a semelhança nos pareceu tal, que nos pareceu realmente que o agente de câmbio tivesse *renascido* em nosso filho.

"O fenômeno teria destroçado um cérebro menos sólido que o meu. Ainda muito firme para ter medo, pretendi ficar insensível ao golpe dado em minha afeição paternal e fazer Rosália partilhar de minha indiferença. Sustentei que nisto havia apenas um acaso; acrescentei que nada havia de mais mutável que o rosto das crianças e que provavelmente a semelhança desapareceria com a idade. Finalmente, na pior das hipóteses, sempre nos seria fácil manter essa criança afastada. Falhei completamente. Ela se obstinou em ver na identidade dos dois rostos um fato providencial, o germe de um castigo horroroso, que mais cedo ou mais tarde devia esmagar-nos e, sob o império dessa convicção, seu repouso ficou definitivamente destruído.

"Por outro lado, sem falar do menino, o que era a nossa vida? Vós mesmos pudestes ver a perturbação permanente, as agitações, os abalos a cada dia mais violentos. Quando todos os vestígios do meu crime tinham desaparecido; quando eu não tinha absolutamente mais nada a temer dos homens; quando a opinião a meu respeito se tinha tornado unanimemente favorável, em vez de uma segurança fundada na razão, eu sentia crescerem minhas inquietações, minhas angústias, meus terrores. Eu mesmo me inquietava com as fábulas mais absurdas; no gesto, na voz, no olhar do primeiro que chegasse eu via uma alusão ao meu crime.

"As alusões me mantiveram incessantemente no cavalete do carrasco. Lembrai-vos da noite em que o Sr. Durosoir detalhou uma de suas instruções. Dez anos de dores lancinantes que jamais equivalerão ao que senti no momento em que, saindo do quarto de Rosália, encontrei-me cara à cara com o juiz, que me fitava no rosto. Eu era de vidro; ele lia no fundo de meu peito. Por um instante entrevi o cadafalso. Lembrai-vos do ditado: "Em casa de enforcado não se fala em corda", e vinte outros detalhes desse gênero. Era um suplício de todos os dias, de todas as horas, de todos os segundos. De qualquer maneira, uma devastação horrorosa acontecia no meu espírito.

"O estado de Rosália era muito mais doloroso: ela vivia literalmente em chamas. A presença do menino em casa acabou por tornar intolerável a permanência ali. Incessantemente, dia e noite, vivemos em meio às mais cruéis cenas. O menino me gelava de horror. Vinte vezes quase que o sufoquei. Além disso, Rosália, que se sentia morrer, que cria na vida futura, nos castigos, aspirava reconciliar-se com Deus. Eu a escarnecia, a insultava, ameaçava bater-lhe. Entrava em furores para assassiná-la. Ela morreu a tempo de me preservar de um segundo crime. Que agonia! Ela jamais me sairá da memória.

"Depois não mais vivi. Eu me tinha gabado de não ter consciência: esses remorsos cresceram ao meu lado, em carne e osso, sob a forma de meu filho. Esse menino, de quem, malgrado a imbecilidade, consinto em ser o guarda e o escravo, não cessa de me torturar por seu ar, seus olhares estranhos, pelo ódio instintivo que me vota. Não importa onde eu vá, ele me segue passo a passo, caminha ou se senta ao meu lado. À noite, após um dia de fadiga, sinto-o ao meu lado, e seu contacto basta para tirar-me o sono ou, pelo menos, perturbar-me com pesadelos. Temo que de repente a razão lhe venha, que sua língua se solte e que ele fale e me acuse.

"A Inquisição, com seu talento para as torturas, o próprio Dante, na sua *Suppliciomanie,* jamais imaginaram algo de tão espantoso. Isto me torna monomaníaco. Surpreendo-me desenhando a pena o quarto onde cometi o crime; escrevo embaixo esta legenda:

Neste quarto envenenei o agente de câmbio Thillard-Dacornet, e assino. Foi assim que nas minhas horas de febre detalhei em meu jornal mais ou menos palavra por palavra tudo o que vos contei.

"Não é tudo. Consegui subtrair-me ao suplício com que os homens castigam o assassino, e eis que este suplício se renova para mim quase todas as noites.

"Sinto uma mão em minha espádua e ouço uma voz que me murmura ao ouvido: "Assassino!" Sou levado diante das túnicas vermelhas; um rosto pálido se ergue à minha frente e exclama: "Ei-lo!" É o meu filho. Eu nego. Meu desenho e minhas próprias memórias me são apresentados com minha assinatura. Como vedes, a realidade se mistura ao sonho e aumenta o meu espanto. Assisto, enfim, a todas as peripécias de um processo criminal. Ouço a minha condenação: "Sim, é culpado." Conduzem-me a uma sala escura, onde os ajudantes vêm juntar-se ao carrasco. Quero fugir, ferros me detêm e uma voz me grita: "Não há mais misericórdia para ti!" Experimento até a sensação do frio das lâminas no pescoço.

"Um sacerdote ora ao meu lado e por vezes convida-me ao arrependimento. Eu o repilo com mil blasfêmias. Semimorto, sou sacudido pelos movimentos de uma charrete no pavimento da cidade; ouço os murmúrios da multidão, comparáveis aos das vagas do mar e, no alto, imprecações de mil vozes. Chego à vista do cadafalso. Subo os degraus. Desperto exatamente no momento em que a lâmina desliza entre as ranhuras, quando, entretanto, meu sonho não continua, quando não sou arrastado à presença daquele que eu quis negar, do próprio Deus, para aí ter os olhos queimados pela luz, para mergulhar no abismo de minhas iniquidades, para aí ser supliciado pelo sentimento de minha própria infâmia. Sufoco, o suor me inunda, o horror enche-me a alma. Não sei mais quantas vezes já sofri este suplício."

A ideia de fazer reviver a vítima no próprio filho do assassino e que aí está como a imagem viva de seu crime, ligada aos seus passos, é ao mesmo tempo engenhosa e muito moral. O autor quis mostrar que se o criminoso sabe escapar às perseguições dos homens, não poderia subtrair-se às da Providência. Há aqui mais que remorso: é a vítima que se ergue sem cessar à sua frente, não sob a aparência de um fantasma ou de uma aparição que poderia ser considerada como efeito da imaginação ferida, mas sob os traços de seu filho; é o pensamento que essa criança pode ser a própria vítima, pensamento corroborado pela instintiva aversão ao menino, embora idiota, por seu pai; é a luta da ternura paterna contra esse pensamento que o tortura, luta horrível que não permite ao culpado gozar pacificamente o fruto de seu crime, como ele havia imaginado.

O quadro tem o mérito de ser verdadeiro, ou melhor, perfeitamente verossímil, isto é, nada se afasta das leis *naturais* que, como hoje sabemos, regem as relações dos seres humanos entre si. Aqui nada de fantástico nem de maravilhoso; tudo é possível e justificado pelos numerosos exemplos que temos de indivíduos renascendo no meio onde já viveram, em contato com os mesmos indivíduos, para ter ocasião de reparar os erros ou cumprir deveres de reconhecimento.

Admiremos aqui a sabedoria da Providência que lança, *durante a vida*, um véu sobre o passado, sem o qual os ódios se perpetuariam, ao passo que acabam por se apaziguar nesse novo contacto e sob o império dos bons procedimentos recíprocos. É assim que, pouco a pouco, o sentimento da fraternidade acaba substituindo o da hostilidade. No caso de que se trata, se o assassino tivesse tido uma certeza absoluta sobre a identidade de seu filho, teria podido buscar a segurança num novo crime. A dúvida o deixava em luta com a voz da Natureza que nele falava pela da paternidade; mas a dúvida era um suplício cruel, uma ansiedade perpétua, pelo medo que essa fatal semelhança levasse à descoberta do crime.

Por outro lado, o agente de câmbio, ele próprio culpado, tinha, senão como encarnado, mas como Espírito, a consciência

26 | REVISTA ESPÍRITA

de sua posição. Se ele servia de instrumento para o castigo de seu assassino, sua posição era um suplício também para ele. Assim, esses dois indivíduos, ambos culpados, se castigavam reciprocamente, detidos em seus ressentimentos mútuos pelos deveres impostos pela Natureza. Essa justiça distributiva que castiga por meios naturais, pela consequência da própria falta, mas que sempre deixa a porta aberta ao arrependimento e à reabilitação, que coloca o culpado no caminho da reparação, não é mais digna da bondade de Deus que a condenação irremissível às chamas eternas? Porque o Espiritismo repele a ideia do inferno tal qual o representam, pode dizer-se que tire todo freio às más paixões? Compreendemos esse gênero de punição e o aceitamos porque é lógico; ele impressiona tanto mais quanto o sentimos equitativo e *possível*. Esta crença é um freio muito mais poderoso do que a perspectiva de um inferno em que não creem, e do qual riem.

Eis um exemplo real da influência desta doutrina, para um caso que, embora menos grave, não prova menos o poder de sua ação.

Um senhor de nosso conhecimento pessoal, espírita fervoroso e esclarecido, vive com um parente muito próximo, que diversos indícios, com todas as características de probabilidade, lhe fazem crer tenha sido seu pai. Ora, esse parente nem sempre age para com ele como deveria. Sem esse pensamento, aquele senhor, em muitas circunstâncias, em questões de interesse, teria usado de um rigor que estava em seu direito e provocado uma ruptura. No entanto, a ideia de que podia ser seu pai o deteve. Ele mostrou-se paciente e moderado; suportou o que não teria tolerado da parte de uma pessoa que tivesse considerado como estranha. Não havia, em vida do pai, uma grande simpatia entre ele e seu filho, mas a conduta do filho, em tal circunstância, não era de natureza a aproximá-los espiritualmente e a destruir as prevenções que os afastavam um do outro? Se eles se reconhecessem de maneira incontestável, sua posição respectiva seria muito falsa e constrangedora; a dúvida em que está o filho basta para impedi-lo de agir mal, entretanto lhe deixa todo o livre-arbítrio. Tenha ou não o parente sido seu pai, o filho não tem menos mérito pelo sentimento de piedade filial; se eles não têm parentesco, ser-lhe-á sempre levado em conta de seu bom procedimento e o verdadeiro Espírito de seu pai lhe será grato.

Vós que troçais do Espiritismo porque não o conheceis, se soubésseis o que ele encerra de poder para a moralização, compreenderíeis tudo o que a Sociedade ganhará com a sua propagação e seríeis os primeiros a aplaudi-lo. Vós a veríeis transformada sob o império das crenças que conduzem, pela própria força das coisas e pelas próprias leis da Natureza, à fraternidade e à verdadeira igualdade; compreenderíeis que só ele pode triunfar dos preconceitos que são a pedra de tropeço do progresso social, e em vez de ridicularizar os que o propagam, os encorajaríeis, porque sentiríeis que é do vosso próprio interesse, de vossa segurança. Mas, paciência! Isto virá, ou melhor, isto já tem vindo. Cada dia as prevenções se apaziguam, a ideia se propaga, infiltra-se sem ruído e começamos a ver que existe aí algo de mais sério do que imaginávamos. Não está longe o tempo em que os moralistas, os apóstolos do progresso, aí verão a mais poderosa alavanca que jamais tiveram nas mãos.

Lendo o romance do Sr. Charles Barbara, poder-se-ia crer que fosse espírita fervoroso, mas não era. Como dissemos, ele morreu numa casa de saúde, atirando-se pela janela num acesso de febre ardente. Era um suicídio, mas atenuado pelas circunstâncias. Evocado pouco tempo depois na Sociedade de Paris, e interrogado quanto às suas ideias em relação ao Espiritismo, eis a comunicação que ele deu a respeito:

(Paris, 19 de outubro de 1866 – Médium, Sr. Morin)

Permiti, senhores, a um pobre Espírito infeliz e sofredor, vos pedir autorização para vir assistir às vossas sessões, repletas de instrução, de devotamento, de fraternidade e de caridade. Sou o infeliz que tinha o nome de *Barbara*, e se vos peço esta graça, é que o Espírito despojou-se do homem velho, e não se crê mais tão superior em inteligência como se julgava em vida.

Agradeço-vos a vossa chamada e, tanto quanto estiver em minhas possibilidades, vou tentar responder à pergunta motivada por uma página de uma de minhas obras. Mas eu vos peço permissão para primeiramente informar sobre o meu estado atual, que se ressente fortemente da perturbação, aliás muito natural, que se experimenta ao passar bruscamente de uma a outra vida.

Estou perturbado por duas causas principais: a primeira é devida à minha provação, que era de suportar as dores físicas que experimentei, ou melhor, que meu corpo experimentou, quando me suicidei. – Sim, senhores, não temo dizê-lo, eu me suicidei, porque se meu Espírito estava perdido por momentos, eu o recuperei antes de me arrebentar na calçada, e... eu disse: *tanto melhor!*... Que falta e que fraqueza!... As lutas da vida material estavam terminadas para mim, meu nome era conhecido, eu não tinha mais senão que avançar pelo caminho que estava aberto para mim e que era tão fácil de seguir!... Tive medo!... Entretanto, nas horas de incerteza e de desencorajamento, tinha lutado apesar de tudo. A miséria e suas consequências não me tinham desanimado e foi quando tudo estava acabado para mim que exclamei: *O passo está dado; tanto melhor!*... *Não terei mais que sofrer!* Egoísta e ignorante!...

A segunda é que depois de terdes andado a esmo pela vida, entre a convicção do nada e o pressentimento de um Deus que não podia ser senão uma força única, grande, justa, boa e bela, vos encontrais na presença de uma inumerável multidão de seres ou Espíritos que vos conheceram e que amastes; reencontrais vivas vossas afeições, vossas ternuras e vossos amores, então vos apercebeis, numa palavra, que apenas mudastes de domicílio. Então concebeis, senhores, que é muito natural que um pobre ser que viveu entre o bem e o mal, entre a crença e a incredulidade sobre uma outra vida, é muito natural, como eu dizia, que fique perturbado... de felicidade, de alegria, de emoção, um pouco de vergonha, vendo-se obrigado a confessar a si mesmo que, em seus escritos, o que ele atribuía à sua imaginação laboriosa, era uma poderosa realidade, e que muitas vezes o homem de letras se enche de orgulho vendo que são lidas e aplaudidas as páginas que julga obra sua, ao passo que às vezes ele não passa de um instrumento que escreve sob a influência dessas mesmas potências ocultas cujo nome lança ao acaso da pena num livro.

Quantos grandes autores de todos os tempos escreveram, sem conhecer todo o seu valor filosófico, páginas imortais, balizas do progresso colocadas por eles e por ordem de um poder superior, para que, num dado tempo, a reunião de todo esse material esparso formasse um todo, tanto mais sólido quanto é o produto de várias inteligências, porque a obra coletiva é a melhor: é, aliás, o que Deus determinará ao homem, porque a grande lei da solidariedade é imutável.

Não, senhores, eu não conhecia absolutamente o Espiritismo quando escrevi esse romance, e confesso que eu mesmo notei com surpresa o profundo modo de dizer de algumas linhas que lestes, sem compreender-lhes todo o alcance que hoje vejo claramente. Depois de havê-las escrito, aprendi a rir do Espiritismo, para fazer como os meus *esclarecidos* colegas, e não querer parecer mais adiantado no ridículo do que eles próprios queriam ser. Eu ri e agora choro, mas também espero, porque me ensinaram aqui que todo arrependimento sincero é um progresso, e todo progresso leva ao bem.

Não duvideis, senhores, que muitos escritores são, muitas vezes, instrumentos inconscientes para a propagação das ideias que as forças invisíveis julgam úteis ao progresso da Humanidade. Não vos admireis, pois, de vê-los escrever sobre o Espiritismo sem nele crer. Para eles é um assunto como qualquer outro que se presta ao efeito, e não suspeitam que a ele sejam levados malgrado seu. Todos esses pensamentos espíritas que vedes emitidos por aqueles que, a par disso, fazem oposição, lhes são sugeridos, e eles não deixam de fazer o seu caminho. Eu fui um desses.

Orai por mim, senhores, porque a prece é um bálsamo inefável. A prece é a caridade que se deve fazer aos infelizes do outro mundo, dos quais sou um.

BARBARA

VARIEDADES

RETRATO FÍSICO DOS ESPÍRITAS

Lê-se na *France,* de 14 de setembro de 1866:

"A fé robusta das pessoas que a despeito de tudo acreditam em todas as maravilhas tantas vezes desmentidas do Espiritismo

30 | REVISTA ESPÍRITA

é uma verdade admirável. Mostram-lhes o truque das mesas girantes e elas creem; desvendam-lhes as imposturas do armário Davenport e elas creem mais; exibem-lhes todos os cordões, fazem-nas tocar a mentira com o dedo, furam-lhes os olhos pela evidência do charlatanismo e sua crença se torna mais obstinada. Inexplicável necessidade do impossível! *Credo quia absurdum.*

"O *Messager franco-américan,* de Nova Iorque, fala de uma convenção dos adeptos do Espiritismo realizada em Providence (Rhode-Island). Homens e mulheres se distinguem por um aspecto do outro mundo; a palidez da pele, a magreza do rosto, o profético devaneio dos olhos, perdidos num vago oceânico, tais são, em geral, os sinais exteriores do espírita. Acrescente-se que, contrariamente ao uso geral, as mulheres cortam o cabelo curto, à *la mal-content,* como se dizia outrora, ao passo que os homens têm uma cabeleira abundante, absalônica, longa, descendo até as espáduas. Quando se trata com os espíritas, há que se distinguir do comum dos mortais, da vil multidão.

"Muitos discursos, discursos demais, foram pronunciados. Os oradores, sem se preocuparem mais com os desmentidos da Ciência do que com os do senso comum, imperturbavelmente lembraram a longa série, que cada um sabe de cor, dos fatos maravilhosos atribuídos ao Espiritismo.

"Miss Susia Johnson declarou que, sem querer ser tomada como profetiza, previa que estão próximos os tempos em que a grande maioria dos homens não mais será rebelde às místicas revelações da religião nova. Ela apela com todos os seus votos para a criação de numerosas escolas, onde as crianças de ambos os sexos beberão, desde a mais tenra idade, os ensinamentos do Espiritismo. Só faltava isto!"

Sob o título de *Sempre os Espíritas!* o *Événement* de 26 de agosto de 1866 publicou um longo artigo, do qual extraímos esta passagem:

"Fostes alguma vez a uma reunião de espíritas, numa noite de desocupação e de curiosidade? Geralmente um amigo vos conduz. A gente sobe muito – os Espíritos gostam de aproximar-se do céu – para um pequeno apartamento já repleto. Entra-se às cotoveladas.

"As pessoas se amontoam, com suas feições bizarras e gestos de energúmenos. Fica-se abafado nessa atmosfera. Comprimem-se, curvam-se sobre as mesas onde médiuns, com os olhos no teto, lápis na mão, escrevem as elucubrações que passam por lá. De começo é uma surpresa. Procuram entre todas essas pessoas repousar o olhar. Interrogam, adivinham, analisam.

"Velhas de olhos ávidos, jovens magros e fatigados, a promiscuidade das classes e das idades, porteiras da vizinhança e grandes damas do bairro, de chita e de guipuras, *poetizas* por acaso e profetizas de encontro, alfaiates e laureados do Instituto confraternizam-se no Espiritismo. Esperam, fazem girar as mesas, levantam-nas, leem em voz alta as baboseiras que Homero ou Dante ditaram aos médiuns sentados. Esses médiuns estão imóveis, a mão sobre o papel, sonhando. De repente a mão se agita, corre, sacode, cobre as folhas, vai, vai mais e para bruscamente. Então alguém, no silêncio, diz o nome do Espírito que acaba de ditar e lê. Ah! Essas leituras!

"Assim ouvi Cervantes lamentar a demolição do teatro dos *Déllassements-Comiques* e Lamennais contar que Jean Journet lá era seu amigo íntimo. A maior parte do tempo Lamennais comete erros de ortografia e Cervantes não sabe uma palavra de espanhol. Outras vezes os Espíritos tomam um pseudônimo angélico para brindar o seu público com algum apotegma à maneira de Pantagruel. Reclamam. Respondem-lhes: Nós nos queixaremos ao vosso cabeça de fila!

"O médium que traçou a frase se fecha e se zanga por estar em relação com Espíritos tão desbocados. Perguntei a que legião pertenciam esses mistificadores do outro mundo e me responderam no duro: – São *Espíritos vadios!*

"Sei de coisas mais amáveis. Por exemplo, o Espírito *desenhista* que impulsionou a mão do Sr. Victorien Sardou, e o fez traçar o desenho da casa em que mora Beethoven lá em cima. Profusão de folhagem, entrelaçamento de colcheias e semicolcheias, é um trabalho de paciência que exigiria meses e foi feito numa noite. Foi isto que me disseram. Só o Sr. Sardou poderia convencer-me.

"Pobre cérebro humano! Como estas coisas são dolorosas para contar! Assim, não demos um passo para o lado da Razão e da Verdade! Ou, pelo menos, o batalhão de ronceiros engrossa dia a dia, à medida que se avança! É formidável, é

32 | REVISTA ESPÍRITA

quase um exército. Sabeis quantas *possessas* há atualmente na França? Mais de duas mil.

As possessas têm sua presidente, a Sra. B..., que desde a idade de dois anos vive em relação direta com a Virgem. Duas mil! O Auvergne guardou seus milagres, as Cévennes têm sempre seus *camisards*. Os livros de Espiritismo, os tratados de misticismo, têm sete, oito, dez edições. O maravilhoso é mesmo a doença de um tempo que, nada tendo diante do espírito para se satisfazer, refugia-se nas quimeras, como um estômago vazio e privado de carne que se alimentasse de gengibre.

"E o número dos loucos aumenta! O delírio é como uma onda que sobe. Então, que luz há que ser achada, para destruir essas trevas, já que a eletricidade não basta?"

JULES CLARETIE

Na verdade seria erro zangar-se com tais adversários, pois acreditam com tanta boa-fé e tão ingenuamente ter o monopólio do bom senso! O que é tão divertido quanto os singulares retratos que fazem dos espíritas, é vê-los gemer dolorosamente por esses pobres cérebros humanos que não dão nenhum passo para o lado da razão e da verdade, porque querem à fina força ter uma alma e acreditar no outro mundo, a despeito do desperdício de eloquência dos incrédulos, para provar que isto não existe, para a felicidade da Humanidade; são seus pesares à vista desses livros espíritas que se esgotam sem recorrer a anúncios, reclames e *elogios* pagos da imprensa; deste batalhão de ronceiros da razão que, coisa desesperadora! cresce diariamente e se torna tão formidável que é quase um exército; que nada tendo diante do espírito para satisfazê-los, são bastante tolos para recusar a perspectiva do nada que lhes oferecem para encher o vazio. É realmente de desesperar desta pobre Humanidade, bastante ilógica para não preferir o *nada* em troca de alguma coisa, para gostar mais de *reviver* do que morrer de vez.

Estas facécias, essas imagens grotescas, mais divertidas que perigosas, e que seria infantil levar a sério, têm seu lado instrutivo, e por isto citamos alguns exemplos. Outrora procuravam combater o Espiritismo com argumentos, sem dúvida maus, pois a ninguém convenceram, mas, enfim, tentavam discutir a coisa, bem ou mal. Homens de real valor, oradores e escritores, cavaram um arsenal de objeções para combatê-lo. Qual foi o resultado? Seus livros estão esquecidos e o Espiritismo está de pé. Eis o fato. Hoje ainda há alguns trocistas com a força dos que acabamos de citar, pouco preocupados com o valor dos argumentos para quem rir de tudo é uma necessidade, mas não mais se discute; a polêmica adversa parece ter esgotado suas munições. Os adversários se contentam em lamentar o progresso do que chamam uma calamidade, como lamentam pelo progresso de uma inundação que não podem deter. Mas as armas ofensivas para combater a Doutrina não deram um passo à frente, e se ainda não acharam o fuzil de guerra para abatê-lo não foi por não o terem procurado.

Seria trabalho inútil refutar coisas que se refutam por si mesmas. Às lamentações com que o Jornal *France* precede o burlesco retrato que toma do jornal americano, só há uma coisa a responder. Se a fé dos espíritas resiste à revelação dos truques e dos cordões do charlatanismo, é que isto não é o Espiritismo; se quanto mais são descobertas as manobras fraudulentas, mais redobra a fé, é que esgrimis para combater precisamente o que ele desaprova e que ele próprio combate; se eles não se abalam com as vossas demonstrações, é que tangenciais a questão; se quando feris o Espiritismo ele não grita, é que feris de lado e então os trocistas não estão do vosso lado. Desmascarando os abusos que fazem de uma coisa, fortalece-se a própria coisa, assim como se fortalece a verdadeira religião estigmatizando os abusos. Só aqueles que vivem dos abusos podem lastimar-se, tanto em Espiritismo quanto em religião.

Contradição mais estranha! Os que pregam a igualdade social veem, sob o império das crenças espíritas, os preconceitos de casta se apagarem, as camadas extremas se reaproximarem, o grande e o pequeno se darem as mãos fraternalmente, e eles riem! Em verdade, lendo essas coisas, pergunta-se de que lado está a aberração.

NECROLOGIA

SR. LECLERC

A Sociedade Espírita de Paris acaba de sofrer uma nova perda na pessoa do Sr. Charles-Julien Leclerc, antigo mecânico, de cinquenta e sete anos, falecido subitamente de um ataque de apoplexia fulminante, a 2 de dezembro, quando entrava no Ópera. Tinha morado muito tempo no Brasil e lá havia aprendido as primeiras noções de Espiritismo, para o que o havia preparado a doutrina de Fourrier, da qual era zeloso partidário. Voltando à França, depois de haver conquistado uma posição de independência por seu trabalho, dedicou-se à causa do Espiritismo, cujo alto alcance humanitário e moralizador para a classe operária tinha entrevisto facilmente. Era um homem de bem, querido, estimado e lamentado por todos que o conheceram, um espírita de coração, esforçando-se por colocar em prática, em proveito de seu adiantamento moral, os ensinamentos da doutrina, um desses homens que honram a crença que professam.

A pedido da família, fizemos ao pé do túmulo a prece pelas almas que acabam de deixar a Terra (*Evangelho segundo o Espiritismo*, cap. XXVII – IV), seguida destas palavras:

"Caro senhor Leclerc, sois um exemplo da incerteza da vida, pois que, na antevéspera de vossa morte, estáveis entre nós, sem que nada deixasse pressentir uma partida tão súbita. Assim Deus nos adverte para nos mantermos sempre prontos a prestar contas do emprego que fizemos do tempo que passamos na Terra. Ele nos chama no momento que menos esperamos. Que seu nome seja bendito por vos ter poupado as angústias e os sofrimentos que por vezes acompanham o trabalho da separação.

"Fostes unir-vos aos colegas que vos precederam e que, sem dúvida, vieram receber-vos no sólio da nova vida; mas essa vida, com a qual vos identificastes, não vos deve ter representado nenhuma surpresa; nela entrastes como num país conhecido, e não duvidamos que aí gozeis da felicidade reservada aos homens de bem, aos que praticaram as leis do Senhor.

"Vossos colegas da Sociedade Espírita de Paris se honram por vos ter contado em suas fileiras, e vossa memória lhes será sempre cara. Por minha voz, eles vos oferecem a expressão de seus sentimentos da mais sincera simpatia que soubestes conquistar. Se alguma coisa suaviza nosso pesar por esta separação, é o pensamento que sois feliz como o mereceis, e a esperança de que não deixareis de vir participar dos nossos trabalhos.

"Caro irmão, que o Senhor derrame sobre vós os tesouros de sua bondade infinita. Nós lhe pedimos que vos conceda a graça de velar por vossos filhos e de dirigi-los no caminho do bem que vós seguistes."

Prontamente desprendido, como o supúnhamos, o Sr. Leclerc pôde manifestar-se na Sociedade, na sessão que se seguiu ao seu enterro. Consequentemente, não houve nenhuma interrupção em sua presença, pois ele tinha assistido à sessão precedente. Além do sentimento de afeição que a ele nos ligava, essa comunicação devia ter o seu lado instrutivo. Seria interessante conhecer as sensações que acompanham esse gênero de morte. Nada do que possa esclarecer sobre as diversas fases dessa passagem que todo mundo deve transpor poderia ser indiferente. Eis a comunicação:

(Sociedade de Paris, 7 de dezembro de 1866
Médium, Sr. Desliens)

Posso, enfim, por minha vez, vir a esta mesa! Embora minha morte seja recente, mais de uma vez já fui tomado de impaciência. Eu não podia apressar a marcha do tempo. Eu tinha também que vos agradecer a vossa pressa em cercar meus despojos mortais e pensamentos simpáticos que prodigalizastes ao meu Espírito. Oh! mestre, obrigado por vossa benevolência, pela emoção profunda que sentistes acolhendo meu amado filho. Como eu seria ingrato se de vós não conservasse uma eterna gratidão!

Meu Deus, obrigado! Meus desejos estão realizados. Hoje posso apreciar a beleza deste mundo que eu não conhecia senão através das comunicações dos Espíritos. De certa forma, ao chegar aqui experimentei as mesmas emoções, mas infinitamente mais vivas, que senti ao abordar pela primeira vez as terras da América. Eu não conhecia essa região senão pela descrição dos viajantes, e estava longe de fazer uma ideia de suas luxuriantes produções. Deu-se o mesmo aqui. Quanto este mundo é diferente do nosso! Cada rosto é a reprodução exata dos sentimentos íntimos; nenhuma fisionomia mentirosa; impossível a hipocrisia; o pensamento se revela inteiramente no olhar, benevolente ou malévolo, conforme a natureza do Espírito.

Pois bem! Vede! Aqui ainda sou castigado por minha falta principal, que eu combatia com tanto esforço na Terra, e que tinha chegado a dominar em parte; a impaciência que tinha de me ver entre vós perturbou-me a tal ponto que não sei mais exprimir minhas ideias com lucidez, embora aquela matéria que outrora tanto me arrastava à cólera não mais exista! Vamos, eu me acalmo, porque é necessário.

Oh! Fiquei muito surpreso com este fim inesperado! Eu não temia a morte e há muito tempo a considerava como o fim da provação, mas essa morte tão imprevista não deixou de me causar um profundo choque... Que golpe para minha pobre mulher!... Como o pesar sucedeu rapidamente ao prazer! Eu sentia um verdadeiro prazer em ouvir boa música, mas não pensava estar tão cedo em contacto com a grande voz do infinito... Como a vida é frágil!... Um glóbulo de sangue coagula; a circulação perde a regularidade e tudo está acabado!... Eu teria querido viver ainda alguns anos, ver meus filhos todos estabelecidos; Deus decidiu de outro modo. Que a sua vontade seja feita!

No momento em que a morte me feriu, recebi como que uma cacetada na cabeça; um peso esmagador me derrubou; depois, de repente, senti-me livre, aliviado. Planei acima de meus despojos; considerei com espanto as lágrimas dos meus, e enfim me dei conta do que me tinha acontecido. Reconheci-me prontamente. Vi meu segundo filho acorrer, chamado pelo telégrafo. Ah! Bem que eu tentei consolá-los; soprei-lhes meus melhores pensamentos e vi, com certa felicidade, alguns cérebros refratários pouco a pouco se inclinarem para o lado da crença que fez toda a minha força nestes últimos anos, à qual devo tão bons momentos. Se venci um pouco o homem velho, a que o devo senão ao nosso caro ensino, aos conselhos reiterados de meus guias? E, contudo, eu coro, embora Espírito, e ainda me deixei dominar por esse maldito defeito: a impaciência. Assim sou castigado, porque estava ansioso para me comunicar e vos contar mil detalhes, que sou obrigado a adiar. Oh! Serei paciente, mas com pesar. Estou tão feliz aqui, que me custa deixar-vos. Entretanto, bons amigos estão junto a mim e eles próprios se uniram para me acolher: Sanson, Baluze, Sonnez, o alegre Sonnez, de cuja verve satírica eu tanto gostava, depois Jobard, o bravo Costeau e tantos outros. Em último lugar, a Sra. Dozon; depois um pobre infeliz, muito lastimável, cujo arrependimento me toca. Orai por ele, como por todos aqueles que se deixaram dominar pela prova.

Em breve voltarei para nos entretermos novamente. Ficai persuadidos que não serei menos assíduo às nossas caras reuniões, como Espírito, do que era como encarnado.

LECLERC.

NOTÍCIAS BIBLIOGRÁFICAS

POESIAS DIVERSAS DO MUNDO INVISÍVEL RECEBIDAS PELO SR. VAVASSEUR

Esta coletânea, que no último número anunciamos como estando no prelo, aparecerá na primeira quinzena de janeiro. Nossos leitores puderam avaliar o gênero e o valor das poesias recebidas pelo Sr. Vavasseur como médium, quer em vigília, quer em sonambulismo espontâneo, pelos fragmentos que publicamos. Assim, limitar-nos-emos a dizer que ao mérito da versificação, elas acrescentavam o da reflexão, sob a graciosa forma poética, acerca das consoladoras verdades da Doutrina, e que, a esse título, elas terão um lugar de honra em toda a bibliografia espírita. Julgamos que deveríamos acrescentar-lhes uma introdução, ou melhor, uma instrução sobre a poesia mediúnica em geral, destinada a responder a certas objeções da crítica sobre esse gênero de produções.

Modificações introduzidas na impressão permitirão disponibilizá-las ao preço de l franco; pelo correio, l,15 francos.

RETRATO DO SR. ALLAN KARDEC
DESENHADO E LITOGRAFADO PELO SR. BERTRAND, ARTISTA PINTOR

Dimensões: papel china 35 x 28 cm. e com a margem de 45 x 38. – Preço: 2,50 francos; pelo correio, para a França e Argélia, porte e estojo de embalagem, mais 50 cêntimos. – Em casa do autor, Rua *des Dames*, 99, na Paris-Batignolles e no escritório da Revista.

O. Sr. Bertrand é um dos ótimos médiuns escreventes da Sociedade Espírita de Paris, e que deu provas de zelo e devotamento pela doutrina. Esta consideração, acrescida pelo desejo de ser-lhe útil, tornando-o conhecido como artista de talento, fez calar o escrúpulo que tivemos até aqui de anunciar a venda de nosso retrato, com receio de que nisto vissem uma presunção ridícula. Apressamo-nos, pois, em declarar que somos completamente estranho a essa publicação, como à dos retratos editados por vários fotógrafos.

UNION SPIRITE DE BORDÉUS

A *Union Spirite* de Bordéus, redigida pelo Sr. A. Bez, momentaneamente interrompida por uma grave moléstia do diretor e por circunstâncias independentes de sua vontade, retomou o curso de suas publicações, como tínhamos anunciado, e deve arranjar um meio para que os assinantes não sofram qualquer prejuízo por essa interrupção. Felicitamos sinceramente o Sr. Bez e fazemos votos sinceros para que nada entrave, para o futuro, a útil publicação que ele empreendeu e que merece ser encorajada.

LA VOCE DI DIO

O diretor do *La Voce di Dio,* jornal espírita italiano que é publicado na Sicília, informa-nos que, por força de acontecimentos sobrevindos naquela região, e sobretudo das devastações causadas pela cólera, estando a cidade de Catânia quase deserta, vê-se forçado a interromper a sua publicação. Ele espera retomá-la logo que as condições o permitam.

O Sr. Roustaing, de Bordéus, dirigiu-nos a carta seguinte, pedindo a sua publicação:

Sr. Diretor da *Revista Espírita*,

Na obra que anunciastes no número da *Revista Espírita* de junho último, intitulada: "Espiritismo Cristão ou Revelação da Revelação – os quatro evangelhos seguidos dos mandamentos explicados *em espírito e verdade* pelos evangelistas assistidos pelos apóstolos; Moisés, recolhidos e postos em ordem por J.-B. Roustaing, advogado na Corte Imperial de Bordéus, antigo presidente, 3 vol., Paris Livraria Central, nº 24, 1866", obra com que, em abril e maio últimos, presenteei a direção da *Revista Espírita* de Paris, que a aceitou, foi omitida na impressão, o que escapou à correção das provas, uma passagem do manuscrito. A passagem omitida, e que está assim concebida, tem seu lugar depois da última linha da página 111 do 3º volume:

"E esta hipótese da parte do espíritas: – Se o corpo de Jesus tivesse sido um corpo terrestre – e se os anjos ou Espíritos superiores tivessem podido torná-lo invisível, levá-lo, e o tivessem levado, – no momento mesmo em que a pedra foi erguida e derrubada, seria *a priori, inadmissível e falsa*; ela deve, com efeito, ser *afastada* como *tal*, – em presença da revelação feita pelo anjo a Maria, depois a José; revelação que então seria mentirosa, que não o pode ser, emanando de um enviado de Deus, e que deve ser interpretada, explicada *segundo o espírito que vivifica, em espírito e em verdade,* segundo o curso de leis da Natureza e não rejeitada." (Ver *supra,* 3º vol., pg. 23-24; – 1º vol., pg. 27 a 44; 67 a 86; 122 a 129; 165 a 193; 226 a 266; 3º vol. pg. 139 a 145; 161 a 163; 168 a 175).

Pela publicidade em vosso jornal, para levar ao conhecimento dos que leram, dos que leem e dos que lerem esta obra, esta omissão havida na impressão, e para que aqueles que têm esta obra possam acrescentá-la a mão, na página indicada, o parágrafo acima mencionado, venho solicitar de vossa bondade a inserção da presente carta no mais próximo número da *Revista Espírita de Paris*, agradecendo-vos antecipadamente. Tende a bondade, senhor Diretor, de aceitar etc.

ROUSTAING,
Advogado na Corte Imperial de Bordéus, antigo presidente,
Rua Saint-Siméon, 17.

AVISO AOS SENHORES ASSINANTES

Para evitar o acúmulo das distribuições de 1º de janeiro, a Revista deste mês é expedida a 25 de dezembro. Além disto, é dirigida a todos os antigos assinantes, com exceção dos que o são por intermediários e cujos nomes não sabemos. Os números seguintes só serão expedidos à medida das renovações.

Embora a Revista pudesse aparecer do dia 1º ao dia 5, não aconteceu uma só vez este ano que não aparecesse senão no dia 5. Com uma verificação muito minuciosa feita antes de cada remessa, os atrasos na recepção não cabem à direção. Várias vezes foi verificado que eram devidos a causas locais, ou à má vontade de certas pessoas por cujas mãos passa a Revista antes de chegar ao destinatário.

ALLAN KARDEC

REVISTA ESPÍRITA

JORNAL DE ESTUDOS PSICOLÓGICOS

ANO X	FEVEREIRO DE 1867	VOL. 2

LIVRE PENSAMENTO E LIVRE CONSCIÊNCIA

Num artigo do nosso último número, sob o título de *Olhar retrospectivo sobre o Movimento Espírita,* destacamos duas classes distintas de livres-pensadores: os incrédulos e os crentes, e dissemos que, para os primeiros, ser livre-pensador não é apenas crer no que se quer, mas não crer em nada; é libertar-se de todo freio, mesmo do temor a Deus e ao futuro; para os segundos, é subordinar a crença à razão e libertar-se do jugo da fé cega. Estes últimos têm como órgão de publicidade o *Libre Conscience* (Livre Consciência), título significativo; os outros, o jornal *Libre Pensée* (*Livre Pensamento*), qualificação mais vaga, mas que se especializa pelas opiniões formuladas, e que vêm em todos os pontos corroborar a distinção que fizemos. Aí lemos, no nº 2, de 28 de outubro de 1866:

"As questões de origem e de fim até aqui preocuparam a Humanidade a ponto de, por vezes, perturbar-lhe a razão. Esses problemas, que foram classificados de temíveis, e que julgamos de importância *secundária,* não são do domínio imediato da Ciência. Sua solução científica não pode oferecer senão meia certeza. Tal qual é, entretanto, ela nos basta, e não tentaremos completá-la por argúcias metafísicas. Ademais, nosso objetivo é nos ocuparmos apenas de assuntos abordáveis pela observação. Pretendemos ficar com os pés no chão. Se por vezes dele nos afastamos para responder aos ataques dos que não pensam como nós, a excursão fora do real será de curta duração. Teremos sempre presente à lembrança este sábio conselho de Helvetius: "É preciso ter coragem de ignorar o que não podemos saber.""

"Um novo jornal, o *Libre Conscience,* nosso irmão alguns dias mais velho, como faz notar, deseja-nos boas-vindas em seu primeiro número. Nós agradecemos pela maneira cortês como usou o seu direito de primogenitura. Nosso confrade pensa que, malgrado a analogia dos títulos, não estaremos sempre em 'completa afinidade de ideias. Após a leitura de seu primeiro número estamos certos disso; também não compreendemos a livre consciência nem o livre pensamento com um limite dogmático previamente estabelecido. Quando alguém claramente se declara discípulo da Ciência e campeão da livre consciência, é irracional, em nossa opinião, se em seguida considera como dogma uma crença qualquer, impossível de ser comprovada cientificamente. A liberdade assim limitada não é a liberdade. Por nossa vez, damos as boas-vindas ao *Libre Conscience* e estamos dispostos a ver nele um aliado, pois declara o desejo de combater em favor de todas as liberdades... menos uma."

É estranho ver a origem e o fim da Humanidade serem considerados como questões secundárias, próprias para perturbar a razão. Que dizer de um homem que, ganhando apenas o necessário para seu sustento, não se inquietasse com o dia de amanhã? Passaria por um homem sensato? O que pensaríamos daquele que, tendo uma mulher, filhos, amigos, dissesse: Pouco me importa se amanhã eles estarão vivos ou mortos! Ora, o amanhã da morte é longo, portanto, não há por que admirar-se que tanta gente com ele se preocupe.

Se fizermos a estatística de todos os que perdem a razão, veremos que o maior número está precisamente do lado daquele que não crê nesse amanhã, ou que dele duvida, e isto pela razão muito simples que a grande maioria dos casos de loucura é produzida pelo desespero e pela falta de coragem moral que faz suportar as misérias da vida, ao passo que a certeza desse amanhã torna menos amargas as vicissitudes do presente, e os faz considerá-las como incidentes passageiros, motivo pelo qual o moral não se afeta senão mediocremente ou não se afeta. Sua confiança no futuro lhes dá uma força que jamais terá aquele que tem apenas o nada como perspectiva. Ele está na posição de um homem que, arruinado hoje, tem a certeza de ter amanhã uma fortuna superior à que acaba de perder. Neste caso, ele facilmente toma uma decisão e fica calmo. Se, ao contrário, nada espera, ele se desespera e sua razão pode sofrer com isso.

Ninguém contestará que saber diariamente de onde viemos e para onde vamos, o que fizemos na véspera e o que faremos amanhã não seja uma coisa necessária para regular os negócios diários da vida, e que isso não influa na conduta pessoal. Seguramente, o soldado que sabe para onde o conduzem, que vê o seu objetivo, marcha com mais firmeza, com mais disposição, com mais entusiasmo do que se o conduzissem às cegas. Assim é com as pequenas e com as grandes coisas, com os indivíduos e com os grupos. Saber de onde se vem e para onde se vai não é menos necessário para regrar os negócios de vida coletiva da Humanidade. No dia em que a Humanidade inteira tivesse a certeza de que a morte era certa, veríamos uma confusão geral e os homens se atirando uns contra os outros, dizendo: Se temos que viver apenas um dia, vivamos o melhor possível, não importa às custas de quem!

O jornal *Libre Pensée* declara que pretende manter os pés no chão, e se dele eventualmente se afastar, será para refutar os que não pensam como ele, mas que suas excursões fora da realidade terão curta duração. Compreenderíamos que assim fosse com um jornal exclusivamente científico, tratando de matérias especiais. É evidente que seria intempestivo falar de espiritualidade, de Psicologia ou de Teologia a propósito de Mecânica, de Química, de Física, de cálculos matemáticos, do comércio ou da indústria; mas, como ele inclui a *Filosofia* em seu programa, não poderia cumpri-lo sem abordar questões metafísicas. Embora a palavra *filosofia* seja muito elástica e tenha sido singularmente desviada de sua acepção etimológica, ela implica, por sua própria essência, pesquisas e estudos que não são exclusivamente materiais.

O conselho de Helvetius: "É preciso ter coragem de ignorar o que não podemos saber" é muito sábio e se dirige sobretudo aos sábios presunçosos que pensam que nada pode ser oculto ao homem, e que o que eles não sabem ou não compreendem não deve existir. Entretanto, seria mais justo dizer: "É preciso ter coragem de *confessar a própria ignorância* sobre aquilo que não se sabe." Tal qual está formulado, poder-se-ia traduzi-lo assim: "É preciso ter a coragem de *conservar a sua ignorância*," de onde esta consequência: "É inútil procurar saber o que não sabemos." Sem dúvida há coisas que o homem jamais saberá, enquanto estiver na Terra, porque, por maior que seja a sua presunção, a Humanidade aqui está ainda no estado de adolescência. Mas quem ousaria traçar limites absolutos ao

44 | REVISTA ESPÍRITA

que ele pode saber? Considerando-se que ele sabe hoje infinitamente mais que os homens dos tempos primitivos, por que, mais tarde, não poderia saber mais do que sabe agora? É o que não podem compreender os que não admitem a perpetuidade e a perfectibilidade do *ser espiritual*. Muitos dizem para si mesmos: Estou no topo da escada intelectual; o que não vejo e não compreendo, ninguém pode ver e compreender.

No parágrafo acima, relativo ao jornal *Libre Conscience,* diz ele: "Também não compreendemos a livre consciência senão como o livre pensamento com um limite dogmático previamente estabelecido. Quando claramente nos declaramos discípulos da Ciência, é irracional estabelecer como um dogma uma crença *qualquer* impossível de ser cientificamente comprovada. A liberdade assim limitada não é liberdade."

Toda doutrina está nestas palavras; a profissão de fé é clara e categórica. Assim, porque Deus não pode ser demonstrado por uma equação algébrica e a alma não é perceptível com o auxílio de um reativo, é absurdo crer em Deus e na alma. Todo discípulo da Ciência deve, pois, ser ateu e materialista. Mas, para não sair da materialidade, a Ciência é sempre infalível em suas demonstrações? Não a vimos tantas vezes dar como verdades o que mais tarde foi reconhecido como erro, e *vice-versa*? Não foi em nome da Ciência que o sistema de Fulton foi declarado uma quimera? Antes de se conhecer a lei da gravitação, não demonstrou ela cientificamente que não podia haver antípodas? Antes de conhecer a de eletricidade, ela não demonstrou por *a* + *b* que não existia velocidade capaz de transmitir um telegrama a quinhentas léguas em alguns minutos?

Muitas experiências haviam sido feitas com a luz, contudo, ainda há poucos anos, quem teria imaginado os prodígios da fotografia? Entretanto, não foram os cientistas oficiais que fizeram essa prodigiosa descoberta, nem as do telégrafo elétrico e da máquina a vapor. Em nossos dias, conhece a Ciência todas as leis da Natureza? Só ela sabe todos os recursos que podem ser tirados das leis conhecidas? Quem ousaria dizê-lo? Não é possível que um dia o conhecimento de novas leis torne a vida *extracorpórea* tão evidente, tão racional, tão inteligível quanto a dos antípodas? Um tal resultado, cortando cerce todas as incertezas, seria então para desdenhar? Seria menos importante para a Humanidade que a descoberta de um novo continente, de um novo planeta, de um novo engenho de destruição? Pois bem! Esta hipótese tornou-se realidade; é ao Espiritismo que a devemos, e é graças a ele que tanta gente que acreditava morrer uma só vez e para sempre, agora está certa de viver para sempre.

Falamos da força de gravitação, dessa força que rege o Universo, desde o grão de areia até os mundos. Mas, quem a viu? Quem pôde segui-la e analisá-la? Em que consiste ela? Qual a sua natureza e a sua causa primeira? Ninguém sabe, contudo, ninguém hoje dela duvida. Como a reconheceram? Por seus efeitos; dos efeitos concluíram a causa. Fizeram mais: calculando a força dos efeitos, calculou-se a força da causa, que jamais foi vista. Dá-se o mesmo com Deus e com a vida espiritual, que julgamos por seus efeitos, conforme o axioma: "Todo efeito tem uma causa. Todo efeito inteligente tem uma causa inteligente. A força da causa inteligente está na razão da grandeza do efeito." Crer em Deus e na vida espiritual não é, pois, uma crença puramente gratuita, mas um resultado de observações tão positivas quanto as que nos permitiram crer na força da gravitação.

Depois, na falta de provas materiais, ou concorrentes a estas, a Filosofia não admite as provas morais que por vezes têm tanto ou mais valor que as outras? Vós, que não tomais por verdadeiro senão o que está provado materialmente, que diríeis se, sendo injustamente acusado de um crime cujas aparências fossem todas contra vós, como se vê com frequência na justiça, os juízes não levariam em consideração as provas morais que vos fossem favoráveis? Não seríeis o primeiro a invocá-las; a fazer valer sua preponderância sobre os efeitos puramente materiais, que podem iludir; a provar que os sentidos podem enganar o mais clarividente? Se, pois, admitis que as provas morais devem pesar na balança de um julgamento, não seríeis consequente convosco mesmo negando seu valor quando se trata de formar uma opinião sobre as coisas que, por sua natureza, não pertencem à materialidade.

O que há de mais livre, de mais independente, de menos perceptível por sua própria essência do que o pensamento? Entretanto, eis uma escola que pretende emancipá-lo, subjugando-o à matéria; que sustenta, em nome da razão, que o pensamento circunscrito sobre as coisas terrestres é mais livre do que aquele que se lança no infinito e quer ver além do horizonte material! Seria o mesmo que dizer que o prisioneiro que apenas pode dar alguns passos em sua cela é mais livre do que o que corre pelos campos. Se crer nas coisas do mundo espiritual, que é infinito, não é ser livre, vós o sois cem vezes menos, vós que vos circunscreveis no estreito limite do tangível, vós que dizeis ao pensamento: Não sairás do círculo que te traçamos, e se dele saíres, declaramos que não és mais um pensamento são, mas loucura, tolice, engano, porque só a nós cabe discernir o falso do verdadeiro.

A isto responde o espiritualismo: Nós formamos a imensa maioria dos homens, dos quais sois apenas a milionésima parte. Com que direito vos atribuís o monopólio da razão? Dizeis que quereis emancipar nossas ideias impondo-nos as vossas? Mas não nos ensinais nada; nós sabemos o que sabeis; cremos sem restrições em tudo o que credes: na matéria e no valor das provas tangíveis, e mais que vós: em algo fora da matéria; numa força inteligente superior à Humanidade; em causas inapreciáveis pelos sentidos, mas perceptíveis pelo pensamento; na perpetuidade da vida espiritual, que limitais à duração da vida do corpo. Nossas ideias são, pois, infinitamente mais amplas que as vossas; ao passo que circunscreveis vosso ponto de vista, o nosso abarca horizontes sem fronteiras. Como aquele que concentra o pensamento sobre uma determinada ordem de fatos, que assim põe um ponto de parada em seus movimentos intelectuais, *em suas investigações,* pode pretender emancipar aquele que se move sem entraves, e cujo pensamento sonda as profundezas do infinito? Restringir o campo de exploração do pensamento é restringir a liberdade, e é isto que fazeis.

Dizeis ainda que quereis arrancar o mundo do jugo das crenças dogmáticas. Fazeis, ao menos, uma distinção entre essas crenças? Não, porque confundis na mesma reprovação tudo quanto não é do domínio exclusivo da Ciência, tudo quanto não se vê pelos olhos do corpo, numa palavra, tudo quanto é de essência espiritual, por consequência Deus, a alma e a vida futura. Mas se toda crença espiritual é um entrave à liberdade de pensar, dá-se o mesmo com toda crença material. Aquele que acredita que uma coisa é vermelha, porque a vê vermelha, não é livre de julgá-la verde. Se o pensamento é detido por uma convicção qualquer, ele não é mais livre. Para ser consequente com a vossa teoria, a liberdade absoluta consistiria em não crer absolutamente em nada, nem mesmo em sua própria existência, porque isto seria ainda uma restrição. Mas, então, em que se tornaria o pensamento?

Encarado deste ponto de vista, o livre pensamento seria uma insensatez. Ele deve ser entendido num sentido mais amplo e mais verdadeiro, isto é, do livre uso que fazemos da faculdade de pensar, e não de sua aplicação a uma ordem qualquer de ideias. Ele consiste, não em crer numa coisa em vez de outra, nem em excluir tal ou qual crença, mas na *liberdade absoluta de escolha das crenças*. É, pois, abusivamente que alguns o aplicam exclusivamente às ideias antiespiritualistas. Toda opinião raciocinada, que não é imposta nem encadeada cegamente à de outrem, mas que é voluntariamente adotada em virtude do exercício do raciocínio pessoal, é um pensamento livre, quer seja religioso, quer político, quer filosófico.

Em sua concepção mais larga, o livre pensamento significa livre exame, liberdade de consciência, fé raciocinada. Ele simboliza a emancipação intelectual, a independência moral, complemento da independência física; ele não quer mais nem escravos do pensamento nem do corpo, porque o que caracteriza o livre-pensador é que ele pensa por si mesmo e não pelos outros; em outros termos, sua opinião lhe é própria. Assim, pode haver livres-pensadores em todas as opiniões e em todas as crenças. Neste sentido, o livre pensamento eleva a dignidade do homem; dela faz um ser ativo e inteligente, em vez de uma *máquina de crer*.

No sentido exclusivo que alguns lhe dão, em vez de emancipar o espírito, ele restringe a sua atividade, escravizando-o à matéria. Os fanáticos da incredulidade fazem num sentido o que os fanáticos da fé cega fazem em outro. Enquanto estes dizem: Para ser segundo Deus, é preciso crer em tudo o que cremos; fora da nossa fé não há salvação, os outros dizem: Para ser segundo a razão, é preciso pensar como nós e não acreditar senão em tudo o que nós acreditamos; fora dos limites que traçamos à crença não há liberdade nem bom senso, doutrina que se formula por este paradoxo: Vosso espírito só é livre com a condição de não crer no que ele quer, o que significa dizer para o indivíduo: Tu és o mais livre de todos os homens, com a condição de não ir mais longe do que a ponta da corda a que te amarramos.

Certamente não negamos aos incrédulos o direito de não crerem em nada além da matéria, mas eles hão de convir que há contradições singulares na sua pretensão em atribuir-se o monopólio da liberdade de pensar.

Dissemos que pela qualidade de *livre-pensador* certas pessoas procuram atenuar o que a incredulidade absoluta tem de repulsivo para a opinião das massas. Suponhamos, com efeito, que um jornal se intitule abertamente: *O Ateu, O Incrédulo, ou O Materialista*. Podemos imaginar a impressão que este título deixaria no público. Mas, se ele abrigar essas mesmas doutrinas com a capa de *Livre-Pensador*, diante desse rótulo, dirão: É a bandeira da emancipação moral; deve ser a da liberdade de consciência e sobretudo da tolerância; vejamos. Vemos que nem sempre é preciso reportar-se à etiqueta.

Aliás, seria erro amedrontar-se além da medida com as consequências de certas doutrinas. Momentaneamente podem seduzir certos indivíduos, mas nunca seduzirão as massas, que a elas se opõem por instinto e por necessidade. É útil que todos os sistemas venham à luz, para que cada um lhes possa julgar o lado forte e o fraco e, em virtude do direito de livre exame, possa adotá-los ou rejeitá-los com conhecimento de causa. Quando as utopias tiverem sido vistas em ação e quando tiverem provado sua impotência, elas cairão para não mais se erguer. Por seu próprio exagero, elas agitam a Sociedade e preparam a renovação. Também nisto está um sinal dos tempos.

O Espiritismo é, como pensam alguns, uma nova fé cega em substituição a outra fé cega? Em outras palavras, uma nova escravidão do pensamento sob uma nova forma? Para acreditar nisto é preciso ignorar os seus primeiros elementos. Com efeito, o Espiritismo estabelece como princípio que antes de crer é preciso compreender. Ora, para compreender é necessário usar o raciocínio, por isto ele procura apurar a causa de tudo antes de admitir qualquer coisa, a saber, o porquê e o como de cada coisa. Assim, os espíritas são mais céticos do que muitos outros, em relação aos fenômenos que escapam do círculo das observações habituais. Ele não repousa em nenhuma teoria preconcebida ou hipotética, mas na experiência e na observação dos fatos. Em vez de dizer: "Crede, para começar, e depois compreendereis, se puderdes", ele diz: "Compreendei, para começar, e depois crereis, se quiserdes." Ele não se impõe a ninguém, mas diz a todos: "Vede, observai, comparai e vinde a nós livremente, se vos convier." Falando assim, ele entra no número dos concorrentes e disputa as chances com a concorrência. Se muitos vão a ele, é porque ele a muitos satisfaz, mas ninguém o aceita de olhos fechados. Àqueles que não o aceitam, ele diz: "Sois livres e não vos quero; tudo o que vos peço é que me deixeis minha liberdade, como vos deixo a vossa. Se procurais destruir-me, por medo de que vos suplante, é que não estais muito seguros de vós mesmos."

Não procurando o Espiritismo afastar nenhum dos concorrentes da liça aberta às ideias que devem prevalecer no mundo regenerado, está nas condições do verdadeiro livre pensamento; não admitindo nenhuma teoria que não seja fundada na observação, está, ao mesmo tempo, nas do mais rigoroso positivismo; ele tem, enfim, sobre seus adversários das duas extremadas opiniões contrárias, a vantagem da tolerância.

NOTA: Algumas pessoas nos censuraram as explicações teóricas que desde o princípio temos procurado dar dos fenômenos espíritas. Essas explicações, baseadas numa observação atenta, remontando dos efeitos às causas, provavam, por um lado, que queríamos perceber a causa, e não crer cegamente; por outro lado, que queríamos fazer do Espiritismo uma ciência de *raciocínio* e não de *credulidade*. Por estas explicações que o tempo desenvolveu, mas que ele consagrou como princípio, porque nenhuma foi contraditada pela experiência, os espíritas creram porque compreenderam e não há dúvida de que é a isto que se deve atribuir o aumento rápido do número de adeptos sérios. É a estas explicações que o Espiritismo deve o fato de ter saído do domínio do maravilhoso, e de se ter ligado às ciências positivas. Por elas é demonstrado aos incrédulos que isto não é uma obra da imaginação. Sem elas ainda estaríamos por compreender os fenômenos que surgem a cada dia. Era urgente, desde o princípio, estabelecer o Espiritismo no seu verdadeiro terreno. A teoria fundamentada na experiência foi o freio que impediu a credulidade supersticiosa, tanto quanto a malevolência, de desviá-lo de sua rota. Por que aqueles que nos censuram por ter tomado esta iniciativa, não a tomaram eles próprios?

AS TRÊS FILHAS DA BÍBLIA

Com este título, o Sr. Hippolyte Rodrigues publicou uma obra, na qual prevê a fusão das três grandes religiões oriundas da Bíblia. Um dos escritores do jornal *le Pays* faz a respeito as reflexões seguintes, no número de 10 de dezembro de 1866: "Quais são as três filhas da Bíblia? A primeira é judia, a segunda é católica, a terceira é maometana.

"Compreende-se logo que se trata de um livro sério e que a obra do Sr. Hippolyte Rodrigues interessa especialmente aos espíritos sérios, que se comprazem nas meditações morais e filosóficas sobre o destino humano.

"O autor crê numa próxima fusão das três grandes religiões, que chama as três filhas da Bíblia, e trabalha para conduzir a esse resultado, no qual vê um progresso imenso. É dessa fusão que sairá a religião nova, que ele considera como devendo ser a religião definitiva da Humanidade.

"Não quero aqui entabular com o Sr. Hippolyte Rodrigues uma polêmica inoportuna sobre a questão religiosa que se agita há tantos anos no fundo das consciências e nas entranhas da Sociedade. Permitir-me-ei, entretanto, uma reflexão. Ele quer que aceitemos a nova crença pelo raciocínio. Até hoje não há senão a fé que fundamentou e manteve as religiões, por esta razão suprema: *Quando se raciocina, não se crê mais,* e quando um povo, uma época, cessou de crer, em breve vemos a religião existente desmoronar e não vemos surgir uma religião nova."

A. DE CÉSENA

Esta tendência, que se generaliza, de prever a unificação dos cultos, como tudo o que se liga à fusão dos povos, à extinção das barreiras que os separam moralmente e comercialmente, é também um dos sinais característicos dos tempos. Não julgaremos a obra do Sr. Rodrigues, tendo em vista que não a conhecemos e porque nem sequer examinamos, até o momento, por quais circunstâncias poderá ser atingido o resultado que ele espera, e que considera, e com razão, como um progresso. Queremos apenas apresentar algumas observações sobre o artigo acima.

O autor comete um grande erro quando diz que "quando se raciocina não se crê mais." Nós dizemos, ao contrário, que quando se raciocina sobre sua crença, crê-se mais firmemente, porque se compreende. É em virtude deste princípio que dissemos: Não há fé inabalável senão aquela que pode encarar a razão face a face em todas as épocas da Humanidade.

O erro da maior parte das religiões é ter erigido em dogma absoluto o princípio da fé cega e ter feito aceitar durante algum tempo, em favor desse princípio que anula a ação da inteligência, crenças que os ulteriores progressos da Ciência vieram contradizer. Disto resultou, num grande número de pessoas, essa prevenção que qualquer crença religiosa não pode suportar o livre exame, confundindo, numa reprovação geral, o que não passava de casos particulares. Esta maneira de julgar as coisas não é mais racional do que se condenássemos todo um poema porque ele encerra alguns versos incorretos, mas é mais cômoda para os que em nada querem crer, porque, rejeitando tudo, eles se julgam dispensados de tudo examinar.

O autor comete um outro erro capital quando diz que "quando um povo, uma época, cessou de crer, em breve vemos a religião existente desmoronar e não vemos surgir uma religião nova." Onde viu ele, na História, um povo, uma época sem religião?

A maior parte das religiões surgiram em tempos remotos, em que os conhecimentos científicos eram muito limitados ou nulos. Elas erigiram em crença noções erradas, que só o tempo podia retificar. Infelizmente, todas se fundamentaram no princípio da imutabilidade, e como quase todas confundiram, num mesmo código, a lei civil e a lei religiosa, disso resultou que, num dado momento, tendo avançado o espírito humano, ao passo que as religiões ficaram estacionárias, estas não mais se encontraram à altura das ideias novas. Então elas caem pela força das coisas, como caem as leis, os costumes sociais, os sistemas políticos que não podem corresponder às necessidades novas. Mas como as crenças religiosas são instintivas no homem, e constituem, para o coração e para o espírito, uma necessidade tão imperiosa quanto a legislação civil para a ordem social, não se anulam; transformam-se.

A transição jamais se opera de maneira brusca, mas pela mistura temporária de ideias antigas com ideias novas; é, a princípio, uma fé mista, que participa de umas e outras; pouco a pouco a velha crença se extingue e a nova cresce, até que a substituição seja completa. Por vezes a transformação é apenas parcial; então são seitas que se separam da religião mãe, modificando pontos de detalhe. Foi assim que o Cristianismo sucedeu ao paganismo, que o Islamismo sucedeu ao fetichismo árabe, que o Protestantismo, a religião grega, se separaram do Catolicismo. Por toda parte veem-se os povos não deixarem uma crença senão para seguir outra, adequada ao seu adiantamento moral e intelectual, mas em parte alguma há solução de continuidade.

É verdade que hoje vemos a incredulidade absoluta erigida em doutrina e professada por algumas seitas filosóficas, mas seus representantes, ínfima minoria na população inteligente, cometem o erro de se julgarem todo um povo, toda uma época, e porque não querem mais religião, acreditam que sua opinião pessoal é o termo dos tempos religiosos, quando não passa de transição parcial a outra ordem de ideias.

O ABADE LACORDAIRE E AS MESAS GIRANTES

Extrato de uma carta do abade Lacordaire à Sra. Swetchine, datada de Flavigny, 29 de junho de 1853, tirada de sua correspondência publicada em 1865.

"Vistes girar e ouvistes falar das mesas? – Desdenhei vê-las girar, como uma coisa muito simples, mas ouvi e *fiz que elas falassem*. Elas me disseram coisas muito admiráveis sobre o passado e sobre o presente. Por mais extraordinário que isto seja, é para um cristão que acredita nos *Espíritos* um fenômeno muito vulgar e muito pobre. Em todos os tempos houve modos mais ou menos bizarros para se *comunicar com os Espíritos*; apenas outrora se fazia mistério desses processos, como se fazia mistério da Química. A Justiça, por meio de execuções terríveis, enterrava essas estranhas práticas na sombra. Hoje, graças à liberdade dos cultos e à publicidade universal, o que era um segredo tornou-se uma fórmula popular. Talvez, também, por essa divulgação, Deus queira harmonizar o desenvolvimento das forças espirituais ao desenvolvimento das forças materiais, para que o homem não esqueça, em presença das maravilhas da mecânica, que há dois mundos inseridos um no outro: *o mundo dos corpos e o mundo dos Espíritos.*

"É provável que esse desenvolvimento paralelo continue crescendo até o fim do mundo, o que trará um dia o reino do Anticristo, onde se verá, de um lado e do outro, para o bem e para o mal, o emprego de armas sobrenaturais e prodígios pavorosos. Disto não concluo que o Anticristo esteja próximo, porque as operações que testemunhamos nada têm, salvo a publicidade, de mais extraordinário do que o que se via outrora. Os pobres incrédulos devem estar bastante inquietos com sua razão, mas eles têm o recurso de acreditar em tudo para fugir da verdadeira fé, e não falharão. Ó profundeza dos desígnios de Deus!"

O abade Lacordaire escrevia isto em 1853, isto é, quase no começo das manifestações, numa época em que esses fenômenos eram muito mais um objeto de curiosidade do que assunto de meditações sérias. Embora nessa época eles não se tivessem constituído em ciência nem em corpo de doutrina, ele tinha entrevisto sua importância e, longe de considerá-los como uma coisa efêmera, previa o seu desenvolvimento no futuro. Sua opinião sobre a existência e a manifestação dos Espíritos é categórica. Ora, como ele é tido, geralmente, por todo mundo, como uma das altas inteligências deste século, parece difícil colocá-lo entre os loucos, depois de havê-lo aplaudido como homem de grande senso e de progresso. Pode-se, portanto, ter senso comum e crer nos Espíritos.

Diz ele que as mesas falantes são "um fenômeno muito vulgar e muito pobre"; bem pobre, com efeito, quanto à maneira de comunicar-se com os Espíritos, porque se não se tivessem tido outros, o Espiritismo quase não teria avançado; então conheciam-se apenas os médiuns escreventes e não se suspeitava o que iria sair desse meio aparentemente tão pueril. Quanto ao reino do Anticristo, Lacordaire parece não se amedrontar muito, porque não o vê chegar tão depressa. Para ele, essas manifestações são *providenciais*; elas devem *perturbar e confundir os incrédulos*; nelas ele admira a profundeza dos desígnios de

Deus; elas não são, pois, obra do diabo, que deve estimular a renegar Deus e não a reconhecer o seu poder.

O trecho acima, da correspondência de Lacordaire, foi lido na Sociedade de Paris, na sessão de 18 de janeiro; nessa mesma sessão o Sr. Morin, um de seus médiuns escreventes habituais, adormeceu espontaneamente sob a ação magnética dos Espíritos; era a terceira vez que nele se produzia esse fenômeno, pois habitualmente só adormece pela magnetização ordinária. Em seu sono ele falou sobre vários assuntos e de diversos Espíritos presentes, cujo pensamento nos transmitiu. Entre outras coisas disse o seguinte:

"Um Espírito que todos conheceis, e que também reconheço; um Espírito de grande reputação terrena, elevado na escala intelectual dos mundos, está aqui. Espírita antes do Espiritismo, eu o vi ensinando a doutrina, não mais como encarnado, mas como Espírito. Vi-o pregando com a mesma eloquência, com o mesmo sentimento de convicção íntima que quando vivo, o que não teria ousado pregar abertamente do púlpito, mas aquilo a que conduziam os seus ensinamentos. Vi-o pregar a doutrina aos seus, à sua família, a todos os seus amigos. Vi-o desesperar-se, embora em estado espiritual, quando encontrava um cérebro refratário ou uma resistência obstinada às inspirações que ele insuflava, sempre vivo e petulante, querendo fazer penetrar a convicção nas inteligências, como se faz penetrar na rocha viva o buril impulsionado por vigorosa martelada. Mas este não entra tão depressa; contudo, sua eloquência converteu vários. Este Espírito é o do abade Lacordaire.

"Ele pede uma coisa, não por orgulho, por um interesse pessoal qualquer, mas no interesse de todos e para o bem da Doutrina: a inserção na *Revista* do que ele escreveu há treze anos. Se peço tal inserção, diz ele, é por dois motivos: o primeiro porque mostrareis ao mundo que, como dizeis, pode-se não ser tolo e crer nos Espíritos, e o segundo é que publicação dessa primeira citação permitirá que se descubram em meus escritos outras passagens que serão consideradas como concordes com os princípios do Espiritismo."

REFUTAÇÃO DA INTERVENÇÃO DO DEMÔNIO

(PELO MONSENHOR FREYSSINOUS, BISPO DE HERMÓPOLIS)

Em resposta à opinião que atribui a uma astúcia do demônio as transformações morais operadas pelo ensino dos Espíritos, temos dito muitas vezes que o diabo seria muito pouco hábil se, para levar um homem à perdição, começa por tirá-lo do atoleiro da incredulidade e reconduzi-lo a Deus, o que seria a conduta de um bobo e de um ingênuo. A isto objetam que é justamente aí que está a obra-prima da malícia desse inimigo de Deus e dos homens. Confessamos não compreender a malícia.

Um dos nossos correspondentes nos dirige, em apoio ao nosso raciocínio, as palavras que seguem, do Monsenhor Freyssinous, bispo de Hermópolis, tiradas de suas *Conferences sur la religion,* tomo II, pg. 341; Paris, 1825.

"Se Jesus Cristo tivesse operado seus milagres pela virtude do demônio, este teria trabalhado para destruir o seu império e teria empregado seu poder contra si mesmo. Certamente um demônio que procurasse destruir o reino do vício para estabelecer o da virtude seria um demônio estranho. Eis por que Jesus, para refutar a absurda acusação dos judeus, lhes dizia: 'Se opero prodígios em nome do demônio, então o demônio está dividido consigo mesmo; ele procura, pois, destruir-se', *resposta que não sofre réplica."*

Obrigado ao nosso correspondente pela bondade de nos assinalar esta importante passagem, da qual nossos leitores tirarão proveito oportuno. Obrigado, também, a todos os que nos transmitem o que encontram, em suas leituras, de interessante para a Doutrina. Nada se perde.

Como se vê, muitos eclesiásticos estão longe de professar, sobre a doutrina demoníaca, opiniões tão absolutas quanto certos membros do clero. Nesta matéria, Monsenhor de Hermópolis é uma autoridade cujo valor não poderiam negar. Seus argumentos são precisamente os mesmos que os espíritas opõem aos que atribuem ao demônio os bons conselhos que recebem dos Espíritos. Com efeito, que fazem os Espíritos senão destruir o reino do vício para estabelecer o da virtude, e reconduzir a Deus os que o desconhecem e o negam? Se tal fosse a obra do demônio, ele agiria como um ladrão de profissão que restituísse o que tinha roubado e induzisse os outros ladrões a se tornarem honestos. Então ele deveria ser felicitado por sua transformação. Sustentar a cooperação *voluntária* do Espírito do Mal para produzir o bem, não é apenas um contrassenso, mas é renegar a mais alta autoridade cristã, a do Cristo.

Que os fariseus do tempo de Jesus tivessem crido nisto de boa fé, poderíamos conceber, porque então eles não eram mais esclarecidos sobre a natureza de Satã do que sobre a de Deus, e porque fazia parte da teogonia dos Judeus considerá-los como dois poderes rivais. Mas hoje tal doutrina é tão inadmissível quanto a que atribuía a Satã certas invenções industriais, como a imprensa, por exemplo. Seus próprios defensores talvez sejam os últimos a nela crer; ela já cai no ridículo e não amedronta ninguém, e dentro de pouco tempo ninguém ousará invocá-la seriamente.

A Doutrina Espírita não admite poder rival ao de Deus e, ainda menos, poderia admitir que um ser decaído, precipitado por Deus no abismo, pudesse ter recuperado o poder a ponto de contrabalançar os seus desígnios, o que tiraria de Deus a sua onipotência. Segundo essa doutrina, Satã é a *personificação alegórica* do mal, como entre os pagãos Saturno era a personificação do tempo, Marte a da guerra, Vênus a da beleza.

Os Espíritos que se manifestam são as almas dos homens, e entre eles há, como entre os homens, bons e perversos, adiantados e atrasados; os bons dizem boas coisas, dão bons conselhos; os perversos dão maus conselhos, inspiram maus pensamentos e fazem o mal, como faziam na Terra; vendo a maldade, a velhacaria, a ingratidão, a perversidade de certos homens, reconhece-se que eles não valem mais que os piores Espíritos. Mas, encarnados ou desencarnados, esses maus Espíritos um dia chegarão a se melhorar, quando tiverem sido tocados pelo arrependimento.

Comparai uma e outra doutrina, e vereis qual delas é a mais racional, a mais respeitosa para com a divindade.

VARIEDADES

EUGÉNIE COLOMBE. PRECOCIDADE FENOMENAL

Vários jornais reproduziram o seguinte fato:
"A *Sentinelle,* de Toulon, fala de um jovem fenômeno que é admirado no momento nessa cidade.

"É uma menina de dois anos e onze meses, chamada Eugénie Colombe.

"Essa menina já sabe ler e escrever perfeitamente; além do mais, está em condições de sustentar o mais sério exame sobre os princípios da religião cristã, sobre gramática francesa, Geografia, História da França e sobre as quatro operações da Aritmética.

"Ela conhece a rosa dos ventos e sustenta perfeitamente uma discussão científica sobre qualquer assunto.

"Essa admirável menina começou a falar muito distintamente com a idade de quatro meses.

"Apresentada nos salões da prefeitura marítima, Eugénie Colombe, dotada de um rosto encantador, obteve um sucesso magnífico."

Este artigo nos tinha parecido, como para muitas outras pessoas, marcado de tal exagero, que não lhe tínhamos atribuído nenhuma importância. Não obstante, para saber positivamente a que nos atermos, pedimos a um dos nossos correspondentes, oficial de marinha em Toulon, a bondade de se informar do fato. Eis o que ele nos respondeu:

"Para me assegurar da verdade, fui à casa dos pais da menina mencionada pela *Sentinelle Toulonnaise* de 19 de novembro, e vi essa encantadora criança, cujo desenvolvimento físico corresponde à sua idade. Ela tem apenas três anos. Sua mãe é professora e é ela que dirige a sua instrução. Em minha presença interrogou-a sobre o catecismo, a história sagrada, desde a criação do mundo até o dilúvio, os oito primeiros reis da França e diversas circunstâncias relativas a seus reinados e ao de Napoleão I. Quanto à Geografia, a menina citou as cinco partes do mundo, as capitais dos países que as compõem e várias capitais de Departamentos da França. Também respondeu perfeitamente às primeiras noções de gramática francesa e do sistema métrico. Ela deu todas as respostas sem a menor hesitação, divertindo-se com os brinquedos que tinha nas mãos. Sua mãe me disse que ela sabe ler desde dois anos e meio e assegurou-me que pode responder do mesmo modo a mais de quinhentas perguntas."

Livre do exagero do relato dos jornais e reduzido às proporções acima, o fato não é menos notável e importante em suas consequências. Ele forçosamente chama a atenção sobre fatos análogos de precocidade intelectual e conhecimentos inatos. Involuntariamente procuramos sua explicação, e com a ideia da pluralidade das existências, que circula, não se chega a nela achar uma solução racional senão numa existência anterior. Há que colocar esses fenômenos no número dos que são anunciados como devendo, por sua multiplicidade, confirmar as crenças espíritas, e contribuir para o seu desenvolvimento.

No presente caso, certamente a memória parece desempenhar um papel importante. Sendo professora a mãe da menina, sem dúvida a menina encontrava-se habitualmente na sala de aula, e teria retido as lições dadas aos alunos por sua mãe, ao passo que se veem certos alunos possuírem, por intuição, conhecimentos de certo modo inatos e independentes de qualquer ensinamento. Mas por que nela e não nos outros, essa facilidade excepcional para assimilar o que ouvia e que provavelmente não pensavam em lhe ensinar? É que aquilo que ela ouvia apenas lhe despertava a lembrança do que ela já soubera. A precocidade de certas crianças para as línguas, a música, as matemáticas etc., todas as ideias inatas, numa palavra, igualmente não passam de lembranças. Elas se lembram do que souberam, como se veem certas pessoas lembrar-se, mais ou menos vagamente, do que fizeram ou do que lhes aconteceu. Conhecemos um menino de cinco anos que, estando à mesa, onde nada da conversa poderia ter provocado uma ideia a esse respeito, pôs-se a dizer: "Eu fui casado, e me lembro bem. Eu tinha uma mulher, pequena, jovem e linda, e tive vários filhos." Certamente não temos nenhum meio de controlar sua asserção, mas nos perguntamos de onde lhe pode vir semelhante ideia, quando nenhuma circunstância tinha podido provocá-la.

Devemos disto tirar a conclusão que as crianças que só aprendem à custa de muito esforço foram ignorantes ou estúpidas em sua precedente existência? Certamente não. A faculdade de recordar é uma aptidão inerente ao estado psicológico, isto é, ao mais fácil desprendimento da alma em certos indivíduos do que em outros, uma espécie de visão espiritual retrospectiva que lhes lembra o passado, ao passo que naqueles que não a possuem, esse passado não deixa qualquer traço *aparente*. O passado é como um sonho, do qual a gente se lembra mais ou menos exatamente, ou do qual se perdeu totalmente a lembrança. (Ver a *Revista Espírita* de julho de 1860 e também a de novembro de 1864).

No momento de remeter a *Revista* para a gráfica, recebemos de um dos correspondentes da Argélia, que, de passagem por Toulon, viu a pequena Eugénie Colombe, uma carta contendo o relato seguinte, que confirma o precedente, e acrescenta detalhes que não deixam de ser interessantes:

"Essa menina, de uma beleza notável, é de uma vivacidade extrema, mas de uma suavidade angélica. Sentada nos joelhos de sua mãe, respondeu a mais de cinquenta perguntas sobre o Evangelho. Interrogada sobre Geografia, designou-me todas as capitais da Europa e de diversos países da América; todas as capitais dos Departamentos da França e da Argélia; explicou-me o sistema decimal e o sistema métrico. Em gramática, os verbos, os particípios e os adjetivos. Conhece, ou pelo menos define, as quatro operações básicas. Escreveu meu ditado, mas com tal rapidez que sou levado a crer que escrevia mediunicamente. Na quinta linha ela largou a pena, olhou-me fixamente com seus grandes olhos azuis, e me disse bruscamente: 'Senhor, é bastante'. Depois desceu da cadeira e correu para os brinquedos.

"Essa criança certamente é um Espírito muito adiantado, porque se vê que responde e cita sem o menor esforço de memória. Sua mãe me disse que desde os 12 ou 15 meses ela sonha à noite e parece conversar, mas numa língua incompreensível. É caridosa por instinto; chama sempre a atenção de sua mãe quando avista um pobre; não suporta que batam nos cães, nos gatos, nem em qualquer animal. Seu pai é operário no arsenal de marinha."

Somente espíritas esclarecidos, como os nossos dois correspondentes, poderiam apreciar o fenômeno psicológico que apresenta essa criança e sondar-lhe a causa, porque, assim como para julgar um mecanismo é preciso ser mecânico, para julgar fatos espíritas é preciso ser espírita. Ora, em geral, a quem encarregam da constatação e da explicação dos fenômenos deste gênero? Precisamente a pessoas que não os estudaram e que, negando a causa primeira, não podem admitir-lhes as consequências.

TOM, O CEGO, MÚSICO NATURAL

Lemos no *Spiritual Magazine,* de Londres:
"A celebridade de *Tom, o Cego,* que há pouco fez o seu aparecimento em Londres, já se tinha espalhado aqui, e há alguns anos um artigo no jornal *All the year round* tinha descrito suas notáveis faculdades e a sensação que elas haviam produzido na América. A maneira pela qual as faculdades se desenvolveram nesse negro, escravo e cego, ignorante e totalmente iletrado; como, menino ainda, um dia surpreendido pelos sons da música na casa de seu senhor, correu sem cerimônia a sentar-se ao piano, reproduzindo nota por nota o que acabava de ser tocado, rindo e se contorcendo de alegria ao ver o novo mundo de prazeres que acabava de descobrir, tudo isto foi tão frequentemente repetido, que julgo inútil mencioná-lo mais uma vez. Mas um fato significativo e interessante me foi contado por um amigo, que foi o primeiro a testemunhar e apreciar a faculdade de Tom. Um dia tocaram uma peça de Haendel para ele. Imediatamente Tom a repetiu corretamente e, ao terminar, esfregou as mãos com uma expressão de indefinível alegria, exclamando: "Eu o vejo, é um velho com uma grande peruca; ele tocou primeiro e eu depois." É incontestável que Tom tinha visto Haendel e o tinha ouvido tocar.

"Tom exibiu-se várias vezes em público, e a maneira que executa os trechos mais difíceis quase faria duvidar de sua enfermidade. Ele repete sem falha, no piano, e necessariamente de memória, tudo quanto tocam para ele, quer sonatas clássicas antigas, quer fantasias modernas. Ora, gostaríamos de ver quem poderia aprender desta maneira as variações de Thalberg com os olhos fechados, como ele faz.

"Este fato surpreendente de um cego, ignorante, desprovido de qualquer instrução, mostrando um talento que outros são incapazes de adquirir com todas as vantagens do estudo, provavelmente será explicado por muitos, segundo a maneira ordinária de encarar estas coisas, dizendo: 'É um gênio e uma organização excepcional.' Mas só o Espiritismo pode dar a chave desse fenômeno de maneira compreensível e racional."

As reflexões que fizemos a propósito da menina de Toulon, naturalmente se aplicam a Tom, o Cego. Tom deve ter sido um grande músico, ao qual basta ouvir para lembrar-se do que sabia. O que torna o fenômeno mais extraordinário é que se apresenta num negro, escravo e cego, tríplice causa que se opunha à cultura de suas aptidões nativas e a despeito das quais se manifestaram na primeira ocasião favorável, como um germe aos raios do sol. Ora, como a raça negra em geral, e sobretudo no estado de escravidão, não brilha pela cultura das artes, há que concluir que o Espírito de Tom não pertence a essa raça, mas que nela se encarnou como expiação ou como meio providencial de reabilitação dessa raça na opinião, mostrando de que ela é capaz.

Muito foi dito e escrito contra a escravidão e o preconceito da cor. Tudo quanto foi dito é justo e moral, mas não passa de uma tese filosófica. A lei da pluralidade das existências e da reencarnação vem a isto acrescentar a irrefutável sanção de uma lei da Natureza que consagra a fraternidade de todos os homens. Tom, o escravo nascido e aclamado na América, é um protesto vivo contra os preconceitos que ainda reinam nesse país. (Ver a *Revista* de abril de 1862: Perfectibilidade da raça negra. Frenologia espiritualista).

SUICÍDIO DOS ANIMAIS

Contava o *Morning-Post,* há alguns dias, a estranha história de um cão que se teria suicidado. O animal pertencia a um senhor chamado Home, de Frinsbury, perto de Rochester. Parece que certas circunstâncias haviam levado a considerá-lo suspeito de hidrofobia e que, por conseguinte, evitavam-no

62 | REVISTA ESPÍRITA

e o mantinham afastado da casa tanto quanto possível. Ele parecia experimentar muito desgosto por ser assim tratado, e durante alguns dias notaram que ele estava de humor sombrio e magoado, mas sem mostrar ainda qualquer sintoma de raiva. Sexta-feira viram-no deixar o seu nicho e dirigir-se para a residência de um amigo íntimo de seu dono, em Upnor, onde recusaram acolhê-lo, o que lhe arrancou um grito lamentável.

"Depois de esperar algum tempo diante da casa sem obter permissão para entrar, decidiu-se a partir, e viram-no caminhar na direção do rio que passa perto dali, descer a barranca com passo deliberado e em seguida, depois de voltar-se e emitir uma espécie de uivo de adeus, entrar no rio, mergulhar na água e, ao cabo de um ou dois minutos, reaparecer à tona, sem vida.

"Este ato de suicídio extraordinário, segundo dizem, foi testemunhado por grande número de pessoas. O gênero de morte prova claramente que o animal não estava hidrófobo.

"Tal fato parece muito extraordinário. Sem dúvida encontrará incrédulos. Não obstante, diz o *Droit*, não lhe faltam precedentes.

"A história nos conservou a lembrança de cães fiéis que se entregaram a uma morte voluntária, para não sobreviverem a seus donos. Montaigne cita dois exemplos, tirados da Antiguidade: "Hyrcanus, o cão do rei Lisímaco, seu senhor morto, ficou obstinado sobre sua cama, sem beber nem comer, e no dia em que queimaram o corpo de seu senhor, ele correu e atirou-se no fogo, onde foi queimado, como fez também o cão de um tal Pyrrhus, porque ele não saiu de cima do leito do seu dono desde que ele morreu, e quando o levaram, deixou-se levar com ele, e finalmente lançou-se na fogueira onde queimavam o corpo de seu dono." *(Essais,* liv. II, cap. XII). Nós mesmos registramos, há alguns anos, o fim trágico de um cão que tendo perdido a estima de seu dono, e não achando consolo, tinha-se precipitado do alto de uma passarela no canal Saint-Martin. O relato muito circunstanciado que então fizemos do caso jamais foi contraditado e não deu lugar a qualquer reclamação das partes interessadas."

(Petit Journal, 15 de maio de 1866).

Não faltam exemplos de suicídio entre os animais. Como se disse acima, o cão que se deixa morrer de inanição pelo pesar de haver perdido o dono, realiza um verdadeiro suicídio. O escorpião, cercado por carvões acesos, vendo que não pode sair, mata-se. É uma analogia a mais a constatar entre o espírito do homem e o dos animais.

A morte voluntária de um animal prova que ele tem consciência de sua existência e de sua individualidade. Ele compreende o que é a vida e a morte, pois escolhe livremente entre uma e outra. Ele não é, portanto, uma máquina, e não obedece exclusivamente a um instinto cego, como se supõe. O instinto impele à procura dos meios de conservação, e não de sua própria destruição.

POESIAS ESPÍRITAS

(Sociedade de Paris, 20 de julho de 1866 –
Médium, Sr. Vavasseur)

LEMBRANÇA

Duas crianças, a irmã e o irmão,
Entravam juntas na choupana
Em noite de verão. Já a noite,
Em passo lento, avançava silenciosa,
Atrás deles, branca e vaporosa
Como misteriosa sombra.
Dormia a ave no fundo do bosque,
E o vento seco deslizava sem voz;
Tudo sonhava em um doce mistério.
Diz a irmã, baixinho, a seu irmão:
Irmão, tenho medo; não escutas
Um sino chorar ao longe?
É o triste dobre a finados
Por um morto. – Não tremas,
Irmã, diz o irmão, é uma alma

Que foge da Terra e que reclama
Uma prece, a fim de pagar
Seu lugar na eterna morada.
Vamos, irmã, orar na igreja
Sobre a laje poenta e cinza,
Onde nos viram, em dia de luto,
Ambos atrás do grande esquife
Onde dormia nossa pobre mãe.
Vamos orar pelos mortos, irmã;
Isto nos fará felizes.
Vamos, vamos! – E irmã e irmão,
Com lágrimas nos olhos,
Ambos se dando as mãos,
Tomaram o estreito e verde caminho
Que levava à velha igreja.
Uma segunda vez o toque do sino
Lhes trouxe o triste adeus
Do morto buscando Deus,
E o sino cessou o seu lamento;
E mudas, tremendo de medo,
As duas crianças silenciosas
Marchavam a olhar os céus.
Chegados da igreja à porta
Viram uma mulher sentada
À sombra de um triste pilar
Que sustinha a grande pia.
Com os pés nus e a face velada,
Pálida, louca e desgrenhada
Ela exclamava: Ó meu Deus!
Vós a quem se adora em toda parte,
Em todo o tempo, em toda a Terra,
Como no Céu, uma pobre mãe
Tremendo, ao pé dos vossos altares,
Ante os vossos desígnios eternos
Apenas ousa, em vossa presença,
Lamentar-se e conter o sofrimento.

Senhor! Eu só tinha um filho,
Um só; era róseo e branco
Como um branco raio que colore
Uma fresca manhã em sua aurora.
O espelho de seus grandes olhos azuis
Refletia o azul dos vossos céus,
E em sua boca um meigo sorriso
Parecia brotar e me dizer:
Não chores mais em teu lar;
Deus acaba de me enviar.
Vê, a tempestade cessou, mãe;
O céu está sem nuvens; espera!
E eu esperava. Mas, pobre criança,
Tu te enganavas me enganando.
Quando o vento sopra na praia
E tudo destrói ao seu passar,
Só deixando os caniços
A chorar ao pé das águas,
E quando a morte bate à porta
De um lar, entra e carrega
Tudo, tudo! Não deixando no sólio
Senão um pano preto a ocultar seu luto.
Eu sabia, entretanto, que um belo sonho,
Se começa de manhã, acaba
Uma noite aqui mesmo; que a noite,
Invejosa do sol que brilha
E empalidece a sua triste sombra,
Logo estende um véu sombrio
Para escurecer suas mil luzes
E o velar a todos os olhares.
Sim, eu o sabia; mas a mãe
Tudo ignorava; e quando espera,
A pobre mãe crê em tudo;
Para um filho, sobretudo felicidade.
Eu tinha sofrido toda a minha vida,
Não podia, sem loucura,

Esperar um dia de ventura?
Foi diferente! Senhor,
Que se faça vossa vontade!
Só, neste humilde retiro,
Onde vi morrer meu esposo,
Onde, pálida e trêmula, de joelhos,
Recebi o adeus de um pai,
Quando tirais à mãe
A última esperança, seu filho.
Ante o seu carrasco triunfante,
A morte que contempla sua presa
Com um sorriso de alegria,
Senhor! eu peço à mão
Que fere todos os meus, amanhã
Não poupar a mãe
Pedindo seu filho à Terra.
O sino, pela última vez,
A estas palavras, fez ouvir sua voz.
A alma da criança sobre a Terra
Voltava a consolar a mãe
Dizendo-lhe: Estou nos Céus!
Quando irmão e irmã pensativos
Saíram da velha igreja,
A mulher continuava sentada.

JEAN

DISSERTAÇÕES ESPÍRITAS

AS TRÊS CAUSAS PRINCIPAIS DAS DOENÇAS

(Paris, 25 de outubro de 1866 – Médium, Sr. Desliens)

O que é o homem?... Um composto de três princípios essenciais: o espírito, o perispírito e o corpo. A ausência de qualquer um destes três princípios acarretaria necessariamente o aniquilamento do ser no estado humano. Se o corpo não mais existir, haverá o Espírito e não mais o homem; se o perispírito falta ou não pode funcionar, não podendo o imaterial agir diretamente sobre a matéria, encontrando-se assim impossibilitado de manifestar-se, poderá haver alguma coisa do gênero do cretino ou do idiota, mas não haverá jamais um ser inteligente. Enfim, se o espírito faltar, ter-se-á um feto vivendo vida animal e não um Espírito encarnado. Se, pois, temos a presença de três princípios, esses três princípios devem reagir um sobre o outro, e seguir-se-á a saúde ou a doença, conforme haja entre eles harmonia perfeita ou desarmonia parcial.

Se a doença ou desordem orgânica, como queiram chamar, procede do corpo, os medicamentos materiais sabiamente empregados bastarão para restabelecer a harmonia geral.

Se a perturbação vem do perispírito, se é uma modificação do princípio fluídico que o compõe, que se acha alterado, será necessária uma medicação adequada à natureza do órgão perturbado, para que as funções possam retomar seu estado normal. Se a doença procede do Espírito, não poderíamos empregar, para combatê-la, outra coisa senão uma medicação espiritual. Se, enfim, – como é o caso mais geral, e, podemos mesmo dizer, o caso que se apresenta exclusivamente, – a doença procede do corpo, do perispírito e do espírito, será preciso que a medicação combata simultaneamente todas as causas da desordem por meios diversos, para obtermos a cura.

Ora, o que fazem geralmente os médicos? Eles cuidam do corpo e o curam; mas curam a doença? Não. Por quê? Porque sendo o perispírito um princípio superior à matéria propriamente dita, poderá tornar-se a causa em relação a esta, e se for entravado, os órgãos materiais que se acham em relação com ele serão igualmente atingidos na sua vitalidade. Cuidando do corpo, destruís o efeito; mas, residindo a causa no perispírito, a doença voltará novamente, quando cessarem os cuidados, até que se perceba que é preciso levar alhures a atenção, cuidando fluidicamente do princípio fluídico mórbido. Se, enfim, a doença proceder da *mente,* do espírito, o perispírito e o corpo, postos sob sua dependência, serão entravados em suas funções, e não é cuidando de um nem do outro que se fará desaparecer a causa.

Não é, pois, vestindo a camisa de força num louco ou lhe dando pílulas ou duchas que conseguirão restituir-lhe o estado normal. Apenas acalmarão seus sentidos revoltados; acalmarão seus acessos, mas não destruirão o germe senão o combatendo por seus semelhantes, fazendo homeopatia, espiritual e fluidicamente, como fazem materialmente, dando ao doente, pela prece, uma dose infinitesimal de paciência, de calma, de resignação, conforme o caso, como se lhe dá uma dose infinitesimal de brucina, de digitális ou de acônito.

Para destruir uma causa mórbida, há que combatê-la em seu terreno.

DR. MOREL LAVALLÉE

A CLAREZA

(Sociedade de Paris, 5 de janeiro de l866
- Médium, Sr. Leymarie)

Conceder-me-eis hospitalidade para a vossa primeira sessão de 1866? Eu desejo, com o abraço fraterno, vos apresentar votos amigos; que possais ter muitas satisfações morais, muita vontade e caridade perseverante. Neste século de luz, o que mais falta é clareza! Os meio sábios, os papões da imprensa, fizeram valentemente o trabalho da aranha para obscurecer, por meio de um tecido supostamente liberal, tudo o que é claro, tudo o que aclara.

Caros espíritas, encontrastes em todas as camadas sociais esta força de raciocínio que é a marca inteligente dos seres realizados? Não tendes, pelo contrário, a certeza de que a grande maioria de vossos irmãos se atola numa ignorância malsã? Por toda parte as heresias e as más ações! As boas intenções, viciadas em seu princípio, caem uma a uma, semelhantes a esses belos frutos cujo âmago um verme rói e o vento joga por terra. A clareza nos argumentos, no saber, acaso teria escolhido domicílio nas academias, entre os filósofos, os jornalistas e os panfletários?... Parece-me que poderíamos duvidar, vendo-os, a exemplo de Diógenes, com a lanterna na mão, procurar uma verdade em pleno sol.

Luz, claridade, vós sois a essência de todo movimento inteligente! Em breve inundareis com os vossos raios benfazejos os mais obscuros recantos desta pobre Humanidade; sois vós que tirareis do lodaçal tantos terrícolas pasmados, embrutecidos, espíritos infelizes que devem ser lavados pela instrução, pela liberdade, sobretudo pela consciência de seu valor espiritual. A luz expulsará as lágrimas, as penas, os desesperos sombrios, a negação das coisas divinas, todas as más vontades! Cercando o materialismo, ela o forçará a não mais abrigar-se atrás dessa barreira fictícia, carcomida, de onde arremessa desajeitadamente suas setas sobre tudo quanto não é obra sua.

Mas as máscaras serão arrancadas e então saberemos se os prazeres, a fortuna e o sensualismo, são mesmo os emblemas da vida e da liberdade. A clareza é útil em tudo e a todos; no embrião, como no homem, é necessária a luz! Sem ela *tudo caminha tateando, e tateando, a alma busca a alma.*

Que se faça uma noite eterna! Logo as cores harmoniosas desaparecerão do vosso globo; as flores estiolar-se-ão; as grandes árvores serão destruídas; os insetos, a Natureza inteira não mais emitirá esses mil sons; a eterna canção de Deus! os regatos banharão as regiões desoladas; o frio terá tudo mumificado; a vida terá desaparecido!...

O mesmo acontece com o Espírito. Se fizerdes noite em seu redor, ele ficará doente; o frio petrificará suas tendências divinas; como na Idade Média, o homem embotar-se-á, assemelhando sua alma às solidões selvagens e desoladas das regiões boreais!

É por isto, espíritas, que vos deveis a todas as clarezas. Mas antes de aconselhar e ensinar, começai logo por iluminar os menores refolhos de vossa alma. Quando suficientemente depurados para nada temer, podereis elevar a voz, o olhar, o gesto; fareis uma guerra implacável à sombra, à tristeza, à ausência de vida. Ensinareis as grandes leis espíritas aos irmãos que nada sabem do papel que Deus lhes confere.

1866, possas tu, para os anos seguintes, ser a estrela luminosa que conduzia os reis magos para o berço de uma humilde criança do povo. Eles vinham render homenagem à encarnação que devia representar, no mais largo sentido, o Espírito de Verdade, essa luz benfazeja que transformou a Humanidade. Por esse menino, tudo foi realizado! É ele que eterniza a graça e a simplicidade, a caridade, a benevolência, o amor e a liberdade.

O Espiritismo, também ele uma estrela luminosa, deve, como aquela que há dezoito séculos rasgou o véu sombrio dos séculos de ferro, conduzir os terrícolas à conquista das verdades prometidas. Saberá ele desvencilhar-se das tempestades que nos prometem as evoluções humanas e as resistências desesperadas da Ciência em apuros? É o que vós todos, meus amigos, e nós, vossos irmãos da erraticidade, somos chamados a melhor assinalar, inundando este ano com as claridades adquiridas.

Trabalhar com este objetivo é ser adepto do Menino de Belém, é ser filho de Deus, de que emanam toda a luz e toda a clareza.

SONNEZ

COMUNICAÇÃO PROVIDENCIAL DOS ESPÍRITOS

(Grupo Delanne. – Paris, 8 de janeiro de 1865
- Médium, Sra. Br...)

Os tempos são chegados em que esta palavra do profeta deve ser realizada: "Espalharei do meu Espírito sobre toda a carne; vossos filhos profetizarão e vossos velhos terão sonhos", diz o Senhor. O Espiritismo é essa difusão do espírito divino, que vem instruir e moralizar todos esses pobres deserdados da vida espiritual que, só vendo a matéria, esqueciam que o homem não vive só de pão.

Ao corpo é necessário um organismo material a serviço da alma, um alimento apropriado à sua natureza; mas à alma, emanação do Espírito Criador, é preciso um alimento espiritual que ela não encontra senão na contemplação das belezas celestes, resultando a harmonia das faculdades inteligentes em seu completo desdobramento.

Enquanto o homem não se empenha em cultivar o seu espírito e fica absorvido pela busca ou pela posse dos bens materiais, sua alma permanece de certo modo estacionária, e lhe é preciso um grande número de encarnações antes que ela possa, obedecendo insensivelmente e como que compulsoriamente à lei inevitável do progresso, chegar a esse começo de vitalidade intelectual que lhe confere a direção do ser material a que ela está unida. É por isto que, malgrado os ensinamentos dados pelo Cristo para fazer a Humanidade adiantar-se, ela está ainda tão atrasada, pois o egoísmo não quis apagar-se diante da lei de caridade, que deve mudar a face do mundo e dele fazer uma morada de paz e felicidade. Mas a bondade de Deus é infinita; ela ultrapassa a indiferença e a ingratidão de seus filhos, e é por isto que lhes envia esses mensageiros divinos, que lhes vêm lembrar que Deus não os criou para a Terra, onde eles estão apenas por algum tempo, a fim de que, pelo trabalho, desenvolvam as qualidades depositadas em germe em sua alma e que, cidadãos dos céus, não devem comprazer-se numa estação inferior à sua ignorância, onde só as suas faltas os retêm.

Agradecei, pois, ao Senhor, e saudai com alegria o advento do Espiritismo, pois ele é a realização das profecias, o sinal brilhante da bondade do Pai de misericórdia, e para vós um novo apelo a esse desprendimento da matéria, tão desejável, porquanto só ele vos pode proporcionar uma verdadeira felicidade.

LUÍS DE FRANÇA

NOTÍCIAS BIBLIOGRÁFICAS

MIRETTE

Romance espírita pelo Sr. Élie Sauvage, membro da Sociedade dos Homens de Letras[1].

---

[1] Vol. In-12. Librairie des Auteurs (Livraria dos Autores), Rue de la Bourse, 10. Preço 3 francos. Pelo correio, para a França e a Argélia, 3,30 francos.

72 | REVISTA ESPÍRITA

Para o Espiritismo, o ano de 1867 foi aberto pela publicação de uma obra que de certo modo inaugura um novo caminho aberto pela Doutrina Espírita para a literatura. *Mirette* não é um desses livros em que a ideia espírita é mero acessório, e como que jogada, *com essa finalidade,* ao acaso da imaginação, sem que a crença venha animá-la e aquecê-la. É essa ideia que constitui sua pedra fundamental, menos pela ação que pelas consequências gerais decorrentes.

Em *Espírita,* de Théophile Gautier, o fantástico supera de muito o real e o possível, do ponto de vista da doutrina. É menos um romance espírita do que o romance do Espiritismo, e que este não pode aceitar como uma pintura fiel das manifestações. Além disto, o conteúdo filosófico e moral aí é quase nulo. Essa obra não deixou de ser muito útil à vulgarização da ideia, pela autoridade do nome do autor, que lhe soube dar o cunho de seu incontestável talento, e por sua publicação no jornal oficial. Além do mais, era a primeira obra desse gênero de uma real importância, na qual a ideia era tomada a sério.

A obra do Sr. Sauvage é concebida num plano bem diverso. É uma pintura da vida real, onde nada se afasta do possível e da qual o Espiritismo tudo pode aceitar. É uma história simples, ingênua, de um interesse contínuo e tanto mais atraente quanto tudo aí é natural e verossímil. Nela não se encontram situações romanescas, mas cenas enternecedoras, pensamentos elevados, caracteres traçados conforme a Natureza. Nela vemos os mais nobres e puros sentimentos, em luta com o egoísmo e a mais sórdida maldade; a fé lutando contra a incredulidade. O estilo é claro, conciso, sem prolixidade e acessórios inúteis, sem ornamentos supérfluos e sem pretensões ao efeito. Propôs-se o autor, antes de tudo, a fazer um livro moral, e colheu os seus elementos na filosofia espírita e suas consequências, muito mais do que no fato das manifestações. Ele mostra a que elevação de pensamentos conduzem essas crenças. Sobre este ponto, resumimos nossa opinião dizendo que este livro pode ser lido com proveito pela juventude de ambos os sexos, que nele encontrará belos modelos, bons exemplos e úteis instruções, sem prejuízo do proveito e da concordância que dele se pode tirar em qualquer idade. Acrescentaremos que para ter escrito este livro no sentido em que ele escreveu, é preciso estar profundamente penetrado dos princípios da Doutrina.

O autor situa sua ação em 1831. Ele não pode, portanto, falar *nominalmente* do Espiritismo, nem das obras espíritas atuais. Então teve que remontar seu ponto de partida a Swedenborg. Mas aí tudo está em conformidade com os dados do Espiritismo moderno, que ele estudou com cuidado.

Eis, em duas palavras, o assunto da obra:

Forçado a deixar a França subitamente, durante a revolução, o Conde de Rouville, ao partir para o exílio, tinha confiado uma soma importante e seus títulos de família a um homem com cuja lealdade ele acreditava que podia contar. Esse homem, abusando de sua confiança, apropria-se da soma, com a qual enriquece. Quando o emigrado volta, o depositário declara não conhecê-lo e nega o depósito. O Sr. de Rouville, baldo de todos os recursos por essa infidelidade, morre de desespero, deixando uma filhinha de três anos, chamada Mirette. A criança é recolhida por um velho servidor da família, que a educa como sua filha. Quando tinha apenas dezesseis anos, seu pai adotivo, muito pobre, veio a falecer. Lucien, jovem estudante de direito, alma grande e nobre, que tinha assistido o velho em seus últimos momentos, torna-se o protetor de Mirette, deixada sem apoio e sem abrigo. Ele a faz admitir em casa de sua mãe, rica padeira de coração duro e egoísta. Ora, descobre-se que Lucien é filho do espoliador, que sabendo mais tarde que Mirette é a filha daquele a quem causou a ruína e a morte, cai doente e morre roído de remorsos, nas convulsões de uma horrível agonia. Daí complicações, porque os dois jovens se amam e acabam se casando.

Os principais personagens são: Lucien e Mirette, duas almas de escol; a mãe de Lucien, tipo perfeito do egoísmo, da cupidez, da estreiteza de ideias, em luta com o amor materno; o pai de Lucien, exata personificação da consciência perturbada; uma entregadora de pão, profundamente maldosa e ciumenta; um velho médico, excelente homem, mas incrédulo e trocista; um estudante de medicina, seu aluno, espiritualista, homem de coração e hábil magnetizador; uma sonâmbula muito lúcida, e uma irmã de caridade de ideias amplas e elevadas, modelo típico.

Acerca desta obra ouvimos a seguinte crítica:

A ação começa sem preâmbulo, por um desses casos de manifestações espontâneas, como se veem tantas em nossos dias, e que consistem em batidas nas paredes. Esses ruídos propiciam o encontro dos dois principais personagens da história, Lucien e Mirette, que se desenrola a seguir. Dizem que

74 | REVISTA ESPÍRITA

o autor deveria ter dado uma explicação do fenômeno, para esclarecimento das pessoas estranhas ao Espiritismo, que se acham num ponto de partida que não compreendem. Não compartilhamos desta opinião, porque outro tanto seria preciso dizer das cenas de visões extáticas e de sonambulismo. O autor não quis, e não podia, por tratar-se de um romance, fazer um tratado didático de Espiritismo. Todos os dias, escritores apoiam suas concepções em fatos científicos, históricos ou outros, que não podem senão supô-los conhecidos dos leitores, sob pena de transformarem suas obras em enciclopédias. Aos que não os conhecem cabe buscá-los ou pedir uma explicação. O Sr. Sauvage, colocando o seu assunto em 1831, não podia desenvolver teorias que só foram conhecidas vinte anos mais tarde. Aliás, os Espíritos batedores, em nossos dias, têm bastante repercussão, graças mesmo à imprensa hostil, para que poucas pessoas deles não tenham ouvido falar. Esses fatos são mais vulgares hoje do que muitos outros citados diariamente. Ao contrário, o autor nos parece ter realçado o Espiritismo, tomando o fato como suficientemente conhecido para dispensar explicações.

Também não partilhamos da opinião dos que lhe censuram o quadro um pouco familiar e vulgar, a pouca complicação dos efeitos da intriga, numa palavra, por não ter feito uma obra literária mais magistral, de que ele certamente seria capaz. Em nossa opinião, a obra é o que devia ser, para atingir o seu objetivo; não é um monumento que o autor quis construir, mas uma simples e graciosa casinha, onde o coração pudesse repousar. Tal qual é, dirige-se a todo mundo: grandes e pequenos, ricos e proletários, mas sobretudo a uma classe de leitores aos quais teria convindo menos, se estivesse revestida com uma forma mais acadêmica. Pensamos que sua leitura pode ser muito proveitosa para a classe laboriosa, e, sob este ponto de vista, gostaríamos que ela tivesse a mesma popularidade de certos escritos cuja leitura é menos sadia.

As duas passagens seguintes podem dar uma ideia do espírito no qual é concebida a obra. A primeira é uma cena entre Lucien e Mirette, no enterro do pai adotivo desta:

"Meu pobre pai, então não te verei mais! disse Mirette soluçando.

"Mirette, respondeu Lucien com voz suave e grave, os que creem em Deus e na imortalidade da alma humana não devem desolar-se como os infelizes que não têm esperança. Para os verdadeiros cristãos, a morte não existe. Olhai em torno de nós. Estamos sentados entre túmulos, no lugar terrível e fúnebre que a ignorância e o medo chamam de cidade dos mortos. Pois bem! O sol de maio aqui resplandece como no seio dos campos mais risonhos. As árvores, os arbustos e as flores inundam o ar com seus mais doces perfumes; do pássaro ao inseto imperceptível, cada ser da criação lança sua nota nesta grande sinfonia que canta a Deus o hino sublime da vida universal. Dizei-me, não está aí um brilhante protesto contra o nada, contra a morte? A morte é uma transformação para a matéria; para os seres bons e inteligentes é uma *transfiguração*. Vosso pai cumpriu a tarefa que Deus lhe tinha confiado: Deus o chamou a si; que nosso amor egoísta não negue a palma ao mártir, a coroa ao vencedor!.. Mas não creiais que ele vos esqueça. O amor é o laço misterioso que liga todos os mundos. O pai de família, forçado a realizar uma grande viagem, não pensa em seus filhos queridos? Não vela de longe por sua felicidade? Sim, Mirette, que este pensamento vos console; jamais somos órfãos na Terra; para começar, temos Deus, que nos permitiu chamá-lo nosso pai e depois os amigos que nos precederam na vida eterna. – Aquele que chorais lá está, eu o vejo... ele vos sorri com uma ternura inefável... ele vos fala... escutai...

"De repente o rosto de Lucien tomou uma expressão extática; seu olhar fixo, seu dedo levantado no ar mostrava alguma coisa no espaço; seu ouvido atento parecia escutar palavras misteriosas.

"Criança, – diz ele, com uma voz que não era mais a sua, – por que fixar o olhar velado de lágrimas neste canto de terra onde depositaram meus despojos mortais? Ergue os olhos para o Céu; é lá que o Espírito, purificado pelo sofrimento, pelo amor e pela prece, se evola para o objeto de suas sublimes aspirações! O que importa à borboleta que ao sol distende as suas asas radiosas, que lhe importam os restos de sua grosseira carcaça? A poeira volta à poeira, a centelha sobe para o seu divino foco. Mas o Espírito deve passar por terríveis provas antes de receber sua coroa. A Terra sobre a qual se agita o formigueiro humano é um lugar de expiação e de preparação para a vida bem-aventurada. Grandes lutas te esperam, pobre criança, mas tem confiança. Deus e os bons Espíritos não te abandonarão. Fé, esperança, amor, que seja esta a tua divisa. Adeus."

76 | REVISTA ESPÍRITA

A obra termina pelo seguinte relato de uma excursão *extática* dos dois jovens, então casados:

"Após uma viagem, cuja duração não puderam apreciar, os dois navegantes aéreos abordaram uma terra desconhecida e maravilhosa, onde tudo era luz, harmonia e perfume, onde a vegetação era tão bela que diferia tanto da nossa quanto a flora tropical difere da flora da Groenlândia e das terras austrais. Os seres que habitavam esse mundo perdido no meio dos mundos se pareciam muito com a ideia que aqui fazemos dos anjos. Seus corpos leves e transparentes nada tinham do nosso grosseiro envoltório terreno; seus rostos irradiavam inteligência e amor. Uns repousavam à sombra de árvores carregadas de frutos e flores, outros passeavam como essas sombras bem-aventuradas que nos mostra Virgílio na sua deslumbrante descrição dos Campos Elíseos. Os dois personagens que Lucien já tinha visto várias vezes em suas visões precedentes avançaram com os braços estendidos para os dois viajantes. O sorriso com que os abraçaram os encheu de uma alegria celeste. Aquele que tinha sido o pai adotivo de Mirette lhe disse com uma doçura inefável: "Meus caros filhos, vossas preces e vossas boas obras encontraram graça diante de Deus. Ele tocou a alma do culpado e a reenvia à vida terrestre para *expiar suas faltas e se purificar por novas provas,* porque Deus não castiga eternamente e sua justiça é sempre temperada pela misericórdia."

Eis agora, sobre esta obra, a opinião dos Espíritos, dada na Sociedade de Paris, na sessão em que foi feito o seu relato:

(Sociedade de Paris, 4 de janeiro de 1867
- Médium: Sr. Desliens)

A cada dia a crença destaca das ideias adversas um espírito irresoluto; a cada dia novos adeptos obscuros ou ilustres vêm abrigar-se sob sua bandeira; os fatos se multiplicam e a multidão reflete. Depois, os medrosos agarram sua coragem com as duas mãos e gritam: Avante! com toda a força dos pulmões. Os homens sérios trabalham, e a ciência moral ou material, os romances e as novelas deixam penetrar os princípios novos em páginas eloquentes. Quantos espíritas que não sabem que são espíritas existem entre os espiritualistas modernos! Quantas publicações às quais não falta senão uma palavra para serem apontadas à atenção pública como emanando de uma fonte espírita!

O ano de 1866 apresenta a filosofia nova sob todas as suas formas; mas é ainda a haste verde que encerra a espiga de trigo e que para subir espera que o calor da primavera a tenha amadurecido e feito entreabrir. 1866 preparou, 1867 amadurecerá e realizará. O ano se abre sob os auspícios de *Mirette* e não terminará sem ver aparecerem novas publicações do mesmo gênero e mais sérias ainda, de tal forma que o romance tornar-se-á filosofia e a filosofia far-se-á história.

O Espiritismo não será transformado numa crença ignorada e aceita apenas por alguns cérebros supostamente doentes; será uma filosofia admitida ao banquete da inteligência, uma ideia nova, com assento ao lado das ideias progressivas que caracterizam a segunda metade do século dezenove. Assim, felicitamos vivamente aquele que soube, como pioneiro, pôr de lado todo falso respeito humano, para arvorar franca e claramente sua crença íntima.

DR. MOREL LAVALLÉE

ECHOS POÉTIQUES D'OUTRE-TOMBE[2]

Coletânea de poesias mediúnicas obtidas pelo Sr. Vavasseur; precedida de um *Estudo sobre a poesia mediúnica*, pelo Sr. *Allan Kardec*, I vol. in-12, preço: 1 franco. Pelo correio, para a França e Argélia, I,20 francos. – Paris, livraria central, Boulevard des Italiens, 24; no escritório da *Revista Espírita* e com o autor, na Rua de La Mairie, 3, em Paris-Montmartre.

Esta obra, da qual falamos em nosso número anterior, e cuja impressão esteve em atraso, está à venda.

---

[2] Ecos poéticos de Além-Túmulo.

NOVA TEORIA MÉDICO-ESPÍRITA

(Pelo doutor Brizio, de Turim)

Não conhecemos esta obra senão pelo prospecto em italiano, que nos foi enviado, mas só nos podemos alegrar por ver o interesse das nações estrangeiras em seguir o Movimento Espírita e felicitar os homens de talento que entram na via das aplicações do Espiritismo à Ciência. A obra do doutor Brizio será publicada em 20 ou 30 fascículos a 20 centavos cada, e a impressão será iniciada quando houver 300 assinantes. Assinaturas em Turim, na livraria Degiorgis, via Nova.

O Livro dos Médiuns
Tradução em espanhol da 9.ª edição francesa
No escritório da *Revista Espírita* em Madrid, Barcelona, Marselha e Paris.

ALLAN KARDEC

REVISTA ESPÍRITA

JORNAL DE ESTUDOS PSICOLÓGICOS

ANO X	MARÇO DE 1867	VOL. 3

A HOMEOPATIA NAS MOLÉSTIAS MORAIS

Pode a homeopatia modificar as disposições morais? Tal é a pergunta feita por certos médicos homeopatas e à qual não hesitam em responder afirmativamente, apoiando-se em fatos. Considerando-se sua extrema gravidade, vamos examiná-la com cuidado, de um ponto de vista que nos parece ter sido negligenciado por aqueles senhores, por mais espiritualistas e mesmo espíritas que sejam, sem dúvida, porquanto há bem poucos médicos homeopatas que não sejam uma ou a outra coisa. Mas, para a compreensão de nossas conclusões, são necessárias algumas explicações preliminares sobre as modificações dos órgãos cerebrais, sobretudo para as pessoas alheias à fisiologia.

Um princípio que a simples razão torna admissível e que a Ciência constata diariamente, é que nada há de inútil na Natureza, e que até nos mais imperceptíveis detalhes tudo tem um fim, uma razão de ser, uma destinação. Este princípio é particularmente evidente no que concerne ao organismo dos seres vivos.

Em todos os tempos, o cérebro tem sido considerado como o órgão da transmissão do pensamento e a sede das faculdades intelectuais e morais. É hoje reconhecido que certas partes do cérebro têm funções especiais e são afetadas por uma ordem particular de pensamentos e sentimentos, pelo menos no que concerne à generalidade; é assim que, instintivamente, na parte anterior se colocam as faculdades do domínio da inteligência e que uma fronte fortemente deprimida e retraída é para todo mundo um sinal de inferioridade intelectual. As faculdades afetivas, os sentimentos e as paixões estariam, consequentemente, sediados em outras partes do cérebro.

Ora, se considerarmos que os pensamentos e os sentimentos são excessivamente múltiplos, e partindo do princípio que tudo tem sua destinação e sua utilidade, é permitido concluir que não só cada feixe fibroso do cérebro corresponde à manifestação de uma faculdade geral distinta, mas que cada fibra corresponde à manifestação de uma das nuanças dessa faculdade, como cada corda de um instrumento corresponde a um som particular. Sem dúvida é uma hipótese, mas que tem todos os caracteres de probabilidade, e cuja negação não infirmaria as consequências que deduziremos do princípio geral. Ela nos ajudará em nossa explicação.

O pensamento é independente do organismo? Aqui não temos que discutir esta questão, nem que refutar a opinião materialista segundo a qual o pensamento é secretado pelo cérebro, como a bile pelo fígado; nasce e morre com esse órgão. Além de suas funestas consequências morais, essa doutrina tem contra si o fato de nada explicar.

Segundo as doutrinas espiritualistas, que são as da imensa maioria dos homens, não podendo a matéria produzir o pensamento, este é um atributo do Espírito, do ser inteligente que, quando unido ao corpo, serve-se dos órgãos especialmente encarregados da sua transmissão, como se serve dos olhos para ver e dos pés para andar. Sobrevivendo o Espírito ao corpo, o pensamento também a ele sobrevive.

Segundo a Doutrina Espírita, o Espírito não só sobrevive, mas *preexiste* ao corpo; ele não é um ser novo; ao nascer, ele traz as ideias, qualidades e imperfeições que possuía; assim se explicam as ideias, as aptidões e as inclinações inatas. O pensamento é, pois, *preexistente e sobrevivente* ao organismo. Este ponto é capital e é por não o terem reconhecido que tantas questões permaneceram insolúveis.

Estando na Natureza todas as faculdades e aptidões, o cérebro encerra os órgãos, ou, pelo menos, o germe dos órgãos necessários à manifestação de todos os pensamentos. A atividade do pensamento do Espírito sobre um ponto determinado impele ao desenvolvimento da fibra, ou, se se quiser, do órgão correspondente. Se uma faculdade não existir no Espírito, ou se, existindo, deve ficar em estado latente, estando inativo o órgão correspondente, ela não se desenvolve ou se atrofia. Se o órgão for atrofiado congenitamente, a faculdade não pode manifestar-se, e o Espírito parece dela privado, embora, em realidade, a possua, porquanto ela lhe é inerente. Enfim, se o órgão, primitivamente, em seu estado normal, se deteriora no curso da vida, a faculdade, de brilhante que era, se reduz, depois se apaga, mas não se destrói; há apenas um véu que a obscurece.

Conforme os indivíduos, há faculdades, aptidões, tendências que se manifestam desde o começo da vida, outras se revelam em épocas mais tardias, e produzem as mudanças de caráter e de disposições que se notam em certas pessoas. Neste último caso, geralmente não são disposições novas, mas aptidões preexistentes, que dormitariam até que uma circunstância as viesse estimular e despertar. Podemos ter certeza que as disposições viciosas que se manifestam, por vezes subitamente e tardiamente, tinham seu germe preexistente nas imperfeições do espírito, porque este, marchando sempre para o progresso, se for fundamentalmente bom, não pode tornar-se mau, ao passo que de mau pode tornar-se bom.

O desenvolvimento ou a depressão dos órgãos cerebrais segue o movimento que se opera no Espírito. Essas modificações são favorecidas em todas as idades, mas sobretudo na mocidade, pelo trabalho íntimo de renovação que se opera incessantemente no organismo, da seguinte maneira:

Os principais elementos do organismo são, como sabemos, o oxigênio, o hidrogênio, o azoto e o carbono que, por suas múltiplas combinações, formam o sangue, os nervos, os músculos, os humores e as diferentes variedades de substâncias. Pela atividade das funções vitais, as moléculas orgânicas são incessantemente expelidas do corpo pela transpiração, pela exalação e por todas as secreções, de sorte que se não fossem substituídas, o corpo reduzir-se-ia e acabaria deperecendo. O alimento e a aspiração incessantemente trazem novas moléculas, destinadas a substituir as que se vão, de onde se segue que, num tempo dado, todas as moléculas orgânicas são inteiramente renovadas, e que numa certa idade, não existe mais uma só das que formavam o corpo em sua origem. É o caso de uma casa, da qual se arrancassem as pedras uma a uma, substituindo-as sucessivamente por novas pedras da mesma forma e tamanho, e assim por diante até a última. Teríamos sempre a mesma casa, mas formada de pedras diferentes.

Assim é com o corpo, cujos elementos constitutivos são, dizem os fisiologistas, totalmente renovados de sete em sete anos. As diversas partes do organismo continuam existindo, mas os materiais são trocados. Dessas mudanças gerais ou parciais nascem as modificações que sobrevêm, com a idade, no estado de saúde de certos órgãos, as variações que sofrem os temperamentos, os gostos, os desejos que influem sobre o caráter.

As aquisições e as perdas não estão sempre em perfeito equilíbrio. Se as aquisições superam as perdas, o corpo cresce e engrossa; se se dá o contrário, o corpo diminui. Assim podemos entender o crescimento, a obesidade, o emagrecimento e a decrepitude.

A mesma causa produz a expansão ou a cessação do desenvolvimento dos órgãos cerebrais, conforme as modificações que se operam nas preocupações habituais, nas ideias e no caráter. Se as circunstâncias e as causas que agem diretamente sobre o Espírito, provocando o exercício de uma aptidão ou de uma paixão que até agora estava em estado de inércia, a atividade que se produz no órgão correspondente aí faz afluir o sangue, e com ele as moléculas constitutivas do órgão, que cresce e toma força na proporção dessa atividade. Pela mesma razão, a inatividade da faculdade produz o enfraquecimento do órgão, como também uma atividade muito grande e muito persistente pode levá-lo à desorganização ou ao enfraquecimento, por uma espécie de desgaste, como acontece com uma corda muito esticada.

As aptidões do Espírito, portanto, são sempre *uma causa*, e o estado dos órgãos, *um efeito*. Pode acontecer, entretanto, que o estado dos órgãos seja modificado por uma causa estranha ao Espírito, tal como doença, acidente, influência atmosférica ou climática; então os órgãos é que reagem sobre o Espírito, *não alterando suas faculdades,* mas perturbando *a manifestação.*

Um efeito semelhante pode resultar das substâncias ingeridas, no estômago, como alimentos ou medicamentos. Essas substâncias aí se decompõem, e os princípios essenciais que elas encerram, misturados ao sangue, são levados, pela corrente da circulação, a todas as partes do corpo. É reconhecido pela experiência que os princípios ativos de certas substâncias são levados mais particularmente a tal ou qual víscera: o coração, o fígado, os pulmões etc., e aí produzem efeitos reparadores ou deletérios, conforme sua natureza e propriedades especiais. Alguns, agindo desta maneira sobre o cérebro, podem exercer sobre o conjunto ou sobre determinadas partes, uma ação estimulante ou estupefaciente, conforme a dose e o temperamento, como, por exemplo, as bebidas alcoólicas, o ópio e outras.

Nós nos estendemos um pouco sobre os detalhes que precedem, a fim de facilitar a compreensão do princípio sobre o qual pode apoiar-se, com aparência de lógica, a teoria das modificações do estado moral por meios terapêuticos. Esse princípio é o da ação direta de uma substância sobre uma parte do organismo cerebral, tendo por função especial servir à manifestação de uma faculdade, de um sentimento ou de uma paixão, porque não pode ocorrer a ninguém que tal substância possa agir sobre o Espírito.

Admitido, pois, que o princípio das faculdades está no Espírito e não na matéria, suponhamos que se reconheça numa substância a propriedade de modificar as disposições morais, de neutralizar uma inclinação má, isto só poderia se dar por força de sua ação sobre o órgão correspondente a essa inclinação, ação que teria por efeito deter o desenvolvimento desse órgão, de atrofiá-lo ou paralisá-lo se ele for desenvolvido. É evidente que, neste caso, não se suprime a inclinação, mas sua manifestação, absolutamente como se de um músico tirássemos seu instrumento.

Provavelmente são efeitos dessa natureza que certos homeopatas observaram, e que os fizeram crer na possibilidade de corrigir, com o auxílio de medicamentos apropriados, vícios tais como o ciúme, o ódio, o orgulho, a cólera etc. Uma tal doutrina, se fosse verdadeira, seria a negação de toda responsabilidade moral, a sanção do materialismo, porque então a causa de nossas imperfeições estaria apenas na matéria; a educação moral reduzir-se-ia a um tratamento médico; o mais perverso dos homens poderia tornar-se bom sem grandes esforços, e a Humanidade poderia ser regenerada com o auxílio de algumas pílulas. Se, ao contrário, e disto não resta dúvida, as imperfeições forem inerentes à inferioridade do Espírito, não será possível melhorá-lo pela modificação de seu envoltório carnal, como não se endireita um corcunda dissimulando sua deformidade sob o talhe de suas roupas.

Não duvidamos, entretanto, que tais resultados tenham sido obtidos nalguns casos particulares, porque, para afirmar um fato tão grave, é preciso ter observado, no entanto, estamos convictos que se enganaram sobre a causa e sobre o efeito. Os medicamentos homeopáticos, por sua natureza etérea, têm uma ação de certa forma molecular; mais do que outros, indubitavelmente, eles podem agir sobre certas partes elementares e fluídicas dos órgãos e modificar sua constituição íntima. Se, pois, como é racional admitir, todos os sentimentos da alma têm sua fibra cerebral correspondente para sua manifestação, um medicamento que agisse sobre essa fibra, quer para paralisá-la, quer para exaltar sua sensibilidade, paralisaria ou exaltaria, por isso mesmo, a *expressão* do sentimento do qual ela fosse o instrumento, mas o sentimento não deixaria de subsistir. O indivíduo estaria na posição de um assassino a quem se tirasse a possibilidade de cometer homicídios cortando-lhe os braços, mas que não deixaria de conservar o desejo de matar. Seria, pois, um paliativo, mas não um remédio curativo.

Não se pode agir sobre o ser espiritual senão por meios espirituais. A utilidade dos meios materiais, se fosse constatado o efeito acima, talvez fosse de dominar mais facilmente o Espírito, de torná-lo mais flexível, mais dócil e mais acessível às influências morais; mas nos embalaríamos em ilusões se esperássemos de uma medicação qualquer um resultado definitivo e durável.

Seria diferente se se tratasse de dar suporte à manifestação de uma faculdade existente. Suponhamos um Espírito inteligente encarnado, mas tendo a seu serviço um cérebro atrofiado e não podendo, pois, manifestar suas ideias. Ele seria, para nós, um idiota. Admitindo-se – o que julgamos possível à homeopatia, mais do que a qualquer outro gênero de medicação – que se pudesse dar mais flexibilidade e sensibilidade às fibras cerebrais, o Espírito manifestaria seu pensamento, como o mudo ao qual se tivesse soltado a língua. Mas se o próprio Espírito fosse idiota, mesmo que tivesse a seu serviço o cérebro do maior gênio, nem por isso seria menos idiota. Um medicamento qualquer, não podendo agir sobre o Espírito, não poderia dar-lhe o que ele não tem nem tirar o que ele tem. Mas agindo sobre o órgão de transmissão do pensamento, ele pode facilitar essa transmissão, sem que, em consequência disso, haja qualquer alteração na condição do Espírito. O que é difícil, e o mais das vezes impossível, no caso do idiota de nascença, porque há nele uma paralisação completa e quase sempre geral de desenvolvimento nos órgãos, torna-se possível quando a alteração é acidental e parcial. Nesse caso, não é o Espírito que é aperfeiçoado, são seus meios de comunicação.

EXPLORAÇÃO DAS IDEIAS ESPÍRITAS

A PROPÓSITO DOS RELATOS DE MIRETTE

Vários jornais referiram-se com elogios ao romance de *Mirette*, do qual falamos na *Revista* de fevereiro último. Só podemos felicitar os jornalistas que não bloquearam as ideias contidas nessa obra, embora contrárias às suas convicções. É um progresso, porque tempo houve em que só a cor espírita teria sido um motivo de reprovação. Vimos com que parcimônia e continência embaraçada os próprios amigos de Théophile Gautier falaram de seu romance *Espírita*. É verdade que, fora do que se refere ao mundo espiritual, o caráter essencialmente moral de *Mirette* oferecia o flanco à troça. Por mais cético que sejamos, não rimos do que tem o bem como consequência.

A crítica prendeu-se principalmente neste ponto: Por que misturar o sobrenatural neste simples relato? Era útil à ação apoiar-se em casos de visões e aparições? Que necessidade tinha o autor de transportar os seus heróis para o mundo *imaginário* da vida espiritual, para chegar à realização da reparação decretada pela Providência? Não temos milhares de histórias muito edificantes sem o emprego de semelhantes recursos?

Certamente isto não era necessário. Mas diremos a esses senhores: Se o Sr. Sauvage tivesse feito um romance católico, far-lhe-íeis, por mais céticos que fosseis, uma censura por empregar com recursos da ação o inferno, o paraíso, os anjos, os demônios e todos os símbolos da fé? Por fazer intervirem os deuses, as deusas, o Olimpo e o Tártaro num romance pagão? Por que, então, achar mau que um escritor, espírita ou não, utilize os elementos oferecidos pelo Espiritismo, que é uma crença como as outras, com seu lugar ao sol, se esta crença se presta

86 | REVISTA ESPÍRITA

ao seu propósito? Com menos razão podemos censurá-lo se, em sua convicção, aí vê um meio providencial para chegar ao castigo dos culpados e à recompensa dos bons.

Se, pois, no pensamento do escritor, essas crenças são verdadeiras, por que ele não as exporia num romance, tanto quanto numa obra filosófica? Mas há mais: É que, como temos dito muitas vezes, estas mesmas crenças abrem à Literatura e às Artes um campo vasto e novo de exploração, onde elas colherão a mancheias quadros tocantes e as mais atraentes situações. Vede o partido que disto tirou Barbara, mesmo incrédulo como ele era, no seu romance *O Assassinato da Ponte-Vermelha (Revista* de janeiro de 1867). Como aconteceu com a arte cristã, apenas aqueles que tiverem fé tirarão disso maior proveito, pois aí encontrarão motivos de inspiração que jamais terão os que só fazem obras de fantasia.

As ideias espíritas estão no ar; como se sabe, abundam na literatura atual; os mais cépticos escritores a elas recorrem sem suspeitar, levados pela força do raciocínio a empregá-las como explicação ou meios de ação. É assim que, muito recentemente, o Sr. Ponson du Terrail, que mais de uma vez se divertiu às custas do Espiritismo e de seus adeptos, num romance folhetim intitulado *Mon Village,* publicado no *Moniteur* da tarde (7 de janeiro de 1867), assim se exprime:

"Estas duas crianças já se amavam e talvez jamais ousariam dizê-lo.

"Por vezes o amor é instantâneo e facilmente levaria a crer na transmigração[1] das almas e *na pluralidade das existências.* Quem sabe? Estas duas almas, que palpitam ao primeiro contacto e que há pouco se julgavam desconhecidas uma da outra, *outrora não foram irmãs?*

"E quando chegavam na *Grand'Rue de Saint Florentin,* cruzaram com um homem que andava muito depressa e que, à sua vista, experimentou uma espécie de comoção elétrica. Esse homem era Mulot, que saía do café do *Univers.* Mas os senhores Anatole e Mignonne não o viram. Recolhidos e silenciosos, vivendo por assim dizer em si mesmos, *sem dúvida suas almas estavam longe desta terra que eles pisavam.*"

Então o autor viu no mundo situações semelhantes às que acaba de descrever, e que são um problema para o moralista;

---

[1] No original "transmission" – transmissão, que não faz sentido. "Transmigration" é mais coerente. Acreditamos tratar-se de falha gráfica. (Nota do revisor Boschiroli)

ele aí não encontra solução lógica senão admitindo que essas duas almas encarnadas, solicitadas uma para a outra por uma irresistível atração, podiam ter sido irmãs em outra existência. Onde ele colheu este pensamento? Certamente não foi nas obras espíritas, que ele não leu, como o provam os erros cometidos a cada passo que ele fala da Doutrina. Colheu-o nessa corrente de ideias que atravessam o mundo, às quais nem mesmo os incrédulos podem escapar, e que de boa fé creem tirá-las de seu próprio íntimo. Mesmo combatendo o Espiritismo, trabalham inadvertidamente na propagação dos seus princípios. Pouco importa a via pela qual esses princípios se infiltram; mais tarde reconhecerão que só lhe falta o nome.

Sob o título de *Conto de Natal,* o *Avenir National* de 26 de dezembro de 1866 publicou um artigo do Sr. Taxile Delort, escritor muito pouco espírita, como se sabe, no qual o autor supõe um jornalista sentado, na véspera do Natal, ao pé do fogo, perguntando-se em que se havia tornado a Boa Nova que os anjos, em dia semelhante, há dois mil anos, tinham vindo anunciar ao mundo. Como ele se entregasse às suas reflexões, o jornalista ouviu uma voz firme e doce, que lhe dizia:

"Eu sou o Espírito; o da Revolução; o Espírito que fortalece os indivíduos e os povos; trabalhadores, de pé! O passado ainda conserva um sopro de vida e desafia o futuro. O progresso, mentira ou utopia, vos grita; não escutais estas vozes enganadoras? Para haurir forças e marchar para a frente, olhai um momento para trás de vós.

"O progresso é invencível; ele se serve mesmo dos que lhe resistem para avançar."

Não acompanharemos o jornalista e o Espírito no diálogo entre eles estabelecido, no qual este último desdobra o futuro, porque marcham num terreno que nos é interdito; apenas faremos notar que artifício emprega o autor para chegar aos seus fins. Aos seus olhos esse artifício é pura fantasia, mas não nos surpreenderíamos se um verdadeiro Espírito lhe tivesse soprado a frase acima, que destacamos.

Neste momento representam no teatro de *l'Ambigu* (Teatro do Ambíguo) um drama dos mais comoventes, intitulado *Maxwel,* pelo Sr. Jules Barbier, do qual eis em duas palavras o nó da intriga.

Um pobre tecelão, chamado Butler, é acusado do assassinato de um gentil-homem, e todas as aparências são de tal modo

88 | REVISTA ESPÍRITA

contra ele que ele é condenado pelo juiz Maxwel a ser enforcado. Só um homem poderia inocentá-lo, mas não se sabe que fim levou. Contudo, a mulher do tecelão, num acesso de sono sonambúlico, viu esse homem e o descreveu. Então poderiam reencontrá-lo. Um bom e sábio médico, que acredita no sonambulismo, amigo do juiz Maxwel, vem informá-lo desse incidente, a fim de obter um sursis para a execução, mas Maxwel, céptico quanto a essas faculdades, que considera sobrenaturais, mantém a sentença, e se dá a execução. Algumas semanas depois o homem reaparece e conta o que se passou. A inocência do condenado é demonstrada e a visão da sonâmbula confirmada.

Entretanto, o verdadeiro assassino permaneceu desconhecido. Passaram-se quinze anos, durante os quais aconteceram vários incidentes. O juiz, acabrunhado de remorsos, dedica a vida à procura do culpado. A viúva de Butler, que se expatriou levando a filha, morreu na miséria. Mais tarde essa filha se torna cortesã, sob outro nome. Uma circunstância fortuita lhe põe nas mãos a faca usada pelo assassino; como sua mãe, ela cai em sonambulismo, e esse objeto, levando-a ao passado, como fio condutor, ela conta todas as peripécias do crime e revela o verdadeiro culpado, que não é outro senão o próprio irmão do juiz Maxwel.

Não é a primeira vez que o sonambulismo foi posto em cena; mas o que distingue o drama novo é que é representado sob uma luz eminentemente séria e prática, sem qualquer mistura do maravilhoso e em suas consequências mais graves, pois serve de meio de protesto contra a pena de morte. Provando que o que os homens não podem ver pelos olhos do corpo não está oculto aos da alma, demonstra a existência da alma e sua ação independente da matéria. Do sonambulismo ao Espiritismo não é grande a distância, pois se explicam, se demonstram e se completam um pelo outro; tudo o que tende a propagar um, tende igualmente a propagar o outro. Os Espíritos não se enganaram quando anunciaram que a ideia espírita viria à luz por toda sorte de meios. A dupla vista e a pluralidade das existências, confirmadas pelos fatos e propagadas por inúmeras publicações, diariamente mais entram nas crenças e não mais surpreendem. São duas portas abertas de par em par ao Espiritismo.

ROBINSON CRUSOÉ ESPÍRITA

Quem suspeitaria que o inocente livro de Robinson fosse marcado pelos princípios do Espiritismo, e que a juventude, em cujas mãos o põem sem desconfiança, poderia aí colher a doutrina malsã da existência dos Espíritos? Nós mesmo ainda o ignoraríamos, se um dos nossos assinantes não nos tivesse assinalado as passagens seguintes, que se acham nas edições completas, mas não nas edições abreviadas.

Esta obra, na qual se viram aventuras curiosas, próprias para divertir as crianças, é marcada por uma alta filosofia moral e um profundo sentimento religioso.

Lê-se na página 161 (edição ilustrada por Granville):

"Esses pensamentos me inspiraram uma tristeza que durou muito tempo, mas, enfim, eles tomaram outra direção: senti quanto devia de reconhecimento ao Céu, que me havia impedido de enfrentar um perigo cuja existência eu ignorava. O caso fez nascer em mim uma reflexão, que me tinha vindo mais de uma vez, desde que havia reconhecido quanto, em todos os perigos da vida, a Providência mostra sua bondade por disposições cuja finalidade não compreendemos. Com efeito, muitas vezes saímos dos maiores perigos por vias maravilhosas; por vezes *um impulso secreto* nos determina de repente, num momento de grave incerteza, a tomar tal caminho em vez de outro que nos teria conduzido à nossa perda.

"Adotei como lei jamais resistir a essas *vozes misteriosas* que nos convidam a tomar tal partido, a fazer ou não fazer tal coisa, embora nenhuma razão apoie esse impulso secreto. Eu poderia citar mais de um exemplo em que a diferença em semelhantes avisos teve pleno sucesso, sobretudo na última parte de minha estada nessa ilha infeliz, sem contar muitas outras ocasiões que me devem ter escapado e às quais *teria prestado atenção, se desde logo meus olhos se tivessem aberto para esse ponto*. Mas nunca é demasiado tarde para ser prudente, e aconselho a todos os homens refletidos, cuja existência, como a minha, esteja submetida a acidentes extraordinários, e mesmo a vicissitudes mais comuns, a jamais negligenciarem *esses avisos íntimos da Providência, seja qual for a inteligência invisível que no-los transmita.*

Na página 284:

"Muitas vezes tinha ouvido pessoas sensatas dizerem que tudo o que se conta dos fantasmas e das aparições se explica pela força da imaginação; que jamais um Espírito apareceu a alguém; mas que, pensando assiduamente nos que perdemos, eles de tal modo se tornam presentes ao pensamento, que, em certas circunstâncias, julgamos vê-los, falar-lhes, ouvir suas respostas, e que tudo isto não passa de uma ilusão, uma sombra, uma lembrança.

"Por mim, não posso dizer se atualmente existem *aparições verdadeiras,* espectros, *pessoas mortas que vêm errar pelo mundo,* ou se as histórias que contam sobre tais fatos se fundamentam apenas em visões de cérebros doentios, de imaginação exaltada e desordenada; mas sei que a minha chegou a tal ponto de excitação, lançou-me a tal excesso de vapores fantásticos, ou não importa que nome lhe queiram dar, que por vezes julgava estar em minha ilha, em meu velho castelo no meio da mata; via meu Espanhol, o pai de Sexta-Feira, e os marinheiros condenados que eu tinha deixado nessas paragens; julgava mesmo conversar com eles e, embora bem desperto, olhava-os fixamente, como se estivessem em minha frente. Isto aconteceu muitas vezes, a ponto de me amedrontar. Uma vez, em meu sono, primeiro o Espanhol e depois o velho selvagem me contaram, em termos tão naturais e tão enérgicos as maldades de três marinheiros piratas, que era deveras surpreendente. Disseram-me como esses homens perversos tinham tentado assassinar os espanhóis e a seguir haviam queimado todas as suas provisões, com o fito de fazê-los morrer de fome. E este fato, *que então eu não podia saber, e que era verdadeiro,* me foi mostrado tão claramente por minha imaginação, que fiquei convencido de sua veracidade. Acreditei também na continuação desse sonho. Escutei as queixas do Espanhol com profunda emoção; determinei que os três culpados viessem à minha presença e os condenei à forca. Ver-se-á, em seu lugar, o que havia de exato no sonho. Mas como tais fatos me foram revelados? *Por que secreta comunicação dos Espíritos invisíveis* me foram eles trazidos? É o que não posso explicar. Nem tudo era literalmente verdadeiro, mas os pontos principais estavam de acordo com a realidade, e a conduta infame desses três celerados endurecidos tinha ido além do que se poderia supor.

Meu sonho a esse respeito tinha muita semelhança com os fatos. Além disso, eu quis, quando me encontrava na ilha, puni-los muito severamente, e se tivesse mandado enforcá-los, teria sido legitimado pelas leis divinas e humanas."

Na página 289:

"Nada demonstra mais claramente a realidade de uma vida futura e de *um mundo invisível* que o concurso de causas secundárias com certas ideias que formamos anteriormente, sem ter recebido nem dado a seu respeito qualquer comunicação humana."

TOLERÂNCIA E CARIDADE

CARTA DO NOVO ARCEBISPO DE ARGEL

A *Vérité* de Lyon, de 17 de fevereiro, publica a seguinte carta, que o Monsenhor Lavigerie, bispo de Nancy, nomeado arcebispo de Argel, escreveu ao Sr. Prefeito de Argel, em data de 15 de janeiro último:

"Senhor Prefeito,

"Acabo de ter pelo *Moniteur* a notícia oficial de minha promoção a arcebispo de Argel e, embora não possa exercer nenhum ato de meu ministério na diocese, sem ter recebido inicialmente a missão e a instituição da Santa-Sé, contudo não posso ficar insensível aos acentos dolorosos que repercutem em toda a França e que nos chegam do pé do Atlas. A administração municipal de Argel tomou a generosa iniciativa de uma subscrição pública para as vítimas do último terremoto. Permiti-me lhe enviar meu óbolo por vosso intermédio. Encontrareis anexa a soma de mil francos: é tudo o que minha pobreza me permite fazer, mas esse pouco pelo menos o faço com todo o coração.

"Desejo que esta soma seja distribuída igualmente e sem distinção de raças nem de cultos, entre todos os que foram feridos pelo flagelo. Se, mais tarde, nem todos me devem reconhecer como seu pai, eu reclamo o privilégio de amá-los igualmente como meus filhos. Tomei por divisa de minhas armas episcopais uma só palavra: caridade! e a caridade não conhece gregos nem bárbaros, nem infiéis, nem israelitas; assim como fala o apóstolo São Paulo, ela não vê em todos os homens senão a imagem viva de Deus! Possa eu, se ele me chamar em breve ao vosso meio, dar a todos, por meus atos e palavras, o exemplo e o amor desta virtude que prepara todas as outras.

"Dignai-vos aceitar, Senhor Prefeito, a expressão dos sentimentos de respeitoso devotamento com os quais tenho a honra de ser vosso humilde e obediente servo."

CHARLES,
Bispo de Nancy, nomeado arcebispo de Argel

O novo arcebispo de Argel se anuncia por um ato de beneficência que é uma digna introdução. Mas o que ainda vale mais, o que sobretudo será apreciado, são os princípios de tolerância pelos quais inaugura sua administração. Em vez do anátema, é a caridade que confunde todos os homens num mesmo sentimento de amor, sem distinção de crença, porque todos são a viva imagem de Deus. Eis verdadeiras palavras evangélicas. Ele não fala dos espíritas, contra os quais o seu predecessor tinha lançado todos os raios da maldição. (Ver a *Revista* de novembro de 1863). Mas é provável que se sua tolerância se estende aos judeus e aos infiéis, não pode fazer exceção para os que, de conformidade com as palavras do Cristo, inscrevem em sua bandeira: Fora da Caridade não há salvação.

LINCOLN E O SEU MATADOR

(EXTRAÍDO DO *BANNER OF LIGHT*, DE BOSTON)

Análise de uma comunicação de Abraão Lincoln, obtida pelo médium de Ravenswood.

"Quando Lincoln voltou de seu atordoamento e despertou no mundo dos Espíritos, ele ficou muito surpreso e perturbado, porque não tinha a menor ideia de que estivesse morto. O tiro que o feriu havia suspendido instantaneamente toda sensação e ele não compreendeu o que lhe havia acontecido. Essa confusão e essa perturbação, contudo, não duraram muito. Ele era bastante espiritualista para compreender o que é a morte e não ficou, como muitos outros, admirado da nova existência para a qual fora transportado. Ele se viu cercado por muitas pessoas que ele sabia que estavam mortas há muito tempo, e logo soube a causa de sua morte. Foi recebido cordialmente por muitas pessoas que com ele simpatizavam. Compreendeu sua afeição por ele e, num olhar, pôde abarcar o mundo feliz no qual tinha entrado.

"No mesmo instante experimentou um sentimento de angústia pela dor que devia experimentar sua família, e uma grande ansiedade a propósito das consequências que sua morte poderia ter para o país. Esses pensamentos o trouxeram violentamente de volta à Terra.

"Tendo sabido que William Booth estava mortalmente ferido, veio a ele e curvou-se sobre o seu leito de morte. Nesse momento Lincoln tinha recuperado a perfeita consciência e a tranquilidade de Espírito, e esperou com calma o despertar de Booth para a vida espiritual.

"Booth não ficou espantado ao despertar, porque esperava a morte. O primeiro Espírito que encontrou foi Lincoln; olhou-o com muita afoiteza, como se se gabasse do ato que havia praticado. O sentimento de Lincoln a seu respeito, entretanto, não testemunhava nenhuma ideia de vingança, muito ao contrário, mostrava-se suave e bom e sem a menor animosidade. Booth não pôde suportar esse estado de coisas e o deixou cheio de emoção.

"O ato que ele perpetrou teve vários móveis; primeiro, sua falta de raciocínio, que lho fazia considerar como meritório, depois, seu amor desregrado por louvores o tinha persuadido que ele seria cumulado de elogios e visto como um mártir.

"Depois de ter vagado, sentiu-se de novo atraído para Lincoln. Às vezes enche-se de arrependimento, outras vezes seu orgulho o impede de emendar-se. Entretanto, compreende quanto o seu orgulho é vão, sabendo sobretudo que não pode esconder, como em vida, nenhum dos sentimentos que o agitam, e que seus pensamentos de orgulho, de vergonha ou de remorso são conhecidos dos que o rodeiam. Sempre em presença de sua vítima e dela não receber senão manifestações de bondade, eis o seu estado atual e sua punição. Quanto a Lincoln, sua felicidade ultrapassa o que poderia ter esperado."

OBSERVAÇÃO: A situação destes dois Espíritos é, em todos os sentidos, idêntica àquela de que diariamente vemos exemplos nos relatos de Além-Túmulo. Ela é perfeitamente racional e está em relação com o caráter dos dois indivíduos.

POESIAS ESPÍRITAS

A BERNARD PALISSY
Quando de nosso futuro, incerto e flutuante,
Malgrado meu, duvidava da imortalidade,
Vieste ao meu apelo, e tua mão benfeitora
Tirou a faixa da incredulidade;
Dize-me: De onde vem a terna simpatia
Que te tirava da celeste morada?
Lembrança de uma vida passada,
Que deixava no peito um amor fraterno?
Caro Espírito, talvez, n'outra existência
Foste meu protetor, meu guia, meu apoio.
Mas em vão interrogo: Deus, em sua previdência
Sobre os olhos me pôs o véu do esquecimento
Esperando o tempo em que visse tua esfera,
E meu Espírito até ti possa elevar-se!
Se devo retornar a esta Terra triste,
Ó amado Bernard, pensa sempre em mim.

SRTA. L. O. LIEUTAUD, de Rouen

A LIGA DO ENSINO

Vários de nossos correspondentes admiraram-se por não termos falado da associação designada sob o título de *Liga do Ensino*. Por seu caráter progressista, esse projeto parece-lhes merecer as simpatias do Espiritismo; entretanto, antes de nele participar, eles desejavam saber nossa opinião. Agradecendo-lhes essa nova demonstração de confiança, repetiremos o que lhes temos dito muitas vezes, a saber: Jamais tivemos a pretensão de cercear a liberdade de ninguém, nem de impor nossas ideias a quem quer que seja, nem pretender que elas tivessem força de lei. Guardando silêncio, quisemos não prejulgar a questão e a cada um deixar a mais inteira liberdade. Quanto ao motivo de nossa abstenção pessoal, não temos razão de não o revelar, e como desejam conhecê-lo, di-lo-emos francamente.

Nossa simpatia, como a de todos os espíritas, naturalmente vincula-se a todas as ideias progressistas, bem como a todas as instituições que tendam a propagá-las. Mas é necessário, além disto, que tal simpatia tenha um objetivo determinado. Ora, até o presente, a Liga do Ensino só nos oferece um *título*, sedutor, é verdade, mas nenhum programa definido, nenhum plano traçado, nenhum objetivo preciso. Ademais, esse título tem o inconveniente de ser tão elástico, que poderia prestar-se a combinações *muito divergentes* em suas tendências e em seus resultados. Cada um pode entendê-lo à sua maneira, e sem dúvida constrói, por antecipação, um plano conforme sua maneira de ver. Poderia então acontecer que, quando estivesse em execução, a coisa não correspondesse à ideia que certas pessoas tinham feito. Daí as inevitáveis defecções.

Mas, dizem, nada se arrisca, porque são os próprios subscritores que regulamentarão o emprego dos fundos. Razão a mais para que não se entendam, e nesse conflito de opiniões e de vistas diversas, forçosamente haverá decepções.

Ao contrário, com um objetivo bem definido, um plano traçado claramente, sabemos em que se empenha, ou, pelo menos, sabemos se aderimos a uma coisa praticável ou a uma utopia; podemos apreciar a sinceridade da intenção, o valor da ideia, a combinação mais ou menos feliz das engrenagens, as garantias de estabilidade, e calcular as chances de triunfo ou de insucesso. Ora, no presente caso, esta apreciação não é possível, porque a ideia fundamental é cercada de mistérios e tem que ser aceita como boa por ouvir dizer. Queremos acreditar que ela seja perfeita, e sinceramente o desejamos. Quando o bem que dela deve emanar nos for demonstrado, e sobretudo quando virmos o seu lado *prático*, nós o aplaudiremos de todo o coração. Entretanto, antes de darmos nossa adesão a seja o que for, queremos poder fazê-lo com conhecimento de causa. Precisamos ter uma visão muito clara de tudo o que fazemos e saber em que terreno pisamos. No estado em que estão as coisas, não tendo os elementos necessários para louvar ou censurar, abstemo-nos de nosso julgamento.

Esta maneira de ver, que é absolutamente pessoal, não deve induzir os que se julgam suficientemente esclarecidos.

DISSERTAÇÕES ESPÍRITAS

COMUNICAÇÃO COLETIVA

(Sociedade de Paris, 1º de novembro de 1866 - Médium, Sr. Bertrand)

A 1º de novembro último, estando reunida, como de hábito, para a comemoração dos mortos, a Sociedade recebeu muitas comunicações, entre as quais uma sobretudo se distinguia por sua feitura inteiramente nova, e que consiste numa série de pensamentos soltos, cada um assinado por um nome diferente, que se encadeiam e se completam uns pelos outros. Eis essa comunicação:

Meus amigos, quantos Espíritos em torno de vós, que queriam comunicar-se e dizer quanto vos amam! E como seríeis felizes se o nome de todos os que vos são caros fosse pronunciado à mesa dos médiuns! Que felicidade! Que alegria para cada um de vós, se vosso pai, vossa mãe, vosso irmão, vossa irmã, vossos filhos e vossos amigos vos viessem falar! Mas compreendeis que é impossível sejais todos satisfeitos, pois o número de médiuns não seria suficiente. Mas o que não é impossível é que um Espírito, em nome de todos os vossos parentes, venha dizer-vos: Obrigado por vossa boa lembrança e vossas fervorosas preces. Coragem! Tende esperança de que um dia, depois da vossa libertação, viremos todos estender-vos a mão. Ficai persuadidos de que o que vos ensina o Espiritismo é o eco das leis do Onipotente; pelo amor, tornai-vos todos irmãos, e aliviareis o fardo pesado que carregais.

Agora, caros amigos, todos os vossos Espíritos protetores virão trazer-vos o seu pensamento. Tu, médium, escuta e deixa o lápis correr seguindo a ideia deles.

A medicina faz o que fazem os caranguejos espantados.

DR. DEMEURE

Porque o magnetismo progride, e progredindo esmaga a medicina atual, para substituí-la em futuro próximo.

MESMER

A guerra é um duelo que só cessará quando os combatentes tiverem forças iguais.

NAPOLEÃO

Forças iguais material e moralmente.

GENERAL BERTRAND

A igualdade moral reinará quando o orgulho for destituído.

GENERAL BRUNE

As revoluções são abusos que destroem outros abusos.

LUÍS XVI

Mas esses abusos fazem nascer a liberdade.

(Sem nome)

Para serem iguais é preciso ser irmãos; sem fraternidade, nenhuma igualdade e nenhuma liberdade.

LAFAYETTE

A ciência é o progresso da inteligência.

NEWTON

Mas, o que lhe é preferível, é o progresso moral.

JEAN REYNAUD

A ciência ficará estacionária até que a moral a tenha atingido.

FRANÇOIS ARAGO

Para desenvolver a moral é antes preciso erradicar o vício.

BÉRANGER

Para erradicar o vício é preciso desmascará-lo.

EUGÈNE SUE

É isto o que todos os Espíritos fortes e superiores procuram fazer.

JACQUES ARAGO

Três coisas devem progredir: a música, a poesia e a pintura.
A música transporta a alma ferindo o ouvido.

MEYERBEER

A poesia transporta a alma abrindo o coração.

CASIMIR DELAVIGNE

A pintura transporta a alma acariciando os olhos.

FLANDRIN

Então a poesia, a música e a pintura são irmãs e se dão as mãos; uma para abrandar o coração, outra para suavizar os costumes e a última para abrir a alma; as três para vos elevar ao Criador.

ALFRED DE MUSSET

Mas nada, nada deve progredir mais, no momento, do que a Filosofia; ela deve dar um passo imenso, deixando estacionar a Ciência e as Artes, mas para elevá-las tão alto, quando chegar o momento, pois essa elevação seria muito súbita para vós hoje.
Em nome de todos,

SÃO LUÍS

A 6 de dezembro, o Sr. Bertrand recebeu, no grupo do Sr. Desliens, uma comunicação do mesmo gênero, que de certo modo é continuação da precedente.

O amor é uma lira cujas vibrações são acordes divinos.

HELOÍSA

O amor tem três cordas em sua lira: a emanação divina, a poesia e o canto; se uma delas falta, os acordes são imperfeitos.

ABELARDO

O amor verdadeiro é harmonioso; suas harmonias embriagam o coração, elevando a alma. A paixão afoga os acordes, rebaixando a alma.

BERNARDIN DE SAINT-PIERRE

Era o amor que Diógenes procurava, procurando um homem... que veio séculos depois, e que o ódio, o orgulho e a hipocrisia crucificaram.

SÓCRATES

Os sábios da Grécia por vezes o foram mais nos escritos e nas palavras que em sua pessoa.

PLATÃO

Ser sábio é amar; procuremos então o amor pela senda da sabedoria.

FÉNELON

Não podeis ser sábios se não vos souberdes elevar acima da maldade dos homens.

VOLTAIRE

Sábio é aquele que não acredita sê-lo.

CORNEILLE

Quem se julga pequeno é grande; quem se julga grande é pequeno.

LAFONTAINE

O sábio julga-se ignorante, e quem se julga sábio é ignorante.

ESOPO

A humildade ainda se crê orgulhosa e quem se crê humilde não o é.

RACINE

Não confundais com os humildes os que dizem, por falsa modéstia, ou por interesse, o contrário do que são, pois laboraríeis em erro. Nesse caso, a verdade se cala.

BONNEFOND

O gênio se possui por inspiração e não se adquire; Deus quer que as maiores coisas sejam descobertas ou inventadas por seres sem instrução, a fim de paralisar o orgulho, tornando o homem solidário do homem.

FRANÇOIS ARAGO

Tratam de loucos apenas aqueles cujas ideias não são sancionadas pela autoridade da Ciência; é assim que aqueles que julgam tudo saber, rejeitam os pensamentos geniais daqueles que nada sabem.

BÉRANGER

A crítica é o estimulante do estudo, mas ela é a paralisação do gênio.

MOLIÈRE

A ciência aprendida é apenas um esboço da ciência inata; ela não se torna inteligência senão na nova encarnação.

J.-J. ROUSSEAU

A encarnação é o sono da alma; as peripécias da vida são os seus sonhos.

BALZAC

Às vezes a vida é um horroroso pesadelo para o Espírito, e muitas vezes custa a terminar.

LA ROCHEFOUCAULT

Aí está a sua prova: se ele resiste, dá um passo para o progresso, se não, entrava a rota que deve conduzi-lo ao porto.

MARTIN

No despertar da alma que saiu vitoriosa das lutas terrenas, o Espírito está maior e mais elevado; se sucumbir, encontra-se tal qual ele era.

PASCAL

É renegar o progresso querer que a língua seja emblema da imutabilidade de uma doutrina religiosa; além disto, é forçar o homem a orar mais com os lábios do que com o coração.

DESCARTES

A imutabilidade não reside na forma das palavras, mas no verbo do pensamento.

LAMENNAIS

Jesus dizia aos seus apóstolos que fossem pregar o Evangelho em sua língua, e que todos os povos os compreenderiam.

LACORDAIRE

A fé desinteressada faz milagres.

BOILEAU

A doutrina de Jesus não é sentida nem compreendida senão pelo coração; então, seja qual for a maneira pela qual a expressem, ela será sempre o amor e a caridade.

BOSSUET

As preces ditas ou escritas e que não são compreendidas, deixam vagar o pensamento, permitindo que os olhos se distraiam pelo fausto das cerimônias.

MASSILON

Tudo mudará, sem contudo voltar à simplicidade de outrora, o que seria a negação do progresso. As coisas serão feitas sem fausto e sem orgulho.

SIBOUR

O amor triunfará, e virão com ele a sabedoria, a caridade, a prudência, a força, o conhecimento, a humildade, a calma, a justiça, o gênio, a tolerância, o entusiasmo, e a glória majestosa e divina esmagará, por seu esplendor, o orgulho, a inveja, a hipocrisia, a maldade e o ciúme, que arrastam no seu séquito a preguiça, a gula e a luxúria.

EUGÈNE SUE

O amor reinará, e para que ele não tarde, é preciso, corajoso Diógenes, tomar nas mãos o estandarte do Espiritismo e mostrar aos humanos os vermes roedores que formam feridas em sua alma.

SÃO LUÍS

OBSERVAÇÃO: Este gênero de comunicação levanta uma questão importante. Como os fluidos de tão grande número de Espíritos podem assimilar-se quase que instantaneamente com o fluido do médium, para lhe transmitir seu pensamento, quando tal assimilação por vezes é difícil da parte de um só Espírito, e geralmente só se estabelece com vagar?

O guia espiritual do médium parece ter previsto, porque dois dias depois lhe deu a seguinte explicação:

"A comunicação que obtiveste no dia de Todos os Santos, bem como a última, que é o seu complemento, embora nesta haja nomes repetidos, foram obtidas da maneira seguinte: Como sou teu Espírito protetor, meu fluído é similar ao teu. Coloquei-me acima de ti, transmitindo-te o mais exatamente possível os pensamentos e os nomes dos Espíritos que desejavam manifestar-se. Eles formaram ao meu redor uma assembleia cujos membros, cada um por sua vez, ditava os seus pensamentos que eu te transmiti. Isto foi espontâneo, e o que naquele dia tornava as comunicações mais fáceis é que os Espíritos presentes tinham *saturado* a sala com seus fluidos.

"Quando um Espírito se comunica com um médium, ele o faz com tanto mais facilidade quanto mais bem estabelecidas entre si as relações fluídicas, sem o que o Espírito, para transmitir seu fluido ao médium, é obrigado a estabelecer uma espécie de corrente magnética que atinge o cérebro deste, e se o Espírito, em razão de sua inferioridade, ou de outra causa qualquer, não pode, ele próprio, estabelecer essa corrente, recorre à assistência do guia do médium, e as relações se estabelecem como acabo de demonstrar."

SLENER

Uma outra pergunta é esta: Entre esses Espíritos, não há nenhum que esteja encarnado neste ou em outro mundo e, neste caso, como podem eles comunicar-se? Eis a resposta que foi dada:

"Os Espíritos de um certo grau de adiantamento têm uma radiação que lhes permite comunicar-se simultaneamente em vários pontos. Em alguns, o estado de encarnação não diminui essa radiação de maneira tão completa a ponto de impedi-los de se manifestarem, mesmo em estado de vigília. Quanto mais avançado o Espírito, mais fracos os laços que o unem à matéria do corpo; ele está num estado de quase constante desprendimento, e pode-se dizer que está onde está seu pensamento.

UM ESPÍRITO

MANGIN, O CHARLATÃO

Todo mundo conheceu esse vendedor de lápis que, num carro ricamente ornado, com um capacete brilhante e uma roupa estranha, por muitos anos foi uma das celebridades das ruas de Paris. Não era um charlatão vulgar, e os que o conheceram pessoalmente eram unânimes em lhe reconhecer uma inteligência pouco comum, uma certa elevação do pensamento e qualidades morais acima de sua profissão nômade. Ele morreu no ano passado, e desde então várias vezes comunicou-se espontaneamente com um dos nossos médiuns. Segundo o caráter que lhe reconheciam, não será de admirar o verniz filosófico que se encontra em suas comunicações.

(Paris, 20 de dezembro de 1866 - Grupo do Sr. Desliens - Médium, Sr. Bertrand)

O LÁPIS

O lápis é a palavra do pensamento. Sem o lápis o pensamento fica mudo e incompreendido para os vossos sentidos grosseiros. O lápis é a alma ofensiva e defensiva do pensamento; é a mão que fala e se defende.

O lápis!... e sobretudo o lápis Mangin!... Oh! perdão... eis que me torno egoísta!... Mas por que não poderia eu, como outrora, fazer o elogio dos meus lápis? Eles não são bons?... Tendes algo a reclamar deles? Ah! Se eu ainda estivesse em meu veículo francês, com meu costume romano... acreditaríeis em mim... Eu sabia fazer tão bem minha propaganda e o pobre bobo julgava ser branco o que era preto, apenas porque Mangin, o célebre charlatão, o havia dito!... Eu disse charlatão... Não, é preciso dizer propagandista... Vamos, charlatães! Desatai os cordões de vossa bolsa; comprai esses soberbos lápis, mais negros que a tinta e duros como pedra... Acorrei, acorrei, a venda vai terminar!... Ah! O que digo, então?... Eu creio, palavra, que me engano de papel e que acabo muito mal, depois de ter começado bem...

Vós todos, armados de lápis, sentados ao redor dessa mesa, ide dizer e provai aos jornalistas orgulhosos que Mangin não está morto. Ide dizer aos que esqueceram minha mercadoria, porque eu não estava mais lá para fazê-los acreditar em suas admiráveis qualidades. Ide dizer a todo mundo que ainda vivo e que se estou morto, é para viver melhor...

Ah! senhores jornalistas, zombaríeis de mim, contudo, se em vez de me considerardes como um charlatão a escamotear o dinheiro do povo, me tivésseis estudado mais atentamente e filosoficamente, teríeis reconhecido um ser com reminiscências de seu passado. Teríeis compreendido o porquê de meu gosto por este costume de guerreiro romano, o porquê desse amor pelas arengas em praça pública. Então sem dúvida teríeis dito que eu tinha sido soldado ou general romano, e não vos teríeis enganado.

Vamos! Vamos! Então, comprai lápis e usai-os. Mas servi-vos deles utilmente, não como eu para perorar sem motivo, mas para propagar essa bela doutrina que muitos dentre vós não seguis senão de muito longe.

Armai-vos, pois, de vossos lápis, e abri uma larga estrada neste mundo de incredulidade. Fazei tocar com o dedo, a todos

106 | REVISTA ESPÍRITA

estes São Tomé incrédulos, as sublimes verdades do Espiritismo, que um dia farão que todos os homens sejam irmãos.

MANGIN

(Grupo do Sr. Delanne, 14 de janeiro de 1867 - Médium, Sr. Bertrand)

O PAPEL

Falei de lápis e de charlatanismo, mas ainda não falei do papel. É que sem dúvida eu reservava esse assunto para esta noite.

Ah! Como eu queria ser papel; não quando ele se avilta a fazer o mal, mas, ao contrário, quando preenche seu verdadeiro papel, que é o de fazer o bem! Com efeito, o papel é o instrumento que, em concerto com o lápis, aqui e ali semeia os nobres pensamentos do espírito. O papel é o livro aberto onde cada um pode colher com o olhar os conselhos úteis à sua viagem terrena!...

Ah! Como eu gostaria de ser papel, a fim de desenvolver, como ele, a função de moralizador e de instrutor, dando a cada um o encorajamento necessário para suportar com bravura os males que tantas vezes são causa de vergonhosas fraquezas!...

Ah! Se eu fosse papel, aboliria todas as leis egoísticas e tirânicas, para não deixar brilharem senão as que proclamam a igualdade. Só queria falar de amor e de caridade. Queria que todos fossem humildes e bons; que o mau se tornasse melhor; que o orgulhoso se tornasse humilde; que o pobre se tornasse rico; que a igualdade enfim surgisse e que ela fosse, em todas as bocas, a expressão da verdade, e não a esperança de ocultar o egoísmo e a tirania que todos possuem no coração.

Se eu fosse papel, eu queria ser branco para a inocência e verde para aquele que não tem esperança de alívio para os seus males. Eu queria ser ouro nas mãos do pobre, felicidade nas mãos do aflito, bálsamo nas do doente. Eu queria ser o perdão de todas as ofensas. Eu não condenaria, não maldiria, não lançaria anátemas; eu não criticaria com malevolência; eu nada diria que pudesse prejudicar alguém. Enfim, eu faria o que fazeis: queria apenas ensinar o bem e falar dessa bela doutrina que vos reúne a todos e sob todas as formas. Eu professaria sempre esta sublime máxima: Amai-vos uns aos outros.

Aquele que gostaria de voltar à Terra, não charlatão, não para vender apenas lápis, mas para a isso acrescentar a venda de papel, e que diria a todos: O lápis não pode ser útil sem o papel e o papel não pode dispensar o lápis.

MANGIN

A SOLIDARIEDADE

(Paris, 26 de novembro de 1866 – Médium, Sr. Sabb...)

Glória a Deus e paz aos homens de boa vontade!
O estudo do Espiritismo não deve ser vão. Para certos homens levianos, é uma diversão; para os homens sérios, deve ser sério.
Antes de tudo refleti numa coisa. Não estais na Terra para aí viver à maneira de animais, para aí vegetar à maneira de gramíneas ou de árvores. As gramíneas e as árvores têm a vida orgânica e não têm vida inteligente, como os animais não têm a vida moral. Tudo vive, tudo respira na Natureza, mas só o homem sente e se sente.
Como são insensatos e lamentáveis aqueles que se desprezam a ponto de comparar-se a um talo de erva ou a um elefante! Não confundamos os gêneros nem as espécies. Não são grandes filósofos nem grandes naturalistas que veem no Espiritismo, por exemplo, uma nova edição da metempsicose, e sobretudo de uma metempsicose absurda. A metempsicose é o sonho de um homem criativo, nada mais que isto. Um animal, um vegetal produz o seu congênere, nem mais nem menos. Diga-se isto para impedir que velhas ideias falsas sejam propaladas à sombra do Espiritismo.
Homem, sede homem; sabei de onde vindes e para onde ides. Sois o filho amado daquele que tudo fez e vos deu uma meta, um destino que deveis cumprir sem conhecê-lo absolutamente. Éreis necessário aos seus desígnios, à sua glória, à

sua própria felicidade? Questões ociosas, porque insolúveis. Vós *sois*; sede reconhecidos por isto, mas *ser* não é tudo; é preciso ser segundo as leis do Criador, que são as vossas próprias leis. Lançado na existência, sois ao mesmo tempo causa e efeito. Nem como causa, nem como efeito, podeis, ao menos quanto ao presente, determinar o vosso papel, mas podeis seguir as vossas leis. Ora, a principal é esta: O homem não é um ser isolado; é um ser coletivo. O homem é solidário ao homem. É em vão que ele procura o complemento de seu ser, isto é, a felicidade em si mesmo ou naquilo que o cerca isoladamente, porque ele não pode encontrá-la senão no *homem* ou na *Humanidade*. Então, nada fazeis para ser pessoalmente feliz, tanto que a infelicidade de um membro da Humanidade, de uma parte de vós mesmo, poderá vos afligir.

Isto que vos ensino é moral, direis vós. Ora, a moral é um velho lugar-comum. Olhai em torno de vós. O que há de mais ordinário, de mais comum que a sucessão periódica do dia e da noite; que a necessidade de vos alimentardes e de vos vestirdes? É para isso que tendem todos os vossos cuidados, todos os vossos esforços. Isso é necessário, pois a parte material do vosso ser o exige. Mas a vossa natureza não é dupla? Não sois mais espírito do que corpo? Então, como pode ser mais difícil para vós ouvir lembrar as leis morais do que, a todo instante, aplicar as leis físicas? Se fôsseis menos preocupados e menos distraídos, essa repetição não seria tão necessária.

Não nos afastemos de nosso assunto: O Espiritismo bem compreendido é para a vida da alma o que o trabalho material é para a vida do corpo. Ocupai-vos dele com esse objetivo, e ficai certos de que quando tiverdes feito, para o vosso melhoramento moral, a metade do que fazeis para melhorar a vossa existência material, tereis dado um grande passo para a humanização.

Um Espírito

TUDO VEM A SEU TEMPO

(Odessa, grupo de família, 1866 – Médium, senhorita M...)

Pergunta. – Lendo, na *Vérité* de 1866, as experiências magnéticas, eu estava maravilhado e pensava intimamente que essa força admirável talvez pudesse ser a causa de todas as maravilhas, de todas as belezas, incompreensíveis para nós, dos planetas superiores, e cuja descrição nos dão os Espíritos. Peço aos bons Espíritos me esclareçam a respeito.

Resposta. – Pobres homens! A avidez de saber, a devoradora impaciência de ler no livro da criação, tudo vos vira a cabeça e deslumbra os vossos olhos habituados à escuridão, quando caem sobre algumas passagens que vosso espírito, ainda escravo da matéria, não pode compreender. Mas tende paciência, porquanto os tempos são chegados. Já o grande arquiteto começa a desenrolar ante os vossos olhos o plano do edifício do Universo; ele já levanta uma ponta do véu que vos oculta a verdade, e um raio de luz vos ilumina. Contentai-vos com essas premissas; habituai os vossos olhos à doce claridade da aurora, até que possam suportar o esplendor do sol em todo o seu brilho.

Agradecei ao Todo-Poderoso, cuja bondade infinita poupa a vossa vista fraca, erguendo gradualmente o véu que a cobre. Se ele o levantasse de uma vez, ficaríeis deslumbrados e nada veríeis; recairíeis na dúvida, na confusão, na ignorância da qual apenas saís. Já vos foi dito que tudo vem ao seu tempo: não o precipiteis pela vossa grande avidez por tudo saber. Deixai ao Senhor a escolha do método que julgue mais conveniente para vos instruir. Tendes ante vós uma obra sublime: "a Natureza, sua essência, suas forças." Ela começa pelo á-bê-cê. Para começar, aprendei a soletrar, a compreender essas primeiras páginas; progredi com paciência e perseverança, e chegareis ao fim, ao passo que saltando páginas e capítulos, o conjunto vos parece incompreensível. Ademais, não está nos desígnios do Todo-Poderoso que o homem tudo saiba. Conformai-vos, pois, com a sua vontade, que tem por objetivo o vosso bem.

Lede no grande livro da Natureza; instruí-vos, esclarecei o vosso espírito, contentai-vos em saber o que Deus julga a propósito vos ensinar durante a vossa passagem pela Terra; não tereis tempo de chegar à última página, e só a lereis quando estiverdes desligados da matéria, quando vossos sentidos espiritualizados vos permitirem compreendê-la.

Sim, meus amigos, estudai e instruí-vos, e, antes de tudo, progredi em moralidade pelo amor ao próximo, pela caridade, pela fé: é o essencial, é o passaporte à vista do qual as portas do santuário infinito vos são abertas.

HUMBOLDT

RESPEITO DEVIDO ÀS CRENÇAS PASSADAS

(Paris, grupo Delanne, 4 de fevereiro de 1867 - Médium, Sr. Morin)

A fé cega é o pior de todos os princípios! Crer com fervor num dogma qualquer, quando a sã razão se recusa a aceitá-lo como uma verdade, é fazer ato de nulidade e privar-se voluntariamente do mais belo de todos os dons que nos concedeu o Criador; é renunciar à liberdade de julgar, ao livre-arbítrio que deve presidir todas as coisas na medida da justiça e da razão.

Geralmente os homens são despreocupados e não creem numa religião senão por desencargo de consciência e para não rejeitar completamente suas boas e suaves preces que lhes embalaram a juventude, e que sua mãe lhes ensinou ao pé do fogo, quando a noite trazia consigo a hora do sono. Mas se esta lembrança por vezes se apresenta a seu espírito, é, na maioria das vezes, com um sentimento de pesar que eles fazem um retorno a esse passado, onde as preocupações da idade madura ainda estavam enterradas na noite do futuro.

Sim, todo homem lamenta esta idade despreocupada, e bem poucos podem pensar em seus jovens anos!... Mas, o que deles resta, um instante depois?... – Nada!...

Comecei dizendo que a fé cega era perniciosa; mas nem sempre se deve rejeitar como fundamentalmente mau tudo quanto parece conspurcado pelos abusos, composto de erros e sobretudo inventado à vontade, para a glória dos orgulhosos e para o benefício dos interesseiros.

Espíritas, deveis saber melhor que ninguém que nada se realiza sem a vontade do Mestre supremo; a vós cabe refletir muito, antes de formular vosso julgamento. Os homens são vossos irmãos encarnados e é possível que *numerosos trabalhos dos tempos antigos sejam obras vossas, realizadas numa existência anterior*. Os espíritas, antes de tudo, devem ser lógicos com seu ensino e não atirar pedras às instituições e às crenças de outras épocas, apenas porque são de outra época. A Sociedade atual necessitou, para ser o que é, que Deus lhe concedesse, pouco a pouco, a luz e o saber.

Não vos cabe, pois, julgar se os meios por ele empregados eram bons ou maus. Não aceiteis senão o que vos parece racional e lógico, mas não esqueçais que as coisas velhas tiveram sua mocidade e que aquilo que ensinais hoje tornar-se-á velho por sua vez. Respeito, pois, à velhice! Os velhos são vossos pais, como as coisas velhas foram precursoras das coisas novas. Nada envelhece, e se faltais a esse princípio em relação a tudo o que é venerável, faltais ao vosso dever, mentis à doutrina que professais.

As velhas crenças elaboraram a renovação que começa a se realizar!... Todas, desde que não fossem exclusivamente materialistas, possuíam uma centelha da verdade. Lamentai os abusos que são introduzidos no ensino filosófico, mas perdoai os erros de outra época, se quiserdes, por vossa vez, ser desculpados pelos vossos, ulteriormente. Não deis vossa fé ao que vos parece mau, mas não creiais também que tudo quanto hoje vos é ensinado seja expressão da verdade absoluta. Crede que em cada época Deus alarga o horizonte dos conhecimentos, em razão do desenvolvimento intelectual da Humanidade.

LACORDAIRE

A COMÉDIA HUMANA

(Paris, grupo Desliens, 29 de novembro de 1866 – Médium, Sr. Desliens)

A vida do Espírito encarnado é como um romance, ou antes, como uma peça de teatro, da qual cada dia se percorre uma folha contendo uma cena. O autor é o homem; os personagens são as paixões, os vícios, as virtudes, a matéria e a inteligência, disputando a posse do herói, que é o Espírito. O público é o mundo em geral durante a encarnação e os Espíritos na erraticidade, e o censor que examina a peça para julgá-la em última instância e proferir uma censura ou um louvor ao autor é Deus. Fazei de modo que sejais aplaudido o maior número de vezes possível e que só raramente cheguem aos vossos ouvidos o barulho desagradável dos assovios. Que o enredo seja sempre simples, e não busqueis interesse senão nas situações naturais, que possam servir para fazer triunfar a virtude, desenvolver a inteligência e moralizar o público.

Durante a execução da peça, a intriga posta em movimento pela inveja pode tentar criticar as melhores passagens e só incensar as que são medíocres ou más. Fechai os ouvidos a essas adulações, e lembrai-vos que a posteridade vos apreciará no vosso justo valor! Deixareis um nome obscuro ou ilustre, manchado de vergonha ou coberto de glórias segundo o mundo. Mas quando a peça estiver terminada e a cortina, caída sobre a última cena, vos puser em presença do regente universal, do diretor infinitamente poderoso do teatro onde se passa a comédia humana, não haverá nem aduladores, nem cortesãos, nem invejosos, nem ciumentos: estareis sós com o juiz supremo, imparcial, equitativo e justo.

Que a vossa obra seja séria e moralizadora, porque é a única que tem algum peso na balança do Todo-Poderoso.

É preciso que cada um dê à Sociedade pelo menos o que dela recebe. Aquele que, tendo recebido a assistência corporal e espiritual que lhe permite viver, se vai sem ao menos restituir o que gastou, é um ladrão, porque malbaratou uma parte do capital inteligente e nada produziu.

Nem todo mundo pode ser homem de gênio, mas todos podem e devem ser honestos, bons cidadãos, e devolver à Sociedade aquilo que a Sociedade lhes emprestou.

Para que o mundo esteja em progresso, é preciso que cada um deixe uma lembrança útil de sua personalidade, uma cena a mais nesse número infinito de cenas úteis que os membros da Humanidade deixaram, desde quando a vossa Terra serve de lugar de habitação aos Espíritos.

Fazei, pois, que leiam com interesse cada página do vosso romance, e que não o percorram apenas com o olhar para fechá-lo com tédio antes de ter lido pela metade.

EUGÈNE SUE

NOTÍCIAS BIBLIOGRÁFICAS

LUMEN
RELATO EXTRATERRENO

(Por Camille Flammarion, professor de Astronomia ligado ao Observatório de Paris)

Não se trata de um livro, mas de um artigo que poderia constituir um livro interessante e sobretudo instrutivo, porque os seus dados são fornecidos pela ciência positiva e tratados com a clareza e a elegância que o jovem sábio põe em todos os seus escritos. O Sr. Camille Flammarion é conhecido por todos os nossos leitores por sua excelente obra sobre a *Pluralidade dos Mundos Habitados* e por artigos científicos que publica no *Siècle*. Este de que vamos dar conta foi publicado na *Revue du XIX.e siècle* (Revista do Século XIX) de 1º de fevereiro de 1867[2].

O autor supõe uma palestra entre um indivíduo vivo chamado *Sitiens,* e o Espírito de um de seus amigos, chamado *Lumen,* que lhe descreveu seus últimos pensamentos terrenos, as primeiras sensações da vida espiritual e as que acompanham o fenômeno da separação. Esse quadro está em perfeita conformidade com o que os Espíritos nos ensinavam a respeito; é o mais exato Espiritismo, menos a palavra, que não é pronunciada. Podemos julgar pelas citações seguintes:

"A primeira sensação de identidade que experimentamos depois da morte assemelha-se à que sentimos ao despertar, durante a vida, quando, voltando pouco a pouco à consciência da manhã, ainda somos atravessados por visões da noite. Solicitado pelo futuro e pelo passado, o Espírito busca ao

---

[2] Cada número forma um volume de 160 páginas grande In-8º Preço: 2 francos. Em Paris, na Livraria Internacional, Boulevard Montmartre, 15 e na Avenue Montaigne, 15 - Palais Pompéien.

114 | REVISTA ESPÍRITA

mesmo tempo retomar plena posse de si mesmo e captar as impressões fugitivas do sonho que teve, que ainda nele perduram com seu cortejo de quadros e acontecimentos. Por vezes, absorvido por essa retrospectiva de um sonho cativante, ele sente, nas pálpebras que se fecham, as correntes da visão se repetindo, e o espetáculo continuando; ele cai ao mesmo tempo no sonho e numa espécie de meio-sono. Assim oscila a nossa faculdade pensante ao sair desta vida, entre uma realidade que ainda não compreende e um sonho que não desapareceu completamente."

OBSERVAÇÃO: Nessa situação do Espírito, não há motivo para nos admirarmos que alguns não se julguem mortos.

"A morte não existe. O fato que desiguais com esse nome, a separação entre corpo e alma, para falar a verdade, não se efetua sob uma forma material comparável às separações químicas dos elementos dissociados observadas no mundo físico. Não percebemos essa separação definitiva, que nos parece tão cruel, melhor do que o recém-nascido percebe o seu nascimento; *nascemos para a vida futura como nascemos para a vida terrena*. Apenas a alma, não mais estando envolta na roupagem corporal que a revestia aqui embaixo, adquire mais prontamente a noção de seu estado e de sua personalidade. Contudo, essa faculdade de percepção varia essencialmente de alma a alma. Umas há que, durante a vida do corpo, jamais se elevaram para o céu e jamais se sentiram ansiosas por penetrar as leis da criação. Estas, ainda dominadas pelos apetites corporais, ficam muito tempo num estado de perturbação inconsciente. Felizmente há outras que desde esta vida voam nessas aspirações aladas para os cimos da beleza eterna. Estas veem chegar com calma e serenidade o instante da separação; sabem que o progresso é a lei da existência e que entrarão, no além, numa vida superior à de cá; seguem passo a passo a letargia que lhes sobe ao coração, e quando a última batida, lenta e imperceptível, o para em seu curso, elas já estão acima do corpo, cujo adormecimento observavam e, libertando-se dos laços magnéticos, sentem-se rapidamente transportadas, por uma força desconhecida, na direção do ponto da criação aonde suas aspirações, seus sentimentos e suas esperanças as atraem.

"Os anos, os dias e as horas são constituídos pelos movimentos da Terra. Fora desses movimentos, o tempo terreno *não existe* no espaço; é pois, absolutamente impossível ter noção desse tempo."

OBSERVAÇÃO: Isto é rigorosamente verdadeiro. Assim, quando os Espíritos nos querem especificar uma duração para nós inteligível, são obrigados a identificar-se de novo com os hábitos terrestres, a se refazerem homens, por assim dizer, a fim de se servirem dos mesmos termos de comparação. Logo depois da libertação, o Espírito de *Lumen* transportou-se com a velocidade do pensamento para o grupo de mundos componentes do sistema da estrela designada em astronomia sob o nome de *Capela* ou *Cabra*. A teoria que ele dá da visão da alma é notável.

"A visão de minha alma tinha um poder incomparavelmente superior aos dos olhos do organismo terrestre que eu acabara de deixar; e, observação surpreendente, seu poder me parecia submetido à vontade. Basta fazer-vos perceber que, em vez de simplesmente ver as estrelas no céu, como as vedes na Terra, eu distinguia claramente os mundos que gravitam ao redor; quando eu desejava não mais ver a estrela, a fim de não ficar fatigado pelo exame desses mundos, ela desaparecia de minha visão e me deixava em excelentes condições para observar um desses mundos. Além disso, quando minha vista se concentrava num mundo particular, eu chegava a distinguir os detalhes de sua superfície, os continentes e os mares, as nuvens e os rios. Por uma intensidade particular de concentração na visão de minha alma, eu chegava a ver o objeto sobre o qual ela se concentrava, como por exemplo uma cidade, um campo, os edifícios, as ruas, as casas, as árvores, os caminhos; reconhecia mesmo os habitantes e seguia as pessoas nas ruas e nas habitações. Para isto bastava limitar o meu pensamento ao quarteirão, à casa ou ao indivíduo que eu queria observar. No mundo à margem do qual eu acabava de chegar, os seres, não encarnados num envoltório grosseiro como aqui, mas livres e dotados de faculdades de percepção elevadas a um eminente grau de poder, podem perceber distintamente detalhes que, a essa distância, seriam absolutamente subtraídos aos olhos das organizações terrestres.

116 | REVISTA ESPÍRITA

SITIENS. Para isto eles se servem de instrumentos superiores aos nossos telescópios?

LUMEN. Se, por ser menos rebelde à admissão dessa maravilhosa faculdade, vos é mais fácil concebê-los munidos de instrumentos, teoricamente o podeis. Mas devo advertir-vos que tais instrumentos não são *exteriores a esses seres,* e que pertencem aos *próprios órgãos de sua visão.* É bem entendido que essa construção óptica e esse poder de visão são naturais nesses mundos, e não sobrenaturais. Pensai um pouco nos insetos que gozam da propriedade de contrair ou alongar os olhos, como tubos de uma luneta, de inflar ou achatar o cristalino para dele fazer uma lente de diferentes graus, ou ainda concentrar no mesmo foco uma porção de olhos assestados como outros tantos microscópios, para captar o infinitamente pequeno, e podereis mais legitimamente admitir a faculdade desses seres extraterrenos."

O mundo onde se acha Lumen está a uma distância tal da Terra que a luz não chega de um ao outro senão ao cabo de setenta e dois anos. Ora, nascido em 1793 e falecido em 1864, à sua chegada em Capela, de onde lança o olhar sobre Paris, Lumen não reconhece mais a Paris que acaba de deixar. Os raios luminosos que partiram da Terra, só chegando a Capela setenta e dois anos depois, lhe traziam a imagem do que aqui se passava em 1793.

Eis a parte realmente científica do relato. Todas as dificuldades aí são resolvidas da maneira mais lógica. Os dados, admitidos em teoria pela Ciência, aí são demonstrados pela experiência; mas não podendo essa experiência ser feita diretamente pelos homens, o autor supõe um Espírito que dá conta de suas sensações, colocado em condições de poder estabelecer uma comparação entre a Terra e o mundo que ele habita.

A ideia é engenhosa e nova. É a primeira vez que o Espiritismo verdadeiro e sério, embora sob anonimato, é associado à Ciência positiva, e isto por um homem capaz de apreciar um e outra, e de captar o traço de união que um dia deverá ligá-los. Esse trabalho, ao qual atribuímos, sem restrições, uma importância capital, nos parece ser um daqueles que os Espíritos nos anunciaram como devendo marcar o presente ano. Analisaremos esta segunda parte num próximo artigo.

NOVA TEORIA MÉDICO-ESPÍRITA

(Pelo doutor Brizio, de Turim)

Não conhecemos esta obra senão pelo prospecto em italiano, que nos foi enviado, mas só podemos nos alegrar de ver o entusiasmo das nações estrangeiras em seguir o Movimento Espírita, e felicitar os homens de talento, que entram na via das aplicações do Espiritismo à Ciência. A obra do doutor Brizio será publicada em 20 ou 30 fascículos a 20 centavos cada, e a impressão será iniciada quando houver 300 assinantes. Subscrição em Turim, na livraria Degiorgis, via Nuova.

O Livro nos Médiuns, tradução em espanhol, da 9.ª edição francesa. No escritório da *Revista Espírita* em Madrid, Barcelona, Marselha e Paris.

ALLAN KARDEC

REVISTA ESPÍRITA

JORNAL DE ESTUDOS PSICOLÓGICOS

ANO X	ABRIL DE 1867	VOL. 4

GALILEU

A PROPÓSITO DO DRAMA DO SR. PONSARD

O acontecimento literário do dia é a representação de *Galileu*, drama em versos do Sr. Ponsard. Embora nele não se trate de Espiritismo, a ele se liga por um lado essencial: o da pluralidade dos mundos habitados e, sob tal ponto de vista, podemos considerá-lo como uma das obras chamadas a favorecer o desenvolvimento da doutrina, popularizando um de seus princípios fundamentais.

O destino da Humanidade está ligado à organização do Universo, como o do habitante o está à sua habitação. Na ignorância desta organização, o homem deve ter tido ideias, sobre o seu passado e o seu futuro, em relação ao estado de seus conhecimentos. Se ele tivesse sempre conhecido a estrutura da Terra, jamais teria pensado em colocar o inferno em suas entranhas; se tivesse conhecido o infinito do espaço e a multidão de mundos que aí se movem, não teria localizado o céu acima do *céu das estrelas*; não teria feito da Terra o ponto central do Universo, a única habitação dos seres vivos; não teria condenado a crença nos antípodas como uma heresia; se tivesse conhecido a Geologia, jamais teria acreditado na formação da Terra em seis dias e em sua existência há seis mil anos.

A ideia mesquinha que o homem fazia da Criação devia dar-lhe uma ideia mesquinha da divindade. Ele não pôde compreender a grandeza, o poder, a sabedoria infinitas do Criador senão quando seu pensamento pôde abarcar a imensidade do Universo e a sabedoria das leis que o regem, como se julga o gênio de um mecânico pelo conjunto, harmonia e precisão de um mecanismo, e não à vista de uma simples engrenagem. Só então as ideias puderam crescer e elevar-se acima de seu limitado horizonte. Em todos os tempos suas ideias religiosas foram calcadas na ideia que ele fazia de Deus e de sua obra. O erro de suas crenças sobre a origem e o destino da Humanidade tinha como causa sua ignorância das verdadeiras leis da Natureza. Se, desde a origem, ele tivesse conhecido essas leis, seus dogmas teriam sido completamente outros.

Como um dos primeiros a revelar as leis do mecanismo do Universo, não por hipóteses, mas por uma demonstração irrecusável, Galileu abriu o caminho a novos progressos. Por isto mesmo, ele devia produzir uma revolução nas crenças, destruindo os andaimes dos sistemas científicos errados sobre os quais elas se apoiavam.

A cada um a sua missão. Nem Moisés, nem o Cristo tinham a de ensinar aos homens as leis da Ciência. O conhecimento dessas leis devia ser *resultado do trabalho e das pesquisas do homem,* da atividade e do desenvolvimento de seu próprio espírito, e não de uma revelação *a priori,* que lhe tivesse dado o saber sem esforço. Eles não deviam nem podiam lhe ter falado senão uma linguagem apropriada ao seu estado intelectual, pois do contrário não teriam sido compreendidos. Moisés e o Cristo tiveram sua função moralizadora. A gênios de outra ordem são deferidas as missões científicas. Ora, como as leis morais e as leis da Ciência são leis divinas, a Religião e a Filosofia não podem ser verdadeiras senão pela aliança dessas leis.

O Espiritismo é baseado na existência do princípio espiritual, como elemento constitutivo do Universo. Ele repousa sobre a universalidade e a perpetuidade dos seres inteligentes, sobre seu progresso indefinido através dos mundos e das gerações; sobre a pluralidade das existências corporais necessárias ao seu progresso individual; sobre sua cooperação relativa, como encarnados e desencarnados, na obra geral, na medida do progresso realizado; na solidariedade que une todos os seres de um mesmo mundo e dos mundos entre si. Nesse vasto conjunto, encarnados e desencarnados, cada um tem a sua missão, o seu papel, deveres a cumprir, desde o mais ínfimo até os anjos, que não são senão Espíritos humanos chegados ao estado de Espíritos puros, aos quais são confiadas as grandes missões, o governo dos mundos, como a generais experimentados. Em vez das solidões desertas do espaço sem limites, por toda parte a vida e a atividade, em parte alguma a ociosidade inútil; por toda parte o emprego dos conhecimentos adquiridos; por toda parte o desejo de continuar progredindo e de aumentar a soma de felicidades, pelo emprego útil das faculdades da inteligência. Em vez de uma existência efêmera e única, passada num cantinho da Terra, que decide para sempre sua sorte futura, que impõe limites ao progresso e torna estéril, para o futuro, o trabalho que ele toma para se instruir, o homem tem por domínio o Universo; nada do que ele sabe e do que faz fica perdido; o futuro lhe pertence; em vez do isolamento egoísta, a solidariedade universal; em vez do nada, segundo uns, a vida eterna; em vez da beatitude contemplativa perpétua, segundo outros, que a tornaria uma inutilidade perpétua, um papel ativo, proporcional ao mérito adquirido; em vez de castigos irremissíveis por faltas temporárias, a posição que cada um constrói para si, por sua perseverança no bem ou no mal; em vez de uma mancha original que o torna passível de faltas que não foram por ele cometidas, a consequência natural de suas próprias imperfeições nativas; em vez das chamas do inferno, a obrigação de reparar o mal que se fez e recomeçar o que se fez mal; em vez de um Deus colérico e vingativo, um Deus justo e bom, que leva em conta todo arrependimento e toda boa vontade.

Tal é, em resumo, o quadro que o Espiritismo apresenta, e que ressalta da própria situação dos Espíritos que se manifestam. Não é mais uma simples teoria, mas um resultado da observação. O homem que encara as coisas deste ponto de vista sente-se crescer; ele se revela aos seus próprios olhos; é estimulado em seus instintos progressivos ao ver um objetivo para os seus trabalhos, para os seus esforços por se melhorar.

Mas para compreender o Espiritismo em sua essência, na imensidade das coisas que ele abarca; para compreender o objetivo da vida e o destino do homem, não era preciso relegar a Humanidade para um pequeno globo, limitar a existência a alguns anos, apequenar o Criador e a criatura; para que o homem pudesse fazer uma ideia justa de seu papel no Universo, era preciso que ele compreendesse, pela pluralidade dos mundos, o campo aberto às suas explorações futuras e à atividade de seu espírito; para recuar indefinidamente os limites da Criação, para destruir os preconceitos sobre os lugares especiais de recompensa e de punição, sobre os diferentes estágios dos céus, era preciso que ele penetrasse as profundezas do espaço; que em lugar do cristalino e do empíreo, ele aí visse circular, em majestosa e perpétua harmonia, os mundos inumeráveis, semelhantes ao seu; que por toda parte seu pensamento encontrasse a criatura inteligente.

A história da Terra se liga à da Humanidade. Para que o homem pudesse desfazer-se de suas mesquinhas e falsas opiniões sobre a época, a duração e o modo de criação do nosso globo, de suas crenças lendárias sobre o dilúvio e sua própria origem; para que consentisse em desalojar do seio da Terra o inferno e o império de Satã, era preciso que pudesse ler nas camadas geológicas a história de sua formação e de suas revoluções físicas.

A Astronomia e a Geologia, secundadas pelas descobertas da Física e da Química, apoiadas nas leis da Mecânica, são as duas poderosas alavancas que derrubaram seus preconceitos sobre sua origem e seu destino.

A matéria e o espírito são os dois princípios constitutivos do Universo, mas o conhecimento das leis que regem a matéria devia preceder o das leis que regem o elemento espiritual; só as primeiras poderiam combater vitoriosamente os preconceitos, pela evidência dos fatos. O Espiritismo, que tem como objetivo especial o conhecimento do elemento espiritual, devia vir em segundo lugar; para que pudesse ser compreendido em seu conjunto, era preciso que ele encontrasse o terreno preparado, o campo do espírito humano varrido dos preconceitos e das ideias falsas, senão na totalidade, ao menos em grande parte, sem o que não teríamos tido senão um Espiritismo amesquinhado, bastardo, incompleto e misturado a crenças e práticas absurdas, como é ainda hoje nos povos atrasados. Se considerarmos a situação moral atual das nações adiantadas, reconheceremos que ele veio em tempo oportuno, para encher os vazios que se fazem nas crenças.

Galileu abriu o caminho. Rasgando o véu que ocultava o infinito, ele alargou o domínio da inteligência e desferiu um golpe fatal nas crenças errôneas; destruiu mais ideias falsas e superstições do que todas as filosofias, porque as sapou pela base, mostrando a realidade. O Espiritismo deve colocá-lo na categoria dos grandes gênios que abriram o caminho, derrubando as barreiras que a ignorância lhe opunha. As perseguições de que foi vítima, e que são o quinhão de quem quer que ataque os preconceitos e as ideias herdadas, fizeram-no grande aos olhos da posterioridade, ao mesmo tempo que rebaixaram os perseguidores. Quem é hoje o maior: eles ou ele?

Lamentamos que a falta de espaço não nos permita citar alguns fragmentos do belo drama do Sr. Ponsard. Fá-lo-emos no próximo número.

DO ESPÍRITO PROFÉTICO
(Pelo conde Joseph de Maistre)

O conde Joseph de Maistre, nascido em Chambéry em 1753, falecido em 1821, foi enviado pelo rei da Sardenha, como ministro plenipotenciário na Rússia, em 1803. Ele deixou esse país em 1817, quando da expulsão dos jesuítas, cuja causa tinha abraçado.

Entre as suas obras, uma das mais conhecidas na literatura e no mundo religioso é a que se intitula: *Soirées de Saint-Pétersbourg,* publicada em 1821. Embora escrita do ponto de vista exclusivamente católico, certos pensamentos parecem inspirados pela previsão dos tempos presentes, e sob essa óptica, merecem particular atenção. As passagens seguintes são tiradas da décima primeira conversa, tomo II, pág. 121, edição de 1844.

...Mais do que nunca, senhores, devemos ocupar-nos dessas altas especulações, porque devemos estar preparados para *um acontecimento imenso na ordem divina, para o qual avançamos em velocidade acelerada, que deve chocar todos os observadores.* Não há mais religião na Terra. O gênero humano não pode ficar neste estado. *Oráculos terríveis, aliás, anunciam que os tempos são chegados.*

Vários teólogos, mesmo católicos, acreditaram que fatos de primeira ordem e pouco afastados estavam anunciados na revelação de São João, e embora os teólogos protestantes, em geral, só tenham relatado tristes sonhos sobre esse mesmo livro, onde jamais viram senão o que desejavam, contudo, depois de haver pago esse infeliz tributo ao fanatismo de seita, vejo que certos escritores desse partido já adotam o princípio que: *Várias profecias contidas no Apocalipse se referiam a nossos tempos modernos. Um desses escritores até chegou a dizer que o acontecimento estava começado, e que a nação francesa deveria ser o grande instrumento da maior das revoluções.*

Talvez não haja um homem verdadeiramente religioso na Europa (falo da classe instruída), que no momento não espere algo de extraordinário. Ora, dizei-me, senhores, credes que essa concordância de todos os homens possa ser desprezada? Não há nada além desse grito geral que anuncia grandes coisas? Remontai aos séculos passados; transportai-vos ao nascimento do Salvador. Naquela época, uma voz alta e misteriosa, partida das regiões orientais, não exclamava: "O Oriente está a ponto de triunfar? O vencedor partirá da Judeia; um menino divino nos é dado; ele vai aparecer; ele desce do mais alto dos céus; ele trará a idade de ouro sobre a Terra." Vós sabeis o resto.

Estas ideias eram espalhadas universalmente, e como se prestavam infinitamente à poesia, o maior poeta latino delas se apoderou e as revestiu das mais brilhantes cores em seu *Pollion*, que foi depois traduzido em versos gregos muito belos e lidos nessa língua no Concílio de Niceia, por ordem do imperador Constantino. Certamente era bem digno da Providência ordenar que esse grande grito do gênero humano repercutisse para sempre nos versos imortais de Virgílio. Mas a incurável incredulidade do nosso século, em vez de ver nessa peça o que ela realmente encerra, isto é, um monumento inefável do espírito profético que então se agitava no Universo, diverte-se em provar-nos doutamente que Virgílio não era profeta, isto é, que uma flauta não sabe música, e que nada há de extraordinário na undécima écloga desse poeta. *O materialismo que perverte a filosofia do nosso século, a impede de ver que a Doutrina dos Espíritos, e, em particular, a do espírito profético, é inteiramente plausível em si mesma, e, além disto, a mais bem sustentada pela mais universal e mais imponente tradição que já existiu.* Como a eterna doença do homem é penetrar no futuro, é uma prova certa de que ele tem direitos sobre esse futuro, e de que tem meios de atingi-lo, ao menos em certas circunstâncias. Os oráculos antigos se atinham a esse movimento interior do homem, que o advertia de sua natureza e de seus direitos. A enorme erudição de Van Dale e as belas frases de Fontenelle foram em vão empregadas no século passado para estabelecer a nulidade geral desses oráculos. Mas, seja como for, jamais o homem teria recorrido aos oráculos, jamais ele teria

124 | REVISTA ESPÍRITA

podido imaginá-los, se não tivesse partido de uma ideia primitiva, em virtude da qual os via como possíveis, e mesmo como existentes. O homem está sujeito ao tempo e, nada obstante, por sua natureza, estranho ao tempo. O profeta gozava do privilégio de sair do tempo; não estando mais as suas ideias distribuídas na duração, tocam-se em virtude da simples analogia e se confundem, o que necessariamente derrama uma grande confusão em seus discursos. O próprio Salvador submeteu-se a esse estado quando, entregue voluntariamente ao espírito profético, as ideias análogas de grandes desastres, separadas do tempo, conduziram-no a misturar a destruição de Jerusalém à do mundo. É ainda assim que David, conduzido por seus próprios sofrimentos a meditar sobre "o justo perseguido", sai repentinamente do tempo e exclama, diante do futuro: "Eles trespassaram meus pés e minhas mãos; eles contaram os meus ossos; eles dividiram as minhas vestes; eles lançaram os dados sobre as minhas roupas." (Salmos XXI, v. 18 e 19)[1].

Poderíamos acrescentar outras reflexões tiradas da astrologia judiciária, dos oráculos, das adivinhações de todo gênero, cujo abuso sem dúvida desonrou o espírito humano, mas que, entretanto, tinham uma raiz verdadeira, como todas as crenças em geral. O espírito profético é natural no homem e não cessará de se agitar no mundo. O homem, em todas as épocas e em todos os lugares, tentando penetrar no futuro, declara não ser feito para o tempo, porque o tempo é algo forçado, que só pede para acabar. Daí vem que, nos nossos sonhos, jamais temos ideia do tempo, e que o estado de sono sempre foi considerado favorável às comunicações divinas.

Se me perguntardes a seguir o que é o espírito profético, ao qual há pouco me referia, responder-vos-ei que "jamais houve no mundo grandes acontecimentos que não tivessem sido preditos de alguma maneira." Maquiavel foi o primeiro homem de meu conhecimento que sustentou essa proposição. Mas se vós mesmos nela refletirdes, achareis que sua asserção está justificada ao longo de toda a história. Tendes um último exemplo dela na Revolução Francesa, predita de todos os lados e da maneira mais incontestável.

---

[1] No original consta Salmo XXV, v. 17. Vide Erratum na última página do número de março de 1868. (Nota do revisor Boschiroli)

Mas, para voltar ao ponto de onde parti, credes que ao século de Virgílio faltavam belos espíritos que zombavam "do grande ano, do século de ouro, da casta Lucina, a augusta mãe, e do misterioso menino?" Entretanto, tudo isto havia chegado: "O menino, do alto do céu, estava prestes a descer." E podeis ver em vários escritos, notadamente nas observações que Pope juntou à sua tradução em versos do *Pollion*, que essa peça poderia passar por uma versão de Isaías. *Por que quereis que não o seja, mesmo hoje? O Universo está à espera. Como desprezaríamos essa grande persuasão, e com que direito condenaríamos os homens que, advertidos por esses sinais divinos, se entregam a santas pesquisas?*

Quereis uma nova prova do que se prepara? Buscai nas ciências; considerai judiciosamente o avanço da Química, da própria Astronomia, e vereis para onde elas nos conduzem. Acreditaríeis, por exemplo, se disso não estivésseis advertidos, que Newton nos reconduz a Pitágoras, e que incessantemente será demonstrado que *os corpos celestes são movidos precisamente como os corpos humanos, por inteligências que lhes estão unidas, sem que se saiba como? É o que, entretanto, está a ponto de se verificar, sem que haja, em breve, qualquer meio de argumentar.* Esta doutrina poderá parecer paradoxal, sem dúvida, e mesmo ridícula, porque a opinião corrente o impõe, mas *esperai que a afinidade natural da Religião e da Ciência as reúna na cabeça de um só homem de gênio; o aparecimento deste homem não poderia estar distante e talvez mesmo ele já exista.* Ele será famoso e porá fim ao século dezoito, que ainda perdura, porque os séculos intelectuais não se regulam pelo calendário, como os séculos propriamente ditos. *Então, as opiniões que hoje nos parecem bizarras ou insensatas, serão axiomas dos quais não será permitido duvidar, e falar-se-á de nossa estupidez atual, como nós falamos da superstição da Idade Média. A força das coisas já obrigou alguns sábios da escola materialista a fazerem concessões que os aproximam do espírito.* E outros, não se podendo impedir de pressentir essa tendência surda de uma opinião poderosa, contra ela tomam precauções que talvez façam sobre os verdadeiros observadores mais impressão que uma resistência direta. Daí a sua atenção escrupulosa em não empregar senão expressões materiais. Eles nunca tratam, em seus escritos, senão de leis mecânicas, de princípios mecânicos, de astronomia física etc. Não que eles não percebam muito bem que as teorias materialistas absolutamente

126 | REVISTA ESPÍRITA

não contentam a inteligência, porque existe algo de evidente para o espírito humano despreocupado: É que os movimentos do Universo não podem ser explicados apenas pelas leis mecânicas; mas é precisamente porque o sentem que eles, por assim dizer, põem palavras em guarda contra a verdade. *Eles não querem confessá-lo, mas não são mais detidos senão pela obrigação ou pelo respeito humano.* Os sábios europeus são neste momento espécies de conjurados ou de iniciados, como quiserdes chamá-los, que fizeram da ciência uma espécie de monopólio e que não querem absolutamente que ninguém saiba mais do que eles, ou de modo diferente deles. Mas essa ciência será incessantemente odiada por uma posterioridade iluminada que acusará justamente os adeptos de hoje por não terem sabido tirar das verdades que Deus lhes havia entregue as mais preciosas consequências para o homem. *Então, toda a Ciência mudará de face; o espírito, longamente destronado, retomará o seu lugar.*

Será demonstrado que todas as tradições antigas são verdadeiras; que o paganismo inteiro não passa de um sistema de verdades corrompidas e deslocadas; que, por assim dizer, basta limpá-las e recolocá-las em seu lugar, para vê-las brilhar em todo o seu esplendor.

Numa palavra, todas as ideias mudarão, e porque de todos os lados uma multidão de eleitos exclama em concerto: "Vinde Senhor, vinde!" por que censuraríeis esses homens que se lançam nesse futuro majestoso e se glorificam de adivinhá-lo? Como os poetas que, até nos nossos tempos de fraqueza e de decrepitude, ainda apresentam alguns pálidos clarões do espírito profético, *os homens espiritualistas por vezes experimentam movimentos de entusiasmo e de inspiração que os transportam para o futuro, e lhes permitem pressentir os acontecimentos que o tempo amadureceu ao longe.*

Lembrai-vos, senhor conde, do cumprimento que me dirigistes sobre minha erudição relativa ao número três. Com efeito, esse número se mostra de todos os lados, no mundo físico, como no mundo moral e nas coisas divinas. Deus falou uma primeira vez aos homens no Monte Sinai, e essa revelação foi concentrada, por motivos que ignoramos, nos estreitos limites de um só povo e de um só país. Após quinze séculos, uma segunda revelação se dirigiu a todos os homens sem distinção, e é aquela de que desfrutamos. Mas a universalidade de sua ação devia ser ainda infinitamente restringida pelas circunstâncias de tempo e de lugares. Quinze séculos a mais deviam escoar-se antes que a América visse a luz, e suas vastas regiões ainda encerram uma porção de hordas selvagens tão estranhas ao grande benefício, que seríamos levados a crer que elas dele são excluídas por natureza, em virtude de algum anátema primitivo inexplicável. Só o grande Lama tem mais súditos espirituais que o Papa; Bengala tem sessenta milhões de habitantes, a China tem duzentos, o Japão vinte e cinco ou trinta. Contemplai esses arquipélagos do grande Oceano que hoje formam uma quinta parte do mundo. Vossos missionários sem dúvida fizeram maravilhosos esforços para anunciar o Evangelho nalgumas dessas regiões longínquas, mas vedes com que sucesso. Quantas miríades de homens que a boa nova jamais atingirá! A cimitarra do filho de Ismael não expulsou inteiramente o Cristianismo da África e da Ásia? E em nossa Europa, que espetáculo se oferece ao olho religioso!...

Contemplai este quadro lúgubre; juntai a espera dos homens escolhidos, e vereis se os iluminados estão errados ao encarar como *mais ou menos próxima uma terceira explosão da onipotente bondade em favor do gênero humano.* Eu não terminaria se quisesse reunir todas as provas que se reúnem para justificar esta grande espera. Ainda uma vez, não censureis as pessoas que disto se ocupam e que veem na própria revelação, razões para prever *uma revelação da revelação.* Se quiserdes, chamai esses homens iluminados, que estarei inteiramente de acordo convosco, desde que pronuncieis esse nome seriamente.

Tudo anuncia, e vossas próprias observações o demonstram, *não sei qual grande unidade para a qual marchamos a grandes passos.* Não podeis, pois, sem vos pôr em contradição convosco mesmos, condenar os que de longe saúdam essa unidade e tentam, conforme suas forças, penetrar mistérios tão terríveis, sem dúvida, mas ao mesmo tempo tão consoladores para nós.

E não digais que *tudo está dito, que tudo está revelado* e que não nos é permitido esperar nada de novo. Sem dúvida nada nos falta para a salvação. Mas, *do lado dos conhecimentos divinos, falta-nos muito; e quanto às manifestações futuras, como vedes, tenho mil razões para confiar, ao passo que não tendes nenhuma para me provar o contrário.* O hebreu que cumpria a lei não estava em segurança de consciência? Eu vos citaria, se fosse preciso, não sei quantas passagens da Bíblia que prometem ao sacrifício judaico e ao trono de David uma duração igual à do Sol. O judeu, *que se mantinha na casca,* tinha toda razão, até o acontecimento, de crer no reino temporal do Messias; nada obstante, enganava-se, como se viu depois, mas sabemos o que nos aguarda a nós mesmos? Deus estará conosco até a consumação dos séculos; as portas do inferno não prevalecerão contra a Igreja etc. Muito bem! Disso resulta, pergunto-vos, que *Deus interditou toda manifestação nova* e não lhe é mais permitido ensinar-nos nada além do que sabemos? Convenhamos que seria um estranho argumento.

Estando uma nova efusão do Espírito Santo, para o futuro, no rol das coisas mais razoavelmente esperadas, é preciso que os pregadores desse dom novo possam citar a Escritura Sagrada a todos os povos. Os apóstolos não são tradutores; eles têm muitas outras ocupações; mas a Sociedade Bíblica, instrumento cego da Providência, prepara suas diferentes versões que *os verdadeiros enviados explicarão um dia, em virtude de uma missão legítima,* nova ou primitiva, não importa, que expulsará a dúvida da cidade de Deus; e *é assim que os terríveis inimigos da unidade trabalham para estabelecê-la.*

OBSERVAÇÃO: Estas palavras são muito mais notáveis pelo fato de emanarem de um homem de um mérito incontestável como escritor, e que é tido em grande estima no mundo religioso. Talvez não se tenha visto tudo quanto elas encerram, porque são um protesto evidente contra o absolutismo e o estreito exclusivismo de certas doutrinas. Elas denotam no autor uma amplidão de vistas que tange a independência filosófica. Muitas vezes a ortodoxia se escandaliza por menos. As passagens em destaque são bastante explícitas e é supérfluo comentá-las. Sobretudo os espíritas compreenderão facilmente o seu alcance. Seria impossível não ver aí a previsão de coisas que hoje se passam e das que o futuro reserva para a Humanidade, tamanha a relação dessas palavras com o estado atual e com o que, por todos os lados, anunciam os Espíritos.

COMUNICAÇÃO DE JOSEPH DE MAISTRE

(Sociedade de Paris, 22 de março de 1867 - Médium, Sr. Desliens)

Pergunta. – Conforme os pensamentos contidos nos fragmentos que acabam de ser lidos, vós mesmo pareceis ter sido animado pelo espírito profético do qual falais e que descreveis tão bem. Apenas meio século nos separa da época em que escrevíeis estas linhas admiráveis, e já vemos se realizarem as vossas previsões. Talvez não seja do ponto de vista exclusivo em que então vos colocavam as vossas crenças, mas com certeza tudo nos mostra como iminente e em vias de realizar-se a grande revolução moral que pressentistes e que preparam as ideias novas. O que dizeis tem uma relação tão evidente com o Espiritismo, que podemos, com toda razão, considerar-vos como um dos profetas de sua vinda. Sem dúvida a Providência vos havia colocado no meio em que, pelo fato dos vossos princípios, vossas palavras deviam ter mais autoridade. Elas foram compreendidas por vosso partido? Ele ainda as compreende hoje? É lícito duvidar.

Hoje, que podeis encarar as coisas de maneira mais larga e abarcar mais vastos horizontes, teríamos prazer em ter a vossa apreciação atual sobre *o espírito profético* e sobre a parte que deve ter o Espiritismo no movimento regenerador.

Além disto, ficaríamos muito honrados se pudéssemos contar-vos, para o futuro, no número dos bons Espíritos que querem concorrer para a nossa instrução.

Resposta. – Senhores, embora não seja a primeira vez que me encontro entre vós, como me introduzi oficialmente hoje, pedirei que aceiteis os meus agradecimentos pelas palavras benevolentes que tivestes a delicadeza de pronunciar em minha intenção e que recebais minhas felicitações pela sinceridade e pelo devotamento que presidem aos vossos trabalhos.

O amor à verdade foi o meu guia único, e se em vida fui partidário de uma seita que aprenderam a julgar com severidade, é que eu cria nela achar os elementos, a força de ação necessária para chegar ao conhecimento dessa verdade que suspeitava. – Eu vi a terra prometida, mas não pude nela penetrar em vida. Mais felizes que eu, senhores, aproveitai o favor que vos é conferido por vossa boa vontade, melhorando o vosso coração e o vosso espírito, e fazendo partilhar de vossa felicidade todos aqueles de vossos irmãos em Humanidade, que não oporão à vossa propaganda senão a reserva natural a cada homem colocado diante do desconhecido.

Como eles, eu teria querido racionalizar a vossa crença antes de aceitá-la, mas não a teria odiado, por mais bizarros que fossem seus meios de manifestação, pela simples razão que ela poderia prejudicar os meus interesses, ou porque me agradasse agir assim.

Pudestes convencer-vos disto, pois eu estava com o clero, como adepto da moral do Evangelho, mas não estava com ele como partidário da imutabilidade do ensino e da impossibilidade de novas manifestações da vontade divina. Penetrado das Santas Escrituras, que eu li, reli e comentei, a letra e o espírito me faziam prever o novo acontecimento. Agradeço a Deus por isso, porquanto eu era feliz em esperança, para mim que sentia intuitivamente que participaria da felicidade de conhecer as novas verdades, em qualquer parte onde eu estivesse; por meus irmãos em Humanidade que veriam se dissiparem as trevas da ignorância e do erro, diante de uma evidência irrefutável.

O espírito profético abrasa o mundo inteiro com seus eflúvios regeneradores. – Na Europa, como na América, na Ásia, em toda parte, entre os católicos como entre os muçulmanos, em todos os países, em todos os climas, em todas as seitas religiosas, a nova revelação se infiltra, com a criança que nasce, com o jovem que se desenvolve, com o velho que se vai. – Uns chegam com os materiais necessários para a edificação da obra; outros aspiram a um mundo que lhes revelará os mistérios que pressentem. – E, se a perseguição moral vos verga ao seu jugo, se o interesse material, a posição social detém alguns dos filhos do Espírito em sua marcha ascendente, esses serão os mártires do pensamento, cujos suores intelectuais fecundarão o ensino e prepararão as gerações do futuro para uma vida nova.

Na França o Espiritismo se manifesta sob outro nome que na Ásia. Ele tem agentes nas diversas nuanças da religião católica, como as tem entre os sectários da religião muçulmana. – Lá a revelação, num grau inferior de desenvolvimento, é afogada no sangue; nem por isto deixa de prosseguir a sua marcha e suas ramificações cercam o mundo numa vasta rede cujas malhas vão se apertando à medida que o elemento regenerador mais se desvela. – Católicos e protestantes buscam fazer penetrar a nova crença entre os filhos do Islã, ainda que encontrando obstáculos intransponíveis e mesmo que muito raros adeptos venham colocar-se sob sua bandeira.

O espírito profético aí tomou outra forma; assemelhou a sua linguagem, suas instruções, às formas materiais e aos pensamentos íntimos daqueles a quem se dirigia. – Bendizei a Providência, que vê melhor que vós como e por quem ela deve trazer o movimento que impele os mundos para o infinito.

A aspiração a novos conhecimentos está no ar que respiramos, no livro que é escrito, no quadro que se pinta; a ideia se imprime no mármore do estatuário como na pena do historiador, e aquele que muito se admirasse de ser colocado entre os espíritas, é um instrumento da Onipotência para a edificação do Espiritismo.

Interrompo esta comunicação, que se torna fatigante para o médium, que não está habituado ao meu influxo fluídico. Continuá-la-ei em outra oportunidade, e virei, porquanto este é vosso desejo, trazer minha parte de ação aos vossos trabalhos, pois não mais me contento de a eles assistir como testemunha invisível ou como inspirador desconhecido que tenho sido muitas vezes.

J. DE MAISTRE

A LIGA DO ENSINO
(2º artigo)

(Vide o número anterior)

A propósito do artigo que publicamos sobre a liga do ensino, recebemos do Sr. Macé, seu fundador, a carta seguinte, que julgamos um dever publicar. Se expusemos os motivos sobre os quais apoiamos a opinião restritiva que emitimos, é de toda equidade divulgar as explicações do autor.

Beblenheim, 5 de março de 1867.

Senhor,

132 | REVISTA ESPÍRITA

O Sr. Ed. Vauchez me comunica o que dissestes da *liga do ensino* na *Revista Espírita,* e tomo a liberdade de vos dirigir, não uma resposta para ser publicada em vossa *Revista,* mas algumas explicações pessoais sobre o *fim* que persigo e o *plano* que tracei. Eu ficaria feliz se elas pudessem dissipar os escrúpulos que vos detêm e vos ligar a um projeto que não tem, pelo menos em meu espírito, o vazio que vistes.

Trata-se de agrupar, em cada localidade, todos aqueles que se sentem prontos a exercer sua cidadania, contribuindo *pessoalmente* para o desenvolvimento da instrução pública em seu redor. Cada grupo necessariamente terá que fazer o seu programa, pois a medida de sua ação é naturalmente determinada por seus meios de ação. Aí era-me impossível algo precisar; mas a *natureza* dessa ação, o ponto capital, eu a precisei da maneira mais clara e mais límpida: Fazer instrução pura e simples, isenta de toda preocupação de seita e de partido. Aí está um primeiro artigo uniforme, escrito antecipadamente no topo de todos os prospectos; aí estará sua unidade moral. Todo círculo que viesse a infringi-lo sairia de pleno direito da liga.

Sois, eu não poderia duvidá-lo, demasiado leal para não convir que não haverá, depois disto, lugar para nenhuma *decepção*, quando se chegar à execução. Aí não poderia haver decepcionados senão os que tivessem entrado na liga com a secreta esperança de fazê-la servir ao triunfo de uma opinião particular: eles estão prevenidos.

Quanto às intenções que poderia ter o próprio autor do projeto, e à confiança que convém conceder-lhe, permiti-me ficar com a resposta que dei uma vez a uma suspeita emitida nos *Annales du travail,* da qual vos peço tomeis conhecimento. Ela se dirige a uma dúvida quanto às minhas tendências liberais, pode dirigir-se também às dúvidas que poderiam erguer-se em outros espíritos quanto à lealdade da minha declaração de neutralidade.

Ouso esperar, senhor, que essas explicações vos pareçam suficientemente claras para modificar a vossa impressão primeira, e que julgareis bom, se assim o for, dizê-lo aos vossos leitores. Todo bom cidadão deve o apoio de sua influência pessoal ao que reconhece útil, e eu me sinto tão convencido da utilidade de nosso projeto de Liga, que me parece impossível possa ela escapar a um espírito tão experimentado quanto o vosso.

Recebei, senhor, minhas muito cordiais e fraternas saudações.

JEAN MACÉ

A esta carta, o Sr. Macé teve a bondade de juntar o número dos *Annales du travail,* no qual se acha a resposta acima mencionada, e que reproduzimos integralmente:

Beblenheim, 4 de janeiro de 1867.
Senhor redator,
A objeção que vos foi feita relativamente a uma possível modificação de minhas ideias liberais e, em consequência ao perigo, também possível, de um mau direcionamento dado ao ensino da Liga, essa objeção me parece aflitiva, e eu vos peço permissão para responder aos que vo-la fizeram, não pelo que me concerne – julgo-o inútil – mas para a honra de minha ideia, que eles não compreenderam. A Liga nada ensina e não terá direcionamentos a dar. É, pois, supérfluo inquietar-se desde já com as opiniões mais ou menos liberais de quem procura fundá-la.

Apelo a todos aqueles que levam a sério o desenvolvimento da instrução em seu país, e que desejam nela trabalhar, quer para os outros, ensinando, quer para si mesmos, aprendendo. Convido-os a se associarem em todos os pontos do território; a fazer atos de cidadania, combatendo a ignorância, e de sua bolsa, e de sua pessoa, o que vale ainda mais; a perseguir, homem a homem, os maus pais, que não mandam os filhos à escola; a fazer que os camaradas que não sabem ler nem escrever sintam vergonha disso; a lembrar-lhes que nunca é tarde; a colocar-lhes, se necessário, livro e pena na mão, improvisando professores, cada um daquilo que sabe; a criar cursos e bibliotecas, em proveito dos ignorantes que desejam deixar de ser ignorantes; a formar, enfim, por toda a França, um feixe para se prestar mútuo apoio contra as influências inimigas – que as há infelizmente de uma elevação, julgada perigosa, no nível intelectual do povo.

Se tudo isto chegar a ser feito, dizei-me, por favor, em que sentido inquietante esse movimento universal poderia ser dirigido por quem quer que fosse? Se, por exemplo, se organizarem entre os operários, em Paris, *sociedades de cultura intelectual* como aquelas que existem às centenas nas cidades da Alemanha, e das quais Edouard Pfeiffer, o presidente da associação de instrução popular de Wurtemberg, explicava o funcionamento de uma maneira tão interessante, no número do *Coopération* de 30 de setembro último; que se, no bairro de Saint-Antoine, no quarteirão do Temple, em Montmartre, em Batignolles, grupos de trabalhadores que entraram na *Liga* se reunissem para se dar, em conjunto, em certos dias, saraus de instrução com professores de boa vontade, ou mesmo pagos, por que não? – os operários ingleses e alemães não se recusam a este luxo – eu gostaria muito de saber o que virão lá fazer as doutrinas de um professor de moças que ministra aulas em Beblenheim, e que não tem a menor vontade de mudar de alunos. – Essas criaturas não estarão em casa? Terão elas licenças a me pedir?

Não que eu me proíba de ter uma doutrina em matéria de ensino popular. Certamente eu tenho uma. Sem isto, não me permitiria pôr-me como meu próprio chefe, à testa de um movimento como este. Ei-la tal qual acabo de a formular no *Annuaire de l'association* de 1867. É a peremptória negação de toda direção "em tal sentido em vez de outro", para me servir da expressão dos que não estão inteiramente seguros de mim, e me declaro pronto a pôr a seu serviço tudo quanto eu possa ter de autoridade pessoal – não temo falar disto porque tenho consciência de havê-la ganho legalmente:

"Pregar ao ignorante *num ou noutro* sentido, de nada adianta e não o adianta. Ele fica depois à mercê de pregações contrárias e delas não sabe mais que antes. Se aprender o que sabem os que pregam, já é outra coisa, pois ele ficará em estado de pregar também, e aqueles que temessem que ele próprio fosse um mau pregador, podem verificar previamente. A instrução não tem duas maneiras de agir sobre os que a possuem. Se nela se sentem bem por sua própria conta, por que não prestaria ela o mesmo serviço aos outros?"

Se os vossos correspondentes "de fora" conhecessem uma maneira mais liberal de entender a questão do ensino popular, que tenham a bondade de me ensinar. Eu não as conheço.

JEAN MACÉ

P. S. Pedis-me que responda a uma pergunta que vos foi dirigida sobre o destino futuro de somas subscritas para a *Liga*.

A subscrição aberta atualmente é destinada a cobrir as despesas de propaganda do projeto. Publicarei em cada boletim, como fiz no primeiro, o balanço da receita e da despesa e prestarei minhas contas, com comprovantes, à comissão que for nomeada para tal fim, na primeira assembleia geral.

Quando a Liga for constituída, o emprego das cotizações anuais deverá ser determinado – é pelo menos a minha opinião – no seio dos grupos de adeptos que se formarem. Cada grupo fixaria a parte que lhe conviria no fundo geral de propaganda da obra, aonde iriam igualmente as cotizações dos aderentes que não julgassem conveniente engajar-se num grupo especial.

REFLEXÕES SOBRE AS CARTAS PRECEDENTES

Talvez isto se deva à falta de perspicácia de nossa inteligência, mas confessamos com toda a humildade não estar mais esclarecido que antes; diremos mesmo que as explicações acima vêm confirmar nossa opinião. Tinham-nos dito que o autor do projeto tinha um programa bem definido, mas se reservava para dá-lo a conhecer quando as adesões fossem suficientes. Esta maneira de proceder não nos parece nem lógica nem prática, porque, racionalmente, não se pode aderir ao que não se conhece. Ora, a carta que o Sr. Macé teve a bondade de nos escrever não nos dá absolutamente a entender que seja assim. Ao contrário, ela diz: *"Cada grupo necessariamente terá que fazer seu próprio programa,* o que significa que o autor não tem um de sua própria autoria. Disso resulta que se houver mil grupos, pode haver mil programas. É a porta aberta à anarquia dos sistemas.

É verdade que ele acrescenta que o ponto capital é precisado da maneira *mais clara e mais límpida* pela indicação do objetivo, que é: "Fazer instrução pura e simples, isenta de qualquer preocupação de seita e de partido." O fim é louvável, sem dúvida, mas apenas vemos aí uma boa intenção e não a indispensável precisão das coisas práticas.

Acrescenta ele: "Todo círculo que viesse a infringi-lo sairia de pleno direito da Liga." Eis a medida cominatória. Pois bem! Esses círculos serão livres para sair da Liga, e para formar outras ao lado, sem julgar ter desmerecido fosse no que fosse. Eis então a Liga principal rompida desde seu início, por falta de unidade de vistas e de conjunto. O objetivo indicado é tão geral que se presta a um erro de aplicações muito contraditórias e que, interpretando cada um conforme suas opiniões pessoais, julgará estar certo. Aliás, onde a autoridade que legalmente pode pronunciar essa exclusão? Ela não existe. Não há nenhum centro regulador com qualidade para apreciar ou controlar os programas individuais que se afastassem do plano geral. Sendo cada grupo sua própria autoridade e seu centro de ação, é ele o único juiz do que ele mesmo faz. Em tais condições, cremos impossível um entendimento.

Até aqui só vemos nesse projeto uma ideia geral. Ora, uma ideia não é um programa. Um programa é uma linha traçada, da qual ninguém pode afastar-se conscientemente, um plano fixado nos mais minuciosos detalhes, e que nada deixa ao arbítrio, onde todas as dificuldades de execução estão previstas, onde as vias e meios são indicados. O melhor programa é o que deixa o menos possível o imprevisto.

Diz o autor: "Era-me mesmo impossível algo precisar, porque a medida de ação de cada grupo será necessariamente determinada por seus meios de ação." Em outros termos, pelos recursos materiais de que poderá dispor. Mas isto não é uma razão. Todos os dias fazem-se planos, elaboram-se projetos subordinados aos meios eventuais de execução. É só vendo um plano que o público se decide a associar-se a ele, conforme compreenda a sua utilidade e nele veja elementos de sucesso.

O que, antes de tudo, teria sido preciso fazer, era assinalar com precisão as lacunas do ensino que se propõe preencher, as necessidades que se quer prover. Seria preciso dizer se se pretendia favorecer a gratuidade do ensino, retribuindo ou indenizando professores e professoras; fundar escolas onde elas não existem; suprir a insuficiência do material de instrução nas escolas muito pobres para dele se prover; fornecer livros às crianças que não podem comprá-los; instituir prêmios de encorajamento para os alunos e professores; criar cursos para adultos; pagar homens de talento para irem, como missionários, fazer conferências instrutivas no campo, e ali destruírem as ideias supersticiosas, com auxílio da Ciência; definir o objetivo e o espírito desses cursos e dessas conferências etc., essas e outras coisas. Só então o objetivo teria sido claramente especificado. Depois, ter-se-ia dito:

"Para atingi-lo são necessários recursos materiais. Apelamos aos homens de boa vontade, aos amigos do progresso, àqueles que simpatizam com nossas ideias, que formem comitês por departamentos, bairros, cantões ou comunas, encarregados de recolher subscrições. Não haverá caixa geral e central; cada comitê terá a sua, cujo emprego gerenciará conforme o programa traçado, em razão dos recursos de que poderá dispor; se recolher muito, fará muito; se recolher pouco fará menos. Mas haverá um comitê diretor, encarregado de centralizar as informações; de transmitir os avisos e as instruções necessárias; de resolver as dificuldades que possam surgir; de imprimir ao conjunto o cunho de unidade, sem o qual a liga será uma palavra vã. Por uma *liga* entende-se uma associação de indivíduos marchando de comum acordo e solidariamente para a realização de um objetivo determinado. Ora, desde o instante em que cada um pode entender esse objetivo à sua maneira, e agir ao seu bel-prazer, não há mais liga nem associação.

Aqui não se trata apenas de um fim a atingir. Desde o instante que sua realização repousa em capitais a recolher por meio de subscrições, há combinação financeira; a parte econômica do projeto não pode ser deixada ao capricho dos indivíduos, nem ao acaso dos acontecimentos, sob pena de periclitar; ela requer uma séria elaboração prévia, um plano concebido com previdência na previsão de todas as eventualidades.

Um ponto essencial no qual parece não terem pensado, é este:

Sendo *permanente* o fim proposto, e não temporário, como quando se trata de um infortúnio a aliviar, ou de um monumento a erguer, ele exige recursos *permanentes*. Provando a experiência que jamais se pode contar com subscrições voluntárias regulares e perpétuas, se se operasse diretamente com o produto das subscrições, este logo seria absorvido. Se quiserem que a operação não sofra solução de continuidade em sua própria fonte, é necessário constituir um rendimento, para não viver do seu capital. Por consequência, capitalizar as subscrições da mais segura maneira e da mais produtiva. Como? Com que garantia e sob que controle? Eis o que todo projeto que repousa sobre um movimento de capitais deve prever antes de tudo e determinar antes de recolher qualquer coisa no caixa, como deve igualmente determinar o emprego e a repartição dos fundos colhidos por antecipação, no caso em que, por uma causa qualquer, não houvesse continuidade. Por sua natureza, o projeto comporta uma parte econômica tanto mais importante pelo fato de depender dela seu futuro, e que aqui absolutamente não existe.

Suponhamos que antes do estabelecimento das sociedades de seguros, um homem tivesse dito: "Os incêndios fazem devastações diárias; tenho pensado que, associando-se e quotizando-se, seria possível atenuar os efeitos do flagelo. Como? Não sei. Façam suas subscrições, para começar, e depois nós avisaremos; vós mesmos procurareis o meio que melhor vos convier e tratareis de vos entenderdes." Sem dúvida a ideia teria sorrido a muitos. Mas quando se tivessem posto à obra, com quantas dificuldades práticas não teriam se chocado, por não terem tido uma base previamente elaborada! Parece-nos que aqui o caso é mais ou menos o mesmo.

A carta publicada nos *Annales du travail* e transcrita acima, não elucida melhor a questão; ela confirma que o plano e a execução do projeto são deixados ao árbitro e à iniciativa dos subscritores. Ora, quando a iniciativa é deixada a todos, ninguém a toma. Ademais, se os homens têm bastante raciocínio para analisar se o que lhes oferecem é bom ou mau, nem todos estão aptos a elaborar uma ideia, sobretudo quando ela abarca um campo tão vasto quanto este. Essa elaboração é o complemento indispensável da ideia primitiva. Uma liga é um corpo organizado, que deve ter um regulamento e estatutos, para marchar em conjunto, se ela quiser chegar a um resultado. Se o Sr. Macé tivesse estabelecido estatutos, mesmo provisórios, sujeitos a apreciação e aprovação posterior dos subscritores, que teriam a liberdade de modificá-los, como se pratica em todas as associações, ele teria dado um corpo à Liga, um ponto de ligação, ao passo que ela não tem nem um nem outra. Dizemos mesmo que ela não tem bandeira, porquanto é dito na carta acima mencionada: *A liga nada ensinará e não terá direção a dar; é, pois, supérfluo inquietar-se desde já com as opiniões mais ou menos liberais daquele que procura fundá-la.* Conceberíamos tal raciocínio se se tratasse de uma operação industrial; mas numa questão tão delicada quanto o ensino, que é encarado sob pontos de vista tão controvertidos, que toca os mais graves interesses da ordem social, não compreendemos que possa ser feita abstração da opinião daquele que, a título de fundador, deve ser a alma do empreendimento. Tal asserção é um erro lamentável.

Do vazio que reina na economia do projeto, resulta que, subscrevendo-o, ninguém sabe a que, nem por que se empenha, pois não sabe que direção tomará o grupo do qual ele fará parte; encontrar-se-ão até subscritores sem participar de qualquer grupo. A organização desses grupos nem mesmo é determinada; suas circunscrições, suas atribuições, sua esfera de atividade, tudo é desconhecido. Ninguém tem qualidade para convocá-los; contrariamente ao que se pratica em casos semelhantes, nenhum comitê de fiscalização é instituído para regular e controlar o emprego dos fundos angariados por antecipação e que servem para pagar as despesas de propaganda da ideia. Considerando-se que há gastos gerais pagos com os fundos dos subscritores, seria preciso que estes soubessem em que consistem. O autor lhes quer deixar toda a latitude para se organizarem como bem entenderem; ele quer ser apenas o promotor da ideia. Que assim seja, e longe de nós o pensamento de levantar contra a sua pessoa a menor suspeita ou desconfiança. Entretanto, dizemos que para a marcha regular de uma operação deste gênero e para lhe garantir o sucesso, há medidas preliminares indispensáveis, que foram totalmente negligenciadas, o que vemos com pesar, no próprio interesse da causa. Se for de propósito, julgamos mal fundado o pensamento; se for por esquecimento, é desagradável.

Não temos qualidades para dar qualquer conselho nesta questão, mas eis como geralmente se procede em semelhantes casos.

Quando o autor de um projeto que necessita de um apelo à confiança pública não quer assumir sozinho a responsabilidade da execução e, também, com o objetivo de cercar-se de mais luzes, inicialmente ele reúne ao seu redor um certo número de pessoas cujos nomes sejam uma recomendação, que se associam à ideia e a elaboram com ele. Essas pessoas constituem um primeiro comitê, quer consultivo, quer cooperativo, provisório até à constituição definitiva da operação e à nomeação de um permanente conselho fiscal pelos interessados. Tal comitê é para estes últimos uma garantia, pelo controle que exerce sobre as primeiras operações, das quais é encarregado de prestar contas, bem como das primeiras despesas. É, além disso, um apoio e uma descarga de responsabilidade para o fundador. Este, falando em seu nome, e esteado no conselho de vários, encontra nessa autoridade coletiva uma força moral sempre mais preponderante sobre a opinião das massas do que a autoridade de um só. Se se tivesse procedido assim para a Liga do ensino, e se o projeto tivesse sido apresentado nas formas usuais e em condições mais práticas, sem dúvida alguma os aderentes teriam sido mais numerosos. Mas, tal como está, pensamos que ela deixa muitos indecisos. Embora o projeto esteja entregue à publicidade e, por consequência, ao livre exame de cada um, dele não teríamos falado se não tivéssemos sido, de certa forma, obrigado, pelos pedidos que nos foram dirigidos. Em princípio, sobre as coisas às quais, do nosso ponto de vista, não podemos dar uma inteira aprovação, preferimos guardar silêncio, a fim de não trazer-lhe nenhum entrave. Tendo-nos sido pedidas novas explicações a propósito de nosso último artigo, julgamos necessário motivar nossa maneira de ver com maior precisão. Mas, ainda uma vez, apenas damos nossa opinião, que não compromete ninguém. Ficaríamos feliz se fôssemos o único de nossa opinião e que o êxito viesse provar que nos enganamos. Associamo-nos de boa vontade à ideia matriz, mas não ao seu modo de execução.

MANIFESTAÇÕES ESPONTÂNEAS

MOINHO DE VICQ-SUR-NAHON

Sob o título de *O diabo do moinho*, o *Moniteur de l'Indre* de fevereiro de 1867 contém o seguinte relato:

"Seu Garnier, François, é fazendeiro e moleiro no burgo de Vicq-sur-Nahon. É, e folgamos em saber, um homem pacífico, contudo, desde o mês de setembro, seu moinho é teatro de fatos miraculosos, próprios a fazer supor que o Diabo, ou pelo menos um Espírito brincalhão, elegeu esse local como seu domicílio. Por exemplo, parece fora de dúvida que, diabo ou Espírito, o autor dos fatos que vamos contar, gosta de dormir à noite, porque só *trabalha* de dia.

"Nosso Espírito gosta de brincar com as cobertas das camas. Toma-as sem que ninguém o perceba, leva-as e vai escondê-las, ora num tonel, ora no forno, ora sob montes de feno. Ele transporta de uma cavalariça para a outra as cobertas da cama do rapaz da cocheira, e mais de uma vez elas foram encontradas sob o feno ou nas grades da manjedoura. Para abrir as portas, o Espírito de Vicq-sur-Nahon não precisa de chaves. Um dia, seu Garnier, em presença de seus criados, chaveou com duas voltas a porta da padaria e pôs a chave no bolso, contudo, a porta abriu-se quase imediatamente, aos olhos de Garnier e dos empregados, sem que pudessem compreender como.

"Outra vez, a 1º de janeiro – maneira inteiramente nova de fazer votos de feliz ano novo a alguém – um pouco antes da noite, o leito de plumas, os panos, os cobertores de uma cama colocada num quarto, foram levados sem que a cama se desarranjasse, e encontraram esses objetos no chão, perto da porta do quarto. Garnier e os seus imaginam, então, na esperança de conjurar toda essa feitiçaria, de mudar as camas de quarto, o que realmente se deu; mas, operada a troca, os fatos diabólicos que acabamos de contar recomeçaram mais intensos. Por diversas vezes, um rapaz da cavalariça encontrou aberto um baú onde ele guarda suas coisas, e estas espalhadas na estrebaria.

"Mas eis duas circunstâncias em que se revela toda a diabólica habilidade do Espírito. Entre os domésticos de "seu" Garnier encontra-se uma mocinha de 13 anos, chamada Marie Richard. Um dia, essa menina, estando num quarto, de repente viu surgir sobre o leito uma pequena capela, e todos os objetos colocados sobre a lareira, 4 vasos, 1 Cristo, 3 copos, 2 taças numa das quais havia água benta, e uma pequena garrafa também cheia de água benta, irem sucessivamente, como que obedecendo à ordem de um ser invisível, tomar lugar sobre o altar improvisado. A porta do quarto estava entreaberta, e a mulher do irmão da pequena Richard, perto da porta. Uma sombra *saiu* da capela, segundo a pequena Richard, aproximou-se dela e a encarregou de convidar os donos a dar um pão bento e mandar dizer uma missa. A menina prometeu; durante nove dias reinou a calma no moinho. Garnier mandou rezar a missa pelo cura de Vicq, ofereceu um pão bento e desde o dia seguinte, 15 de janeiro, as diabruras recomeçaram.

142 | REVISTA ESPÍRITA

"As chaves das portas desaparecem; as portas, deixadas abertas, aparecem fechadas e um serralheiro, chamado para abrir a porta do moinho, não o consegue e se vê na necessidade de desmontar a fechadura. Estes últimos fatos se passaram a 29 de janeiro. No mesmo dia, pelo meio-dia, quando os empregados tomavam sua refeição, a menina Richard toma um cântaro de bebida, serve-se, e o relógio de seu Garnier, pendurado num prego, na lareira, cai no seu copo. Eles repõem o relógio na lareira, mas a menina Richard, servindo-se de uma travessa posta sobre a mesa, tira o relógio com a sua colher. Pela terceira vez penduram o relógio em seu lugar, e, pela terceira vez, a pequena Richard o encontra numa panela que fervia ao fogo, assim como uma garrafinha de remédio, cuja rolha lhe salta ao rosto.

"Em breve o terror se apossa dos habitantes do moinho; ninguém mais quer ficar numa casa assombrada. Por fim, Garnier toma a decisão de notificar o senhor comissário de polícia de Valençay, que foi a Vicq, acompanhado de dois policiais. Mas o diabo não quis mostrar-se aos agentes da autoridade. Apenas estes aconselharam a Garnier que despedisse a mocinha Richard, o que logo fez. Essa medida terá bastado para por o diabo em retirada? Esperemo-lo, para sossego da gente do moinho."

Em um número posterior, o *Moniteur de l'Indre* traz o que segue:

"Contamos, oportunamente, todas as diabruras que se passaram no moinho de Vicq-sur-Nahon, cujo locatário é seu Garnier. Até agora cômicas, essas diabruras começam a virar tragédia. Depois das farsas, dos malabarismos, das prestidigitações, eis que o diabo recorre ao incêndio.

"A 12 deste mês, duas tentativas de incêndio ocorreram quase que simultaneamente nas cavalariças do seu Garnier. A primeira aconteceu pelas cinco horas da tarde. O fogo tomou a palha, ao pé da cama dos jovens moleiros. O segundo incêndio surgiu cerca de uma hora depois do primeiro, mas em outra estrebaria, igualmente ao pé de uma cama e na palha.

"Felizmente esses dois incêndios foram extintos pelo pai de Garnier, de 80 anos, e seus criados, prevenidos pela referida Marie Richard.

"Nossos leitores devem lembrar-se que essa jovem de 14 anos era sempre a primeira que percebia as feitiçarias que ocorriam no moinho, se bem que, seguindo os conselhos que lhe tinham dado, Garnier tinha despedido a pequena Richard. Quando os dois incêndios surgiram, essa menina tinha voltado há quinze dias à casa do seu Garnier. Foi ela novamente a primeira a perceber os dois incêndios de 12 de março.

"Segundo as pesquisas feitas no moinho, as suspeitas caíram sobre duas domésticas.

"A família Garnier ficou tão chocada pelos acontecimentos de que o moinho é teatro, que se persuadiu que o diabo, ou pelo menos algum Espírito malfazejo, fixou domicílio em sua morada."

Um dos nossos amigos escreveu a seu Garnier, pedindo-lhe que informasse se os fatos relatados no jornal eram reais ou contos para divertir e, em todo o caso, o que podia haver de verdadeiro ou de exagerado nessa história.

Garnier respondeu que tudo era perfeitamente exato e conforme a declaração que ele próprio havia feito ao comissário de polícia de Valençay. Ele confirma, também, os dois incêndios e acrescenta: O jornal nem contou tudo. Conforme a sua carta, os fatos se produziam há quatro ou cinco meses, e só levado ao extremo por sua repetição, sem poder descobrir o seu autor, é que ele fez a declaração. Ele termina dizendo: "Não sei, senhor com que propósito pedis informações, mas se tiverdes algum conhecimento dessas coisas, peço-vos participar de minhas penas, pois vos asseguro que não estamos à vontade em nossa casa. Se puderdes encontrar um meio de descobrir o autor de todos esses fatos escandalosos, prestar-nos-eis um grande serviço."

Um ponto importante a esclarecer era saber qual podia ser a participação da jovem, se voluntariamente por malícia, se inconscientemente por sua influência. Sobre essa questão, seu Garnier disse que a menina só tendo estado ausente da casa durante quinze dias, não tinha podido avaliar o efeito de sua ausência, mas que não suspeita de nenhuma malevolência por parte dela, como não suspeita dos outros empregados; que quase sempre ela havia anunciado o que se passava fora de seu alcance; que assim, várias vezes tinha dito: "Eis a cama que se desarruma em tal quarto" e que, entrando sem a perder de vista,

144 | REVISTA ESPÍRITA

encontravam o leito desfeito; que ela igualmente preveniu dos dois incêndios que ocorreram depois de sua volta.

Como se vê, esses fatos pertencem ao mesmo gênero de fenômenos dos de Poitiers *(Revista* de fevereiro e março de 1864; idem, maio de 1865); de Marselha (abril de 1865); de Dieppe (março de 1860), e tantos outros que podem ser chamados *manifestações barulhentas e perturbadoras.*

Para começar, faremos notar a diferença que existe entre o tom deste relato e o do jornal de Poitiers, por ocasião do que se passou naquela cidade. Lembremo-nos do dilúvio de sarcasmos acerca desses fatos que fizeram chover sobre os espíritas, e sua persistência em sustentar, contra a evidência, que não podia deixar de ser obra de brincalhões maldosos, que não tardariam a ser descobertos, e que, em definitivo, jamais descobriram. O *Moniteur de l'Indre,* mais prudente, limita-se a um relato que não comportou nenhuma troça descabida, o que antes implica uma afirmação que uma negação.

Uma outra observação é que fatos deste gênero ocorreram muito antes que se cogitasse do Espiritismo e que desde então se passam quase diariamente entre pessoas que não o conhecem nem de nome, o que exclui qualquer influência devida à crença e à imaginação. Se acusassem os espíritas de simular essas manifestações com fito de propaganda, perguntaríamos quem os teria produzido quando não havia espíritas.

Não conhecendo o que se passou no moinho Vicq-sur-Nahon, senão pelo relato feito, limitamo-nos a constatar que aqui nada se afasta daquilo cuja possibilidade o Espiritismo admite, nem das condições normais nas quais semelhantes fatos podem produzir-se; que esses fatos se explicam por leis perfeitamente naturais e consequentemente nada têm de maravilhoso. Só a ignorância dessas leis pôde, até hoje, fazer que fossem considerados como efeitos sobrenaturais, como com quase todos os fenômenos cujas leis mais tarde a Ciência revelou.

O que pode parecer mais extraordinário, e se entende menos facilmente, é o fato das portas abertas, depois de cuidadosamente fechadas à chave. As manifestações modernas disto oferecem vários exemplos. Um fato análogo passou-se em Limoges, há alguns anos *(Revista* de agosto de 1860). Considerando-se que o estado dos conhecimentos ainda não nos permite lhe dar uma explicação concludente, isto nada prejulga, porque estamos longe de conhecer todas as leis que regem o mundo invisível, todas as forças que esse mundo esconde, todas as aplicações das leis que conhecemos. O Espiritismo ainda está longe de pronunciar sua última palavra, tanto sobre os fenômenos físicos quanto sobre os espirituais. Muitas das descobertas serão objeto de observações ulteriores. Até o presente, e de certo modo, o Espiritismo não fez senão colocar as primeiras balizas de uma ciência cujo alcance é desconhecido. Com o auxílio do que já descobriu, ele abre aos que virão depois de nós o caminho das investigações numa ordem especial de ideias. Ele só procede por observações e deduções, e jamais por suposição. Se um fato é constatado, diz-se que deve ter uma causa e que essa causa só pode ser natural, e então ele a procura. Em falta de uma demonstração categórica, ele pode dar uma hipótese, mas até a confirmação, não a dá senão como hipótese, e não como verdade absoluta. A respeito do fenômeno das portas abertas, como ao dos transportes através de corpos rígidos, tudo ainda está reduzido a uma hipótese, baseada nas propriedades fluídicas da matéria, muito imperfeitamente conhecidas, ou melhor, que não são ainda suspeitadas. Se o fato em questão for confirmado pela experiência, deve ter, como dissemos, uma causa natural; se se repetir, não é uma exceção, mas a consequência de uma lei. A possibilidade da libertação de São Pedro de sua prisão, relatada nos Atos dos Apóstolos, Cap. XII, seria assim demonstrada sem que houvesse necessidade de recorrer ao milagre.

De todos os efeitos mediúnicos, as manifestações físicas são as mais fáceis de simular. Assim, é preciso evitar de aceitar muito levianamente como autênticos os fatos desse gênero, quer sejam espontâneos, como os do moinho Vicq-sur-Nahon, quer conscientemente provocados por um médium. É verdade que a imitação não poderia deixar de ser grosseira e imperfeita, mas com habilidade é fácil ter êxito, como outrora fizeram com a dupla vista, aos que não conheciam as condições em que os fenômenos reais podem produzir-se. Vimos supostos médiuns de rara habilidade simularem aportes, escrita direta e outros gêneros de manifestações. Assim, é necessário não admitir senão em sã consciência a intervenção dos Espíritos nessas espécies de coisas.

No caso de que se trata, não afirmamos essa intervenção; limitamo-nos a dizer que ela é possível. Os dois princípios de incêndio apenas poderiam permitir suspeita de um ato humano

146 | REVISTA ESPÍRITA

suscitado pela malevolência, que sem dúvida o futuro levará a descobrir. Contudo, é bom notar que, graças à clarividência da jovem, os seguintes puderam ser prevenidos. Com exceção deste último fato, os outros não passaram de traquinadas sem consequências desagradáveis. Se são obra dos Espíritos, só podem provir dos Espíritos levianos divertindo-se com os terrores e a impaciência que causam. Sabe-se que os há de todos os caracteres, como aqui na Terra. O melhor meio de se desembaraçar deles é não se inquietar com os mesmos e cansar a sua paciência, que jamais é de longa duração, quando veem que não nos preocupamos, o que lhes provamos rindo de suas malícias e os desafiando a fazer mais. O mais seguro meio de excitá-los a continuar é atormentar-se e encolerizar-se contra eles. Pode-se, ainda, deles livrar-se evocando-os com o auxílio de um bom médium e orando por eles. Então, entretendo-se com eles, podemos saber o que eles são e o que querem, e fazê-los escutar a razão.

Aliás, esses tipos de manifestações têm um resultado mais sério: o de propagar a ideia do mundo invisível que nos rodeia, e afirmar a sua ação sobre o mundo material. É por isto que elas se produzem de preferência entre pessoas estranhas ao Espiritismo, antes que entre os espíritas, que deles não necessitam para se convencerem.

Em tal caso, por vezes a fraude pode ser apenas inocente brincadeira, ou um meio de se dar importância, fazendo crer numa faculdade que não se possui, ou que se possui imperfeitamente. Mas na maioria dos casos ela tem por móvel um interesse patente ou dissimulado e por objetivo explorar a confiança de pessoas muito crédulas ou inexperientes. É então uma verdadeira trapaça. Seria supérfluo insistir em dizer que os que se tornam culpados de quaisquer enganos deste gênero, se não fossem solicitados senão pelo amor-próprio, não são espíritas, mesmo quando se deem como tais. Os fenômenos reais têm um caráter *sui generis,* e se produzem em circunstâncias que desafiam qualquer suspeita. Um conhecimento completo desses caracteres e dessas circunstâncias pode facilmente levar a descobrir a charlatanice.

Se estas explicações chegarem ao conhecimento de seu Garnier, ele aí encontrará a resposta ao pedido que faz em sua carta.

Um de nossos correspondentes nos transmite o relato, escrito por uma testemunha ocular, de manifestações análogas ocorridas em janeiro último, no burgo da Basse-Indre (Loire-Inférieure).

Elas consistiam em batidas com obstinação, durante várias semanas, e que puseram em sobressalto todos moradores de uma casa. Todas as pesquisas e investigações da autoridade para descobrir sua causa não conduziram a nada. Aliás, esse fato não apresenta qualquer particularidade mais notável, a não ser que, como todas as manifestações espontâneas, chama a atenção para os fenômenos espíritas.

Como fato de manifestações físicas, as que se produzem espontaneamente exercem sobre a opinião pública uma influência infinitamente maior que os efeitos provocados diretamente por um médium, seja porque têm maior repercussão e notoriedade, seja porque dão menos azo às suspeitas de charlatanismo e de prestidigitação.

Isto nos lembra um fato que se passou em Paris, em maio do ano passado. Ei-lo, tal como foi relatado, na ocasião, pelo *Petit Journal*.

MANIFESTAÇÕES DE MÉNILMONTANT

Um fato singular se repete com frequência no bairro de Ménilmontant, sem que se tenha ainda podido explicar a sua causa.

"O Sr. X..., fabricante de bronzes, mora num pavilhão nos fundos da casa; aí se entra pelo jardim. As oficinas estão à esquerda e a sala de jantar à direita. Uma campainha está colocada acima da porta da sala de jantar; naturalmente o cordão está na porta do jardim. A aleia é bastante longa para que uma pessoa, tendo tocado, não possa fugir antes que tenham vindo abrir.

"Várias vezes o contramestre, tendo ouvido a campainha, foi à porta e não viu ninguém. A princípio acreditaram numa mistificação; mas, por mais que ficassem à espreita e se assegurassem que o fio condutor levava à campainha, nada puderam descobrir, mas a manobra continuava sempre. Um dia a campainha tocou quando o casal X... se achava precisamente embaixo e um aprendiz estava na aleia, diante do cordão. Esse fato repetiu-se três vezes na mesma tarde. Acrescentamos que por vezes a campainha soava bem baixinho e outras vezes de maneira muito barulhenta.

"Depois de alguns dias o fenômeno havia cessado, mas anteontem à noite repetiu-se com mais persistência.

"A Sra. X... é uma mulher muito piedosa. Há uma crença em sua terra que os mortos vêm reclamar preces dos parentes. Ela pensou numa tia morta e julgou ter achado a explicação. Mas preces, missas, novenas, nada serviu, porquanto a campainha continua soando.

"Um distinto metalurgista, a quem o fato foi contado, pensou que fosse um fenômeno científico e que uma certa quantidade de água-forte e de vitríolo que havia na oficina podia desprender uma força bastante grande para mover o fio de ferro. Mas, afastadas as substâncias, o fato não deixou de se produzir.

"Não procuraremos explicá-lo, pois é assunto dos cientistas, diz a *Patrie,* que bem poderia enganar-se. Essas espécies de mistérios muitas vezes se explicam, por fim, sem que a Ciência tenha que aí constatar o menor fenômeno ainda desconhecido."

DISSERTAÇÕES ESPÍRITAS

MISSÃO DA MULHER

(Lyon, 6 de julho de 1866, grupo da Sra. Ducard – Médium, Sra. B...)

A cada dia os acontecimentos da vida vos trazem ensinamentos de natureza a vos servir de exemplo e, contudo, passais sem compreendê-los, sem tirar uma dedução útil das circunstâncias que os provocaram. Entretanto, nesta união íntima entre a Terra e o espaço, entre os Espíritos livres e os Espíritos cativos ligados à realização de sua tarefa, há desses exemplos cuja lembrança deve perpetuar-se entre vós: é a paz proposta durante a guerra. Uma mulher cuja posição social atrai todos os olhares, vai, humilde irmã de caridade, levar a todos a consolação de sua palavra, a afeição de seu coração, a carícia de seus olhos. Ela é imperatriz; sobre sua fronte brilha a coroa de diamantes, mas ela esquece sua posição, esquece o perigo para acorrer ao meio do sofrimento e dizer a todos: "Consolai-vos, eis-me aqui! Não sofrais mais, eu vos falo; não vos inquieteis, eu tomarei conta de vossos órfãos!..." O perigo é iminente, o contágio está no ar, contudo, ela passa, calma e radiosa, em meio a esses leitos onde jaz a dor. Ela nada calculou, nada apreendeu, foi onde a chamava seu coração, como a brisa vai refrescar as flores murchas e reerguer as hastes vacilantes.

Este exemplo de devotamento e de abnegação, quando os esplendores da vida deveriam engendrar o orgulho e o egoísmo, é, por certo, um estimulante para as mulheres que sentem vibrar em si essa delicadeza de sentimento que Deus lhes deu para cumprir sua tarefa, porque elas estão encarregadas principalmente de espalhar a consolação e sobretudo a conciliação. Não têm elas a graça e o sorriso, o encanto da voz e a suavidade da alma? É a elas que Deus confia os primeiros passos de seus filhos; ele as escolheu como as nutrizes das doces criaturas que vão nascer.

Esse Espírito rebelde e orgulhoso, cuja existência será uma luta constante contra a desgraça, não lhes vem pedir que lhe inculque outras ideias, diferentes daquelas que ele traz ao nascer? É para elas que ele estende suas mãozinhas, e sua voz outrora rude, e seus acentos que vibravam como um cobre, abrandar-se-ão como um doce eco, quando disser: mamãe!

É à mulher que ele implora, esse doce querubim que vem ensinar a ler no livro da ciência; é para agradá-la que ele fará todos os esforços para instruir-se e tornar-se útil à Humanidade. – É ainda para ela que ele estende as mãos, esse jovem que se transviou em seu caminho e que deseja voltar ao bem. Ele não ousará implorar a seu pai, cuja cólera teme, mas sua mãe, tão suave, tão generosa, não terá para ele senão esquecimento e perdão.

Não são elas as flores animadas da vida, os devotamentos inalteráveis, essas almas que Deus criou mulheres? Elas atraem e encantam. Chamam-nas de tentação, mas deviam chamá-las de lembrança, porque sua imagem fica gravada em caracteres indeléveis no coração dos filhos, quando elas partiram. Não é no presente que são apreciadas, é no passado, quando a morte as entregou a Deus. – Então seus filhos as buscam no espaço, como o marinheiro busca a estrela que deve conduzi-lo ao porto. Elas são a esfera de atração, a bússola do Espírito que ficou na Terra e que espera encontrá-las no céu. Elas são, ainda, a mão que conduz e sustenta, a alma que inspira e a voz que perdoa, e assim como foram o anjo do lar terreno, tornam-se o anjo consolador que ensina a orar.

Oh! vós que tendes sido oprimidas na Terra, mulheres que sois tidas como escravas do homem, porque vos submetestes à sua dominação, vosso reino não é deste mundo! Contentai-vos, pois, com a sorte que vos está reservada; continuai vossa tarefa; continuai sendo as medianeiras entre o homem e Deus, e compreendei bem a influência de vossa intervenção. – Este é um Espírito ardente, impetuoso; o sangue lhe ferve nas veias e vai se exaltar, será injusto; mas Deus pôs a doçura em vossos olhos e a carícia em vossa voz. Olhai-o, falai-lhe, a cólera se apaziguará e a injustiça será afastada. Talvez tenhais sofrido, mas tereis poupado de uma falta o vosso companheiro de jornada e vossa tarefa foi cumprida. Aquele ainda é infeliz, sofre, a fortuna o abandona, ele se considera um pária!... Mas aí há um devotamento à prova, uma abnegação constante para erguer esse moral abatido, para dar a esse Espírito a esperança que o havia abandonado.

Mulheres, sois as companheiras inseparáveis do homem; com ele formais uma cadeia indissolúvel que a desgraça não pode romper, que a ingratidão não deve manchar e não poderia quebrar-se, porque o próprio Deus a formou e, embora às vezes tenhais na alma essas preocupações sombrias que acompanham a luta, contudo rejubilai-vos, porque nesse imenso trabalho de harmonia terrena, Deus vos deu a mais bela parte!

Coragem, pois! Ó vós que viveis humildemente, trabalhando por melhorar vosso interior, Deus vos sorri, porque vos deu essa amenidade que caracteriza a mulher. Quer sejam elas imperatrizes, irmãs de caridade, humildes trabalhadoras ou suaves mães de família, estão todas alistadas sob a mesma bandeira e levam escritas na fronte e no coração estas duas palavras mágicas que enchem a Eternidade: Amor e Caridade.

CÁRITA

BIBLIOGRAFIA

MUDANÇA DE TÍTULO DO *VERITÉ* DE LYON

O jornal *la Verité,* de Lyon, acaba de mudar o seu nome. A partir de 10 de março de 1867, toma o de *La Tribune Universelle, journal de la libre conscience et de la libre pensée.* Ele o anuncia e expõe os motivos na nota seguinte, inserta no número de 24 de fevereiro.

Aos nossos irmãos e irmãs espíritas.

Philaléthès, o infatigável campeão que conheceis, julgou dever vos informar que de agora em diante dirigiria suas investigações para a filosofia geral e não mais apenas para o Espiritismo, do qual, graças a seus preconceitos, os cientistas não querem nem mesmo ouvir pronunciar o nome. Mas não deveis imaginar, caros irmãos e irmãs, que tirando a etiqueta do saco, depois de tudo muito indiferente, ele queira, como nós, lançar o conteúdo às urtigas. No que nos concerne pessoalmente, ficaríamos desolado se os leitores pudessem suspeitar um só instante que quiséssemos abandonar uma ideia para a qual despendemos todas as forças vivas de que éramos capaz. A ideia espírita hoje faz parte integral do nosso ser, e retirá-la seria votar à morte o nosso coração, o nosso espírito.

Se somos espíritas, nada obstante, e precisamente porque cremos sê-lo no verdadeiro sentido da palavra, queremos mostrar-nos caridosos, tolerantes para com todos os sistemas opostos, e queremos correr ao encontro deles, porque eles se recusam a vir a nós.

A etiqueta de espíritas colada em nossa fronte vos é um espantalho, senhores negadores? Pois bem! De boa vontade consentimos em retirá-la, reservando-nos o direito de trazê-la alto em nossas almas. Assim, não nos chamaremos mais *la Vérité, journal du Spiritisme,* mas *La Tribune Universelle, journal de la libre conscience et de la libre pensée.* Este terreno é tão vasto quanto o mundo, e os sistemas de toda sorte poderão aí debater-se à vontade, terçar armas com os trânsfugas de *La Vérité,* que reclamarão para si próprios o direito a todos concedido: a discussão. É então que, inflamados pela luta, inspirados pela fé e guiados pela razão, esperamos fazer brilhar aos olhos dos nossos adversários uma luz tão viva, que Deus e a imortalidade erguer-se-ão diante deles, não mais como um fantasma horrível, produto de séculos de ignorância, mas como uma doce e suave visão onde, enfim, repousará a Humanidade inteira.

E. E.

CARTA DE UN ESPIRITISTA
(Carta de um espírita)

(Ao doutor Francisco de Paula Canelejas)
Brochura impressa em Madrid[2], em língua espanhola, contendo os princípios fundamentais da Doutrina Espírita, tirados do *Que é o Espiritismo,* com esta dedicatória:

"Ao senhor Allan Kardec, o primeiro que descreveu com método e coordenou com clareza os princípios filosóficos da nova escola, é dedicado este simples trabalho, por seu dedicado correligionário. Malgrado os entraves que as ideias novas encontram neste país, o Espiritismo aqui encontra simpatias mais profundas do que se poderia supor, principalmente nas classes altas, onde conta com numerosos adeptos, fervorosos e devotados, porque aqui, devido às opiniões religiosas, os extremos se tocam e, aliás como em toda parte, os excessos de uns produzem reações contrárias. Na antiga e poética mitologia, ter-se-ia feito do fanatismo o pai da incredulidade."

Felicitamos o autor deste opúsculo por seu zelo pela propagação da doutrina e agradecemos sua graciosa dedicatória, bem como as boas palavras que acompanharam a remessa da brochura. Seus sentimentos e os de seus irmãos em crença se refletem nesta fase característica de sua carta: "Estamos prontos para tudo, mesmo para baixar a cabeça para receber o martírio, como a erguemos bem alto para confessar a nossa fé."

ALLAN KARDEC

---
[2] Gráfica de Manuel Galiano, Plaza de los Ministerios, 3.

MAIO 1867 | 153

REVISTA ESPÍRITA

JORNAL DE ESTUDOS PSICOLÓGICOS

| ANO X | MAIO DE 1867 | VOL. 5 |

ATMOSFERA ESPIRITUAL

Ensina o Espiritismo que os Espíritos constituem a população invisível do globo; que eles estão no espaço e entre nós, vendo-nos e nos acotovelando incessantemente, de tal sorte que, quando nos julgamos sós, constantemente temos testemunhas secretas de nossas ações e de nossos pensamentos. Isto pode parecer aborrecido para certas pessoas, mas como assim é, não podemos impedir que assim seja. Cabe a cada um fazer como o sábio que não teria medo que sua casa fosse de vidro. Sem dúvida nenhuma, é a esta causa que se deve atribuir a revelação de tantas torpezas e malefícios que se pensava enterrados na sombra.

Além disto, sabemos que, numa reunião, além dos assistentes corporais, há sempre ouvintes invisíveis; que sendo a permeabilidade uma das propriedades do organismo dos Espíritos, eles podem achar-se em número ilimitado num determinado espaço. Muitas vezes nos foi dito que em certas sessões eles eram em quantidades inumeráveis. Na explicação dada ao Sr. Bertrand, a propósito das comunicações coletivas que ele obteve, foi dito que o número dos Espíritos presentes era tão grande que a atmosfera estava, por assim dizer, *saturada* de seus fluidos. Isto não é novo para os espíritas, mas talvez não tenham sido deduzidas todas as suas consequências.

Sabe-se que os fluidos que emanam dos Espíritos são mais ou menos salutares, conforme o grau de sua depuração. Conhece-se o seu poder curativo em certos casos, bem como seus efeitos mórbidos de indivíduo a indivíduo. Ora, considerando-se que o ar pode ser *saturado* desses fluidos, não é evidente que, conforme a natureza dos Espíritos que abundam em determinado lugar, o ar ambiente se ache carregado de elementos salutares

154 | REVISTA ESPÍRITA

ou malsãos, que devem exercer influências sobre a saúde física, assim como sobre a saúde moral? Quando se pensa na energia da ação que um Espírito pode exercer sobre um homem, é de admirar-se da energia que deve resultar de uma aglomeração de centenas ou de milhares de Espíritos? Esta ação será boa ou má conforme os Espíritos derramem num dado meio um fluido benéfico ou maléfico, agindo à maneira das emanações fortificantes ou dos miasmas deletérios que se espalham no ar. Assim pode-se compreender certos efeitos coletivos produzidos sobre massas de indivíduos; a sensação de bem-estar ou de mal-estar que se experimenta em certos meios, e que não têm nenhuma causa aparente conhecida; o arrastamento coletivo para o bem ou para o mal; o entusiasmo ou o desencorajamento, e por vezes a espécie de vertigem que se apodera de toda uma assembleia, de toda uma cidade, mesmo de todo um povo. Em razão do seu grau de sensibilidade, cada indivíduo sofre a influência dessa atmosfera viciada ou vivificante. Por este fato, que parece fora de dúvida, e que ao mesmo tempo a teoria e a experiência confirmam, nós encontramos nas relações do mundo espiritual com o mundo corporal um novo princípio de higiene que sem dúvida um dia a Ciência levará em consideração.

Podemos, então, subtrair-nos a essas influências que emanam de uma fonte inacessível aos meios materiais? Sem dúvida nenhuma, porque, assim como saneamos os lugares insalubres, destruindo a fonte dos miasmas pestilentos, podemos sanear a atmosfera moral que nos cerca e nos subtrairmos às influências perniciosas dos fluidos espirituais malsãos, e isto mais facilmente do que podemos escapar às exalações pantanosas, pois isso depende unicamente de nossa vontade, e nisso não estará um dos menores benefícios do Espiritismo, quando ele for universalmente compreendido e sobretudo praticado.

Um princípio perfeitamente constatado por todo espírita, é que as qualidades do fluido perispiritual estão na razão direta das qualidades do Espírito encarnado ou desencarnado. Quanto mais elevados forem seus sentimentos, e quanto mais desprendidos das influências da matéria, mais depurado será seu fluido. Conforme os pensamentos que o dominam, o encarnado irradia fluidos impregnados desses mesmos pensamentos que os viciam ou os saneiam, fluidos realmente materiais, embora impalpáveis, invisíveis aos olhos do corpo, mas perceptíveis pelos sentidos perispirituais e visíveis pelos olhos da alma, pois impressionam fisicamente e simulam aparências muito diferentes para os que são dotados de visão espiritual.

Pelo simples fato da presença dos encarnados numa assembleia, os fluidos ambientes serão, pois, salubres ou insalubres, conforme os pensamentos dominantes forem bons ou maus. Quem quer que traga consigo pensamentos de ódio, de inveja, de ciúme, de orgulho, de egoísmo, de animosidade, de cupidez, de falsidade, de hipocrisia, de maledicência, de malevolência, numa palavra, pensamentos colhidos na fonte das más paixões, espalha em torno de si eflúvios fluídicos malsãos que reagem sobre os que o cercam. Ao contrário, numa assembleia em que cada um só trouxesse sentimentos de bondade, de caridade, de humildade, de devotamento desinteressado, de benevolência e de amor ao próximo, o ar é impregnado de emanações salubres, em meio às quais se sente viver mais à vontade.

Agora, se considerarmos que os pensamentos atraem pensamentos da mesma natureza; que os fluidos atraem fluidos similares, compreenderemos que cada indivíduo traz consigo um cortejo de Espíritos simpáticos bons ou maus, e que assim o ar é *saturado* de fluidos compatíveis com os pensamentos que predominam. Se os maus pensamentos forem em minoria, não impedirão que as boas influências se produzam, pois elas os paralisam. Se dominarem, enfraquecerão a radiação fluídica dos bons Espíritos, ou mesmo, por vezes, impedirão que os bons fluidos penetrem nesse meio, como o nevoeiro enfraquece ou detém os raios do sol.

Qual é, pois, o meio de se subtrair à influência dos maus fluidos? Esse meio ressalta da própria causa que produz o mal. Que fazemos quando reconhecemos que um alimento é nocivo à saúde? Rejeitamo-lo, substituindo-o por um alimento mais saudável. Levando-se em conta que são os maus pensamentos que engendram os maus fluidos e os atraem, devemo-nos esforçar para só ter pensamentos bons, repelir tudo o que é mau, como se recusa um alimento que nos torna doentes; numa palavra, trabalhar por nosso melhoramento moral e, para nos servirmos de uma comparação do Evangelho, "não só limpar o vaso por fora, mas, sobretudo, limpá-lo por dentro."

Melhorando-se, a Humanidade verá depurar-se a atmosfera fluídica em cujo meio vive, porque não lhe enviará senão bons fluidos, e estes oporão uma barreira à invasão dos maus. Se um dia a Terra chegar a ser povoada apenas por homens que entre si pratiquem as leis divinas do amor e da caridade, ninguém duvida que eles não se encontrarão em condições de higiene física e moral completamente diferentes das que existem hoje.

Sem dúvida esse tempo ainda está longe, mas, enquanto se espera, essas condições podem existir parcialmente, e é às assembleias espíritas que cabe dar o exemplo. Aqueles que tiverem conquistado a luz serão mais repreensíveis, porque terão tido em mãos os meios de se esclarecer. Eles incorrerão na responsabilidade dos retardamentos que seu exemplo e sua má vontade tiverem trazido ao melhoramento geral.

É isto uma utopia, um discurso vão? Não, é uma dedução lógica dos próprios fatos que o Espiritismo revela a cada dia. Com efeito, o Espiritismo nos prova que o elemento espiritual, que até o presente tem sido considerado como a antítese do elemento material, tem com esse último uma conexão íntima, de onde resulta uma porção de fenômenos não observados e incompreendidos. Quando a Ciência tiver assimilado os elementos fornecidos pelo Espiritismo, ela aí colherá novos e importantes elementos para o próprio melhoramento material da Humanidade. Assim, diariamente vemos alargar-se o círculo das aplicações da doutrina, que está longe, como alguns ainda pensam, de estar restrita ao pueril fenômeno das mesas girantes ou de outros efeitos de pura curiosidade. Realmente, o Espiritismo não tomou o seu impulso senão no momento em que entrou na via filosófica. É menos divertido para certas pessoas, que nele apenas buscam uma distração, mas é mais bem apreciado pelas pessoas sérias, e o será ainda mais, à medida que for mais bem compreendido em suas consequências.

DO EMPREGO DA PALAVRA MILAGRE

O jornal *la Vérité,* de Lyon, de 16 de setembro de 1866, num artigo intitulado *Renan et son école,* trazia as reflexões seguintes, a propósito da palavra *milagre*:

"Renan e sua escola não se dão ao trabalho de discutir os fatos. Eles os rejeitam todos a *priori*, qualificando-os erradamente de sobrenaturais, portanto absurdos e impossíveis; opõe-lhes um fim de não aceitação absoluta e *um desdém transcendente.* Renan disse em certa ocasião uma frase eminentemente verdadeira e profunda: *"O sobrenatural não seria outra coisa senão o superdivino."* Aderimos com toda a nossa energia a essa grande verdade, mas fazemos observar que a própria palavra *milagre (mirum,* coisa admirável e até agora inexplicável) não quer dizer, é claro, interversão das leis da Natureza, mas *flexibilidade dessas mesmas leis ainda desconhecidas pelo espírito humano.* Dizemos mesmo que haverá sempre milagres, porque sendo sempre progressiva a ascensão da Humanidade para o conhecimento cada vez mais perfeito, tal conhecimento necessitará constantemente ser superado e aguilhoado por fatos que parecerão miraculosos na época em que se produzirem e só mais tarde serão compreendidos e explicados. Um escritor muito acreditado de nossa escola deixou-se tomar por essa objeção (Allan Kardec); ele repete em muitas passagens de suas obras que não há maravilhoso nem milagres; é uma inadvertência resultante do falso sentido de *sobrenatural,* repelido completamente pela etimologia da palavra. Dizemos nós que se a palavra *milagre* não existisse, para qualificar fenômenos ainda em estudo e que não são da alçada da Ciência vulgar, seria preciso inventá-la, como a mais apropriada e a mais lógica.

"Nada é sobrenatural, repetimo-lo, porque fora da Natureza criada e da Natureza incriada não há absolutamente nada de concebível; mas o *sobre-humano,* isto é, fenômenos que podem ser produzidos por seres inteligentes que não os homens, segundo as leis de sua *natureza,* ou produzidos quer mediatamente, quer imediatamente por Deus, ainda conforme sua *natureza* e conforme suas relações *naturais* com suas criaturas."

PHILALÉTHÈS

Graças a Deus não ignoramos o sentido etimológico do vocábulo *milagre.* Temo-lo provado em muitos artigos, notadamente no da *Revista* de setembro de 1860. Não é, pois, nem por engano nem por *inadvertência* que repelimos a sua aplicação

158 | REVISTA ESPÍRITA

aos fenômenos espíritas, por mais extraordinários que possam parecer à primeira vista, mas em perfeito conhecimento de causa e com intenção.

Na sua acepção usual, o vocábulo *milagre* perdeu sua significação primitiva, como tantos outros, a começar pela palavra *filosofia* (amor à sabedoria), da qual se servem hoje para exprimir as ideias mais diametralmente opostas, desde o mais puro espiritualismo até o materialismo mais absoluto. Ninguém duvida que, no pensamento das massas, *milagre* implica a ideia de um fato extranatural. Perguntai a todos os que acreditam nos milagres se os olham como efeitos naturais. A Igreja está de tal modo fixada nesse ponto que anatematiza os que pretendem explicar os milagres pelas leis da Natureza. A própria Academia assim define este vocábulo: *Ato do poder divino, contrário às leis conhecidas da Natureza. – Verdadeiro, falso milagre. – Milagre certificado. – Operar milagres. O dom dos milagres.*

Para ser por todos compreendido, é preciso falar como todo mundo. Ora, é evidente que se tivéssemos qualificado os fenômenos espíritas de *miraculosos,* o público ter-se-ia enganado quanto ao seu verdadeiro caráter, a menos que de cada vez empregássemos um circunlóquio e disséssemos que há milagres que não são milagres, como geralmente eles são entendidos. Considerando-se que a generalidade a isto liga a ideia de uma derrogação das leis naturais, e que os fenômenos espíritas não passam de aplicação dessas mesmas leis, é bem mais simples, e sobretudo mais lógico, dizer claramente: Não, o Espiritismo não faz milagres. Dessa maneira, não há engano nem falsa interpretação. Assim como o progresso das ciências físicas destruiu uma porção de preconceitos, e fez entrar na ordem dos fatos naturais um grande número de efeitos outrora considerados como miraculosos, o Espiritismo, pela revelação de novas leis, vem restringir ainda o domínio do maravilhoso; dizemos mais: dá-lhe o último golpe, e é por isso que ele não está por toda parte em odor de santidade, assim como a Astronomia e a Geologia.

Se os que creem nos milagres entendessem essa palavra na sua acepção etimológica (coisa admirável), admirariam o Espiritismo, em vez de lhe lançar o anátema; em vez de pôr Galileu na prisão por ter demonstrado que Josué não podia ter parado o Sol, ter-lhe-iam tecido coroas por ter revelado ao mundo coisas de outro modo admiráveis, e que atestam infinitamente melhor a grandeza e o poder de Deus.

Pelos mesmos motivos, abolimos o vocábulo *sobrenatural* do vocabulário espírita. *Milagre* ainda teria sua razão de ser em sua etimologia, salvo em determinar a sua acepção; *sobrenatural* é uma insensatez do ponto de vista do Espiritismo.

A palavra *sobre-humano,* proposta por Philaléthès é igualmente imprópria, em nossa opinião, porque os seres que são agentes primitivos dos fenômenos espíritas, embora no estado de Espíritos, não deixam de pertencer à Humanidade. A palavra *sobre-humano* tenderia a sancionar a opinião longamente acreditada, e destruída pelo Espiritismo, que os Espíritos são criaturas à parte, fora da Humanidade. Uma outra razão peremptória é que muitos desses fenômenos são o produto direto dos Espíritos encarnados, por consequência, homens, e em todo caso, requerem quase sempre o concurso de um encarnado. Então, não são mais sobre-humanos do que sobrenaturais.

Uma palavra que também se afastou completamente de sua significação primitiva é *demônio*. Sabe-se que entre os Antigos dizia-se *daimon* dos Espíritos de uma certa ordem, intermediários entre os homens e aqueles que eram chamados *deuses*. Essa designação não implicava, na origem, nenhuma qualidade má; ao contrário, era tomada em bom sentido. O demônio de Sócrates certamente não era um mau Espírito, ao passo que, segundo a opinião moderna, saída da teologia católica, os demônios são anjos decaídos, seres à parte essencialmente e perpetuamente votados ao mal.

Para ser consequente com a opinião de Philaléthès, seria preciso que, em respeito à etimologia, o Espiritismo também conservasse a qualificação de demônios. Chamando o Espiritismo seus fenômenos de *milagres* e os Espíritos de *demônios,* seus adversários teriam todas as cartas na mão! Ele teria sido rechaçado por três quartos dos que hoje o aceitam, porque nisso teriam visto um retorno a crenças que já não são de nosso tempo. Vestir o Espiritismo com *roupas velhas* teria sido uma inabilidade; teria sido dar um golpe funesto na doutrina que teria tido o trabalho de dissipar as prevenções que denominações impróprias teriam alimentado.

VISÃO RETROSPECTIVA DAS IDEIAS ESPÍRITAS

PUNIÇÃO DO ATEU

"*Viagem pitoresca e sentimental ao Campo de Repouso em Montmartre e ao Père-Lachaise, por Ans. Caillot, autor da enciclopédia das jovens e das novas lições elementares da História da França.*" Tal é o título de um livro publicado em Paris em 1808, e que hoje deve ser muito raro. Depois de haver contado a história e dado a descrição desses dois cemitérios, o autor cita um grande número de inscrições tumulares, sobre cada uma das quais faz reflexões filosóficas marcadas por um profundo sentimento religioso, provocadas pelo pensamento que as ditou. Inicialmente aí observamos a passagem seguinte, na qual se encontra expressa claramente a ideia da reencarnação:

"Que sábio e que homem profundamente religioso foi o primeiro a chamar de *Campo de Repouso* o último asilo desse ser cuja existência, até seu último suspiro, é atormentado pelos seres que o cercam e por si próprio! Aqui todos repousam no seio da mãe comum, num sono que não é senão *o precursor do despertar,* isto é, de uma *nova existência.* Esses restos veneráveis, a terra os conserva como um depósito sagrado; e se ela se apressa em dissolvê-los, é para depurar seus elementos e torná-los mais dignos da inteligência que os *reanimará um dia para novos destinos.*"

Mais adiante ele diz:

"Oh! Quão admirado ficou o cego e audacioso mortal que ousou te expulsar de seu espírito e de seu coração (o ateu que renega a Deus) quando sua alma compareceu ante a Majestade Infinita! Como não foram vistos seus despojos agitar-se e tremer de surpresa e de terror? Como sua língua gelada não se animou para exprimir o espanto de que estava ferida, quando a carne não mais se achou entre ela e teus olhares divinos!

Grande Deus! Causa universal e alma da Natureza! Todos os seres te reconhecem e te celebram como seu único autor. Só o homem desviaria de ti o espírito inteligente e racional que lhe dás para te glorificar? Ah! Sem dúvida, e apraz-me crê-lo, não houve um só dos quarenta mil mortais cujos corpos jazem aqui no pó, que não tivesse a convicção de tua existência e o sentimento de tuas adoráveis perfeições.

"Quando eu acabava de pronunciar com emoção estas últimas palavras, um ruído se fez ouvir ao meu lado. Lancei o olhar para o lado de onde vinha, e percebi, coisa admirável e incrível! Um espectro que, envolto em sua mortalha, tinha saído de um túmulo e avançava gravemente para mim para me falar. Essa aparição não seria um jogo de minha imaginação? É o que me é impossível assegurar, mas o diálogo seguinte, de que me lembro muito bem, me faz crer que eu não era o único interlocutor para dois papéis ao mesmo tempo."

Aqui faremos uma pequena observação crítica, inicialmente sobre a qualificação de *espectro* dada pelo autor à aparição, real ou suposta. Esta palavra lembra muito as ideias lúgubres que a superstição liga ao fenômeno das aparições, hoje perfeitamente *explicado,* conforme o conhecimento que se tem da constituição dos seres espirituais. Em segundo lugar, porque ele faz essa aparição sair do túmulo, como se a alma dele fizesse sua morada. Mas isto é apenas um detalhe de forma, devido a preconceitos longamente arraigados; o essencial está no quadro que ele apresenta da situação moral dessa alma, situação idêntica à que hoje nos revelam as comunicações com os Espíritos.

O autor relata da seguinte forma o diálogo que teve com o ser que lhe apareceu:

"Quando o espectro aproximou-se de mim, fez-me ouvir estas palavras com uma voz tal que me era impossível especificar o som, pois jamais tinha ouvido um semelhante entre os homens:

O ESPECTRO: – Fazes bem em adorar a Deus. Guarda-te de jamais me imitar, porque fui um ateu.

EU: – Então não acreditavas que existia um Deus?

O ESPECTRO: – Não, ou melhor, eu fingi que não acreditava.

EU: – Que razões tinhas para não crer que o Universo foi produzido e é governado por uma inteligência suprema?

162 | REVISTA ESPÍRITA

O ESPECTRO: – Nenhuma. Por mais que procurasse, eu não tinha pontos sólidos e estava reduzido a repetir vãos sofismas que havia lido nas obras de alguns pretensos filósofos.

EU: – Se não tinhas boas razões para ser ateu, então tinhas motivos para o parecer?

O ESPECTRO: – Sem dúvida. Vendo todos os meus semelhantes penetrados da ideia de um Deus e do sentimento de sua existência, o orgulho que me cegava levou-me a distinguir-me da multidão, sustentando a quem quer que me quisesse ouvir que Deus não existia e que o Universo era obra do acaso, ou mesmo que tinha existido sempre. Eu considerava como uma glória pensar neste grande assunto de modo diverso de todos os homens, e *não achava nada mais lisonjeiro que ser considerado no mundo como um Espírito bastante forte para me insurgir contra a crença comum de todos os homens e de todos os séculos.*

EU: – Não tinhas outro motivo senão o orgulho para abraçar o ateísmo?

O ESPECTRO: – Sim.

EU: – Qual era esse motivo? Dize a verdade.

O ESPECTRO: – A verdade!!... Sem dúvida eu a direi. Porque me é impossível, na ordem de coisas em que existo, combatê-la ou dissimulá-la.

"Como todos os meus semelhantes, nasci com o sentimento da existência de um Deus, autor e princípio de todos os seres. Esse sentimento, que inicialmente era apenas um germe, no qual meu espírito nada descobria, desenvolveu-se pouco a pouco, e quando atingi a idade da razão e adquiri a faculdade de refletir, não tive que fazer qualquer esforço para dele me livrar. Quanto as lições de meus pais e de meus mestres me agradavam!, quando Deus e suas perfeições infinitas eram o assunto! Quanto me encantava o espetáculo da Natureza e que suave satisfação eu experimentava quando me falavam desse grande Deus que tudo criou por seu poder, e tudo sustenta, governa e conserva por sua sabedoria!

"Entretanto, cheguei à adolescência, e as paixões começaram a me fazer ouvir sua voz sedutora. Eu estabelecia ligações com gente moça, da minha idade. Segui seus funestos conselhos e passei a viver conforme os seus perigosos exemplos. Entrando no mundo com essas disposições culposas, não pensei mais senão em lhe fazer o sacrifício de todos os princípios de virtude e de sabedoria que a princípio me haviam inspirado. Esses princípios, diariamente atacados por minhas paixões, refugiaram-se no fundo de minha consciência e aí se transformaram em remorsos. Como esses remorsos não me permitiam nenhum repouso, resolvi aniquilar, na medida das minhas possibilidades, a causa que os tinha feito nascer. Achei que essa causa não era outra coisa senão a ideia de um Deus remunerador da virtude e vingador do crime; ataquei-o com todos os sofismas que meu Espírito pôde inventar ou descobrir nas obras destinadas a engrandecer a doutrina do ateísmo.

EU: – Ficaste mais tranquilo quando amontoaste sofismas sobre sofismas contra a existência de Deus?

O ESPECTRO: – Por mais que fizesse, o repouso me fugia incessantemente. Malgrado meu, eu estava convencido, e embora minha boca não pronunciasse uma palavra que não fosse uma blasfêmia, eu não tinha um sentimento que não combatesse contra mim, em favor de Deus.

EU: – Que se passou em ti durante a moléstia de que morreste?

O ESPECTRO: – Eu quis sustentar até o fim o caráter de espírito forte; o orgulho impedia-me de confessar o meu erro, embora sentisse interiormente a premente necessidade. Foi nessa criminosa e falsa disposição que cessei de existir.

EU: – Que te aconteceu quando teus olhos para sempre se fecharam à luz?

O ESPECTRO: – Encontrei-me totalmente envolvido pela majestade de Deus e fui tomado de um terror tão profundo que não acho um termo que possa dar-te uma justa ideia. Eu esperava muito ser rigorosamente castigado, mas o soberano juiz, cuja misericórdia suaviza a justiça, relegou-me a uma tenebrosa região, habitada pelos Espíritos que tiveram mãos inocentes e um cérebro doente.

EU: – Qual a sorte dos ateus que cometeram crimes contra a Sociedade de seus semelhantes?

O ESPECTRO: – O Ser dos Seres os pune por terem sido maus e não por se terem enganado, porque ele despreza as opiniões e não recompensa ou não pune senão as ações.

EU: – Então não és castigado na morada tenebrosa onde estás exilado?

164 | REVISTA ESPÍRITA

O ESPECTRO: – Eu aí sofro uma pena mais cruel do que podes imaginar. Deus, depois de me haver condenado, afastou-se de mim. Imediatamente *perdi toda ideia de minha existência, e o nada apresentou-se-me em todo o seu horror.*

EU: – O quê! Perdeste inteiramente a ideia da existência de Deus?

O ESPECTRO: – Sim. *É o maior suplício que um Espírito imortal pode suportar, e nada pode fazer conceber o estado de abandono, de dor e de desordem em que se encontra.*

EU: – Qual é, pois, a tua ocupação com os Espíritos sujeitos ao mesmo suplício?

O ESPECTRO: – Nós discutimos incessantemente, sem nos entendermos. O despropósito e a loucura presidem a todos os nossos debates, e na profunda escuridão em que se acha mergulhada nossa inteligência, não há uma opinião, um sistema que ela não adote, para logo o repelir e conceber novas extravagâncias. É, pois, a agitação perpétua desse fluxo e refluxo de ideias sem fundamento, sem continuidade, sem ligação, que consiste no castigo dos filósofos que foram ateus.

EU: – Contudo, neste momento raciocinas.

O ESPECTRO: – É porque meu suplício em breve vai terminar. Ele foi muito longo, porque embora na Terra não contem senão dois anos desde a minha morte, sofri de tal modo todas essas loucuras que disse e ouvi, que me parece já ter passado milhares de séculos na região dos sistemas e das disputas.

Tendo assim falado, o Espectro inclinou-se, adorou a Deus e desapareceu.

Quando me refiz da emoção que o que acabava de ver e ouvir me tinha causado, meus pensamentos foram para as coisas espantosas que o espectro me havia ensinado. O que ele me disse do primeiro ser corresponde à ideia que tão grande número de homens fizeram? O que acabo de ouvir? O quê! O próprio ateu, o horror de seus semelhantes, acabou por encontrar graça aos olhos dessa divindade que me apresentam como uma natureza vingativa e invejosa? Ah! Quem ousará agora dizer-me: Se não adotares tal ou qual opinião, serás condenado a eternos suplícios? Que bárbaro ousará dizer: Fora de minha comunhão não há salvação? Ser incompreensível e todo misericordioso, encarregaste alguém do cuidado de te vingar? Cabe a uma vil criatura dizer aos seus semelhantes: Pensa como eu, ou serás infeliz para sempre! Que limites, grande Deus, podemos nós, limitados que somos, estabelecer para a tua clemência e para a tua justiça? E com que direito eu te diria: Aqui tu recompensarás, ali tu punirás? Respondei, ó mortos que jazeis nesse pó! Possível vos foi ter todos a crença na qual eu nasci? Vossas inteligências foram todas igualmente tocadas por provas que estabelecem os mistérios que eu adoro e os dogmas nos quais creio? Ah! Como os degraus de uma crença seriam os mesmos em toda parte, bem como os degraus da convicção? Homem intolerante e cruel, vem, se tiveres coragem, sentar-te ao meu lado, e ousa dizer às vítimas da morte cujas lições escutei, ousa dizer-lhes: "Aqui sois quarenta mil; pois bem, não há senão dez, cinquenta, cem entre vós, que o Deus vingador não destinou às chamas eternas!"

Se esse discurso não fosse de um insensato, para que serviria a religião dos túmulos? Por que deveria eu respeitar as cinzas daqueles que não adoram o grande Ser à minha maneira? É neste recinto, onde os inimigos de minha crença repousam, confundidos com seus sectários, que eu poderia ouvir as lições da verdadeira sabedoria? E de que impiedade tornar-me-ia culpado por comunicar-me com inteligências reprovadas, a cujos despojos venho render uma homenagem inspirada pela religião, como pela Humanidade?

UMA EXPIAÇÃO TERRESTRE

O JOVEM FRANCISCO

As pessoas que leram *O Céu e o Inferno* sem dúvida se lembram da tocante história de Marcel, o menino nº 4, relatada no Cap. VIII das *Expiações terrestres*. O fato seguinte apresenta um caso mais ou menos análogo e não menos instrutivo, como aplicação da soberana justiça e como explicação do que por vezes parece inexplicável em certas posições da vida.

Numa boa e honesta família morreu, eu outubro de 1866, um rapaz de doze anos, cuja vida, durante nove anos, tinha

166 | REVISTA ESPÍRITA

sido um sofrimento contínuo, que nem os cuidados afetuosos de que era cercado, nem os socorros da ciência tinham podido ao menos suavizar. Ele foi acometido de paralisia e de hidropisia; seu corpo estava coberto de chagas invadidas pela gangrena e suas carnes caíam aos pedaços. Muitas vezes, no paroxismo da dor, ele exclamava: "Que fiz eu, então, meu Deus, para merecer tanto sofrimento? Desde que estou no mundo, entretanto, não fiz mal a ninguém!" Instintivamente esse menino compreendia que o sofrimento devia ser uma expiação, mas, na ignorância da *lei de solidariedade das existências sucessivas,* não remontando o seu pensamento além da vida presente, ele não se dava conta da causa que poderia justificar nele tão cruel castigo.

Uma particularidade digna de nota foi o nascimento de uma irmã, quando ele tinha cerca de três anos. Foi nessa época que se declararam os primeiros sintomas da terrível moléstia da qual ele devia sucumbir. Desde esse momento ele concebeu pela recém-vinda uma repulsa tal que não podia suportar sua presença e à sua vista pareciam redobrar seus sofrimentos. Muitas vezes ele se reprochava esse sentimento que nada justificava, porque a pequena não o partilhava, ao contrário, ela era para ele suave e amável. Ele dizia à sua mãe: "Por que, então, a visão de minha irmãzinha me é tão penosa? Ela é boa para mim, e contra minha vontade não posso impedir-me de detestá-la." Entretanto não podia suportar que lhe fizessem o menor mal, nem que a magoassem; longe de se alegrar com suas penas, afligia-se quando a via chorar. Era evidente que dois sentimentos nele se combatiam; ele compreendia a injustiça de sua antipatia, mas seus esforços para superá-la eram impotentes.

Que tais enfermidades sejam, em certa idade, consequência de má conduta, seria uma coisa muito natural, mas de que faltas tão graves um menino dessa idade pode ser culpado para suportar semelhante martírio? Além disso, de onde podia provir essa repulsa por um ser inofensivo? Eis problemas que se apresentam a cada instante, e que levam muita gente a duvidar da justiça de Deus, porque aí não encontram solução em nenhuma religião. Essas anomalias aparentes encontram, ao contrário, sua completa justificação na solidariedade das existências. Um observador espírita poderia dizer, então, com toda a aparência de razão, que esses dois seres eram conhecidos e tinham sido colocados um ao lado do outro na existência atual para alguma expiação e para a reparação de alguma falta. Do estado de sofrimento do irmão poderíamos concluir que ele era o culpado, e que os laços de parentesco próximo que o uniam ao objeto de sua antipatia lhe eram impostos para preparar entre eles as vias de uma reaproximação. Assim, já se vê no irmão uma tendência e esforços para superar seu afastamento, que ele reconhece injusto. Essa antipatia não tinha os caracteres do ciúme que por vezes se nota em crianças do mesmo sangue. Ela provinha, pois, conforme toda a probabilidade, de lembranças penosas, e talvez do remorso despertado pela presença da menina. Tais são as deduções que racionalmente podem ser tiradas, por analogia, da observação dos fatos, e que foram confirmadas pelo Espírito do rapaz.

Evocado quase imediatamente após a morte, por uma amiga da família, pela qual ele tinha muita afeição, a princípio não pôde explicar-se de maneira completa e prometeu dar ulteriormente detalhes mais circunstanciados. Entre as diversas comunicações que deu, eis as duas que se referem mais particularmente à questão.

"Esperais de mim o relato, que prometi, do que fui numa existência anterior, e a explicação da causa de meus grandes sofrimentos. Será um ensinamento para todos. Bem sei que tais ensinamentos estão em toda parte; encontram-se por todos os lados, mas o relato de fatos cujas consequências nós mesmos vimos, é sempre, para os que existem, uma prova muito mais chocante.

"Eu pequei, sim, eu pequei! Sabeis o que é ter sido assassino, ter atentado contra a vida de seu semelhante? Não o fiz pela maneira que os assassinos empregam, matando rápido, com uma corda ou com uma faca ou qualquer outro instrumento. Não, não foi desta maneira. Matei, mas matei lentamente, fazendo sofrer um ser que eu detestava! Sim, detestava essa criança que eu julgava não me pertencer! Pobre inocente! Tinha ela merecido essa triste sorte? Não, meus pobres amigos, não o tinha merecido ou, pelo menos, não me cabia fazê-la sofrer esses tormentos. Entretanto, eu o fiz, e eis por que fui obrigado a sofrer como vistes.

"Eu sofri, meu Deus! É bastante? Sois muito bom, Senhor! Sim, em presença de meu crime e da expiação, acho que fostes muito misericordioso.

168 | REVISTA ESPÍRITA

"Orai por mim, caros pais, caros amigos. Agora meus sofrimentos passaram. Pobre Sra. D..., eu vos faço sofrer! É que era muito penoso para mim vir fazer a confissão desse crime imenso!

"Esperança, meus bons amigos! Deus perdoou minha falta. Agora estou na alegria e, entretanto, também na pena. Vede! É bom estar num estado melhor, ter expiado: o pensamento, a lembrança dos crimes deixa uma tal impressão que é impossível que não se sinta ainda por muito tempo todo o horror, porque não foi somente na Terra que sofri, mas antes, na vida espiritual! E que sofrimento tive para me decidir a vir sofrer esta expiação terrível! Não vos posso narrar tudo, pois seria muito horroroso! A visão constante de minha vítima e a outra, a pobre mãe! Enfim, meus amigos, preces por mim e graças ao Senhor! Eu vos tinha prometido este relato; era preciso que até o fim eu pagasse a minha dívida, por mais que ela me custasse."

(Até aqui o médium havia escrito sob o império de uma viva emoção. Depois, continuou com mais calma).

"E agora, meus bons pais, uma palavra de consolação. Obrigado, oh obrigado a vós que me ajudastes nesta expiação e que carregastes uma parte; suavizastes, tanto quanto de vós dependia, o que havia de amargo em meu estado. Não vos magoeis, porque é coisa passada; estou feliz, eu vo-lo disse, sobretudo comparando o estado passado com o presente. Amo-vos a todos; agradeço-vos; beijo-vos; amai-me sempre. Encontrar-nos-emos e todos juntos continuaremos esta vida eterna, procurando que a vida futura resgate inteiramente a vida passada.

"Vosso filho, François E."

Numa outra comunicação, o Espírito do jovem François completou as informações acima.

Pergunta. – Caro rapaz, não disseste de onde vinha tua antipatia por tua irmãzinha.

Resposta. – Não o adivinhais? Essa pobre e inocente criatura era minha vítima, que Deus tinha ligado à minha existência como um remorso vivo. Eis por que sua visão me fazia sofrer tanto.

P. – Entretanto não sabias quem era ela.

R. – Não sabia em estado de vigília, sem o que meus tormentos teriam sido cem vezes mais horríveis, tão horríveis quanto tinham sido na vida espiritual, onde eu a via incessantemente. Mas credes que meu Espírito, nos momentos em que estava desprendido, não o soubesse? Nisso estava a causa de minha repulsa; e se eu me esforçava por combatê-la, é que instintivamente sentia que era injusta. Eu não era ainda bastante forte para fazer bem àquela que eu não podia impedir-me de detestar, mas não queria que lhe fizessem mal: era um começo de reparação. Deus levou em conta esse sofrimento, por isto permitiu que cedo ficasse livre de minha vida de sofrimento, sem o que eu teria podido viver ainda longos anos na horrível situação em que me vistes.

"Bendizei, pois, minha morte, que pôs um termo à expiação, porque ela foi o preço de minha reabilitação.

P. – (ao guia do médium). Por que a expiação e o arrependimento na vida espiritual não bastam para a reabilitação, sem que seja necessário a isto juntar sofrimentos corporais?

R. – Sofrer num mundo ou no outro é sempre sofrer, e se sofre o tempo necessário para que a reabilitação seja completa.

Essa criança sofreu muito na Terra. Ora! Isto nada é em comparação com o que suportou no mundo dos Espíritos. Aqui ele tinha, em compensação, os cuidados e a afeição de que era rodeado. Há ainda esta diferença entre o sofrimento corporal e o sofrimento espiritual, que o primeiro é quase sempre voluntariamente aceito como complemento de expiação, ou como provação para adiantar-se mais rapidamente, ao passo que o outro é imposto.

Mas há outros motivos para o sofrimento corporal: inicialmente, para que a reparação se faça nas mesmas condições em que o mal foi feito; depois, para servir de exemplo aos encarnados. Vendo seus semelhantes sofrerem e sabendo a razão, eles ficam muito mais impressionados do que ao saber que são infelizes como Espíritos; podem melhor compreender a causa de seus próprios sofrimentos; a justiça divina se mostra, de certo modo, palpável aos seus olhos. Enfim, o sofrimento corporal é uma ocasião para os encarnados exercitarem a caridade entre si, uma prova para seus sentimentos de comiseração, e muitas vezes um meio de reparar erros anteriores, porque, crede-o, quando um infortunado se acha em vosso caminho, não é por efeito do acaso.

Para os pais do jovem Francisco, era uma grande prova ter um filho nessa triste posição. Pois bem! Eles cumpriram dignamente seu mandato, e serão tanto mais bem recompensados por terem agido espontaneamente, pelo próprio impulso do coração. Se os Espíritos não sofressem na encarnação, seria porque na Terra só haveria Espíritos perfeitos.

GALILEU

FRAGMENTOS DO DRAMA DO SR. PONSARD

(Vide o número precedente)

Um século antes de Galileu, Copérnico tinha concebido o sistema astronômico que traz o seu nome[1], Com o auxílio do telescópio que havia inventado, e juntando a observação à teoria, Galileu completou as ideias de Copérnico e demonstrou sua verdade pelo cálculo. Com seu instrumento, ele pôde estudar a natureza dos planetas e sua similitude com a Terra. Ele concluiu pela sua habitabilidade. Igualmente tinha reconhecido que as estrelas são outros tantos sóis, disseminados no espaço sem limites, e pensou que cada uma devia ser o centro do movimento de um sistema planetário. Ele acabava de descobrir os quatro satélites de Júpiter, e esse acontecimento abalou o mundo científico e o mundo religioso.

O poeta se dedica, no seu drama, a pintar a diversidade dos sentimentos que ele excitou, conforme o caráter e os preconceitos dos indivíduos.

Dois estudantes da Universidade conversam sobre a descoberta de Galileu, e como não estão de acordo, aconselham-se com um professor de renome.

---

[1] Copérnico, astrônomo polonês nascido em Thorn (Estados Prussianos) em 1473, falecido em 1543. – Galileu, nascido em Florença em 1564, condenado em 1633, morreu cego em 1644. O sistema de Copérnico já estava condenado pela Igreja.

ALBERTO
Sobre certo ponto, doutor, estamos em desacordo.
E queríamos saber o que pensais.

POMPEU
Ele concorda em pedir conselho a gente sensata.
– Bem, de que se trata?

VIVIAN
De quatro satélites
Em redor de Júpiter descrevendo suas órbitas.

POMPEU
Eles não existem.

VIVIAN
Mas...

POMPEU
Não poderiam existir.

VIVIAN
Entretanto podem ser vistos e contados.

POMPEU
Não podem ser contados, de vez que não existem.

ALBERTO
Tu ouves,Vivian?

VIVIAN
E por que isto, mestre?

POMPEU
Porque sustentar que Deus pode ter feito
Quatro globos, além dos sete que se sabe,

É afirmação má, um tema quimérico,
Antirreligioso, antifilosófico.
(Percebendo Galileu acompanhado por muitos estudantes)
Basbaques tolos! e charlatão infame!

ALBERTO a VIVIAN
Tu vês que o doutor Pompeu é contra ti.

VIVIAN
Tanto melhor para a doutrina na qual tenho fé;
A marcha natural de toda verdade
É logo contra ela amotinar todos os pedantes.

Aí está claramente a força do raciocínio de certos negadores das ideias novas: Isto não é porque não pode ser. Perguntava-se a um cientista: Que diríeis se vísseis uma mesa elevar-se sem ponto de apoio? – Não acreditaria, respondeu ele, porque *sei* que isto não pode ser.

UM MONGE, *falando à multidão*

Escutai o que diz o Apóstolo: Por que, Galileu,
Passeais os olhos pelos céus?
Assim, de antemão, lançava o anátema
Contra ti, Galileu, e contra teu sistema.
Nós mesmos hoje vemos claramente
Que horror tem o céu a esse ensinamento,
E o Arno transbordado e o granizo em nossas vinhas,
São lamentáveis sinais da cólera divina.
– Meus irmãos, desprezai essas mentiras grosseiras;
Para que a Terra ande, ela tem pés?
Se a lua se move, é que um anjo a guia;
Porque a cada planeta um condutor preside;
Mas a Terra, onde estaria seu anjo? – Nos montes?
A gente o veria. – No centro? Este aloja os demônios.

Lívia, mulher de Galileu, é o tipo das criaturas de espírito estreito, mais preocupadas com a vida material do que com a glória e a verdade.

LÍVIA, a Galileu

...Por que esquentais as cabeças,
Derramando uma porção de máximas novas?
Todas essas novidades são, para dizer de uma vez,
Invenções do diabo e cheiram a mentiras.
Pela maneira por que cada um já vos olha,
Isto vai acabar mal, se não vos resguardardes.
Oh! Por que não imitais os dignos professores
Que dizem o que disseram os seus predecessores?
São pessoas nas quais reinam a ordem e o bom senso;
Ensinam sem barulho o que querem que ensinem,
E sem se meterem a debater em público
Se se deve crer em Aristóteles ou em Copérnico.
Sabiamente sustentam que a opinião verdadeira
Deve ser aquela para a qual se lhes paga
E que, se Aristóteles abre o cofre forte,
Aristóteles está certo e Copérnico errado.
Assim com ninguém se desentendem
E embolsam em paz os florins que lhes dão;
Prosperam, moram bem e estão bem nutridos;
Suas filhas têm dotes e encontram maridos;
Seu auditório é suave e jamais se exalta;
Voltam para casa à hora do jantar;
Mas vós, vós fazeis raiva e vos aplaudem,
E durante esse tempo o jantar fica frio.

Fragmentos do monólogo de Galileu, no começo do segundo ato:

Não, não mais os tempos são aqueles em que, rainha solitária,
Sobre seu trono imóvel assentavam a Terra;

Não, o carro veloz, levando o astro do dia,
Da aurora ao poente não mais faz o seu giro;
O firmamento já não é abóbada cristalina
Que, como teto azul, de lustres se ilumina;
Não é mais só para nós que Deus fez o Universo;
Mas longe de nos humilharmos, rejubilemo-nos
Porque se abdicamos a uma falsa realeza,
Ao reino da verdade a Ciência nos eleva;
Quando se apequena o corpo, o espírito se agiganta;
Nossa nobreza cresce, ou nosso nível decai.
É mais belo para o homem, ínfima criatura,
Penetrar os segredos velados pela Natureza,
E ousar abarcar, em sua concepção,
A lei universal da Criação,
Que ser, como nos dias de vaidades mentirosas,
Rei de uma ilusão e detentor de um sonho,
Centro inculto de um todo que acredita ser sua obra,
E que pelo pensamento ele hoje conquista.

Sol, globo de fogo, gigantesca fornalha,
Caos incandescente onde tudo começa,
Furioso oceano onde furiosos se agitam
Líquidos granitos e matais fundidos,
Ferindo, quebrando, misturando suas vagas inflamadas
Sob negras explosões de fumo carregadas,
Vagalhão ardente onde uma ilha vermelha nada,
Hoje labéu, amanhã crosta solar;
Ao teu redor se move, ó braseiro fecundo,
A Terra, nossa mãe, há pouco resfriada,
E como ela resfriados, e *como ela habitados*,
Marte sanguíneo, e Vênus, de brancas claridades;
Vizinho aos teus esplendores, Mercúrio neles se banha,
E Saturno, exilado nos confins de teu reino;
E por Deus, depois por mim, no éter coroado
Por quádruplo diadema de luas, Júpiter.

Porém, astro soberano, centro desses mundos todos,
Muito além de teu império, nos limites profundos,
Milhões de sóis, tão numerosos, tão densos,
Que são incontáveis e em grupos confusos,
Prolongam, como tu, suas grandes crateras,
Fazem mover, como tu, mundos planetários,
Que giram em torno deles, fazendo a sua corte
E recebem de seu rei o calor e o dia.
Oh! sim, sois melhores que lâmpadas noturnas,
Que iluminariam por nós veladores taciturnos,
Inumeráveis clarões, estrelas que empoais,
Com poeira de ouro os caminhos azulados;
Em vós também palpita a vida universal,
Grandes focos onde nosso olhar apenas vê uma centelha.

Em toda parte a ação, o movimento e a alma!
Por toda parte, rolando em torno de seus centros em chamas,
Globos habitados, cujos seres pensantes,
Vivem como eu vivo, sentem como eu sinto,
Uns mais rebaixados, outros talvez
Mais elevados que nós nos degraus do ser!
Como é grande e belo! Em que culto profundo
O espírito, estupefato, se abisma e se confunde!
Inesgotável autor, que tua onipotência
Aí se mostra em sua glória e magnificência!
Que a vida espalhada em ondas no infinito,
Vastamente proclame teu nome em toda parte abençoado!

Ide, perseguidores! Lançai vossos anátemas!
Sou muito mais religioso do que vós mesmos.
Deus, que invocais, melhor que vós eu sirvo:
Para mim brilha em todos os pontos a obra divina;
Vós a reduzis e eu a dilato;
Como se punham reis em carros triunfais,
Eu ponho universos aos pés do Criador.

Fragmentos do diálogo entre o Inquisidor e Galileu.

O INQUISIDOR

Não há verdade senão nas Escrituras;
Tudo o mais são erros, visões, imposturas;
O que se acredita contrário ao seu ensino
Não é uma claridade, é uma cegueira.

GALILEU

A fé do cristão é regida pela regra;
Sua única autoridade reina na Teologia,
E a adoração deve curvar os espíritos
Sob os dogmas divinos que aí são inscritos;
Mas o mundo físico escapa a seu domínio;
Deus o entrega por inteiro à discussão humana;
Como se trata de objetos que caem sob os sentidos,
Os sentidos e a razão aí se mostram onipotentes;
A autoridade se cala; nenhuma ordem pode fazer
Raios desiguais no centro da esfera,
Ninguém pode acusar o compasso de heresia,
Nem decretar que um corpo que gira não gire.
O olho é juiz, numa palavra, do Universo visível.
Se o dogma imutável é fixado pela Bíblia,
À Ciência repugna a imortalidade,
E, morrendo nos ferros, vive para a liberdade.

O INQUISIDOR

Ora, não vês, então, que teu novo sistema,
Perturbando a Astronomia, abala a própria fé?
O erro material admitido sobre um ponto
Torna suspeito o testemunho de todo o Testamento;
Quem pode ter falhado não é mais infalível;
A dúvida é permitida e o exame é possível,

E em breve se conclui, desde que se ouse julgar,
Da falsa Física o dogma mentiroso.

GALILEU

Eu, destruir a fé, quando o culto engrandeço!
Mostrar Deus em sua obra será insultá-lo?
Ah! Compreendê-la melhor é melhor adorá-la,
E honrá-la mal é desfigurá-la.
Os céus, segundo a Bíblia, na qual devemos crer,
Os céus nos contam a glória de seu autor;

Então, mais que ninguém, escutei seu relato
E o repeti, como os céus o disseram.

Pode-se barrar o curso de uma verdade nova?
Parar uma gota, será deter um rio?
Crede-me, respeitai estas aspirações,
Elas têm muito impulso e muitas expansões
Para suportar que um carcereiro possa mantê-las presas;
Deixai-lhes campo livre, ou *desgraça às barreiras!*
– Ah! Roma, nos primeiros dias de teu proscrito culto,
Dizias não opor à clava senão o espírito;
Então só triunfaste para trocar de papel,
E tu mesma opor a clava à palavra?

Antônia, filha de Galileu, vendo o pai proscrito, lhe diz:

Eis a tua Antígona. Sim, meu amor piedoso
Conduzirá o proscrito, vencedor da esfinge dos céus.
Dirigindo teu bastão de vale em vale,
Direi: "Dai-me pão para Galileu,
Para aquele que, privado de teto pelos cristãos,
Teria tido altares entre os povos pagãos."

Galileu sondou as profundezas dos céus e revelou a pluralidade dos mundos materiais. Como dissemos, foi toda uma

revolução nas ideias; um novo campo de exploração foi aberto à Ciência. O Espiritismo vem operar outra não menor, revelando a existência do mundo espiritual que nos rodeia. Graças a ele, o homem conhece seu passado e seu verdadeiro destino. Galileu derrubou as barreiras que circunscreviam o Universo. O Espiritismo o povoa e enche o vazio dos espaços infinitos. Embora mais de dois séculos nos separem das descobertas de Galileu, muitos preconceitos ainda estão vivos; a nova doutrina emancipadora encontra os mesmos obstáculos; atacam-na com as mesmas armas, opõem-lhe os mesmos argumentos. Lendo o drama do Sr. Ponsard, poderíamos dar nomes próprios modernos a cada um de seus personagens. Entretanto, a má vontade e a perseguição não impediram que a doutrina de Galileu triunfasse, porque ela era a verdade. Dar-se-á o mesmo com o Espiritismo, porque também ele é uma verdade. Seus detratores serão olhados pela geração futura com os mesmos olhos com que olhamos os de Galileu.

LUMEN

POR CAMILLE FLAMMARION

(2º artigo. Vide *Revista Espírita* de março último)

Deixamos Lumen em *Capela,* ocupado em considerar a Terra, que ele acabara de deixar. Estando esse mundo situado a 170 trilhões e 392 bilhões de léguas da Terra, e percorrendo a luz 70.000 léguas por segundo, esta não pode chegar de um ao outro senão em 71 anos, 8 meses e 24 dias, ou seja, cerca de 72 anos. Disso resulta que o raio luminoso que leva a imagem da Terra só chega aos habitantes de Capela ao cabo de 72 anos. Tendo Lumen morrido em 1864 e lançando o olhar sobre Paris, a viu tal qual era 72 anos antes, isto é, em 1793, ano de seu nascimento.

Inicialmente ele ficou muito surpreendido por encontrar tudo diferente do que tinha visto, de ver ruelas, conventos, jardins e campos, em vez de avenidas, novos bulevares, estações de estrada de ferro etc. Viu a Praça da Concórdia ocupada por uma imensa multidão e foi testemunha ocular do acontecimento de 21 de janeiro. A teoria da luz lhe deu a chave desse estranho fenômeno. Eis a solução de algumas dificuldades que ele levanta[2].

Sitiens. – Mas, então, se o passado pode, assim, confundir-se com o presente; se a realidade e a visão se casam do mesmo modo; se personagens falecidas há muito tempo podem ser vistas representando em cena; se as construções novas e as metamorfoses de uma cidade como Paris podem desaparecer e deixar ver em seu lugar a cidade de outrora; se, enfim, o presente pode apagar-se para a ressurreição do passado, sobre que certeza, daqui para o futuro, nos podemos confiar? Em que se tornam a ciência e a observação? Em que se tornam as deduções e as teorias? Em que se fundamentam nossos conhecimentos, que nos parecem os mais sólidos? E se essas coisas são verdadeiras, não devemos de agora em diante duvidar de tudo ou crer em tudo?

Lúmen. – Estas e muitas outras considerações, meu amigo, me absorveram e atormentaram, mas não impediram de ser a realidade que eu observava. Quando tive a certeza que tínhamos *presente,* sob os nossos olhos, o ano de 1793, pensei imediatamente que a própria Ciência, em vez de combater essa realidade (porque duas verdades não podem opor-se uma à outra), devia me dar a sua explicação. Assim, interroguei a Física e esperei sua resposta. (Segue a demonstração científica do fenômeno).

Sitiens. – Assim, o raio luminoso é como um correio que nos traz notícias do estado do país que o envia, e que, se levar 72 anos para chegar até nós, dá-nos o estado desse país no momento de sua partida, isto é, 72 anos antes do momento em que o recebemos.

Lumen. – Adivinhastes o mistério. Para falar com mais exatidão ainda, o raio luminoso seria um correio que nos traria, não notícias escritas, mas a fotografia, ou mais rigorosamente

---

[2] Segundo o cálculo, e em razão da distância do Sol, que é de 38.230.000 léguas de 4 quilômetros, a luz desse astro nos chega em 8 minutos e 13 segundos. Disso resulta que um fenômeno que se passasse em sua superfície só nos chegaria 8 minutos e 13 segundos mais tarde, e que se o fenômeno fosse instantâneo, já não mais existiria quando o víssemos. Sendo a distância da Lua apenas de 85.000 léguas, sua luz nos chega mais ou menos em um segundo e um quarto; consequentemente, as perturbações que aí pudessem ocorrer nos apareceriam pouco depois do momento em que ocorressem. Se Lumen estivesse na Lua, teria visto Paris de 1864 e não de 1793; se estivesse num mundo duas vezes mais afastado do que Capela, teria visto a Regência.

ainda, *o próprio aspecto* do país de onde ele saiu. Assim, pois, quando examinamos ao telescópio a superfície de um astro, não vemos essa superfície tal qual é no momento exato em que o observamos, mas tal qual era no momento em que a luz que nos chega foi emitida por essa superfície.

Sitiens. – De sorte que se uma estrela cuja luz leva, suponhamos, dez anos par nos chegar, fosse subitamente aniquilada hoje, nós a veríamos ainda durante dez anos, porquanto seu último raio só nos chegaria dez anos depois.

Lumen. – É precisamente isto. Há, pois, aí, uma surpreendente transformação do passado em presente. Para o astro observado, é o passado já desaparecido; para o observador é o presente, o atual. O passado do astro é rigorosa e positivamente o presente do observador.

Mais tarde, Lumen se vê a si próprio, menino, com seis anos, brincando e discutindo com um grupo de outros meninos, na Praça do Panthéon.

Sitiens. – Confesso que me parece impossível que se possa ver assim a si próprio. Não podeis ser duas pessoas. Considerando-se que tínheis 72 anos quando morrestes, vosso estado de infância tinha passado, desaparecido, estava extinto há muito tempo. Não podeis ver uma coisa que não mais existe. Não podemos ver-nos em duplicidade, menino e velho.

Lumen. – Não refletis bastante, meu amigo. Compreendestes muito bem ó fato geral para admiti-lo, mas não observastes suficientemente para perceber que este último fato particular se enquadra absolutamente no primeiro. Admitis que o aspecto da Terra leva 72 anos para vir a mim, não é? Que os acontecimentos não me chegam senão com esse intervalo de tempo depois de sua atualidade? Numa palavra, que eu veja o mundo tal qual era naquela época. Admitis igualmente que, vendo as ruas daquela época, eu veja, ao mesmo tempo, os meninos que corriam naquelas ruas? Então! Se eu vejo esse grupo de crianças, e se eu fazia parte desse grupo, por que quereis que não me veja tão bem quanto vejo os outros?

Sitiens. – Mas não estais mais naquele grupo.

Lumen. – Ainda uma vez, esse grupo, na verdade, não existe mais agora, mas eu o vejo tal qual existia no instante em que partiu o raio luminoso que hoje me chega, e se eu distingo os quinze ou dezoito meninos que o compunham, não há razão para que o menino que era eu desapareça porque sou eu quem olha. Outros observadores o veriam em companhia de seus camaradas. Por que quereis que haja uma exceção quando sou eu quem olha? Eu os vejo a todos, e me vejo com eles.

Lumen passa em revista a série dos principais acontecimentos políticos acontecidos desde 1793 até 1864, quando ele próprio se vê no leito de morte.

Sitiens. – Estes acontecimentos passaram rapidamente sob os vossos olhos?

Lumen. – Eu não poderia apreciar a medida do tempo, mas todo esse panorama retrospectivo se sucedeu certamente em menos de um dia... talvez nalgumas horas.

Sitiens. – Então não compreendo mais. Se 72 anos terrestres passaram sob vossos olhos, deveriam ter gasto exatamente 72 anos para vos aparecer, e não algumas horas. Se o ano de 1793 só vos aparecia em 1864, o de 1864, em compensação, não vos deveria aparecer senão em 1936?

Lumen. – Vossa objeção é fundada e me prova que compreendestes bem a teoria do fato. Assim, vou explicar-vos como não me foi necessário esperar 72 novos anos para rever minha vida, e como, sob o impulso de uma força inconsciente, efetivamente a revi em menos de um dia.

"Continuando a seguir minha existência, cheguei aos últimos anos notáveis pela transformação radical que sofreu Paris; vi meus últimos amigos e a vós mesmo; minha família e meu círculo de amizades; enfim, chegou o momento em que me vi deitado no leito de morte e onde assisti à última cena. É dizer-vos que tinha voltado à Terra.

"Atraída pela contemplação que a absorvia, rapidamente minha alma tinha esquecido a montanha dos velhos e Capela. Como a gente sente, às vezes, em sonho, ela se evolava na direção do objetivo de seus olhares. A princípio não me apercebi, tanto a estranha visão dominava todas as minhas faculdades. Não vos posso dizer nem por que lei, nem por que força as almas podem transportar-se tão rapidamente de um a outro lugar, mas a verdade é que eu tinha *voltado à Terra* em menos de um dia, e que eu penetrava em meu quarto justo no momento de meu enterro.

"Sendo que nessa viagem de volta eu ia à frente dos raios luminosos, eu diminuía incessantemente a distância que me separava da Terra; a luz tinha cada vez menos caminho a percorrer e acelerava assim a sucessão dos acontecimentos. No

182 | REVISTA ESPÍRITA

meio do caminho, quando estava a apenas de 36 anos, eles não me mostravam mais a Terra de 72 anos antes, mas de 36. A três quartos do caminho, os aspectos eram atrasados apenas 18 anos. Na metade do último quarto, chegavam-me apenas após passados 9 anos, e assim por diante, de sorte que a série inteira de minha existência se achou condensada em menos de um dia, devido à rápida volta de minha alma, indo à frente dos raios luminosos."

Quando Lumen chegou a Capela, viu um grupo de velhos ocupados em considerações sobre a Terra, dissertando sobre o acontecimento de 1793. Um deles disse aos companheiros: "De joelhos, meus irmãos, peçamos indulgência ao Deus universal. Esse mundo, essa nação, essa cidade manchou-se por um grande crime; a cabeça de um rei inocente acaba de cair."

– Aproximei-me do ancião, disse Lumen, e lhe pedi que me fizesse o relato de suas observações.

"Ele informou-me que pela intuição de que são dotados os Espíritos do grau dos que habitam esse mundo, e pela faculdade íntima de percepção que receberam em partilha, eles possuem uma espécie de relação magnética com as estrelas vizinhas. Essas estrelas são em número de doze ou quinze; são as mais próximas; fora dessa região, a percepção torna-se confusa.

"Nosso Sol é uma dessas estrelas vizinhas[3]. Eles conhecem, pois, vagamente mas sensivelmente, o estado das Humanidades

---

[3] 170 trilhões e 892 bilhões de léguas! Pela distância que separa as estrelas *vizinhas*, podemos imaginar a extensão ocupada pelo conjunto das que, entretanto, nos parecem à vista tão perto umas das outras, sem contar o número infinitamente maior das que só são perceptíveis com o auxílio do telescópio, e que não são, elas próprias, senão uma ínfima fração daquelas que, perdidas nas profundezas do infinito, escapam a todos os nossos meios de investigação. Se considerarmos que cada estrela é um sol, centro de um turbilhão planetário, compreenderemos que o nosso próprio turbilhão não passa de um ponto nessa imensidão. O que é, então, nosso globo de 3.000 léguas de diâmetro, entre esses bilhões de mundos? Que são esses habitantes que durante muito tempo acreditaram que seu pequeno mundo é o ponto central do Universo, e eles próprios se creram os únicos seres vivos da criação, concentrando apenas neles próprios as preocupações da solicitude do Eterno, e crendo de boa fé que o espetáculo dos céus não tinha sido feito senão para lhes recrear a vista? Todo esse sistema egoístico e mesquinho que durante longos séculos constituiu o fundamento da fé religiosa, esboroou-se diante das descobertas de Galileu.

que habitam os planetas dependentes desse sol, e o seu relativo grau de elevação intelectual e moral.

"Além disto, *quando uma grande perturbação atravessa uma dessas Humanidades, quer na ordem física, quer na ordem moral, eles sofrem uma espécie de comoção íntima, como acontece quando uma corda vibra e faz entrar em vibração uma outra corda situada à distância.*

"Há um ano (o ano desse mundo é igual a dez dos nossos), eles se tinham sentido atraídos por uma emoção particular para o planeta terrestre, e os observadores tinham seguido com interesse e inquietude a marcha deste mundo."

Laboraríamos em erro se deduzíssemos do que precede que os habitantes das diversas esferas, do ponto onde estão, lançam um olhar investigador sobre o que se passa em outros mundos, e que os acontecimentos que aí se realizam passam sob seus olhos como no campo de uma luneta. Ademais, cada mundo tem suas preocupações especiais, que cativam a atenção de seus habitantes, conforme suas próprias necessidades, seus costumes completamente diferentes, e seu grau de adiantamento. Quando os Espíritos encarnados num planeta têm motivos para se interessarem pelo que se passa num outro mundo, ou por alguns dos que o habitam, sua alma para lá se transporta, como fez a de Lumen, em estado de desprendimento, e então se tornam momentaneamente, por assim dizer, habitantes espirituais desse mundo, ou aí se encarnam em missão. Eis, pelo menos, o que resulta do ensinamento dos Espíritos.

Esta última parte do relato de Lumen carece, pois, de exatidão, mas não se deve perder de vista que esta história não passa de uma hipótese destinada a tornar mais acessíveis à inteligência, e de certo modo palpáveis pela entrada em ação, da demonstração de uma teoria científica, como fizemos observar em nosso artigo precedente.

Chamamos a atenção para o parágrafo acima, no qual é dito que: "As grandes perturbações *físicas e morais* de um mundo produzem sobre os mundos vizinhos uma espécie de comoção íntima, como acontece quando uma corda vibra e faz entrar em vibração uma outra corda situada à distância." O autor, que em matéria de Ciência não fala levianamente, anuncia aí um princípio que um dia bem poderia ser convertido em lei. A

Ciência já admite, como resultado da observação, a ação recíproca material dos astros. Se, como se começa a suspeitar, esta ação, aumentada por certas circunstâncias, pode ocasionar perturbações e cataclismos, nada haveria de impossível que essas mesmas perturbações tivessem seu contragolpe. Até o presente a Ciência considerou apenas o princípio material, entretanto, se levarmos em conta o princípio espiritual como elemento ativo do Universo, e se pensarmos que esse princípio é tão geral e tão essencial quanto o princípio material, conceberemos que uma grande efervescência desse elemento e das modificações que ele sofre num ponto dado, possam ter sua reação, por força da correlação necessária que existe entre a matéria e o espírito. Há certamente nesta ideia o germe de um princípio fecundo e de um estudo sério para o qual o Espiritismo abre caminho.

DISSERTAÇÕES ESPÍRITAS

A VIDA ESPIRITUAL

(Grupo Lampérière, 9 de janeiro de 1867 - Médium, Sr. Delanne)

Aqui estou, feliz por vir saudar-vos, encorajar-vos e vos dizer:
Irmãos, Deus vos cumula de benefícios, prometendo-vos nestes tempos de incredulidade, respirar a plenos pulmões o ar da vida espiritual que sopra com vigor através das massas compactas.

Crede em vosso antigo associado, crede em vosso amigo íntimo, vosso irmão pelo coração, pelo pensamento e pela fé; crede nas verdades ensinadas. Elas são tão seguras quanto lógicas; crede em mim que, há alguns dias, me contentava, como vós, em crer e esperar, ao passo que hoje a doce ficção é para mim uma imensa e profunda verdade. Eu toco, eu vejo, eu sigo, eu possuo; então, isso existe. Analiso minhas impressões de hoje e as comparo com as ainda frescas, da véspera.

MAIO 1867 | 185

Não só me é permitido comparar, sintetizar, pesar minhas ações, meus pensamentos, minhas reflexões, julgá-las pelo critério do bom senso, mas eu as vejo, eu as sinto, *eu sou testemunha ocular,* sou a coisa realizada. Não são mais consoladoras hipóteses, sonhos dourados, esperanças; é mais que uma certeza moral: é o fato real, palpável, o fato material que se toca, que vos toma sob sua forma tangível, e que nos diz: isto é.

Aqui tudo respira calma, sabedoria, felicidade; tudo é harmonia; tudo diz: Eis o suprassumo do senso íntimo; não mais quimeras, falsas alegrias, não mais temores pueris, não mais falsa vergonha, não mais dúvidas, não mais angústias, não mais perjúrios, nada desse cortejo vil de fabulosas dores, de erros grosseiros, como se vê diariamente na Terra.

Aqui somos penetrados de uma quietude inefável; admiramos, oramos, adoramos, rendemos ações de graças ao sublime autor de tantos benefícios; estudamos e entrevemos todas as potências infinitas; vemos o movimento das leis que regem a Natureza. Cada obra tem uma finalidade, que conduz ao amor, diapasão da harmonia geral. Vemos o progresso presidir a todas as transformações físicas e morais, porque o progresso é infinito como Deus que o criou. Tudo é compreensível; tudo é claro, preciso; nada de abstrações, porque tocamos com o dedo e a razão o porquê das coisas humanas. As legiões espirituais adiantadas só têm um objetivo, o de se tornarem úteis a seus irmãos atrasados, para elevá-los para elas.

Trabalhai, pois, sem cessar, conforme vossas forças, meus bons irmãos, para vos melhorardes e serdes úteis aos vossos semelhantes; não só fareis a doutrina, que é vossa alegria, dar um passo, mas tereis contribuído poderosamente para o progresso do vosso planeta; a exemplo do grande legislador cristão, sereis homens, homens de amor, e concorrereis para implantar o reino de Deus sobre a Terra.

Este que é ainda e mais que nunca vosso condiscípulo,

LECLERC.

OBSERVAÇÃO: Com efeito, tal é o caráter da vida espiritual; mas seria um erro crer que basta ser Espírito para encará-la deste ponto de vista. Dá-se com o mundo espiritual como com o mundo corporal: Para apreciar as coisas de uma ordem elevada, é necessário um desenvolvimento intelectual e moral que não é peculiar senão a Espíritos adiantados; os Espíritos atrasados ignoram o que se passa nas altas esferas espirituais, como o eram na Terra em relação ao que constitui a admiração dos homens esclarecidos, porque não podem compreendê-lo. Não podendo seu pensamento, circunscrito num horizonte limitado, abarcar o Infinito, eles não podem ter os prazeres resultantes do alargamento da esfera de atividade espiritual. A soma de felicidades, no mundo dos Espíritos, ali é, portanto, por força das coisas, proporcional ao desenvolvimento do senso moral, de onde resulta que trabalhando aqui embaixo por nosso melhoramento e nossa instrução, aumentamos as fontes de felicidade para a vida futura. Para o materialista, o trabalho só tem um resultado limitado à vida presente, que pode acabar de um instante para outro. O espírita, ao contrário, sabe que nada do que ele adquire, mesmo à última hora, fica perdido, e que todo progresso realizado lhe será proveitoso.

As profundas considerações de nosso antigo colega, Sr. Leclerc, sobre a vida espiritual, são, pois, uma prova de seu adiantamento na hierarquia dos Espíritos, pelo que o felicitamos.

PROVAS TERRESTRES DOS HOMENS EM MISSÃO

(Douay, 8 de março de 1867 – Médium, Sra. M...)

...Meus filhos, é preciso que o sangue depure a Terra. Luta terrível, ainda mais horrível pelo esplendor da civilização em cujo meio ela rebenta. Oh, Senhor! Quando tudo se prepara para apertar os laços dos povos de um a outro extremo do mundo! Quando na aurora da fraternidade material se veem as linhas de demarcação de raças, de costumes e de linguagem tenderem para a unidade, a guerra chega, a guerra com seu cortejo de ruínas, de conflagrações, de divisões profundas, de ódios religiosos. Sim, tudo isto porque nada, em nosso progresso, aconteceu segundo o espírito de Deus; porque vossos laços não foram apertados pela bondade nem pela lealdade, mas apenas pelo interesse; porque não é a verdadeira caridade que impõe silêncio aos ódios religiosos, mas a indiferença; porque as barreiras não foram eliminadas em vossas fronteiras pelo amor de todos, mas pelos cálculos mercantis; porque, enfim, a visão é humana e instintiva, e não espiritual e caridosa; porque os governantes só buscam os seus interesse, e cada um, entre os povos, faz o mesmo.

Sublime desinteresse de Jesus e de seus apóstolos, onde estás? – Meus filhos, ficais tristes ao pensar, algumas vezes, na rude missão desses Espíritos sublimes que vêm levantar a coragem da Humanidade e morrer na tarefa, depois de ter esvaziado a taça das ingratidões humanas. Gemeis por ver que o Senhor, que os enviou, parece abandoná-los no momento em que sua proteção parece mais necessária. Não vos falaram das provas que sofrem os Espíritos elevados no momento de transpor um degrau mais alto na iniciativa espiritual? Não vos disseram que cada grau da hierarquia celeste se adquire pelo mérito, pelo devotamento, como entre vós, no exército, pelo sangue derramado e pelos serviços prestados? Então! É o caso em que se encontram os Messias nessa terra de dores. Eles são sustentados enquanto dura sua obra humanitária, enquanto trabalham pelo homem e para Deus, mas, quando só eles estão em jogo, quando sua prova se torna individual, o socorro visível se afasta e a luta se mostra tão acerba e rude quanto o homem deve suportá-la.

Eis a explicação desse aparente abandono que vos aflige na vida dos missionários de todos os graus de vossa Humanidade. Não penseis que Deus abandone jamais a sua criatura por capricho ou impotência; não, mas, no interesse de seu adiantamento, ele a deixa entregue às suas próprias forças, ao completo emprego de seu livre-arbítrio.

CURA D'ARS

O GÊNIO

(Douay, 13 de março de 1867 – Médium, Sra. M...)

Pergunta. – O gênio é conferido a cada Espírito conforme sua conquista, ou conforme uma lei divina, em relação com as necessidades de um povo ou de uma Humanidade? *Resposta.* – O gênio, caros filhos, é a radiação das conquistas anteriores. Essa radiação é o estado do Espírito no desprendimento ou nas encarnações superiores. Há, pois, duas distinções a fazer.

O gênio mais comum entre vós é simplesmente o estado de um Espírito, do qual uma ou duas faculdades ficaram descobertas e em estado de agir livremente; ele recebeu um corpo que permite sua expansão na plenitude adquirida. A outra espécie de gênio é o Espírito que vem dos mundos felizes e adiantados, onde a aquisição é universal sobre todos os pontos; onde todas as faculdades da alma chegaram a um grau eminente, desconhecido na Terra. Estas espécies de gênio se distinguem dos primeiros por uma excepcional aptidão para todos os talentos, para todos os estudos. Eles concebem todas as coisas por uma intuição segura que confunde a Ciência ensinada pelos mais sábios. Eles se destacam em bondade, em grandeza de alma, em verdadeira nobreza, em obras excelentes. Eles são faróis, iniciadores, exemplos. São homens de outras terras, vindos para fazer resplandecer a luz do Alto num mundo obscuro, assim como se enviam entre os bárbaros, para instruí-los, alguns sábios de uma capital civilizada. Tais foram, entre vós, os homens que em diversas épocas fizeram avançar a Humanidade, os sábios que ampliaram os limites dos conhecimentos e dissiparam as trevas da ignorância. Eles viram e pressentiram o destino terrestre, por mais longe que estivessem da realização desse destino. Todos lançaram os fundamentos de alguma ciência, ou foram o seu ponto culminante.

O gênio, portanto, não é gratuito e não está subordinado a uma lei; ele sai do próprio homem e de seus antecedentes. Refleti que os antecedentes são todo o homem. O criminoso o é por seus antecedentes; o homem de mérito, o homem de gênio, é superior pela mesma causa. Nem tudo é velado na encarnação a ponto de nada penetrar nosso ser interior. A inteligência e a bondade são luzes muito vivas, focos muito ardentes para que a vida terrena os reduza à obscuridade.

As provas a sofrer bem podem velar, atenuar algumas de nossas faculdades, adormecê-las, mas se elas tiverem chegado a um alto grau, o Espírito não pode perder inteiramente a sua posse e exercício. Ele guarda em si a certeza de que as mantém sempre à sua disposição; muitas vezes mesmo, ele não pode consentir em delas privar-se. Eis o que causa as vidas tão dolorosas de certos homens adiantados que preferiram sofrer por suas altas faculdades do que deixar que estas se apagassem por algum tempo.

Sim, todos nós somos pela esperança, e alguns pela lembrança, cidadãos dessas altas esferas celestes, onde o pensamento irradia puro e poderoso. Sim, todos nós seremos Platões, Aristóteles, Erasmos; nosso Espírito não verá mais empalidecer suas aquisições sob o peso da vida do corpo, ou extinguir-se sob o peso da velhice e das enfermidades.

Amigos, eis verdadeiramente a mais sublime esperança. Que são junto a tudo isto as dignidades e os tesouros que eram postos aos pés desses homens? Os soberanos mendigavam suas obras, eles disputavam sua presença. – Credes que essas honras vãs os lisonjeavam? Não. A lembrança de sua gloriosa pátria era muito viva. Eles voltaram felizes sob o brilho de sua glória aos mundos que seus Espíritos desejavam incessantemente.

Terra! Terra! Região fria, obscura, agitada; Terra cega, ingrata e rebelde! Tu não lhes podias fazer esquecer a pátria celeste onde viveram, onde voltariam a viver.

Adeus, amigos! Ficai certos de que todo homem de bem tornar-se-á cidadão desses mundos felizes, dessas Jerusaléns esplêndidas, onde o Espírito vive livre num corpo etéreo, possuindo sem nuvens e sem véus todas as suas conquistas. Então conhecereis tudo quanto aspirais conhecer, compreendereis tudo quanto procurais compreender, mesmo o meu nome, caro médium, que não te quero dizer.

UM ESPÍRITO

ALLAN KARDEC

REVISTA ESPÍRITA

JORNAL DE ESTUDOS PSICOLÓGICOS

ANO X	JUNHO DE 1867	VOL. 6

EMANCIPAÇÃO DAS MULHERES NOS ESTADOS UNIDOS

"Informam de Nova Iorque que entre as petições recentemente dirigidas ao presidente dos Estados Unidos, encontra-se uma que levantou a questão da admissibilidade das mulheres nos empregos públicos. A senhorinha Françoise Lord, de Nova Iorque, pediu para ser enviada como cônsul ao estrangeiro. O presidente levou seu pedido em consideração, e ela espera que o Senado lhe seja favorável. O sentimento público não se mostra tão hostil a essa inovação quanto se poderia supor, e vários jornais defendem a pretensão da senhorita Lord."

(Siècle, 5 de abril de 1867)

"No distrito comandado pelo General Sheridan, formado pelos estados de Louisiana e do Texas, as listas eleitorais foram abertas, e a população branca ou de cor começou a se inscrever, sem levantar objeções ao assunto da ingerência da autoridade militar em todo esse caso. Malgrado os esforços dos legisladores de Washington, a população do norte guarda uma grande parte de seus preconceitos a respeito dos negros. Com a maioria de 35 vozes contra, a câmara dos deputados de Nova Jersey lhes recusou o gozo dos direitos políticos, e o senado do Estado associou-se a esse voto, que é o objeto dos mais vivos ataques em toda a imprensa republicana. Em contrapartida, um dos estados do Oeste, o Wisconsin, deu o direito de sufrágio às mulheres de mais de vinte e um anos. Este princípio novo faz seu caminho nos Estados Unidos, e não faltam jornalistas para aprovar a galanteria política dos senadores do Wisconsin. Fazendo alusão a um romance célebre, um orador de um *meeting* perguntou: "Como recusaríamos a capacidade política à Senhora Beecher Stowe, quando a reconhecemos como um Pai Tomás?"

(Grande *Moniteur*, 9 de maio de 1867)

A Câmara dos Comuns da Inglaterra também se ocupou desta questão na sessão de 20 de maio último, sobre a proposição de um de seus membros. Lê-se no relato de *Morning Post*: "Sobre a cláusula 4, o Sr. Mill pede que se retire a palavra *homem* e que insira a expressão *pessoa*.

"Meu objetivo é, diz ele, admitir à franquia eleitoral uma parte muito grande da população que é agora excluída do seio da constituição, isto é, as mulheres. Não vejo por que as senhoras não casadas, maiores, e as viúvas não teriam voz na eleição dos membros do Parlamento.

"Talvez digam que as mulheres já têm bastante poder, mas sustento que se elas obtivessem os direitos civis que proponho se lhes conceda, assim elevaríamos a sua condição e as desembaraçaríamos de um obstáculo que hoje impede a expansão de suas faculdades.

"Confesso que as mulheres já possuem um grande poder social, mas elas não o têm o bastante, e não são crianças mimadas, como geralmente se supõe. Aliás, seja qual for o seu poder, quero que seja responsável, e eu lhes darei o meio de fazer conhecer suas necessidades e seus sentimentos.

"*O Sr. Lang.* – A proposição é, segundo ele, insustentável, e ele está persuadido que a grande maioria das próprias mulheres a rejeitaria.

"*Sir John Bowyer* pensa de outro modo. As mulheres agora podem ser vigilantes diretoras dos pobres, e ele não vê por que não votariam para os membros do Parlamento. O ilustre baronete cita o caso de Miss Burdetts Coutts, para mostrar que a propriedade das mulheres, conquanto reconhecida como a dos homens, absolutamente não é bem definida.

"Procedeu-se à votação. A emenda foi rejeitada por 196 votos contra 73, e foi ordenado que a palavra *homem* fará parte da cláusula."

O jornal *La Liberté*, de 24 de maio, continua o relato por estas judiciosas reflexões:

"Será que as mulheres já não são admitidas a sentar-se e votar nas assembleias de acionistas, da mesma forma que os homens?

"Se fosse certo, como pretendeu o ilustre Sr. Laing, que as mulheres não quisessem o direito que o Sr. Stuart Mill propõe se lhes reconheça, não seria uma razão para que ele não lhes fosse atribuído, porquanto já lhes pertence legitimamente. As que tivessem repugnância de exercê-lo estariam livres de votar, salvo, mais tarde, o direito de reconsiderar, quando o uso as tivesse feito mudar de opinião.

"Os *Laing,* cujos olhos estão vendados pela faixa da rotina, acham monstruoso que as mulheres votem e consideram muito natural e perfeitamente simples que uma mulher reine!

"Ó inconsequência humana! Ó contradição social!"

A. FAGNAN

Tratamos da questão da emancipação da mulher no artigo intitulado: *As mulheres têm alma?* publicado na Revista de janeiro de 1866, e ao qual remetemos o leitor, para não nos repetirmos aqui. As considerações que seguem servirão para complementá-lo.

Não é de duvidar que numa época em que os privilégios, restos de outra época e de outros costumes, caem diante do princípio da igualdade de direitos de toda criatura humana, os da mulher não poderiam tardar a ser reconhecidos, e que, em futuro próximo, a lei não a tratará mais como menor. Até o presente, o reconhecimento desses direitos é considerado como uma concessão da força à fraqueza, razão pela qual é regateado com tanta parcimônia. Ora, como tudo quanto é concedido benevolamente pode ser retirado, esse reconhecimento não será definitivo e imprescritível senão quando não for mais subordinado ao capricho do mais forte, mas fundado num princípio que ninguém possa contestar.

Os privilégios de raças têm sua origem na abstração que os homens geralmente fazem do princípio espiritual, para considerar apenas o ser material exterior. Da força ou da fraqueza constitucional de uns, de uma diferença de cor em outros, do nascimento na opulência ou na miséria, da filiação consanguínea nobre ou plebeia, eles concluíram por uma superioridade ou uma inferioridade natural. Foi sobre este dado que estabeleceram suas leis sociais e os privilégios de raças. Desse ponto de vista *circunscrito,* eles são consequentes consigo mesmos, porque, não levando em conta senão a vida material, certas classes parecem pertencer, e com efeito pertencem, a raças diferentes.

Mas se considerarmos seu ponto de vista do ser espiritual, do ser essencial e progressivo, numa palavra, do Espírito preexistente e sobrevivente a tudo, cujo corpo é simples envoltório temporário, variando, como a roupa, de forma e de cor; se, além disso, do estudo dos seres espirituais ressalta a prova que esses seres são de uma natureza e de uma origem idênticas; que seu destino é o mesmo; que, partindo todos de um mesmo ponto, tendem ao mesmo fim; que a vida corporal é apenas um acidente, uma das fases da vida do Espírito, necessária ao seu avanço intelectual e moral; que em vista desse avanço o Espírito pode sucessivamente revestir envoltórios diversos, nascer em posições diferentes, chega-se à consequência capital da igualdade da natureza e da igualdade dos direitos sociais de todas as criaturas humanas e à abolição dos privilégios de raça. Eis o que ensina o Espiritismo.

Vós que negais a existência do Espírito para considerar apenas o homem corporal; a perpetuidade do ser inteligente para só encarar a vida presente, repudiais o único princípio sobre o qual está fundada com razão a igualdade de direitos que reclamais para vós próprios e para os vossos semelhantes.

Aplicando este princípio à posição social da mulher, diremos que, de todas as doutrinas filosóficas e religiosas, o Espiritismo é a única que estabelece seus direitos sobre a própria Natureza, provando a identidade do ser espiritual nos dois sexos. Considerando-se que a mulher não pertence a uma *criação distinta*; que o Espírito pode nascer homem ou mulher, à vontade, conforme o gênero de provas a que vem submeter-se para seu adiantamento; que a diferença não está senão no envoltório exterior, que modifica suas aptidões, na identidade da natureza do ser, necessariamente devemos concluir pela igualdade dos direitos. Isto decorre, não de simples teoria, mas da observação dos fatos e do conhecimento das leis que regem o mundo espiritual. Encontrando os direitos da mulher, na Doutrina Espírita, uma consagração fundada nas leis da Natureza, daí resulta que a propagação dessa doutrina apressará a sua emancipação, e lhe dará, de maneira estável, a posição social que lhe pertence.

Se todas as mulheres compreendessem as consequências do Espiritismo, todas seriam espíritas, porque aí encontrariam o mais poderoso argumento que poderiam invocar.

O pensamento da emancipação da mulher neste momento germina num grande número de cérebros, porque estamos numa época em que fermentam as ideias de renovação social em que as mulheres, tanto quanto os homens, estão sujeitos ao hausto progressivo que agita o mundo. Depois de se haverem muito ocupado de si mesmos, os homens começam a compreender que seria justo fazer algo por elas, de afrouxar um pouco os laços da tutela sob os quais as mantêm. Devemos felicitar os Estados Unidos pela iniciativa que tomam a este respeito pelo fato de eles terem ido mais longe, concedendo uma posição legal e de direito comum a toda uma raça da Humanidade.

Mas da igualdade dos direitos seria abusivo concluir pela igualdade de atribuições. Deus dotou cada ser de um organismo apropriado ao papel que ele deve desempenhar na Natureza. O da mulher é traçado por sua organização, e isto não é o menos importante. Há, pois, atribuições bem caracterizadas, atribuídas a cada sexo pela própria Natureza, e essas atribuições implicam deveres especiais que os sexos não poderiam cumprir eficazmente saindo de seu papel. Há atribuições em cada sexo, como de um sexo em relação ao outro: a constituição física determina as aptidões especiais; seja qual for sua constituição, todos os homens certamente têm os mesmos direitos, mas é evidente, por exemplo, que aquele que não está organizado para o canto não poderia ser um cantor. Ninguém pode tirar-lhe o direito de cantar, mas tal direito não lhe pode dar qualidades que lhe faltam. Se, pois, a Natureza deu à mulher músculos mais fracos do que ao homem, é que ela não foi chamada aos mesmos exercícios; se sua voz tem um outro timbre, é que não está destinada a produzir as mesmas impressões.

Ora, é lícito temer, e é o que ocorrerá, que na febre de emancipação que a atormenta, a mulher não se acredite apta a preencher todas a atribuições do homem e que, caindo num excesso contrário, depois de haver tido muito pouco, não pretenda ter demais. Esse resultado é inevitável, mas não devemos espantar-nos nenhum pouco. Se as mulheres têm direitos incontestáveis, a Natureza tem os seus, que não perde nunca. Em breve elas se cansarão dos papéis que não são os seus. Deixai-as, pois, reconhecer pela experiência sua insuficiência nas coisas às quais a Providência não as chamou. Tentativas infrutíferos reconduzi-las-ão forçosamente ao caminho que lhes é traçado, caminho que pode e deve ser alargado, mas que não pode ser desviado sem prejuízo para elas próprias, trazendo a possibilidade da influência toda especial que elas devem exercer. Elas reconhecerão que só terão a perder na troca, porque a mulher de atitudes muito viris jamais terá a graça e o encanto que constituem a força daquela que sabe manter a condição de mulher. Uma mulher que se faz homem abdica de sua verdadeira realeza: olham-na como um fenômeno.

Tendo sido lidos na Sociedade de Paris os dois artigos acima, a seguinte questão foi apresentada aos Espíritos, como objeto de estudo:

Que influência deve ter o Espiritismo sobre a condição da mulher?

Como todas as comunicações obtidas concluíram no mesmo sentido, só transcrevemos a seguinte, por ser a mais desenvolvida.

(Sociedade de Paris, 10 de maio de 1867)
(Médium, Sr. Morin, em sonambulismo espontâneo; dissertação verbal)

"Em todos os tempos os homens têm sido orgulhosos. É um vício constitucional, inerente à sua natureza. O homem – falo do sexo – o homem, forte pelo desenvolvimento de seus músculos, pelas concepções um pouco ousadas de seus pensamentos, não levou em consideração a fraqueza a que se faz alusão nas santas Escrituras, fraqueza que faz a desgraça de toda a sua descendência. Ele se julgou forte e serviu-se da mulher, não como de uma companheira, de uma família; dela se serviu do ponto de vista puramente bestial; dela fez um animal bastante agradável e a acostumou a manter-se a uma respeitosa distância do senhor. Mas como Deus não quis que metade da Humanidade fosse dependente da outra, não fez duas criações distintas, uma para estar constantemente a serviço da outra. Ele quis que todas as suas criaturas pudessem participar do banquete da vida e do infinito na mesma proporção.

"Nesses cérebros que por tanto tempo mantivemos afastados de toda ciência, como impróprios a receber os benefícios da

196 | REVISTA ESPÍRITA

instrução, Deus fez nascer, como contrapeso, astúcias que põem em cheque as forças do homem. A mulher é fraca, o homem é forte, é sábio, mas a mulher é astuciosa e a ciência contra a astúcia nem sempre leva a melhor. Se fosse a verdadeira ciência, ela a venceria, mas é uma ciência falsa e incompleta, e a mulher facilmente encontra o ponto fraco. Provocada pela posição que lhe era dada, a mulher desenvolveu o germe que sentia em si; a necessidade de sair de seu rebaixamento lhe deu o desejo de romper suas cadeias. Segui a sua marcha; tomai-a a partir do início da era cristã e observai-a: vê-la-eis cada vez mais dominante, mas ela não gastou toda a sua força; ela conservou-a para tempos mais oportunos, e aproxima-se a época em que vai desenvolvê-la por sua vez. Ademais, a geração que se ergue traz em seus flancos a mudança que nos é anunciada há muito tempo, e a mulher atual quer ter, na Sociedade, um lugar igual ao do homem.

"Observai bem; olhai no íntimo, e vede quanto a mulher tende a libertar-se do jugo; ela reina como senhora, por vez como déspota. Vós a tivestes muito tempo vergada, mas ela se reergue, como uma mola comprimida que se distende, porque começa a compreender que é chegada a sua hora.

"Pobres homens! Se vos désseis conta que os Espíritos não têm sexo; que o que hoje é homem pode ser mulher amanhã; que eles escolhem indiferentemente, e por vezes de preferência, o sexo feminino, deveríeis regozijar-vos em vez de vos afligirdes com a emancipação da mulher, e admiti-la no banquete da inteligência, abrindo-lhe todas as grandes portas da ciência, porque ela tem concepções mais finas, mais suaves, contactos mais delicados que os do homem. Por que a mulher não seria médica? Ela não é chamada naturalmente a dar cuidados aos doentes, e não os daria com mais inteligência se tivesse os conhecimentos necessários? Não há casos em que, quando se trata de pessoas de seu sexo, seria preferível uma médica? Inúmeras mulheres não têm dado provas de sua aptidão para certas ciências; da finura de seu tino em certos negócios? Por que, então, os homens reservariam para si o monopólio, senão por medo de vê-las ganhar superioridade? Sem falar das profissões especiais, a primeira profissão da mulher não é a de mãe de família? Ora, a mãe instruída é mais adequada para dirigir a instrução e a educação de seus filhos. Ao mesmo tempo em que alimenta o corpo, ela pode desenvolver o coração e o espírito. Sendo a primeira infância necessariamente confiada aos cuidados da mulher, se ela for instruída, a regeneração social terá dado um passo imenso, e é isto que será feito.

"A igualdade do homem e da mulher teria ainda outro resultado. Ser senhor, ser forte é muito bom, mas é também assumir uma grande responsabilidade. Partilhando o fardo dos negócios da família com uma companheira capaz, esclarecida, naturalmente devotada aos interesses comuns, o homem alivia a sua carga e diminui sua responsabilidade, ao passo que a mulher, estando sob tutela, e por isto mesmo num estado de submissão forçada, não tem voz no capítulo senão quando o homem condescender em lha dar.

"Diz-se que as mulheres são muito faladoras e frívolas. Mas de quem é a falta senão dos homens, que lhes não permitem a reflexão? Dai-lhes o alimento do espírito, e elas falarão menos; elas meditarão e refletirão. Vós as acusais de frivolidade? Mas o que é que elas têm a fazer? – Falo aqui sobretudo da mulher do mundo. – Nada, absolutamente nada. Em que pode ela ocupar-se? Se ela refletir e transcrever seus pensamentos, tratam-na ironicamente de *sabichona*. Se cultivar as Ciências ou as Artes, seus trabalhos não são considerados, salvo raríssimas exceções, entretanto, como o homem, ela necessita de estímulo. Lisonjear um artista é dar-lhe tom e coragem, mas para a mulher, isto realmente não vale a pena! Então lhes resta o domínio da frivolidade, no qual podem estimular-se reciprocamente.

"Que o homem destrua as barreiras que seu amor-próprio opõe à emancipação da mulher, e em breve vê-la-á tomar o seu voo, com grande vantagem para a Sociedade. A mulher, sabei-o, tem a centelha divina absolutamente como vós, porque a mulher é vós, como vós sois a mulher."

A HOMEOPATIA NO TRATAMENTO DAS MOLÉSTIAS MORAIS

(Vide o número de março de 1867)

O artigo que publicamos no número de março sobre a ação da Homeopatia nas moléstias morais nos valeu, de um dos mais ardentes partidários desse sistema e ao mesmo tempo um dos mais fervorosos adeptos do Espiritismo, o doutor Charles Grégory, a seguinte carta que temos o dever de publicar, em razão da luz que a discussão pode trazer à questão:

"Caro e venerado mestre,

"Vou tentar explicar-vos como compreendo a ação da Homeopatia sobre o desenvolvimento das faculdades morais.

"Como eu, admitis que todo homem com saúde possui rudimentos de todas as faculdades e de todos os órgãos cerebrais necessários à sua manifestação. Admitis, também, que certas faculdades vão se desenvolvendo sempre, ao passo que outras, as que indubitavelmente são rudimentares, depois de apenas terem emitido alguns lampejos, parecem extinguir-se completamente. No primeiro caso, em vossa opinião, os órgãos cerebrais que correspondem às faculdades em pleno desenvolvimento teriam sua livre manifestação, ao passo que os rudimentares, que o mais das vezes também se relacionam com aptidões rudimentares, se atrofiariam completamente, com o avançar da idade, por falta de atividade vital.

"Se, pois, por meio de medicamentos apropriados, eu agir sobre os órgãos imperfeitos; se aí desenvolver um acréscimo de atividade vital, se para aí indico uma nutrição mais poderosa, é evidente que aumentando o volume eles permitirão que a faculdade rudimentar melhor se manifeste, e que pela transmissão das ideias e dos sentimentos que tiverem colhido, pelos sentidos, no mundo exterior, eles imprimirão à faculdade correspondente uma influência salutar, e por sua vez a desenvolverão, porque tudo se liga e se mantém no homem; a alma influi sobre o físico, como o corpo influi sobre a alma. Então já observamos, por conseguinte, a primeira influência dos medicamentos, pelo do aumento dos órgãos sobre as faculdades correspondentes da alma, a possibilidade, portanto, do homem crescer em potencialidades e aptidões, por meio de forças tiradas do do mundo material.

"Agora, para mim não está absolutamente provado que nossas pequenas doses, chegadas a um estado de sublimação e de sutileza que ultrapassam todos os limites, não tenham em si algo de espiritual, de certo modo, que por sua vez age sobre o Espírito. Nossos medicamentos, dados no estado de divisão a que a arte os submete, não são mais substâncias materiais, mas necessariamente são forças, ao menos em minha opinião, que devem agir sobre as faculdades da alma, que, também elas, são forças.

"E depois, como creio que o Espírito do homem, antes de se encarnar na Humanidade, sobe todos os degraus da escala e passa pelo mineral, pela planta e pelo animal e na maior parte dos tipos de cada espécie, onde preludia para seu completo desenvolvimento como ser humano, quem me diz que dando medicalmente o que não é mais nem mineral, nem planta, nem animal, mas o que se poderia chamar sua essência e de certo modo seu espírito, não agimos sobre a alma humana composta dos mesmos elementos? Porque, digam o que disserem, o Espírito certamente é alguma coisa, e porque ele se desenvolveu e se desenvolve incessantemente, deve ter haurido seus elementos nalguma parte.

"Tudo quanto posso dizer é que não agimos sobre a alma com as nossas 200.ª e 600.ª diluições, materialmente, mas virtualmente e de certo modo espiritualmente.

"Agora, aí estão os fatos, fatos numerosos, bem observados, e que bem poderiam demonstrar que não estou inteiramente errado. Para citar a mim mesmo, embora não goste muito de questões pessoais, direi que, experimentando em mim, há trinta anos, remédios homeopáticos, de certo modo criei novas faculdades, sem dúvida rudimentares, mas que na minha mais luxuriante mocidade jamais tinha conhecido, pois ignorava a Homeopatia, que hoje, aos cinquenta e dois anos, encontro bem desenvolvidas: a percepção da cor e das formas.

"Acrescentarei ainda que, sob a influência de nossos meios, vi caracteres mudarem completamente; à leviandade sucederam a reflexão e a solidez do raciocínio; à lubricidade, a continência; à maldade, a benevolência; ao ódio, a bondade e o perdão das injúrias. Evidentemente não é coisa para alguns dias; são necessários alguns anos de cuidados, mas se chega a esses belos resultados por meios *tão cômodos,* que não há nenhuma dificuldade em identificar os clientes que vos são devotados, e um médico os tem sempre. Eu mesmo observei que os resultados obtidos por nossos meios eram adquiridos para sempre, ao passo que os dados pela educação, os bons conselhos, as exortações seguidas, os livros de moral quase não resistiam ante a possibilidade de satisfazer uma paixão ardente, e as tentações em relação com nossas fraquezas, antes adormecidas e entorpecidas do que curadas. Se neste último caso o sucesso se manifestava, não era sem lutas violentas, que não era bom prolongar por muito tempo.

"Eis, caro mestre, as observações que desejava submeter-vos sobre esta tão grave questão da influência da Homeopatia sobre o moral humano.

"Para concluir: Quer seja pelo cérebro que o medicamento aja sobre as faculdades, quer aja ao mesmo tempo sobre a fibra cerebral e sobre sua faculdade correspondente, não está menos demonstrado para mim, por centenas de fatos, que a ação sutil e profunda de nossas doses sobre o moral humano é muito real. Além disso, é-me demonstrado que a Homeopatia deprime certas faculdades, certos sentimentos ou certas paixões muito exaltadas, para ativar outras muito reduzidas, e como que paralisadas e, por isto mesmo, conduz ao equilíbrio e à harmonia, de onde resulta a melhora real e o progresso do homem em todas as suas aptidões, e facilidade de vencer-se a si mesmo.

"Não julgueis que tal resultado anule a responsabilidade humana, e que se chegue a esse progresso tão desejado sem sofrimentos e sem lutas. Não basta tomar um medicamento e se dizer: "Vou triunfar de minha inclinação para a cólera, para o ciúme e para a luxúria." Oh! não! O remédio apropriado, uma vez introduzido no organismo, não traz uma modificação profunda senão *ao preço de violentos sofrimentos morais e físicos, e muitas vezes, de longa, de muita longa duração,* sofrimentos que devem ser repetidos várias vezes, variando os medicamentos e as doses, e isto durante meses e às vezes anos, se quisermos chegar a resultados concludentes. Aí está o preço a pagar por seu melhoramento moral; aí a prova e a expiação pelas quais tudo se paga neste mundo inferior, e vos confesso que não é coisa fácil de se corrigir, mesmo pela Homeopatia. Não sei se, pelas angústias interiores que se sofre, não se paga mais caro esse progresso do que pela modificação mais lenta, é certo, mas sem dúvida mais suave e suportável da ação puramente moral de todos os dias, pela observação de si mesmo e o ardente desejo de vencer-se.

"Termino aqui. Mais tarde vos contarei inúmeros fatos que bem poderão convencer-vos.

"Recebei etc."

Esta carta em nada modifica a opinião que emitimos sobre a ação da Homeopatia no tratamento das moléstias morais, que vêm confirmar, ao contrário, os próprios argumentos do Sr. Dr. Grégory. Portanto, persistimos em dizer que se os medicamentos homeopáticos podem ter uma ação sobre o moral, é agindo sobre os órgãos de sua manifestação, o que pode ter sua utilidade em certos casos, mas não sobre o Espírito; que as qualidades boas ou más e as aptidões são inerentes ao grau de *adiantamento e de inferioridade* do Espírito, e que não é com um medicamento qualquer que se pode fazê-lo avançar mais depressa, nem lhe dar as qualidades que não pode adquirir senão sucessivamente e pelo trabalho; que uma tal doutrina, fazendo depender as disposições morais do organismo, tira do homem toda responsabilidade, a despeito do que diz o Sr. Grégory, e o dispensa de todo trabalho sobre si mesmo para se melhorar, pois poderíamos torná-lo bom, malgrado seu, administrando-lhe tal ou qual remédio; que se, com a ajuda de meios materiais, podem ser modificados os órgãos das manifestações, o que admitimos perfeitamente, esses meios não podem mudar as tendências instintivas do Espírito, assim como, cortando a língua de um falador, não se lhe tira a vontade de falar. Um uso do Oriente vem confirmar nossa asserção por um fato material bem conhecido.

Certamente o estado patológico influi sobre o moral a certos pontos de vista, mas as disposições que tem essa fonte são acidentais e não constituem o fundo do caráter do Espírito. São essas, sobretudo, que uma medicação apropriada pode modificar. Há pessoas que só são benevolentes depois de haver jantado bem e às quais nada se deve pedir quando estão em jejum. Deve-se concluir que um bom jantar é um remédio contra o egoísmo? Não, porque essa benevolência, provocada pela plenitude da satisfação sensual, é um efeito do próprio egoísmo; é apenas uma benevolência aparente, um produto desse pensamento: "Agora que não mais preciso de nada, posso ocupar-me um pouco com os outros."

Em resumo, não contestamos senão que certas medicações, e a Homeopatia mais que qualquer outra, produzem alguns efeitos indicados, mas contestamos mais do que nunca os resultados permanentes, e sobretudo tão *universais,* como alguns pretendem. Um caso em que a Homeopatia sobretudo nos pareceria particularmente aplicável com sucesso, é o da *loucura patológica,* porque aqui a desordem moral é a consequência da desordem física, e que agora é constatado, pela observação dos fenômenos espíritas, que o Espírito não é louco. Não há que modificá-lo, mas lhe dar os meios de se manifestar livremente. A ação da Homeopatia pode ser aqui muito eficaz porquanto age principalmente, pela natureza espiritualizada de seus medicamentos, sobre o perispírito, que representa papel preponderante nessa afecção.

Teríamos mais objeções a fazer sobre algumas das proposições contidas nesta carta, mas isto nos levaria muito longe. Contentamo-nos, pois, em considerar as duas opiniões. Como em tudo, os fatos são mais concludentes que as teorias, e são eles, em definitivo, que confirmam ou derrocam as últimas. Desejamos ardentemente que o Sr. Dr. Grégory publique um tratado especial *prático* de Homeopatia aplicada ao tratamento das moléstias morais, para que a experiência possa generalizar-se e decidir a questão. Mais que qualquer outro, ele nos parece capaz de fazer esse trabalho *ex-professo*.

O SENTIDO ESPIRITUAL

Uma segunda carta do doutor Grégory contém o seguinte: "Numa comunicação, Erasto enunciou uma ideia que me chocou e me pôs a refletir. O homem, diz ele, tem sete sentidos: os sentidos bem conhecidos da audição, do olfato, da visão, do paladar e do tato e, além desses, *o sentido sonambúlico e o sentido mediúnico*.

"Acrescento a estas palavras que estes dois últimos não existem senão por exceção bastante desenvolvidos nalgumas naturezas privilegiadas, admitindo-se que existam em estado rudimentar em todos os homens. Ora, tenho uma convicção adquirida através de muita observação e de uma experiência bastante longa dos poderes homeopáticos, que nossos medicamentos bem escolhidos, tomados por longo tempo, podem desenvolver essas duas admiráveis faculdades."

Em nossa opinião, seria errôneo considerar o sonambulismo e a mediunidade como o produto de dois sentidos diferentes, tendo em vista que não passam de dois efeitos resultantes de uma mesma causa. Essa dupla faculdade é um dos atributos da alma, e tem por órgão o perispírito, cuja radiação transporta a percepção para além dos limites da ação e dos sentidos materiais. A bem dizer é o *sexto sentido,* que é designado sob o nome de *sentido espiritual.*

O sonambulismo e a mediunidade são duas variantes da atividade desse sentido que, como se sabe, apresentam inúmeras nuanças, e constituem aptidões especiais. Fora dessas duas faculdades, mais admiráveis porque são mais aparentes, seria errôneo crer que o *sentido espiritual* não exista senão em estado rudimentar. Como os outros sentidos, ele é mais ou menos desenvolvido, mais ou menos sutil, conforme os indivíduos, mas todo mundo o possui, e não é ele o que presta menos serviços, pela natureza toda especial das percepções das quais é a fonte. Longe de ser a regra, sua atrofia é a exceção, e pode ser considerada como uma enfermidade, assim como a ausência da visão e da audição. É através desse sentido que recebemos os eflúvios fluídicos dos Espíritos; que nos inspiramos, malgrado nosso, em seus pensamentos; que nos são dadas as advertências íntimas da consciência; que temos o pressentimento e a intuição das coisas futuras ou ausentes; que se exercem a fascinação, a ação magnética inconsciente e involuntária, a penetração do pensamento etc. Essas percepções são dadas ao homem pela Providência, assim como a visão, o olfato, a audição, o paladar e o tato, para a sua conservação; são fenômenos muito vulgares que ele só dificilmente constata pelo hábito que tem de experimentá-los, e dos quais não se deu conta até hoje, devido à sua ignorância das leis do princípio espiritual e da própria negação, por alguns deles, da existência desse princípio. Mas, o que quer que leve sua atenção para os efeitos que acabamos de citar, e sobre muitos outros da mesma natureza, reconhecerá quanto eles são frequentes e como são completamente independentes das sensações percebidas pelos órgãos do corpo.

A *visão espiritual,* vulgarmente chamada *dupla vista* ou *segunda vista,* é um fenômeno menos raro do que se pensa; muitas pessoas têm esta faculdade sem dar-se conta; apenas ela é mais ou menos acentuada, e é fácil certificar-se de que ela não se deve aos órgãos da visão, porquanto se exerce sem o concurso desses órgãos, tanto que até mesmo os cegos a possuem. Ela existe em certas pessoas no mais perfeito estado normal, sem o menor traço aparente de sono nem de estado extático. Conhecemos em Paris uma senhora na qual ela é permanente, e tão natural quanto a visão ordinária; ela vê sem esforço e sem concentração o caráter, os hábitos, os antecedentes de quem quer que dela se aproxime; ela descreve as doenças e prescreve tratamentos eficazes com mais facilidade que muitos sonâmbulos ordinários; basta pensar em uma pessoa ausente para que ela a veja e a designe. Um dia estávamos em casa dela e vimos passar na rua alguém com quem temos relações, e que ela jamais tinha visto. Sem ser para isso provocada por qualquer pergunta, ela fez o mais exato retrato moral dele, e nos deu a seu respeito conselhos muito prudentes.

Entretanto, essa senhora não é sonâmbula. Ela fala do que vê, como falaria de qualquer outra coisa, sem desviar-se das suas ocupações. É médium? Ela mesma nada sabe a respeito, porque até há pouco nem mesmo conhecia de nome o Espiritismo. Assim, nela essa faculdade é tão natural e tão espontânea quanto possível. Como percebe ela, senão pelo sentido espiritual?

Devemos acrescentar que essa senhora tem fé nos sinais da mão. Assim, ela a examina quando a interrogam. Ela diz que vê nas mãos o indício das doenças. Como vê certo, e é evidente que muitas das coisas que diz não podem ter nenhuma relação fisiológica com a mão, estamos persuadidos de que para ela é simplesmente um meio de se pôr em relação e de desenvolver sua vista, fixando-a num ponto determinado. A mão faz o papel de *espelho mágico* ou *psíquico*; ela aí vê como outros veem num vaso, numa garrafa de cristal ou noutro objeto. Sua faculdade tem muita relação com a do *Vidente da floresta de Zimmerwald,* mas ela lhe é superior em certos aspectos. Aliás, como não tira disto nenhum proveito, esta consideração afasta toda suspeita de charlatanismo, e visto que dela não se serve senão para prestar serviço, deve ser assistida por bons Espíritos. (Vide na *Revista* de outubro de 1864: *O sexto sentido e a visão espiritual*; outubro de 1865: *Novos estudos sobre os espelhos psíquicos. O vidente da floresta de Zimmerwald).*

GRUPO CURADOR DE MARMANDE

INTERVENÇÃO DOS PARENTES NAS CURAS

"Marmande, 12 de maio de 1867.

"Caro senhor Kardec,

"Há algum tempo vos entretive com o resultado de nossos trabalhos espíritas que continuamos com perseverança, e sinto-me feliz em dizê-lo, com sucessos satisfatórios. Os obsedados e os doentes são sempre objeto de nossos cuidados exclusivos. A moralização e os fluidos são os principais meios indicados por nossos guias.

"Nossos bons Espíritos, que se votaram à propagação do Espiritismo, tomaram também a tarefa de vulgarizar o magnetismo. Em quase todas as consultas, para os diversos casos de moléstias, eles pedem o concurso dos parentes: um pai, uma mãe, um irmão ou uma irmã, um vizinho, um amigo, são chamados para dar *passes*. Essas bravas criaturas ficam surpresas de parar crises, acalmar dores. Parece-me que este meio é engenhoso e seguro para fazer adeptos; assim a confiança se estende cada vez mais em nossa região.

Os grupos que se ocupam de curas talvez fizessem bem em dar os mesmos conselhos; os felizes resultados obtidos provariam de maneira evidente a verdade do magnetismo, e dariam a certeza que a faculdade de curar ou aliviar o seu semelhante não é privilégio exclusivo de algumas pessoas; que para isto não é preciso senão boa vontade e confiança em Deus. Não falo de uma boa saúde, que é condição indispensável, compreende-se. Reconhecendo que temos tal poder em nós, adquirimos a certeza de que não há políticas nem sortilégios, nem pacto com o diabo. É, pois, um meio de destruir as ideias supersticiosas.

"Eis alguns exemplos de curas obtidas:

"Uma menina de 6 a 7 anos estava acamada, com uma dor de cabeça contínua, febre, tosse frequente com expectoração e dor viva do lado esquerdo; dor também nos olhos, que de vez em quando se cobriam de uma substância leitosa, formando uma espécie de belida. Sob os cabelos, a pele do crânio estava coberta de películas brancas; urina espessa e turva. Deprimida e abatida, a menina não comia nem dormia. O médico tinha acabado suspendendo suas visitas. A mãe, *pobre,* em presença da criança doente e abandonada, veio me procurar. Consultados, nossos guias prescreveram como único remédio a imposição das mãos, os passes fluídicos por parte da mãe, recomendando-me que fosse, durante alguns dias, fazer-lhe ver como deveria se conduzir. Comecei por mandar suspender os vesicatórios e secá-los. Depois de três dias de passes e de imposição das mãos sobre a cabeça, os rins e o peito, executados *a título de lições,* mas feitos com alma, a criança pediu para se levantar; a febre tinha passado e todos os acidentes descritos acima desapareceram ao cabo de dez dias.

"Esta cura, que a mãe qualificava de miraculosa, fez que me chamassem, dois dias depois, junto a uma outra menina de 3 a 4 anos, que tinha febre. Depois dos passes e da imposição de mãos, a febre cessou, desde o primeiro dia.

"As curas de algumas obsessões não nos dão menos satisfação e confiança. Maria B..., jovem de 21 anos, de Samazan, perto de Marmande, punha-se nua como um bicho, corria pelos campos e ia deitar-se ao lado do cachorro num buraco de palheiro. A moralização do obsessor, por nosso intermédio, e os passes fluídicos feitos pelo marido, conforme as nossas instruções, em breve a libertaram. Toda a comuna de Samazan foi testemunha da insuficiência da medicina para curá-la, e da eficácia do meio simples empregado para reconduzi-la ao estado normal.

"A Sra. D.., de 22 anos, da comuna de Sainte-Marthe, não longe de Marmande, caía em crises extraordinárias e violentas; rugia, mordia, rolava, sentia golpes terríveis no estômago, desfalecia e às vezes ficava quatro ou cinco horas inconsciente; uma vez passou oito horas sem recobrar a lucidez. Em vão o Dr. T... lhe havia prestado cuidados. O marido, depois de correr para profissionais, sacerdotes da região reputados como curadores e exorcistas, de adivinhos – pois confessou havê-los consultado – dirigiu-se a nós, pedindo que nos ocupássemos de sua mulher se, como lhe haviam contado, estivesse em nós o poder de curá-la. Prometemos escrever-lhe, para indicar o que ele deveria fazer.

"Consultados, nossos guias disseram: Cessem qualquer tratamento médico, pois os remédios seriam inúteis; que o marido eleve sua alma a Deus, imponha as mãos sobre a fronte da esposa e lhe faça passes fluídicos com amor e confiança; que observe pontualmente as recomendações que lhe vamos fazer, seja qual for a contrariedade que ele possa experimentar (seguem as recomendações, absolutamente pessoais), e se ele se compenetrar da ideia que elas são necessárias e em proveito de sua pobre aflita, em breve terá sua recompensa.

"Também nos disseram que chamássemos e moralizássemos o Espírito obsessor, sob o nome de *Lucie Cédar*. Esse Espírito revelou a causa que o levava a atormentar a Sra. D... Essa causa se ligava precisamente às recomendações feitas o marido. Tendo-se conformado a tudo, ele teve a satisfação de ver sua mulher completamente livre no espaço de dez dias. Ele me disse: Levando em conta que os Espíritos se comunicam, não me admiro que vos tenham dito o que só era conhecido por mim, mas estou muito mais admirado que nenhum remédio tenha podido curar minha mulher. Se eu me tivesse dirigido a vós desde o começo, teria 150 francos no bolso, que aí já não estão, pois gastei em medicamentos.

"Aperto a vossa mão muito cordialmente."

DOMBRE

Estes casos de cura nada têm de mais extraordinários do que aqueles que temos citado, provindos do mesmo centro, mas eles provam, pela persistência do sucesso há vários anos, quanto se pode obter pela perseverança e pela dedicação, pois assim a assistência dos bons Espíritos jamais falta. Eles só abandonam os que deixam o bom caminho, o que é fácil de reconhecer pelo declínio do sucesso, ao passo que sustentam, até o último momento, mesmo contra os ataques da malevolência, aqueles cujo zelo, sinceridade, abnegação e humanidade são à prova das vicissitudes da vida. Eles elevam o que se humilha e humilham o que se eleva. Isto se aplica a todos os gêneros de mediunidade.

Nada desencorajou o Sr. Dombre. Ele lutou energicamente contra todos os entraves que lhe foram suscitados e deles triunfou; desprezou as injúrias e as ameaças dos nossos adversários comuns e os forçou ao silêncio por sua firmeza; não poupou seu tempo nem seu esforço ou sacrifícios materiais; jamais procurou prevalecer-se do que faz para adquirir relevo ou criar um degrau qualquer; seu desinteresse moral iguala o seu desinteresse material; se fica feliz por triunfar, é porque cada sucesso o é para a doutrina. Eis os títulos sérios em reconhecimento a todos os espíritas atuais e futuros, títulos aos quais há que associar os membros do grupo que o secundam com tanto zelo e abnegação, e cujos nomes lamentamos não podermos citar.

O fato mais característico assinalado na carta é o da interferência dos parentes e amigos dos doentes nas curas. É uma ideia nova, cuja importância não escapará a ninguém, porque sua propagação não pode deixar de ter resultados consideráveis. É a vulgarização anunciada da mediunidade curadora. Os espíritas notarão quanto os Espíritos são engenhosos nos meios tão variados que empregam para fazer penetrar a ideia nas massas. Como isto não aconteceria, se lhes abrimos incessantemente novos canais, e lhes damos os meios de bater em todas as portas?

Portanto, esta prática jamais seria demasiadamente encorajada. Contudo, há que não perder de vista que os resultados estarão na razão da boa direção dada à coisa pelos chefes dos grupos curadores e do impulso que souberem imprimir por sua energia, seu devotamento e seu próprio exemplo.

NOVA SOCIEDADE ESPÍRITA DE BORDÉUS

Desde junho de 1866, uma nova Sociedade Espírita, já numerosa, formou-se em Bordéus, em bases que atestam o zelo e a boa vontade de seus membros e uma perfeita interpretação dos verdadeiros princípios da Doutrina. Extraímos do relatório anual publicado pelo Presidente, algumas passagens que darão a conhecer o seu caráter.

Depois de haver falado das vicissitudes que o Espiritismo tem experimentado nessa cidade, circunstâncias que levaram à formação da nova sociedade e de sua organização que "permite àqueles de seus membros que sentem a sua força, desenvolver por palestras, no começo de cada sessão, os grandes princípios da Doutrina, princípios que muitos não combatem senão porque os não conhecem," acrescenta:

"São essas conversas que até aqui atraíram numerosos ouvintes estranhos à Sociedade. Certamente não tenho a pretensão de crer que todos os nossos ouvintes vêm à nossa casa para instruir-se. Sem dúvida muitos aqui vêm esperando pegar-nos em falta. É a sua tarefa. A nossa é espalhar o Espiritismo nas massas, e a experiência nos provou que o melhor meio, depois de posta em prática a sublime moral que dele decorre, e as comunicações dos Espíritos, é fazê-lo pela palavra.

"Desde que nos constituímos, temos duas sessões semanais. Essa dupla tarefa nos foi imposta pela necessidade de consagrar uma sessão particular (a de quinta-feira) aos Espíritos obsessores e ao tratamento das doenças que eles ocasionam, e reservar uma outra sessão (a de sábado) aos estudos científicos. Acrescentarei, para justificar nossas sessões de quinta-feira, que temos a felicidade de possuir entre nós um médium curador de faculdades bem desenvolvidas, conhecido por sua caridade, sua modéstia e seu desinteresse. Ele é tão conhecido fora quanto no seio de nossa sociedade, de sorte que os doentes não lhe faltam.

"Além disto, há em Bordéus muitos casos de obsessão, e uma sessão por semana especialmente consagrada à evocação e à moralização dos obsessores está longe de ser suficiente, porquanto o médium curador, acompanhado de um médium escrevente, de um evocador e eventualmente por alguns de nossos irmãos, vai ao domicílio dos doentes, a fim de fazer contacto com os obsessores e chegar mais facilmente ao resultado.

"Ao médium curador veio juntar-se um dos nossos irmãos, magnetizador de grande força e de um devotamento a toda prova que, também ajudado pelos bons Espíritos, auxilia o primeiro, de tal sorte que podemos dizer que a Sociedade possui dois médiuns curadores, embora em graus diferentes."

Segue o relato de várias curas, entre as quais citaremos a seguinte:

A senhorita A..., de doze anos, menina órfã, ao cargo de parentes muito pobres, nos foi apresentada num estado lamentável. Todo o seu corpo era presa de movimentos convulsivos; seu rosto incessantemente contraído fazia caretas horríveis; seus braços e pernas eram constantemente agitados, a ponto de gastar as roupas da cama no espaço de oito dias. Suas mãos, que não podiam segurar nenhum objeto, giravam incessantemente em torno dos punhos. Enfim, em consequência da doença, sua língua se havia tornado de uma espessura extrema, com o que se seguiu o mais completo mutismo.

À primeira vista compreendemos que aí havia uma obsessão, e tendo os nossos guias confirmado, agimos em consequência.

Na opinião de um médico que se achava *incógnito* em casa da doente enquanto lhe aplicávamos um tratamento fluídico, a doença devia traduzir-se, *em três dias,* na dança de São Guido e, considerando-se o estado de fraqueza em que se achava a doente, levá-la impiedosamente no máximo em oito dias.

Não detalharei aqui os inúmeros acidentes a que deu lugar esta cura. Não vos falarei dos obstáculos de toda sorte amontoados aos nossos passos, por influências contrárias que tivemos de superar. Direi apenas que dois meses após nossa entrevista com o médico, a menina falava como vós e eu, servia-se das mãos, ia à escola e estava perfeitamente curada.

Eis, acrescenta o Sr. Peyranne, os principais ensinamentos que obtivemos nas sessões consagradas aos Espíritos obsessores:

"Para agir eficazmente sobre um obsessor, é preciso que os que o moralizam e o combatem pelos fluidos, valham mais do que ele. Isto se compreende muito melhor quando nos damos conta que o poder dos fluidos está em relação direta com o adiantamento moral daquele que o emite. Um Espírito impuro chamado a uma reunião de homens morais aí não se sente à vontade; compreende a sua inferioridade, e se tentar enfrentar o evocador, como por vezes acontece, ficai persuadidos de que logo abandonará esse papel, sobretudo se as pessoas componentes do grupo onde ele se comunica se unem ao evocador pela vontade e pela fé.

"Creio que ainda não compreendemos bem tudo quanto podemos sobre os Espíritos impuros, ou melhor, que ainda não sabemos servir-nos dos tesouros que Deus nos pôs nas mãos.

"Sabemos ainda que uma descarga fluídica feita sobre um obsedado por vários espíritas, por meio da cadeia magnética, pode romper o laço fluídico que o liga ao obsessor e tornar-se para este último um remédio moral muito eficaz, provando-lhe a sua impotência.

"Sabemos igualmente que todo encarnado, animado pelo desejo de aliviar o seu semelhante, agindo com fé, pode, por meio de passes fluídicos, senão curar, pelo menos aliviar sensivelmente um doente.

"Termino com as sessões de quinta-feira fazendo notar que nenhum Espírito obsessor continuou rebelde. Todos aqueles de que nos ocupamos terminaram reconhecendo os seus erros, abandonaram as suas vítimas e entraram em melhor caminho."

A respeito das sessões de sábado, diz ele:

"Essas sessões são abertas, como bem sabeis, por uma palestra feita por um membro da Sociedade, sobre um assunto espírita, e terminadas por um ligeiro resumo feito pelo Presidente.

"Na palestra é deixada ao orador toda a liberdade de linguagem, desde que não saia do quadro traçado por nosso regulamento. Ele encara os diversos assuntos de que trata do seu ponto de vista pessoal; desenvolve-os como bem entende e tira as consequências que julga convenientes, mas nunca poderá com isso atribuir a responsabilidade à Sociedade.

"No fim da sessão, o Presidente resume os trabalhos, e se não estiver de acordo com o orador, contesta-o, fazendo notar ao auditório que, do mesmo modo que o primeiro, não empenha outra responsabilidade além da sua, deixando a cada um o uso do livre-arbítrio e o trabalho de julgar e decidir em sua consciência de que lado está a verdade ou, pelo menos, quem dela mais se aproxima, porque, para mim, a verdade é Deus. Quanto mais dele nos aproximarmos (o que não podemos fazer senão nos depurando e trabalhando pelo nosso progresso) mais próximos estaremos da verdade."

Chamamos ainda a atenção para o parágrafo seguinte:

"Embora tenhamos excelentes instrumentos para os nossos estudos, compreendemos que seu número se havia tornado insuficiente, sobretudo em face da extensão sempre crescente da Sociedade. A falta de médiuns muitas vezes veio trazer obstáculos à marcha regular dos nossos trabalhos, e compreendemos que era necessário, tanto quanto possível, desenvolver as faculdades latentes na organização de muitos de nossos irmãos. É por isto que acabamos de decidir que uma sessão especial de experiências mediúnicas seria feita aos domingos, às duas da tarde, em nossa sala de reuniões. Julguei que deveria para elas convidar não só nossos irmãos em crença, mas ainda os estranhos que quisessem tornar-se úteis. Essas sessões já deram resultados que ultrapassaram a nossa expectativa. Aí fazemos escrita, tiptologia e magnetismo. Várias faculdades muito diversas foram ali descobertas e dali saíram dois sonâmbulos que parecem ser muito lúcidos."

Não podemos senão aplaudir o programa da Sociedade de Bordéus e felicitá-la por seu devotamento e pela inteligente direção de seus trabalhos. Um dos nossos colegas, de passagem

212 | REVISTA ESPÍRITA

por aquela cidade, assistiu ultimamente a algumas sessões e trouxe a mais favorável impressão. Perseverando nesse caminho, ela só pode obter resultados cada vez mais satisfatórios, e jamais faltarão elementos para a sua atividade. A maneira pela qual procede para o tratamento das obsessões é ao mesmo tempo notável e instrutiva, e a melhor prova que essa maneira é boa, é que dá resultado. Nós voltaremos a isto ulteriormente, em artigo especial. Seria supérfluo pôr em destaque a utilidade das instruções verbais que ela designa sob o simples nome de palestras. Além da vantagem de exercitar no manejo da palavra, elas têm outra, não menor, de provocar um estudo mais completo e mais sério dos princípios da Doutrina; de facilitar a sua compreensão; de ressaltar a sua importância e de trazer, pela discussão, a luz sobre pontos controvertidos. É o primeiro passo para conferências regulares que não podem deixar de ter lugar mais cedo ou mais tarde e que, vulgarizando a doutrina, contribuirão poderosamente para modificar a opinião pública, falseada pela crítica malévola ou ignorante daquilo que ela é.

Refutar as objeções e discutir os sistemas divergentes são pontos essenciais que importa não negligenciar, e que podem fornecer matéria para instruções úteis. Não é apenas um meio de dissipar os erros que poderiam ser propagados, mas é fortalecer-se pessoalmente para as discussões particulares que se pode ter que sustentar. Nessas instruções orais, sem dúvida muitos serão assistidos pelos Espíritos, e daí não podem deixar de sair médiuns falantes. Aqueles que se contêm por medo de falar em público, devem lembrar-se que Jesus dizia aos seus apóstolos: "Não vos inquieteis com o que haveis de dizer; as palavras vos serão inspiradas no momento."

Um grupo de província, que podemos contar entre os mais sérios e mais bem dirigidos, introduziu essa sistemática em suas reuniões, que igualmente se realizam duas vezes por semana. É exclusivamente composto de oficiais de um regimento. Mas aí não é uma opção deixada a cada membro; é uma obrigação que lhes é imposta pelo regulamento, de falar cada um por sua vez. Em cada sessão o orador designado para a próxima reunião deve preparar-se para desenvolver e comentar um capítulo ou um ponto da doutrina. Disso resulta para eles uma aptidão maior para fazer a propagação e defender a causa, se necessário.

NECROLOGIA

O SR. QUINEMANT, DE SÉTIF

Escrevem-nos de Sétif, Argélia:
"Venho comunicar-vos a morte de um fervoroso adepto do Espiritismo, o Sr. Quinemant, falecido no sábado santo de 20 de abril de 1867. Foi o primeiro em Sétif que se ocupou do Espiritismo ao meu lado. Defendeu-o constantemente contra os seus detratores, sem se preocupar com seus ataques, nem com o ridículo. Era, ao mesmo tempo, um bom magnetizador e, por sua dedicação completamente desinteressada, prestou numerosos serviços a pessoas sofredoras.

"Ele estava doente desde novembro; tinha febre de dois em dois dias, e quando não a tinha, salivava constantemente. Comia e digeria bem, achava bom tudo quanto tomava e, a despeito disso, emagrecia a olhos vistos; homem de corpulência muito forte, seus membros chegaram à grossura dos de um menino. Extinguia-se lentamente e compreendia muito bem sua posição; tinha dito que queria morrer no dia em que morreu o Cristo. Conservou toda a sua lucidez de espírito e conversava como se não tivesse estado doente. Morreu quase sem sofrimentos, com a tranquilidade e a resignação de um espírita, dizendo à sua mulher que se consolasse, que se reencontrariam no mundo dos Espíritos. Contudo, em seus últimos momentos, pediu o cura, embora gostasse pouco dos padres em geral e tinha tido com esse vivas altercações acerca do Espiritismo.

"Vós me fareis um grande favor se o evocardes, caso possível. Não duvido que ele não sinta prazer em vir ao vosso chamado, e como era um homem esclarecido e de bom senso, penso que nos poderá dar úteis conselhos. Era sua opinião que o Espiritismo cresceria, malgrado todos os entraves que lhe suscitam. Tende a bondade de lhe perguntar, também, a causa de sua doença, que ninguém conhecia."

DUMAS

214 | REVISTA ESPÍRITA

Evocado inicialmente em particular, o Sr. Quinemant deu a seguinte comunicação, e no dia seguinte deu espontaneamente, na Sociedade, a que publicamos separadamente, sob o título de *O Magnetismo e o Espiritismo comparados.*

(Paris, 16 de maio de 1867 – Médium, Sr. Desliens)

"Apresso-me em vir ao vosso apelo, e com muita facilidade, porquanto desde o enterro de meus restos mortais, vim a todas as vossas reuniões. Eu tinha um grande desejo de apreciar o desenvolvimento da Doutrina no seu centro natural, e se não o fiz em vida do corpo, a causa única foram os meus negócios materiais. Agradeço vivamente ao amigo Dumas o pensamento benévolo que o levou a comunicar-vos a minha partida e a vos pedir a minha evocação. Ele não me podia dar maior prazer.

"Embora minha volta ao mundo dos Espíritos seja recente, estou suficientemente desprendido para me comunicar com facilidade. As ideias que eu possuía sobre o mundo invisível, minha crença nas comunicações e a leitura das obras espíritas me haviam preparado para ver sem espanto, mas não sem uma felicidade infinita, o espetáculo que me esperava. Estou feliz pela confirmação de meus mais íntimos pensamentos. Eu estava convencido, pelo raciocínio, do desenvolvimento ulterior e da importância da Doutrina dos Espíritos sobre as gerações futuras. Mas, ah! eu percebia numerosos obstáculos e imaginava uma época indefinidamente afastada para a predominância de nossas ideias, efeito de minha vista curta e dos limites determinados pela matéria à minha concepção do futuro. Hoje tenho mais convicção, tenho certeza. Ainda há pouco eu não via senão efeitos muito lentos para o alcance dos meus desejos; hoje vejo, toco a causa desses efeitos, e meus sentimentos se modificaram. Sim, ainda é preciso muito tempo para que nossa Terra seja uma Terra espírita, em toda a acepção da palavra, mas será preciso um tempo relativamente muito curto para trazer uma considerável modificação na maneira de ser dos indivíduos e das nacionalidades.

"Os ensinamentos que colhi entre vós, o desenvolvimento importante de certas faculdades, os conciliábulos espirituais aos quais me foi permitido assistir desde minha chegada aqui, me persuadiram que grandes acontecimentos estavam próximos, e que dentro de pouco tempo, numerosas forças latentes seriam postas em atividade, para alavancar a renovação geral. Por toda parte o fogo está sob as cinzas; se uma faísca saltar, e ela saltará, a conflagração tornar-se-á universal.

"Elementos espirituais atuais, triturados na imensa fornalha dos cataclismos físicos e morais que se preparam, os mais depurados seguem o movimento ascensional, e os outros, lançados fora com as mais grosseiras escórias, deverão sofrer ainda várias destilações sucessivas, antes de se juntarem aos seus irmãos mais adiantados. Ah! Eu compreendo, ante os acontecimentos que o futuro nos prepara, estas palavras do filho de Maria: Haverá choro e ranger de dentes. Agi, pois, meus amigos, de maneira a serdes convidados ao banquete da inteligência e não fazerdes parte dos que serão lançados nas trevas exteriores.

"Antes de morrer cedi a uma última fraqueza e obedeci a um preconceito; não que minha crença tivesse fraquejado ante o medo do desconhecido, mas para não me singularizar. Ora! Depois de tudo, a palavra de um homem que vos fala do futuro é boa para ouvir no momento da grande viagem; essa palavra é cercada de ensinamentos envelhecidos, de práticas desgastadas, eu sei disso, mas não deixa de ser a palavra de esperança e de consolação.

"Ah! Vejo com os olhos do Espírito, vejo um tempo em que o espírita, ao partir, será também cercado de irmãos que lhe falarão do futuro, de esperança de felicidade! Meu Deus, obrigado por me terdes permitido ver o clarão da verdade nos meus últimos instantes; obrigado por esse abrandamento de minhas provas. Se fiz algum bem, é a esta crença abençoada que o devo, porque foi ela que me deu a fé, o vigor material e a força moral necessários para curar; foi ela que me permitiu a lucidez de espírito até os meus últimos momentos; que me permitiu suportar sem murmurar a cruel doença que me levou.

"Perguntais qual foi a afecção à qual sucumbi. Ó, meu Deus, é muito simples. Não mais tendo as vísceras, nas quais se opera a assimilação dos elementos novos, a força necessária para agir, as moléculas gastas pela ação vital eram eliminadas sem que outras viessem substituí-las. Mas que importa a doença de que se morre, quando a morte é uma libertação? Obrigado ainda, caro amigo, pelo bom pensamento que vos levou a pedir a minha evocação. Dizei à minha mulher que estou feliz, que ela me encontrará o amado de sempre e que, esperando a sua

216 | REVISTA ESPÍRITA

volta, não cessarei de cercá-la de minha afeição e de ajudá-la com meus conselhos.

"Agora, algumas palavras para vós pessoalmente, meu caro Dumas. Fostes dos primeiros chamados a plantar a bandeira da doutrina neste país, e muito naturalmente encontrastes obstáculos e dificuldades. Se o vosso zelo não foi recompensado por tanto sucesso quanto esperáveis, e que o início parecia prometer, é que é preciso tempo para desarraigar os preconceitos e a rotina num meio inteiramente dado à vida material. É preciso já estar adiantado para assimilar prontamente novas ideias que mudam os hábitos. Lembrai-vos que o primeiro pioneiro que semeia é muito raramente o que colhe. Ele prepara o terreno para os que vêm depois. Fostes esse pioneiro, pois era a vossa missão. Foi uma honra e uma felicidade que tive a ventura de partilhar um pouco, e que apreciareis um dia, como posso fazê-lo hoje, porque vossos esforços serão levados em conta. Mas não creiais que nos tenhamos dado a um trabalho inútil; não, nenhuma das sementes que espalhamos está perdida; elas germinarão e frutificarão quando chegar o momento de desabrochar. A ideia está lançada e fará o seu caminho. Felicitai-vos por ter sido um dos obreiros escolhidos para esta obra. Tivestes dissabores e enganos: era a prova de vossa fé e de vossa perseverança, sem o que, onde estaria o mérito por cumprir uma missão se encontrássemos apenas rosas pelo caminho?

"Assim, não vos deixeis abater pelas decepções; sobretudo não cedais ao desencorajamento, e lembrai-vos destas palavras do Cristo: "Bem-aventurados os que perseveram até o fim" e desta outra: "Bem-aventurados os que sofrerem por meu nome." Perseverai, pois, caro amigo. Prossegui na vossa obra e pensai que os frutos que colhemos para o mundo onde estou agora valem mais do que aqueles que colhemos na Terra, onde os deixamos ao partir.

"Dizei, peço-vos, a todos os que me testemunharam afeição e me guardam um bom lugar em sua lembrança, que não os esqueço e que estou sempre em seu meio. Dizei aos que ainda repelem as nossas crenças que quando estiverem onde estou, eles reconhecerão que era a verdade, e que lamentarão amargamente tê-la desconhecido, porque lhes será preciso recomeçar penosas provações. Dizei aos que me fizeram mal que eu os perdoo e que peço a Deus que os perdoe.

"Aquele que vos será sempre devotado,"

E. QUINEMANT

O CONDE DE OURCHES

O Sr. Conde de Ourches foi um dos primeiros que em Paris se ocuparam das manifestações espíritas, desde o momento em que chegaram as notícias das que haviam ocorrido na América. Pelo crédito que lhe davam sua posição social, sua fortuna, suas relações de família e acima de tudo a lealdade e a honorabilidade de seu caráter, ele contribuiu poderosamente para a sua vulgarização. No tempo da voga das mesas girantes, seu nome tinha adquirido uma grande notoriedade e uma certa autoridade no mundo dos adeptos. Tem ele, pois, seu lugar nos anais do Espiritismo. Apaixonado pelas manifestações físicas, a elas dedicava uma confiança ingênua, um pouco enceguecida e da qual por vezes abusaram, pela facilidade com que elas se prestam à imitação. Exclusivamente dedicado a esse gênero de manifestações apenas do ponto de vista do fenômeno, não acompanhou o Espiritismo na sua nova fase científica e filosófica, pela qual tinha pouca simpatia, e ficou alheio ao grande movimento que se operou nos últimos dez anos.

Morreu a 5 de maio de 1867, aos 80 anos. O *Indépendence Belge* publicou sobre ele um longo e interessantíssimo artigo biográfico, assinado por Henry de Pène, que foi reproduzido na *Gazette des Étrangers* de Paris (Rua Seribe, 5) de quinta-feira, 23 de maio. Ali é feita plena justiça às suas eminentes qualidades, e a sua crença nos Espíritos aí é julgada com uma moderação à qual o primeiro destes jornais não nos havia habituado. O artigo termina assim:

"Tudo isto, bem sei, fará dar de ombros um certo número de espíritos positivos que dizem: 'Ele é louco!' com toda a inteligência que nalguns casos eles não têm. É fácil dizer que ele é louco.

O Conde de Ourches era um homem superior que se havia proposto o objetivo de ultrapassar os seus semelhantes, unindo as luzes positivas da Ciência aos lampejos e às visões do sobrenatural."

DISSERTAÇÕES ESPÍRITAS

O MAGNETISMO E O ESPIRITISMO COMPARADOS

(Sociedade de Paris, 12 de maio de 1867 - Médium, Sr. Desliens)

"Ocupei-me em vida da prática do magnetismo do ponto de vista exclusivamente material. Ao menos assim o cria. Hoje sei que a elevação voluntária ou involuntária da alma que faz desejar a cura do doente é uma verdadeira magnetização espiritual.

"A cura se deve a causas excessivamente variáveis: Tal moléstia, tratada de tal maneira, cede ante a força de ação material; tal outra, que é idêntica, mas menos acentuada, não experimenta qualquer melhora, embora os meios curativos empregados talvez sejam ainda mais poderosos. A que se devem, então, essas variações de influências? – A uma causa ignorada pela maioria dos magnetizadores, que não investem senão nos princípios mórbidos materiais; elas são consequência da situação moral do indivíduo.

"A doença material é um efeito. Para destruí-lo não basta atacá-lo, agarrá-lo corpo a corpo e o aniquilar. Persistindo a causa, ela produzirá novos efeitos mórbidos quando estiver afastada a ação curativa.

"O fluido transmissor da saúde no magnetismo é um intermediário entre a matéria e a parte espiritual do ser, e que poderia comparar-se ao perispírito. Ele une dois corpos um ao outro; é um ponto sobre o qual passam os elementos que devem trazer a cura nos órgãos doentes. Sendo um intermediário entre o Espírito e a matéria, em consequência de sua composição molecular, esse fluido pode transmitir tão bem uma influência espiritual quanto uma influência puramente animal.

"O que é, efetivamente, o Espiritismo, ou melhor, o que é a mediunidade, essa faculdade até aqui incompreendida, cuja extensão considerável estabeleceu sobre bases incontestáveis os princípios fundamentais da nova revelação? É pura e simplesmente uma variedade da ação magnética exercida por um ou vários magnetizadores *desencarnados,* sobre um paciente humano, agindo no estado de vigília ou no estado extático, consciente ou inconscientemente.

"Existe, enfim, uma terceira variedade do magnetismo ou do Espiritismo, conforme se toma como ponto de partida a ação dos encarnados sobre os encarnados, ou a dos Espíritos relativamente livres sobre Espíritos aprisionados num corpo; esta terceira variedade, que tem por princípio a ação dos encarnados sobre os Espíritos, revela-se no tratamento e na moralização dos Espíritos obsessores.

"O Espiritismo não é, pois, senão o magnetismo espiritual, e o magnetismo não é outra coisa senão o Espiritismo humano.

"Com efeito, como procede o magnetizador que quer submeter à sua influência um sensitivo sonambúlico? Ele envolve-o em seu fluido; ele o possui numa certa medida e, notai-o, sem jamais conseguir aniquilar seu livre-arbítrio, sem poder transformá-lo em coisa sua, um instrumento passivo. Muitas vezes o magnetizado resiste à influência do magnetizador, e age num sentido quando este desejaria que a ação fosse diametralmente oposta. Embora, geralmente, o sonâmbulo esteja adormecido, e que o seu próprio Espírito aja enquanto o seu corpo fica mais ou menos inerte, também acontece, embora mais raramente, que o sensitivo simplesmente fascinado, iluminado, fique em vigília, embora com maior tensão de espírito e uma inusitada exaltação de suas faculdades.

"E agora, como procede o Espírito que deseja comunicar-se? Envolve o médium com o seu fluido; possui-o em certa medida, sem jamais dele fazer uma coisa, um instrumento puramente passivo. Objetar-me-eis, talvez, que nos casos de obsessão, de possessão, o aniquilamento do livre-arbítrio parece ser completo. Haveria muito a dizer sobre esta questão, porque a ação aniquiladora se faz mais sobre as forças vitais materiais do que sobre o Espírito, que pode achar-se paralisado, dominado e impotente para resistir, mas cujo pensamento jamais é aniquilado, como foi possível constatar em muitas ocasiões.

Mesmo no caso da obsessão, encontro uma confirmação, uma prova em apoio à minha teoria, lembrando que a obsessão se exerce também *de encarnado a encarnado,* e que temos visto magnetizadores aproveitando o domínio que exerciam, para levar seus sonâmbulos a cometerem ações censuráveis. Aqui, como sempre, a exceção confirma a regra.

Embora geralmente o sensitivo mediúnico esteja desperto, em certos casos, que se tornam cada vez mais frequentes, o sonambulismo espontâneo se declara no médium, e este fala por si mesmo, ou por sugestão, absolutamente como o sonâmbulo magnético se conduz nas mesmas circunstâncias.

"Enfim, como procedeis relativamente aos Espíritos obsessores ou simplesmente inferiores que desejais moralizar? Agis sobre eles por atração fluídica; vós os magnetizais, as mais das vezes inconscientemente, para retê-los em vosso círculo de ação, e algumas vezes conscientemente, quando estabeleceis em torno deles uma toalha fluídica que eles não podem penetrar sem vossa permissão, e agis sobre eles pela força moral, que não é outra coisa senão uma ação magnética quintessenciada.

"Como vos foi dito muitas vezes, não há lacunas na obra da Natureza, nem saltos bruscos, mas transições insensíveis que fazem com que passemos pouco a pouco de um para o outro estado, sem nos apercebermos da mudança, a não ser pela consciência de uma situação melhor.

"O magnetismo é, pois, um grau inferior do Espiritismo, e que insensivelmente se confunde com este último, por uma série de variedades, pouco diferentes uma da outra, como o animal é um estado superior da planta etc. Num caso como no outro, são dois degraus da escada infinita que liga todas as criações, desde o ínfimo átomo até Deus criador! Acima de vós está a luz ofuscante, que vossos fracos olhos ainda não podem suportar; abaixo estão as trevas profundas que os vossos mais poderosos instrumentos de óptica ainda não puderam iluminar. Ontem nada sabíeis; hoje vedes o abismo profundo no qual se perde a vossa origem. Pressentis o objetivo infinitamente perfeito para o qual tendem todas as vossas aspirações. A quem deveis todos esses conhecimentos? Ao magnetismo! Ao Espiritismo! A todas as revelações que decorrem de uma lei de relação universal entre todos os seres e seu criador! A uma ciência surgida ontem por vossa concepção, mas cuja existência se perde na noite dos tempos porque é uma das bases fundamentais da criação.

"De tudo isto concluo que o magnetismo, desenvolvido pelo Espiritismo, é a chave mestra da saúde moral e material da Humanidade futura."

E. QUINEMANT

OBSERVAÇÃO: A justeza das apreciações e a profundeza do novo ponto de vista que encerra esta comunicação, a ninguém escapam. Embora desencarnado há bem pouco tempo, o Sr. Quinemant se revela, logo de saída, e sem a menor hesitação, como um Espírito de incontestável superioridade. Tão logo desprendido da matéria, que não parece haver deixado sobre ele qualquer traço, ele desdobra suas faculdades com uma força notável que promete aos seus irmãos da Terra mais um bom conselheiro.

Os que pretendiam que o Espiritismo se arrastava a par dos lugares-comuns e das banalidades, podem ver, pelas questões que ele aborda há algum tempo, se ele fica estacionário; e o verão ainda melhor à medida que lhes for permitido desenvolver as suas consequências. Entretanto, a bem dizer, ele não ensina nada de novo. Se estudados cuidadosamente os seus princípios constitutivos fundamentais, veremos que eles encerram o germe de tudo. Mas esses germes só se podem desenvolver gradativamente; se nem todos florescem ao mesmo tempo, é que a extensão do círculo de suas atribuições não depende *da vontade dos homens,* mas da vontade dos Espíritos, que regulam o grau de seus ensinamentos de acordo com a oportunidade. É em vão que os homens gostariam de antecipar-se sobre o tempo, pois eles não podem constranger a vontade dos Espíritos que agem conforme as inspirações superiores, e não se deixam levar pela impaciência dos encarnados. Se necessário, eles sabem *tornar estéril essa impaciência.* Assim, deixai-os agir. Fortifiquemo-nos no que eles ensinam, e estejamos certos de que eles saberão, em tempo útil, fazer com que o Espiritismo dê o que ele tem a dar.

BIBLIOGRAFIA

UNIÃO ESPÍRITA DE BORDÉUS

O último número de *l'Union,* que agora nos chega, e que completa o seu segundo ano, traz o seguinte aviso:

"Absorvido pelo trabalho material que nos impõe a necessidade de prover às nossas exigências e às da família, que temos a tarefa de educar, não nos foi possível editar com regularidade os últimos números de *l'Union Spirite.* Não o ocultaremos, em face desta tarefa ao mesmo tempo tão penosa e tão ingrata que nos impusemos, que nos perguntamos a nós mesmos se não deveríamos parar no caminho e deixar a outros, mais favorecidos pela fortuna do que nós, o cuidado de continuar a obra que havíamos empreendido com tanto ardor quanta convicção e fé. Mas, cedendo às instâncias de muitos dos nossos leitores, que pensam que o *Union Spirite* não só tem sua razão de ser, mas já prestou, e está chamado a prestar, em futuro provavelmente muito próximo, grandes serviços ao Espiritismo, resolvemos continuar em frente e continuar enfrentando as dificuldades de toda sorte que se amontoam sob nossos passos. Apenas, a fim de nos tornar possível semelhante tarefa, e para evitar a irregularidade da qual infelizmente até aqui tantas vezes temos sido vítima, fomos obrigados a introduzir grandes modificações em nosso modo de publicação.

"A *Union Spirite,* que em junho próximo começará seu terceiro ano, aparecerá de agora em diante apenas uma vez por mês, em caderno de 32 páginas, grande in-8º O preço da assinatura será fixado em 10 francos por ano.

"Esperamos que os assinantes queiram aceitar estas condições, que são, aliás, as da *Revista Espírita* de Allan Kardec, e de quase todas as publicações ou revistas filosóficas de Paris e que, enviando o mais cedo possível a sua adesão, nos tornem tão fácil quanto possível a realização da obra, para a qual, há mais de quatro anos, temos feito tão grandes sacrifícios.

A. BEZ

Somos dos que consideram esse jornal como tendo sua razão de ser e sua utilidade; pelo espírito no qual é regido, pode e deve prestar incontestáveis serviços à causa do Espiritismo. Felicitamos o Sr. Bez por sua perseverança, malgrado as dificuldades materiais que encontra em sua posição. Em nossa opinião, ele tomou uma decisão muito inteligente, fazendo-o aparecer apenas uma vez por mês, mas lhe dando a mesma quantidade de matéria. Não se pode imaginar o tempo e a despesa que acarretam publicações que aparecem várias vezes por mês, quando se é obrigado a bastar-se só, ou quase só. É absolutamente necessário não ter outra coisa a fazer, e renunciar a qualquer outra ocupação. Aparecendo a 15 de cada mês, por exemplo, alternará com a nossa *Revista.* Desta maneira, os que quisessem que esta aparecesse mais vezes, o que é impossível, aí encontrarão o complemento do que desejam e não ficarão privados tanto tempo da leitura de assuntos pelos quais se interessam. Fazemos um apelo ao seu concurso, para sustentar essa publicação.

PROGRESSO ESPIRITUALISTA

Novo jornal que aparece duas vezes por mês, desde 15 de abril, no formato do antigo *Avenir,* ao qual anuncia suceder. O *Avenir* se tinha feito o representante de ideias às quais não podemos dar a nossa adesão. Não é uma razão para que tais ideias não tenham o seu órgão, a fim de que cada um possa apreciá-las e que se possa avaliar seu valor pela simpatia que encontram na maioria dos espíritas e sua concordância com o ensinamento de generalidade dos Espíritos. Não adotando, o Espiritismo, senão os princípios consagrados pela universalidade do ensinamento, sancionado pela razão e pela lógica, sempre marchou e marchará sempre com a maioria. É o que constitui a sua força. Não há, pois, nada a temer das ideias divergentes. Se elas forem justas, prevalecerão e serão adotadas; se falsas, cairão.

Ainda não podemos apreciar a linha que seguirá, a esse respeito, o novo jornal. Em todo caso, julgamos um dever assinalar o seu aparecimento aos nossos leitores, para que possam julgá-lo por si mesmos. Ficaremos felizes por encontrar nele

um novo campeão sério de sua doutrina e, neste caso, desejamos-lhe grande sucesso.
Redação: Rua *de la Victoire*, 34. – Preço: 10 francos por ano.

PESQUISAS SOBRE A CAUSA DO ATEÍSMO

Em resposta à brochura de Monsenhor Dupanloup, por uma Católica. Brochura in-8º, nos Srs. Didier et Compagnie, Quai des Augustins, 35 e no escritório da *Revista Espírita*. – Preço: 1,25 francos; pelo correio: l,45 francos.

A autora deste notável escrito, embora sinceramente ligada às crenças católicas, propôs-se demonstrar a Monsenhor Dupanloup quais as verdadeiras causas da chaga do ateísmo e da incredulidade que invade a Sociedade; segundo ela, interpretações hoje inadmissíveis e inconciliáveis com os dados positivos da Ciência. Ela prova que em muitos pontos a Igreja afastou-se do sentido real das Escrituras e do pensamento dos escritores sacros; que a religião não pode senão ganhar com uma interpretação mais racional que, sem tocar nos princípios fundamentais dos dogmas, se conciliasse com a razão; que o Espiritismo, fundado sobre as próprias leis da Natureza, é a única chave possível para uma interpretação sadia, e, por isto mesmo, o mais poderoso remédio contra o ateísmo. Tudo isto é dito simplesmente, friamente, sem ênfase nem exaltação, e com uma lógica serrada. Este escrito é um complemento de *La Foi et la Raison*, de M. J. B., e dos *Dogmes de l'Église du Christ expliqués d'après le Spiritisme*, pelo Sr. Bottinn.

Conquanto mulher, a autora dá provas de grande erudição teológica; cita e comenta com notável justeza os escritores sacros de todos os tempos, e com quase tanta facilidade quanto o Sr. Flammarion cita os autores científicos. Vê-se que lhe são familiares, o que nos leva a dizer que provavelmente não está debutando nessas matérias, e que deve ter sido algum eminente teólogo em sua precedente existência. Sem partilhar de todas as suas ideias, dizemos que, do ponto de vista em que se colocou, ela não podia falar melhor nem de outro modo, e que fez uma coisa útil para a época em que estamos.

O ROMANCE DO FUTURO

POR E. BONNEMÈRE

Um volume in-12. Livraria internacional, Boulevard Montmartre, 15. – Preço: 3 francos; pelo correio: 3,30 francos.

Por falta de espaço adiamos para o próximo número a apreciação desta importante obra, que recomendamos à atenção dos nossos leitores, como muito interessante para o Espiritismo.

ALLAN KARDEC

REVISTA ESPÍRITA

JORNAL DE ESTUDOS PSICOLÓGICOS

ANO X	JULHO DE 1867	VOL. 7

CURTA EXCURSÃO ESPÍRITA

A Sociedade de Bordéus, reconstituída, como dissemos no último número, reuniu-se este ano, como no ano passado, num banquete no dia de Pentecostes. Banquete simples, digamo-lo logo, como convém em semelhante circunstância, e para pessoas cujo objetivo principal é encontrar uma ocasião para se reunir e estreitar os laços de confraternidade, porquanto a pesquisa e o luxo aí seriam uma insensatez. Malgrado as ocupações que nos retinham em Paris, foi-nos possível atender ao gentil e instante convite que nos foi feito para nele tomar parte. O do ano passado, que era o primeiro, só havia reunido uns trinta convivas; no deste ano havia quatro vezes mais, dos quais alguns vindos de grande distância. Toulouse, Marmande, Villeneuve, Libourne, Niort, Blaye e até Carcassonne, que fica a 80 léguas, aí tinham seus representantes. Todas as classes da Sociedade aí estavam confundidas numa comunidade de sentimentos; aí se encontravam o artífice, o agricultor ao lado do burguês, do negociante, do médico, dos funcionários, dos advogados, dos homens de ciência et alii.

Seria supérfluo acrescentar que tudo se passou como devia ter se passado entre gente que tem por divisa: "Fora da caridade não há salvação," e que professa a tolerância por todas as opiniões e todas as convicções. Assim, nas oportunas alocuções que foram pronunciadas, nem uma palavra foi dita que pudesse ferir a mais sombria suscetibilidade. Se os nossos maiores adversários estivessem presentes, não teriam uma palavra ou uma alusão à sua atitude.

A autoridade se havia mostrado plena de benevolência e de cortesia em relação a essa reunião, pelo que lhe devemos agradecer. Ignoramos se ela aí estava representada de maneira oculta, mas certamente pôde convencer-se, como sempre, que as doutrinas professadas pelos espíritas, longe de ser subversivas, são uma garantia de paz e de tranquilidade; que a ordem pública nada tem a temer de gente cujos princípios são os do respeito às leis, e que em nenhuma circunstância cedeu às sugestões dos agentes provocadores que procuravam comprometê-la. Eles sempre foram vistos retirando-se e abstendo-se de toda manifestação ostensiva, todas as vezes que temeram ser tomados como um motivo de escândalo.

É fraqueza de sua parte? Certamente não; ao contrário, é a consciência da força de seus princípios que os torna calmos, e a certeza que eles têm da inutilidade dos esforços empreendidos para abafá-los; quando se abstêm não é para pôr-se em segurança, mas para evitar o que poderia refletir sobre a sua doutrina. Eles sabem que ela não necessita de demonstrações exteriores para triunfar. Eles veem suas ideias germinarem por toda parte e propagar-se com uma força irresistível. Por que precisariam fazer barulho? Deixam essa necessidade aos seus antagonistas que, por seus clamores, ajudam na propagação. As próprias perseguições são o batismo necessário de todas as ideias novas um pouco grandes. Em vez de prejudicá-las, dão-lhes brilho. Mede-se a sua importância pelo encarniçamento com que a combatem. As ideias que não se aclimatam senão à força de reclames e de exibições têm apenas uma vitalidade factícia e de curta duração; as que se propagam por si mesmas e pela força das coisas têm vida em si, e são as únicas duráveis. É o caso em que se encontra o Espiritismo.

A festa terminou por uma coleta em benefício dos infelizes, sem distinção de crenças, e com uma precaução cuja sabedoria só merece elogios. Para deixar toda liberdade, não humilhar ninguém e não estimular a vaidade daqueles que dariam mais que os outros, as coisas foram dispostas de maneira a que ninguém, nem mesmo os coletores, soubessem quanto cada um havia dado. A receita foi de 85 francos, e encarregados foram designados imediatamente para fazer a sua aplicação.

Malgrado nossa curta demora em Bordéus, pudemos assistir a duas sessões na Sociedade: uma consagrada ao tratamento de doentes e outra a estudos filosóficos. Assim pudemos constatar por nós mesmo os bons resultados que sempre são o fruto da

228 | REVISTA ESPÍRITA

perseverança e da boa vontade. Pelo relato que publicamos em nosso número precedente sobre a Sociedade Bordelesa, podemos, com conhecimento de causa, acrescentar nossas felicitações pessoais. Mas ela não deve dissimular que quanto mais prosperar, mais estará exposta aos ataques de nossos adversários. Que ela desconfie sempre das manobras surdas que contra ela poderiam ser urdidas e dos pomos de discórdia que, sob a aparência de um zelo exagerado, poderiam lançar em seu seio.

Sendo limitado o tempo de nossa ausência de Paris, pela obrigação de aí estar de volta em dia fixo, não pudemos, para nosso grande pesar, ir aos diversos centros que nos convidaram. Não pudemos parar senão alguns instantes em Tours e Orléans, que estavam em nosso caminho. Também aí pudemos constatar o ascendente que adquire a doutrina dia a dia na opinião pública, e seus felizes resultados que, a despeito de serem ainda individuais, não são menos satisfatórios.

Em Tours, a reunião devia ter cerca de cento e cinquenta pessoas, tanto da cidade quanto das cercanias, mas em consequência da precipitação com que foi organizada a convocação, só dois terços puderam comparecer. Uma circunstância imprevista não tendo permitido aproveitar a sala que fora escolhida, reunimo-nos, em noite magnífica, no jardim de um dos membros da Sociedade. Em Orléans, os espíritas são menos numerosos, mas nem por isso esse centro deixa de ter bom número de adeptos sinceros e devotados, cujas mãos tivemos o prazer de apertar.

Um fato constante e característico, e que devemos considerar como um grande progresso, é a diminuição gradativa e mais ou menos geral das prevenções contra as ideias espíritas, mesmo entre os que delas não compartilham. Agora se reconhece a cada um o direito de ser espírita, como o de ser judeu ou protestante. Já é alguma coisa. As localidades onde, como em Illiers, no departamento de Eure-et-Loir, estimulam os garotos a corrê-los a pedradas, são exceções cada vez mais raras.

Um outro sinal de progresso não menos característico é a pouca importância que, por toda parte, os adeptos, mesmo nas classes menos esclarecidas, ligam aos fatos de manifestações extraordinárias. Se efeitos desse gênero se produzem

JULHO 1867 | 229

espontaneamente, constatam-nos, mas não se comovem, não os procuram e, ainda menos, tratam de provocá-los. Apegam-se pouco àquilo que apenas satisfaz aos olhos e à curiosidade; o objetivo sério da doutrina; suas consequências morais; os recursos que ela pode oferecer para alívio do sofrimento; a felicidade de reencontrar parentes ou amigos que se perdeu, conversar com eles, escutar conselhos que vêm dar, constituem o objetivo exclusivo e preferido das reuniões espíritas. Mesmo no campo e entre os artífices, um poderoso médium de efeitos físicos seria menos apreciado que um bom médium escrevente que desse, por comunicações raciocinadas, o consolo e a esperança. O que se busca na doutrina é, antes de tudo, o que toca o coração. É uma coisa notável a faculdade com que mesmo as pessoas mais iletradas[1] compreendem e assimilam os princípios desta filosofia. É porque não é necessário ser sábio para ter sentimento e raciocínio. Ah! dizem eles, se sempre nos tivessem falado assim, jamais teríamos duvidado de Deus e de sua bondade, mesmo nas maiores misérias.

Sem dúvida, crer é alguma coisa, porque já é um pé no bom caminho, mas a crença sem a prática é letra morta; ora, sentimo-nos feliz em dizer que, em nossa curta excursão, entre numerosos exemplos de efeitos moralizadores da doutrina, encontramos bom número desses espíritas de coração que poderíamos dizer completos se fosse dado ao homem ser completo no que quer que fosse, e que podem ser olhados como os tipos da geração futura transformada; há representantes de ambos os sexos, de todas as idades e condições, desde a juventude até o limite extremo da idade, que a partir desta vida compreendem as promessas que nos são feitas para o futuro. Eles são fáceis de reconhecer; há em todo o seu ser um reflexo de franqueza e de sinceridade que a confiança impõe; desde logo sente-se que não há nenhuma segunda intenção dissimulada sob palavras douradas e cumprimentos hipócritas. Em torno deles, e mesmo nas classes menos favorecidas, sabem fazer reinar a calma e o contentamento. Nessas abençoadas regiões interioranas respira-se uma atmosfera serena que nos reconcilia com a Humanidade, e compreendemos o reino de Deus sobre a Terra. Felizes os que sabem gozá-lo por antecipação! Em

---

[1] No original constou *ilustres*, falha corrigida através de *erratum* inserido na última página da Revista Espírita de janeiro de 1868. (Nota do revisor Boschiroli)

nossas excursões espíritas, o que mais nos satisfaz não é o número dos crentes que contamos. O que mais nos satisfaz são esses adeptos que são a honra da doutrina e que são, ao mesmo tempo, os mais firmes esteios, porque fazem-na estimada e respeitada por eles mesmos.

Vendo o número de felizes que faz o Espiritismo, esquecemos facilmente as fadigas inseparáveis de nossa tarefa. Eis uma satisfação, um resultado positivo que a malevolência mais encarniçada não nos pode roubar. Poderiam tirar-nos a vida, os bens materiais, mas jamais a felicidade de ter contribuído para reconduzir a paz a corações ulcerados. Para quem quer que sonde os motivos secretos que fazem certos homens agirem, há lama que suja as mãos dos que a atiram e não aqueles em quem é lançada.

Que todos os que nos deram, nessa última viagem, tão tocantes testemunhos de simpatia, recebam aqui nossos mui sinceros agradecimentos e estejam certos de que receberão sua retribuição na mesma moeda.

A LEI E OS MÉDIUNS CURADORES

Sob o título de *Um Mistério*, vários jornais de maio último relataram o seguinte fato:

"Duas senhoras do bairro de Saint-Germain apresentaram-se, num destes últimos dias, ao comissário de seu quarteirão, e denunciaram um tal de P..., que segundo elas tinha abusado de sua confiança e de sua credulidade, afirmando que as curaria de moléstias contra as quais seus cuidados tinham sido impotentes.

"Tendo aberto um inquérito a respeito, o magistrado soube que P... passava por hábil médico, cuja clientela aumentava diariamente, e que fazia curas extraordinárias.

"Conforme suas respostas às perguntas do comissário, P... parece convencido de que é dotado de uma faculdade sobrenatural, que lhe dá o poder de curar apenas pela aposição das mãos sobre os órgãos doentes.

JULHO 1867 | 231

"Durante vinte anos ele foi cozinheiro; era mesmo citado como um dos mais hábeis no seu ofício, que abandonou há um ano para consagrar-se à arte de curar.

"Se lhe quisermos dar crédito, ele teria tido várias visões e aparições misteriosas, nas quais um enviado de Deus lhe teria revelado que tinha que cumprir na Terra uma missão de humanidade à qual não devia faltar, sob pena de ser danado. Obedecendo, disse ele, a essa ordem vinda do céu, o antigo cozinheiro instalou-se num apartamento da Rua Saint-Placide, e os doentes não tardaram em sobejar em suas consultas.

"Ele não receita medicamentos; examina o paciente que deve tratar quando está em jejum, apalpa-o, procura e descobre a sede do mal, sobre a qual aplica as mãos dispostas em cruz, pronuncia algumas palavras que são, diz ele, o seu segredo; depois, à sua prece, vem um Espírito invisível e arranca o mal.

"Certamente P... é um louco, mas o que há de extraordinário, de inexplicável, é que ele provou, conforme consta o inquérito, que, por esse processo singular, curou mais de quarenta pessoas afetadas de doenças graves.

"Várias lhe testemunharam seu reconhecimento por donativos em dinheiro; uma senhora idosa, proprietária nas proximidades de Fontainebleau, por um testamento encontrado em casa dele, onde foi feita uma busca, o fez seu herdeiro de uma soma de 40.000 francos.

"P... foi mantido em detenção, e seu processo, que sem dúvida não tardará na polícia correcional, promete ser curioso."

Não somos apologista nem detrator do Sr. P..., a quem não conhecemos. Está ele em boas ou más condições? É sincero ou charlatão? Ignoramo-lo. É o futuro que o provará; não tomamos posição nem pró nem contra ele. Mencionamos o fato tal qual é relatado, porque vem juntar-se à ideia de todos os que acreditam na existência de uma dessas faculdades estranhas que confundem a Ciência e os que nada querem admitir fora do mundo visível e tangível. De tanto ouvir falar nisto e ver os fatos se multiplicando, somos forçados a convir que há qualquer coisa, e pouco a pouco fazemos a distinção entre a verdade e a charlatanice.

No relato acima, sem dúvida notaram esta curiosa passagem, e a contradição não menos curiosa que ela encerra:

"Certamente P... é um louco, mas o que há de extraordinário, de inexplicável, é que ele provou, conforme consta o

232 | REVISTA ESPÍRITA

inquérito, que, por esse processo singular, curou mais de quarenta pessoas afetadas de doenças graves."

Assim, o inquérito *constata* as curas; mas, porque o meio que ele emprega é inexplicável e não é reconhecido pela Faculdade, *certamente* ele é um louco. Assim sendo, o abade Príncipe de Hohenlohe, cujas curas maravilhosas descrevemos na *Revista* de dezembro de 1866, era um louco; o venerável cura d'Ars, que, também ele, fazia curas por singulares processos, era um louco; e tantos outros. O Cristo, que curava sem diploma e não empregava medicamentos, era louco, e teria pago muitas multas em nossos dias. Loucos ou não, quando há cura, muitas pessoas preferem ser curadas por um louco do que enterradas por um homem de bom senso.

Com um diploma, todas as excentricidades médicas são permitidas. Um médico, cujo nome esquecemos, mas que ganha muito dinheiro, emprega um processo não menos bizarro: Com um pincel, ele pinta na cara de seus doentes pequenos losangos vermelhos, verdes, amarelos, azuis em torno dos olhos, do nariz e da boca, em quantidade proporcional à natureza da doença. Sobre que dado científico é baseado esse gênero de medicação? Uma troça de mau gosto de um redator pretendeu que, para poupar enormes gastos de publicidade, esse médico fazia que os doentes a levassem de graça, no rosto. Vendo nas ruas esses rostos tatuados, naturalmente pergunta-se de que se trata. E os doentes respondem: É o processo do célebre doutor fulano. Mas ele é médico; se seu processo é bom, mau ou insignificante, não vem ao caso; tudo lhe é permitido, mesmo ser charlatão; ele está autorizado pela Faculdade. Se um indivíduo não diplomado quiser imitá-lo, será perseguido por gatunice.

Eles gritam contra a credulidade do público em relação aos charlatães; admiram-se da influência exercida pelo primeiro que surge anunciando um novo método de curar, pelos sonâmbulos, algebristas e outros; da predileção pelos remédios das comadres, e se prendem à inépcia da espécie humana! A verdadeira causa se deve à vontade muito natural que têm os doentes de se curar, e ao insucesso da Medicina em grandíssimo número de casos. Se os médicos curassem com mais frequência e mais segurança, não se iria alhures. Acontece mesmo quase sempre que não se recorre a meios excepcionais senão depois de haver esgotado inutilmente os recursos oficiais. Ora, o doente que quer ser curado a qualquer preço, pouco se inquieta que seja segundo a regra ou contra a regra.

Não repetiremos aqui o que hoje está claramente demonstrado quanto às causas de certas curas, inexplicáveis apenas para os que não se querem dar ao trabalho de remontar à fonte do fenômeno. Se se dá a cura, é um fato, e esse fato tem uma causa. Será mais racional negá-la do que procurá-la? – Dirão que é o acaso; o doente foi curado por si só. – Seja, mas então o médico que o declarou incurável dava prova de grande ignorância. E depois, se há vinte, quarenta, cem curas semelhantes, é sempre o acaso? Convenhamos que seria um acaso singularmente perseverante e inteligente, ao qual poderia dar-se o nome de *doutor Acaso*.

Examinaremos a questão de um ponto de vista mais sério.

As pessoas não diplomadas que tratam os doentes pelo magnetismo; pela água magnetizada, que não é senão uma dissolução do fluido magnético; pela imposição das mãos, que é uma magnetização instantânea e poderosa; pela prece, que é uma magnetização mental; com o concurso dos Espíritos, o que é ainda uma variedade de magnetização, são passíveis da lei contra o exercício ilegal da Medicina?

Os termos da lei certamente são muito elásticos, porque ela não especifica os meios. Rigorosamente e logicamente não podemos considerar como exercendo a arte de curar senão aqueles que dela fazem profissão, isto é, que dela tiram proveito. Entretanto, vimos ser pronunciadas condenações contra indivíduos que se ocupam desses cuidados por puro devotamento, sem qualquer interesse, ostensivo ou dissimulado. O delito é, pois, a prescrição de remédios. Contudo, o desinteresse *notório* geralmente é tomado em consideração, como atenuante.

Até agora não se tinha pensado que se pudesse operar uma cura sem o emprego de medicamentos; então a lei não previu o caso dos tratamentos curativos sem remédios, e não seria senão por extensão que ela seria aplicada aos magnetizadores e aos médiuns curadores. Não reconhecendo a Medicina oficial nenhuma eficácia no magnetismo e seus anexos, e ainda menos na intervenção dos Espíritos, não se poderia legalmente condenar, pelo exercício ilegal da Medicina, os magnetizadores e os médiuns curadores que nada prescrevem, ou nada além de água magnetizada, porque então seria reconhecer oficialmente uma virtude no agente magnético, e colocá-lo na classe dos meios curativos; seria compreender o magnetismo e a mediunidade curadora na arte de curar, e dar um desmentido à Faculdade. O que se faz, por vezes, em semelhantes casos, é condenar por *delito de gatunice* e abuso de confiança, como pela venda de uma coisa sem valor, aquele que disso tira proveito direto ou indireto, ou mesmo dissimulado sob o nome de retribuição facultativa, disfarce no qual não deve sempre confiar. A apreciação do fato depende inteiramente da maneira de encarar a coisa em si mesma; é, muitas vezes, uma questão de opinião pessoal, a menos que não haja abuso presumido, caso em que a questão de boa-fé sempre entra em consideração. Então a justiça aprecia as circunstâncias agravantes ou atenuantes.

Tudo é completamente diferente para aquele cujo completo desinteresse é constatado. Considerando-se que ele nada prescreve e nada recebe, a lei não pode atingi-lo, do contrário seria preciso dar-lhe uma extensão que não comportam nem o espírito nem a letra. Onde nada há a ganhar, não pode haver charlatanismo. Não há nenhum poder no mundo que possa opor-se ao exercício da mediunidade ou magnetização curadora, na verdadeira acepção da palavra.

Entretanto, dirão, o Sr. Jacob nada cobrava e nem por isso deixou de ser interdito. É verdade, mas não foi perseguido nem condenado pelo caso de que se tratava. A interdição era uma medida de disciplina militar, por causa da perturbação que podia causar no campo a afluência de pessoas que lá iam; e se depois ele se serviu dessa interdição, foi porque lhe convinha. Se ele não pertencesse ao exército, ninguém poderia perturbá-lo. (Vide a *Revista* de março de 1865: *O Espiritismo e a Magistratura*).

ILLIERS E OS ESPÍRITAS

Sob este título, o *Journal de Chartres* de 26 de maio último trazia a seguinte correspondência:

"Illiers, 20 de maio de 1867.

"Estamos em maio ou no carnaval? Domingo último julguei-me nesta última época. Quando atravessava Illiers, pelas quatro horas da tarde, encontrei-me em frente a um ajuntamento de sessenta ou oitenta garotos, talvez uns cem, seguidos de numerosa multidão, gritando a plenos pulmões, à luz de lampiões: Olha o feiticeiro! Olha o feiticeiro! Olha o cachorro louco! Olha Grezelle! Eles vaiavam um bravo e plácido camponês de olhar esgazeado e ar assustado que teve a sorte de encontrar uma mercearia para lhe servir de refúgio. É que depois dos cantos e da algazarra vinham as injúrias e as pedras voavam, e o pobre-diabo, sem esse asilo, talvez se desse mal.

"Perguntei a um grupo que lá se achava o que aquilo significava. Contaram-me que há algum tempo todas as sextas-feiras havia uma reunião de espíritas na Sorcellerie, comuna de Vieuvicq, às portas de Illiers. O grande Pontífice que presidia a essas reuniões era um pedreiro chamado Grezelle, e era esse infeliz que acabava de se ver tão maltratado. Diziam que há alguns dias aconteceram algumas coisas muito esquisitas. Ele teria visto o diabo, teria evocado almas que lhe haviam revelado coisas pouco lisonjeiras para certas famílias.

"Em breve várias senhoras ficariam loucas e certos homens seguiam nos seus rastros; parece mesmo que o Pontífice abre o caminho; devido a ele uma jovem senhora de Illiers perdeu completamente a cabeça. Ter-lhe-iam dito que, por certas faltas, ela teria que ir para o purgatório. Sexta-feira ela se despedia de todos os parentes e vizinhos, e sábado, depois de haver feito os preparativos para a partida, ia atirar-se no rio. Felizmente estava sendo vigiada e chegaram a tempo de retardar-lhe a viagem.

"Compreende-se que tal acontecimento tenha emocionado a opinião pública. A família dessa senhora tinha perdido a cabeça, e vários membros, armados de bons chicotes, deram uma surra no Pontífice, que teve a felicidade de escapar de suas mãos.

"Ele queria sair da Sorcellerie de Vieuvicq para vir montar o seu sabá em Illiers, no lugar chamado La Folie-Valleran. Diz-se que dois valentes pais de família que lhe serviam de acólitos lhe pediram que não viesse para La Folie, pois é loucura[2] ir para lá. Falavam também que a polícia iria ocupar-se do caso.

---

[2] Aqui há um trocadilho, no original. Loucura, em francês, é *folie*. (Nota do revisor Boschiroli)

"Deixai, então, por conta dos garotos de Illiers. Eles saberão como liquidar a coisa. Há dessas coisas que morrem espancadas pelo ridículo."

LÉON GAUBERT

O mesmo jornal, em seu número de 13 de junho de 1867, traz o que se segue:

Em resposta a uma carta com a assinatura do Sr. Léon Gaubert, publicada em nosso número de 26 de maio último, recebemos a comunicação seguinte, da qual conservamos escrupulosamente a originalidade:

"La Certellerie, 4 de junho de 1867.

"Senhor Redator,

"Em vosso jornal de 26 de maio, dais publicidade a uma carta, na qual o vosso corresponde me desanca, para mostrar quanto fui maltratado em Illiers. Pedreiro e pai de família, tenho direito à reparação, depois de ter sido tão violentamente atacado, e espero de vossa bondade dar a conhecer a verdade, depois de ter deixado propagar o erro.

"É bem verdade, como diz aquela carta, que os meninos da escola e muitas pessoas que eu estimava me perseguem todas as vezes que passo por Illiers. Duas vezes, sobretudo, quase morri a pedradas e cacetadas e atingido por outros objetos que me atiravam, e ainda hoje, se eu fosse a Illiers, onde sou muito conhecido, seria cercado, ameaçado, maltratado. Além dos materiais que chovem, eles enchem o ar de injúrias: *louco, feiticeiro, espírita,* tais são as doçuras mais ordinárias com que me regalam. Felizmente há somente isto de verdadeiro, porquanto tudo o que o vosso correspondente *vos escreve* (o texto diz: tudo o que o vosso correspondente *acrescenta)* é falso e jamais existiu senão na imaginação de pessoas que procuraram amotinar a população contra nós.

"O Sr. Léon Gaubert, que assinou vossa carta, é completamente desconhecido nesta região; dizem-me que é um anônimo, se bem me lembro da palavra. Digo que se a pessoa se oculta, é que ela sente que não se faz o bem; direi, pois, com toda a franqueza ao Sr. Léon Gaubert: Fazei como eu e usai o vosso verdadeiro nome.

"Disse o Sr. Léon Gaubert que uma senhora, por força de excitações e práticas espíritas, enlouqueceu e quis afogar-se. Não sei se realmente ela quis afogar-se; muitas pessoas me dizem que não é verdade, mas mesmo que assim fosse, eu nada tenho com isso. Essa mulher é uma biscateira. Sua reputação aqui é conhecida há muito tempo. Ainda não se falava de Espiritismo e ela já era conhecida aqui, como é agora. Suas irmãs a ajudam a me perseguir. Eu vos declaro que ela jamais se ocupou de Espiritismo, pois seus instintos a levam em direção contrária. Ela jamais assistiu às nossas reuniões e jamais pôs os pés na casa de qualquer espírita da região.

"Por que, então, perguntareis, ela vos odeia, e por que tantos vos odeiam em Illiers? É um enigma para mim. Só me apercebi de uma coisa: é que muitas pessoas, antes que a primeira cena estourasse, pareciam previamente instruídas, e naquele dia, quando entrei nas ruas de Illiers, notei muita gente às portas e às janelas.

"Sou um operário honesto, senhor. Ganho honestamente o meu pão. O Espiritismo absolutamente não me impede de trabalhar, e se alguém tem o menor reproche sério a me dirigir, que nada tema. Nós temos leis, e, nas circunstâncias em que me encontro, sou o primeiro a pedir que as leis do país sejam bem observadas.

"Quanto a ser espírita, não o escondo: é bem verdade, sou espírita. Meus dois filhos, jovens ativos, ordeiros e prósperos, são ambos médiuns. Tanto um como outro gostam do Espiritismo e, como seu pai, creem, oram, trabalham, melhoram-se e procuram elevar-se. Mas, que mal há nisto? Quando a cólera me diz que me vingue, o Espiritismo me barra e me diz: Todos os homens são irmãos; faze o bem aos que te fazem mal, e eu me sinto mais calmo, mais forte.

"*O cura me repele do confessionário porque sou espírita. Se eu fosse a ele carregado de todos os crimes possíveis, ele me absolveria; mas espírita, crente em Deus e fazendo o bem segundo as minhas possibilidades, não encontro graça aos seus olhos. Muitas pessoas de Illiers não procedem de outro modo, e aquele dos nossos inimigos que a esta hora me joga pedra porque sou espírita faria mais do que absolver-me no dia em que me encontrasse numa orgia. Aplaudir-me-ia*"

OBSERVAÇÃO: Este último parágrafo, que estava na carta original, foi suprimido pelo jornal.

"Para agradar, eu não poderia dizer preto quando vejo branco. Eu tenho convicções, e o Espiritismo é para mim a mais bela das verdades. O que quereis? Quereis forçar-me a dizer o contrário do que penso, de tudo o que vejo, e quando se fala tanto em liberdade, há que suprimi-la na prática?

"Vosso correspondente diz que eu queria deixar a Sorcellerie para ir estabelecer meu sabá em Folie-Valleron. Ao ver o Sr. Léon Gaubert inventar tantas palavras desagradáveis, na verdade dir-se-ia que ele está possuído de raiva a ponto de dar os mais desajeitados golpes de troalha na cabeça de todo mundo. O Sr. Valleran é um dos proprietários mais respeitáveis da região. Fazendo uma construção magnífica, ele dá oportunidade para muitos operários ganharem dinheiro por um trabalho honesto e lucrativo. Tanto pior para quem ficasse vexado por isso e não o imitasse senão aos recuos.

"Tende a bondade, senhor, de levar minha carta ao conhecimento de vossos leitores, a fim de esclarecer, como é justo, as pessoas que a primeira carta por vós publicada induziu em erro.

"Aceitai etc."

GREZELLE

O redator do jornal diz que preserva *escrupulosamente* a originalidade da carta. Sem dúvida ele se refere à forma do estilo, que num pedreiro de aldeia não é a de um literato. É provável que se esse pedreiro tivesse escrito contra o Espiritismo num estilo ainda mais incorreto, não o teriam achado ridículo. Mas se ele queria conservar tão escrupulosamente a originalidade da carta, por que lhe suprimir um parágrafo? Em caso de inexatidão, a responsabilidade cairia sobre o seu autor. Para estar rigorosamente certo, o jornal deveria ter acrescentado que a princípio se tinha recusado a publicar essa carta e que não cedeu senão ante a iminência de perseguição judiciária, cujas consequências eram inevitáveis, levando-se em conta que se tratava de um homem estimado, atacado pelo próprio jornal em sua honra e sua consideração.

O autor da primeira carta sem dúvida pensou que a adulteração burlesca dos fatos não seria bastante para lançar o ridículo sobre os espíritas. Acrescentou uma grossa malícia, transformando o nome da localidade, que é *la Certellerie,* no de *la Sorcellerie* (feitiçaria). Talvez seja muito espirituoso para as pessoas que gostam de piadas de mau gosto, mas não é uma piada engraçada nem elegante; este gênero de ridículo jamais matou coisa alguma.

É preciso considerar esses fatos como lamentáveis? Sem dúvida o são para os que foram suas vítimas, mas não para a doutrina, à qual só podem beneficiar.

De duas uma: ou as pessoas que se reúnem nessa localidade se entregam a uma comédia indigna, ou são criaturas respeitáveis, sinceramente espíritas. No primeiro caso, é prestar um grande serviço à doutrina desmascarar os que dela abusam, ou que misturam seu nome a práticas ridículas. Os espíritas sinceros não podem senão aplaudir tudo o que tende a desembaraçar o Espiritismo dos parasitas de má-fé, seja qual for a forma pela qual se apresentem e que jamais passaram de pelotiqueiros e charlatães. No segundo caso, ele não pode senão ganhar com a repercussão que lhe dá uma perseguição apoiada em fatos controvertidos, porque ela excita as pessoas a se inquirir o que ele é. Ora, o Espiritismo só pede para ser conhecido, perfeitamente convicto que um exame sério é o melhor meio de destruir as prevenções suscitadas pela malevolência dos que não o conhecem. Assim, não ficaríamos surpresos se essa empresa temerária tiver um resultado muito diferente do que aquele que esperavam os que a provocaram e se ela não for a causa de uma recrudescência no número dos adeptos da localidade. Assim tem sido por toda parte onde uma oposição um pouco violenta se manifestou.

Que fazer então? perguntar-se-ão os adversários. Se os deixamos agir, o Espiritismo avança; se agimos contra, ele avança com mais força. – A resposta é muito simples: reconhecer que aquilo que não podemos impedir está na vontade de Deus, e o que há de melhor a fazer é franquear-lhe o caminho.

Dois de nossos correspondentes, estranhos um ao outro, sobre estes fatos nos transmitiram informações precisas e perfeitamente concordantes. O Sr. Quômes d'Arras, um deles, homem de ciência e distinto escritor, ao primeiro relato desses

240 | REVISTA ESPÍRITA

acontecimentos noticiados pelo jornal de Chartres, ignorando a causa do conflito, não quis apressar-se em tomar a defesa dos fatos nem das pessoas, que abandonava à severidade da crítica, se as merecessem; mas tomou a do Espiritismo. Numa carta cheia de moderação e de conveniência, dirigida ao jornal, tratou de demonstrar que se os fatos fossem como eram descritos pelo Sr. Léon Gaubert, o Espiritismo nada tinha a ver com isso, mesmo que tivessem usado o seu nome. Qualquer pessoa imparcial teria olhado como um dever dar lugar a uma retificação tão legítima. Assim não aconteceu, e as reiteradas instâncias apenas conduziram a uma recusa formal. Isto se passava antes da carta de Grezelle que, como se viu, devia ter a mesma sorte. Se o jornal temia levantar em suas colunas a questão do Espiritismo, não devia ter admitido a carta do Sr. Gaubert. Reservar-se o direito de atacar e recusar o de defesa é um meio fácil, mas muito pouco lógico, de ter razão.

A fim tomar conhecimento pessoalmente do estado das coisas, o Sr. Quômes d'Arras foi àqueles lugares. Teve a bondade de nos enviar um relato minucioso de sua visita. Lamentamos que a extensão desse documento não nos permita publicá-lo neste número, onde tudo o que nele devia estar não encontrou espaço. Resumimos suas principais consequências. Eis o que ele colheu em Illiers, junto a diversas pessoas honradas, estranhas ao Espiritismo.

Grezelle é um excelente pedreiro, proprietário em La Certellerie. Longe de desarrazoar, todos os que o conhecem não podem senão fazer justiça ao seu bom senso, a seus hábitos de ordem, de trabalho, de regularidade. É um bom pai de família; todo o seu erro é inquietar os materialistas e os indiferentes da região por suas afirmações enérgicas, multiplicadas, sobre a alma, sobre suas manifestações após a morte e sobre os nossos destinos futuros. Ele está longe de ser, na região, o único partidário do Espiritismo, que aí conta, sobretudo em Brou, com numerosos e dedicados adeptos.

Quanto às mulheres que, segundo le Journal de Chartres, o Espiritismo teria enlouquecido ou arrastado a atos culposos, é uma pura invenção. O caso a que ele faz alusão é o de uma vendedora muito conhecida em Illiers, dada à bebida, e cuja razão sempre foi fraca. Ela se refere a Grezelle e fala mal dele, não se sabe por que razão. Como as ideias espíritas circulam na região, delas deve ter ouvido falar e as mistura com suas próprias incoerências, mas dele jamais se ocupou seriamente. Quanto a ter querido afogar-se, tal pensamento nada teria de impossível, dado o seu estado habitual. Mas o fato parece invenção. De lá o Sr. Quômes d'Arras foi a La Certellerie, cinco quilômetros além de Illiers. "Lá chegando, diz ele, procurei a casa da Sra. Jacquet, cujo nome me haviam dito em Illiers. Ela estava no jardim com seu filho, em meio às flores, fazendo tricô. Assim que soube o motivo de minha viagem, conduziu-me à sua casa, onde logo se juntaram a sua empregada, moça de vinte anos, médium falante e espírita fervorosa, Grezelle e seu filho mais velho, de vinte anos. Não foi preciso conversar muito com essas pessoas, para perceber que não se tratava de espíritos agitados, tristes, singulares, exaltados ou fanáticos, mas de pessoas sérias, razoáveis, benevolentes, de uma sociabilidade perfeita; franqueza, clareza, simplicidade, amor ao bem, tais eram os traços evidentes que se pintavam em seu exterior, em suas palavras e, confessarei para minha confusão, eu não esperava tanto.

"Grezelle tem quarenta e cinco anos, é casado e tem dois filhos; ambos são médiuns escreventes, como o pai. Ele contou-me calmamente os sofrimentos que suportava e os ardis de que era objeto. A Sra. Jacquet também me disse que na região muitas pessoas alimentavam contra eles os piores sentimentos porque eles são espíritas. Aos meus olhos pareceu muito provável, e na conversa adquiri a mais completa certeza de que essas diversas famílias são tranquilas, benevolentes para com todos, incapazes de fazer mal a alguém, sinceramente apegadas a todos os seus deveres; dando graças ao céu, admirei a firmeza, a força de caráter, a solidez das convicções, o profundo apego ao bem dessas excelentes criaturas que, no campo, sem grande instrução, sem encorajamento e sem recursos visíveis, cercadas de inimigos e de trocistas, mantêm alto, há quatro anos, os seus princípios, a sua fé, as suas esperanças; para defender sua bandeira contra os risos, têm uma coragem que infelizmente muitas vezes falta aos nossos sábios das cidades, e mesmo a muitos espíritas adiantados.

"Grezelle, o único que foi realmente maltratado, embora seja espírita há três anos, tem todo o fervor de um neófito, todo o zelo de um apóstolo e ainda toda a atividade exuberante de uma natureza ativa, enérgica e empreendedora. Devido aos seus negócios, está continuamente em contato com a gente da região e, cheio do Espiritismo, amando-o mais que a vida, não pode impedir-se de falar nele, de exaltá-lo, de mostrar sua beleza, sua grandeza, suas maravilhas. De uma palavra realmente convincente e forte, produz no meio dos indiferentes que o cercam o efeito de fogo na água. Como não leva em conta o tempo nem as circunstâncias contrárias, poder-se-ia dizer que peca um pouco por excesso de zelo, e talvez também por falta de prudência."

No dia seguinte, à noite, o Sr. Quômes assistiu, na casa de Grezelle, a uma sessão espírita composta de dezoito a vinte pessoas, entre as quais se achava o prefeito, notabilidades do lugar, pessoas de notória honorabilidade, que certamente não teriam ido a uma assembleia de loucos e de visionários. Tudo aí se passou na melhor ordem, com o mais perfeito recolhimento e sem o menor vestígio de práticas ridículas da magia e da feitiçaria. Começam pela prece, durante a qual todos se ajoelham. Às preces tiradas do *Evangelho segundo o Espiritismo*, juntam a prece da noite e outras, tiradas do ritual ordinário da Igreja. "Nossos detratores, sobretudo os eclesiásticos, acrescenta o Sr. Quômes, talvez não tivessem notado sem embaraço e sem espanto o fervor dessas almas sinceras e sua atitude recolhida, denotando um profundo sentimento religioso. Havia seis médiuns, dos quais quatro homens e duas mulheres, entre as quais a empregada da Sra. Jacquet, médium falante e escrevente. As comunicações em geral são fracas de estilo; as ideias aí são diluídas e sem encadeamento; algumas manias, mesmo, aparecem no modo de comunicação. Mas, tudo somado, nada há de mau, de perigoso, e tudo quanto se obtém edifica, encoraja, fortalece, leva o espírito ao bem ou o eleva para Deus."

O Sr. Quômes encontrou nos espíritas a sinceridade e um devotamento a toda prova, mas também uma falta de experiência que ele procurou suprir com seus conselhos. O fato essencial que constatou é que nada em sua maneira de agir justifica o quadro ridículo que o *Journal de Chartres* fez dele. Os atos selvagens que se passaram em Illiers foram evidentemente suscitados pela malevolência e parecem ter sido premeditados.

De nossa parte, sentimo-nos feliz que assim seja, e felicitamos os nossos irmãos do cantão de Illiers pelos excelentes sentimentos que os animam.

Como temos dito, as perseguições são o prêmio inevitável de todas as grandes ideias novas, e todas têm tido os seus mártires. Os que as suportam um dia serão felizes por terem sofrido pelo triunfo da verdade. Que perseverem, portanto, sem desanimar e sem enfraquecer, e serão sustentados pelos bons Espíritos que os observam. Mas, também, que jamais renunciem à prudência que as circunstâncias exigem, e evitem com cuidado tudo o que possa dar oportunidade aos nossos adversários. É no interesse da Doutrina.

EPIDEMIA NA ILHA MAURÍCIO

Há alguns meses um dos nossos médiuns, o Sr. T..., que frequentemente cai em sonambulismo espontâneo sob a magnetização dos Espíritos, nos disse que a ilha Maurício era devastada, naquele momento, por uma epidemia terrível que dizimava a população. Essa previsão realizou-se, até com circunstâncias agravantes. Acabamos de receber de um dos nossos correspondentes da ilha Maurício uma carta, datada de 8 de maio, da qual extraímos as passagens seguintes:

"Vários Espíritos nos anunciaram, uns claramente, outros em termos proféticos, um flagelo destruidor prestes a nos ferir.

"Tomamos estas revelações do ponto de vista moral e não do ponto de vista físico. Subitamente uma moléstia estranha rompe nesta pobre ilha; uma febre sem nome, que reveste todas as formas, começa suavemente, hipocritamente, depois aumenta e derruba todos os que ela atinge. É agora uma verdadeira peste. Os médicos não a entendem. Todos os que foram atingidos não puderam ser curados até agora. São terríveis acessos que vos prostram e vos torturam durante pelo menos doze horas, atacando, cada um a seu turno, cada órgão importante. Depois o mal cessa durante um ou dois dias, deixando o doente abatido até o próximo acesso, e ele se vai assim, mais ou menos rapidamente, para o termo fatal.

244 | REVISTA ESPÍRITA

"Para mim, vejo em tudo isto um desses flagelos anunciados, que devem retirar do mundo uma parte da geração presente, que tem como finalidade operar uma renovação que se tornou necessária. Vou dar-vos um exemplo das infâmias que aqui se passam:

"O quinino em dose muito forte detém os acessos apenas por alguns dias. É o único específico capaz de parar, ao menos momentaneamente, os progressos da cruel moléstia que nos dizima.

"Os negociantes e farmacêuticos tinham-no em certa quantidade, que lhes custava cerca de 7 francos a onça. Ora, como esse remédio era forçosamente comprado por todo mundo, aqueles senhores aproveitaram a ocasião para elevar o preço normal da poção de um indivíduo, de l para 15 francos. Depois o quinino veio a faltar, por isso aqueles que o tinham, ou que o recebiam pelo correio, vendiam ao preço fabuloso de 2,50 francos o grão, no varejo, e no atacado a 675 e 800 francos a onça. Numa poção entram pelo menos 30 grãos, o que eleva a poção para 75 francos. Assim, só os ricos podiam comprar, e aqueles negociantes viam com indiferença milhares de infelizes expirarem ao seu redor, por falta do dinheiro necessário para adquirir o medicamento.

"Que dizeis disto? Ah! É história! Ainda neste momento o quinino chega em quantidade. As farmácias regurgitam. Não obstante, os farmacêuticos não querem dar uma dose por menos de 12,50 francos. Assim, os pobres morrem sempre, olhando desolados esse tesouro que não podem alcançar!

"Eu mesmo fui atingido pela epidemia e estou na quarta recaída. Arruíno-me com o quinino. Isto prolonga-me a existência, mas se, como receio, as recaídas continuarem, palavra, caro senhor, é muito provável que em pouco tempo terei o prazer de assistir como Espírito às vossas sessões parisienses e nelas tomar parte, se Deus o permitir. Uma vez no mundo dos Espíritos, estarei mais perto de vós e da Sociedade do que estou na ilha Maurício. *Num pensamento* e sem fadiga transporto-me às vossas sessões, e sem temer o mau tempo. Aliás, não tenho o menor receio, eu vo-lo juro; sou muito sinceramente espírita para tanto. Todas as minhas precauções estão tomadas, e se vier a deixar este mundo, sereis avisado.

"Enquanto se espera, caro senhor, tende a bondade de pedir aos meus irmãos da Sociedade Espírita que unam suas

JULHO 1867 | 245

preces às nossas pelas infelizes vítimas da epidemia, pobres Espíritos muito vinculados à matéria, na maioria, e cujo desprendimento deve ser penoso e longo. Oremos também por aqueles, infelizes de outra maneira, que ao flagelo da moléstia acrescentam o da desumanidade.

"Nosso pequeno grupo está disperso há três meses; todos os membros foram mais ou menos atingidos, mas até agora nenhum morreu.

"Recebei etc."

É preciso ser verdadeiramente espírita para encarar a morte com esse sangue-frio e essa indiferença, quando ela estende seus estragos em redor de nós e quando se sentem os seus ataques. É que, em semelhantes casos, a fé séria no futuro, tal qual só o Espiritismo pode dar, proporciona uma força moral que é, ela própria, um poderoso preservativo, assim como foi dito a propósito da cólera. *(Revista* de novembro de 1865). Isto não quer dizer que nas epidemias os espíritas sejam necessariamente poupados, mas não há dúvida que em tais casos, até agora eles têm sido os menos atingidos. É preciso dizer que se trata de espíritas de coração, e não dos que são espíritas apenas em aparência.

Os flagelos destruidores que devem punir a Humanidade, não sobre um ponto, mas por toda superfície do globo terrestre, são pressentidos em toda parte pelos Espíritos.

A comunicação que segue, verbal e espontânea, foi dada a esse respeito e após a leitura da carta acima.

(Sociedade de Paris, 21 de junho de 1867.)
(Médium, Sr. Morin, em sonambulismo espontâneo)

"Aproxima-se a hora, a hora marcada no grande e perpétuo quadrante do infinito, a hora na qual vai começar a operar-se a transformação do vosso globo, para fazê-lo gravitar para a perfeição. Muitas vezes vos foi dito que os mais terríveis flagelos dizimariam as populações. Não é preciso que tudo morra para se regenerar? Mas, o que é isto? A morte não é senão a transformação da matéria. O Espírito não morre, apenas muda de

246 | REVISTA ESPÍRITA

habitação. Observai, e vereis começar a realização de todas essas previsões. Oh! Como são felizes aqueles que nessas terríveis provações foram tocados pela fé espírita! Eles ficam calmos no meio da tormenta, como o marinheiro aguerrido em meio à tempestade.

"Eu, neste momento personalidade espiritual, muitas vezes fui acusado por personalidades terrestres de brutalidade, de dureza, de insensibilidade!... É verdade, contemplo com calma todos esses flagelos destruidores, todos esses terríveis sofrimentos físicos. Sim, atravesso, sem me emocionar, todas essas planícies devastadas, juncadas de restos humanos! Mas se posso fazê-lo, é que minha visão espiritual vai além desses sofrimentos; é que, antecipando-se sobre o futuro, ela se apoia no bem-estar geral, que será a consequência desses males passageiros para a geração futura, para vós mesmos que fazeis parte dessa geração, e que então recolhereis os frutos que tiverdes semeado.

"Espírito de conjunto, olhando do alto de uma esfera onde morava (muitas vezes fala de si na terceira pessoa), seu olhar fica enxuto. Contudo, sua alma palpita, seu coração sangra em face de todas as misérias que a Humanidade deve atravessar, mas a visão espiritual repousa do outro lado do horizonte, contemplando o resultado que será a sua consequência certa.

"A grande emigração é útil, e aproxima-se a hora em que se deve efetuar... ela já começa... A quem será ela fatal ou proveitosa? Olhai bem, observadores; considerai os atos desses exploradores dos flagelos humanos, e distinguireis, mesmo com os olhos do corpo, os homens predestinados à falência. Vede-os ávidos à carniça, duros no ganho, presos como à sua vida a todas as posses terrenas, e sofrendo mil mortes quando perdem uma parcela do que, entretanto, ser-lhes-á preciso deixar... Como será terrível para eles a pena de talião, porque no exílio que os aguarda, verão ser-lhes recusado um copo d'água para estancar a sede!... Olhai-os, e neles reconhecereis, sob as riquezas que acumulam à custa dos infelizes, os futuros humanos decaídos! Considerai seus trabalhos, e vossa consciência vos dirá se esses trabalhos devem ser pagos lá no alto, ou embaixo! Olhai-os bem, homens de boa vontade, e vereis que o joio começa, desde esta Terra, a ser separado do bom grão.

"Minha alma é forte, minha vontade é grande! – Minha alma é forte porque sua força é o resultado de um trabalho coletivo de alma a alma; minha vontade é grande porque tem como ponto de apoio a imensa coluna formada por todos os sentimentos de justiça e de bem, de amor e de caridade. Eis por que sou forte, eis por que sou calmo para olhar; eis por que seu coração, que bate como se fosse estourar dentro do peito não se comove. Se a decomposição é o instrumento necessário à transformação, assiste, ó minha alma, calma e impassível, a essa destruição!"

VARIEDADES

CASO DE IDENTIDADE

Um dos nossos correspondentes de Maine-et-Loire transmite-nos o fato seguinte, que se passou aos seus olhos, como prova de identidade:

Há algum tempo o Sr. X... estava gravemente doente em C..., em Touraine, e sua morte era esperada a cada instante. A 23 de abril último, tínhamos por alguns dias em nosso grupo uma senhora médium a quem devemos comunicações muito interessantes. Veio ao pensamento de um dos assistentes, que conhecia o Sr. X..., perguntar a um Espírito familiar do nosso grupo, Espírito leviano, mas não mau, se aquele senhor tinha morrido.

– Sim, foi a resposta.

– Mas, é verdade mesmo? Porque às vezes falas levianamente.

O Espírito respondeu de novo afirmativamente. No dia seguinte, o Sr. A .C..., que até então tinha sido pouco crédulo, e que também conhecia particularmente o Sr. X..., quis, ele próprio, tentar evocá-lo, se com efeito estivesse morto. O Espírito veio imediatamente ao seu apelo e disse:

– Peço-vos que não me esqueçais. Orai por mim.

– Há quanto tempo estais morto? perguntou o Sr. A. C...

248 | REVISTA ESPÍRITA

– Um dia.

– Quando sereis enterrado?

– Esta tarde, às quatro horas.

– Sofreis?

– Tudo o que uma alma pode sofrer.

– Conservais-me rancor?

– Sim.

– Por que?

– Sempre fui muito duro convosco.

As relações desses dois senhores tinham sido sempre frias, embora perfeitamente polidas. Rogado a assinar, o Espírito deu as três iniciais de seu nome e de seu sobrenome. No mesmo dia o Sr. A. C. recebeu uma carta anunciando-lhe a morte do Sr. X... À noite, após o jantar, ouviram-se pancadas. O Sr. A. C. tomou da pena e escreveu o ditado batido pelo Espírito:

Fui ambicioso, sem dúvida todo homem é;
Mas nunca rei, pontífice, chefe ou cidadão concebeu
Um projeto tão grande quanto o meu.

As batidas eram fortes, acentuadas, quase imperiosas, como vindas de um Espírito iniciado há muito tempo nas relações do mundo invisível com os homens. O Sr. X... tinha desempenhado altas funções administrativas; talvez nos lazeres da aposentadoria e sob a influência da lembrança de suas antigas ocupações, seu Espírito tinha elaborado algum grande projeto. Uma carta recebida há dois dias confirma todos os detalhes acima.

OBSERVAÇÃO: Sem dúvida este fato nada tem de extraordinário que não se encontre muitas vezes, mas esses fatos íntimos nem sempre são os menos instrutivos e convincentes; fazem mais impressão nos círculos onde se passam do que o fariam fenômenos estranhos, que seriam olhados como excepcionais. O mundo invisível aí se revela em condições de simplicidade que o aproximam de nós e melhor convencem da continuidade de suas relações com o mundo visível. Numa palavra, os mortos e os vivos aí estão mais em família e se reconhecem melhor. Os fatos deste gênero, por sua multiplicidade e pela facilidade de obtê-los, contribuíram mais para a propagação do Espiritismo do que as manifestações que têm as aparências do maravilhoso. Um incrédulo ficará mais tocado por uma simples prova de identidade dada espontaneamente, na intimidade, por algum parente, amigo ou conhecido, do que por prodígios que pouco o tocam e nos quais não acredita.

POESIA ESPÍRITA

AOS ESPÍRITOS PROTETORES

Mais alto, ainda mais alto! Alça teu voo, alma minha,
Para esse puro ideal que Deus te revelou!
Para além dos céus e desses mundos em chama,
Para o absoluto divino eu me sinto chamado.

Adormecido subirei a escada de Jacob,
Subirei sempre e jamais descerei,
Porque benévolo e doce, com fraterna mão,
Em caminho um Espírito assegura-me os passos.

Mostra-me o fim, me ama e me consola;
Aqui está, eu o sinto e ouço a sua voz
Ressoar-me no peito, como um sopro de Éolo
Ressoa pelos montes, planícies e florestas!

Que importa seu nome! Ele não é da Terra;
Anjo misterioso dos amores celestes,
Ele tem do ignorado o encanto solitário;
Habita muito longe, inefáveis moradas!

Lá!... seu corpo, que um raio de glória transfigura
Tem sutilezas do impalpável éter;
Ignora os males da fraca natureza,
Contudo é bom, porque também sofreu.

Tu me falas no silêncio,
Vejo-te na obscuridade;
Fazes-me sentir de antemão
As glórias da Eternidade.
Se faço o mal me desculpas;
Nas vigílias e nos sonhos,
O que empreendo, completas;
Facho que luz na sombra,
Tu me susténs a coragem,
Impeles minha nave para a margem,
Na tempestade me proteges
E me aclaras dentro da noite.
Tu dizes: amor; tu dizes: prece;
Tu dizes: esperança; tu dizes: virtude,
E dás o nome de irmão
À humilde criança frágil e abatida;
Tão forte, buscas minha fraqueza,
Tão grande, vens à minha baixeza
E tão afortunado, à minha aflição.
Anjo abençoado, sagrado guardião,
Teu fluido depurado se mistura
Ao meu invólucro mortal,
E sinto o vento de tuas asas
Passar-me sobre o ébrio coração.

Quem quer que sejas, graças, alma querida.
Obrigado, irmão meu do Além;
Criança, velho ou moça,
Que importa! Não estás aqui?
Às vezes planas sobre a minha cabeça,
Tu que, na corrida inquieta

Atravessaste algum cometa,
Ou terra em formação;
Moras na atmosfera,
Marte ou Saturno, a enorme esfera;
Desces da Ursa Polar,
De Aldebaran ou de Órion?

E que me importa onde resides!
E que me importa de onde vens!
Que céus incríveis e esplêndidos
Quando te sinto, valem os meus?
Salve, pois, ó minha doce estrela;
Guia minha vela incerta
No mar que a bruma vela,
Longe dos escolhos, longe do perigo.
Sê um farol na tormenta,
Erguendo sobre a vaga espumante,
A luz amiga e tremulante,
E vem buscar-me, após o exílio.

JULES-STANY DOINEL. (d'Aurillac)

NOTÍCIAS BIBLIOGRÁFICAS

LE ROMAN DE L'AVENIR

(Por E. BONNEMÈRE)

No ano passado os Espíritos nos haviam dito que em pouco a literatura entraria na via do Espiritismo, e que 1867 veria aparecerem várias obras importantes. Com efeito, pouco depois apareceu o *Spirite*, de Théophile Gautier. Era, como dissemos, menos um romance espírita que o romance do Espiritismo, mas que teve a sua importância pelo nome do autor.

252 | REVISTA ESPÍRITA

Veio a seguir, no começo deste ano, a tocante e graciosa história de *Mirette*. Nessa ocasião o Espírito do Dr. Morel Lavallée disse na Sociedade:

"O ano de 1866 apresenta a filosofia nova sob todas as suas formas; mas é ainda a haste verde que encerra a espiga de trigo, e para mostrá-la espera que o calor da primavera a tenha amadurecido e feito entreabrir. 1866 preparou, 1867 amadurecerá e realizará. O ano se abre sob os auspícios de *Mirette* e não terminará sem ver aparecerem novas publicações do mesmo gênero e mais sérias ainda, de tal forma que o romance tornar-se-á filosofia e a filosofia far-se-á história" *(Revista* de fevereiro de 1867).

Estas palavras proféticas se realizam. Temos como certo que uma obra importante aparecerá dentro em pouco; não será um romance, que podemos considerar como obra de imaginação e de fantasia, mas a própria filosofia do Espiritismo, altamente proclamada e desenvolvida por um nome que poderá ensejar a reflexão aos que pretendem que todos os partidários do Espiritismo são loucos.

Enquanto esperamos, eis uma obra que de romance só tem o nome, porque a intriga aí é quase nula e é apenas um quadro para desenvolver, sob a forma de palestras, os mais altos pensamentos da filosofia moral, social e religiosa. O título de *Romance do Futuro* não parece lhe ter sido dado senão por alusão às ideias que regerão a Sociedade no futuro, e que no momento apenas estão no estado de romance. O Espiritismo aí não é citado, mas pode tanto melhor reivindicar as suas ideias, cuja maior parte parece colhida textualmente na Doutrina, e se algumas delas se afastam um pouco, são em pequeno número e não vão ao fundo da questão. O autor admite a pluralidade das existências, não só como racional, conforme à justiça de Deus, mas como necessária, indispensável ao progresso da alma e haurida da sã filosofia. Mas o autor parece inclinado a crer, embora não o diga claramente, que a sucessão das existências se realiza de mundo a mundo, mais do que no mesmo meio, porque não fala de modo explícito das múltiplas existências num mesmo mundo, embora essa ideia possa ser subentendida. Talvez aí esteja um dos pontos mais divergentes, mas que, aliás, absolutamente não prejudica o fundo, porquanto, definitivamente, o princípio seria o mesmo.

Essa obra, por conseguinte, pode ser posta na classe dos livros mais sérios destinados a vulgarizar os princípios filosóficos da Doutrina no mundo literário em que o autor goza de uma posição de destaque. Disseram-nos que quando ele o escreveu, não conhecia o Espiritismo. Isto parece difícil, mas se assim é, seria uma das mais brilhantes provas da fermentação espontânea dessas ideias e de seu poder irresistível, porque só o acaso não reúne tantos pesquisadores no mesmo terreno. O prefácio não é a parte menos curiosa do livro. O autor aí explica a origem de seu manuscrito. Pergunta ele: "Qual a minha colaboração no *Roman de l'Avenir*? Somos dois, ou três, ou o autor se chama legião? Deixo estas coisas à apreciação do leitor, depois que lhe tiver contado uma aventura muito verídica, embora tenha todas as aparências de uma história do outro mundo."

Tendo parado um dia em modesta aldeia da Bretanha, a dona do albergue lhe contou que havia na região um jovem que fazia coisas extraordinárias, verdadeiros milagres. "Sem ter nada aprendido, disse ela, ele sabe mais que o reitor, o médico e o escrivão juntos e mais do que todos os feiticeiros reunidos. Ele se fecha todas as manhãs em seu quarto; vê-se sua lâmpada através das cortinas, porque ele precisa da lâmpada, mesmo de dia, e então escreve coisas que ninguém jamais viu, mas que são soberbas. Ele anuncia com seis meses de antecedência, o dia, a hora, o minuto em que cairá nos seus grandes acessos de feitiçaria. Uma vez que disse ou escreveu, nada mais sabe, mas é verdadeiro como a palavra do Evangelho e infalível como decisão do papa em Roma. Ele cura à primeira vista, sem cobrar, aqueles que lhe são simpáticos, e, às barbas do médico, os doentes que este não cura, mesmo cobrando. O senhor reitor diz que não pode ser senão o diabo que lhe dá o poder de curar aqueles a quem Deus manda doenças para o seu bem, a fim de prová-los ou castigá-los."

"Fui vê-lo, acrescenta o autor, e minha boa estrela quis que lhe fosse simpático. Era um jovem de 25 anos, ao qual seu pai, rico camponês da região, tinha propiciado uma certa educação, a despeito do que disse a minha hospedeira; simples, melancólico e sonhador, levando a bondade até a excelência, e dotado de um temperamento no qual o sistema nervoso dominava sem contrapeso. Levantava-se de madrugada, tomado de uma febre de inspiração que não podia dominar, e espalhava em ondas sobre o papel as estranhas ideias que germinavam por si mesmas, malgrado seu, em seu cérebro, e às vezes contra a sua vontade. "Vi-o à obra. No espaço de uma hora ele cobria invariavelmente o seu caderno com quinze ou dezesseis páginas de escrita, sem hesitação, sem rasuras, sem parar um segundo à busca de uma ideia, de uma frase, de uma palavra. Era uma torneira aberta, de onde a inspiração jorrava em jato sempre igual. Absolutamente mudo durante essas horas de trabalho encarniçado, dentes serrados e lábios contraídos, recuperava a palavra no momento em que o relógio batia a hora de retomada dos trabalhos campestres. Ele voltava, então, à vida normal, e tudo quanto acabava de pensar ou escrever durante essas duas ou três horas de uma outra existência, pouco a pouco se apagava de sua memória, como o sonho que se apaga e desaparece à medida que a gente desperta. No dia seguinte, expulso da cama por uma força invencível, entregava-se à obra e continuava a frase ou a palavra começada na véspera.

"Abriu-me um armário, no qual se acumulavam cadernos cheios de seus escritos.

"– Que há em tudo isto? perguntei.

"– Ignoro-o tanto quanto vós, respondeu ele sorrindo.

"– Mas como vos vem tudo isso?

"– Não posso senão repetir a mesma resposta: ignoro-o tanto quanto vós. Por vezes sinto que está em mim; outras vezes sinto que me dizem. Então, sem ter consciência e sem ouvir o som de minhas próprias palavras, eu o repito aos que me cercam, ou o escrevo.

"Aquilo constituía cerca de dezessete mil páginas, escritas em quatro anos. Aí estavam uma centena de novelas e de romances; tratados sobre diversos assuntos; receitas médicas e outras; máximas etc. Notei sobretudo isto:

"Estas coisas me são reveladas, a mim, simples de espírito e de instrução, porque, nada sabendo, não tendo a respeito ideias preconcebidas, estou mais apto a assimilar as ideias alheias.

"Os seres superiores, que partiram primeiro, depurados ainda pela transformação, vêm envolver-me e me dizer:

"Dão-vos tudo o que não se aprende e que pode esclarecer o mundo onde, ao partirmos, deixamos o nosso rastro indelével. Mas é preciso reservar sua parte ao trabalho pessoal, sem usurpar a ciência adquirida, nem *o trabalho que cada um pode e deve fazer.*"

"Nesse enorme amontoado, escolhi um simples idílio, obra de fantasia, estranho, impossível, e no qual são lançados, sob uma forma mais ou menos leve, as bases de uma nova cosmogonia completa. Em seus cadernos esse estudo tinha como título: a *Unidade,* que julguei que deveria substituir pelo de *Romance do Futuro.*"

Eis o dado principal do enredo:

Paul de Villeblanche morava na Normandia, com seu pai, nos restos de um velho castelo, outrora morada senhorial de sua família, arruinada e dispersa pela Revolução. Era um jovem de uns vinte anos, de grande inteligência, com as mais amplas e avançadas ideias, e que tinha posto de lado todos os preconceitos de raça.

No mesmo cantão vivia uma velha marquesa muito devota que, para resgatar os seus pecados e salvar sua alma, tinha imaginado tirar da miséria e do pântano social uma pequena boêmia e dela fazer uma religiosa. Dessa maneira, pensava ela, estaria certa de ter alguém que, pelo reconhecimento e pelo dever, por ela oraria incessantemente, durante sua vida e após a morte. Essa jovem era, pois, educada no convento, desde cerca dos oito anos, e enquanto esperava para tomar o hábito, vinha de dois em dois anos passar seis semanas na casa de sua benfeitora. Mas essa jovem, de rara inteligência, tinha intuitivamente e sobre muitas coisas, ideias à altura das de Paul. Ela estava então com dezesseis anos. Numa de suas férias, os dois jovens se encontram, ligam-se por uma afeição fraterna e têm conversas em que Paul desvela para sua inteligente companheira princípios filosóficos novos para ela, mas que ela compreende sem esforço e por vezes ultrapassa. As duas almas de escol estão à altura uma da outra. O romance acaba em casamento, como era de se esperar, mas aí está apenas um pretexto para dar uma lição prática sobre um dos pontos mais importantes da ordem social e dos preconceitos de casta.

Inscrevemos de boa vontade este livro no número dos que devem ser propagados, e que têm seu lugar marcado na biblioteca dos espíritas.

São essas conversas que fazem o assunto principal do livro; o resto é apenas um quadro muito simples para a exposição das ideias que um dia devem prevalecer na Sociedade. Para relatar tudo o que sob esse ponto de vista mereceria ser relatado, haveria necessidade de citar a metade da obra. Reproduzimos apenas alguns dos pensamentos que poderão permitir o julgamento do espírito no qual ela foi concebida:

"Achar é a recompensa por haver procurado; tudo quanto nós mesmos podemos fazer, não deve ser pedido aos outros."

"O mundo é um vasto canteiro, no qual Deus a cada um distribui a sua tarefa, designando-nos o nosso trabalho conforme as nossas forças. Deste imenso atrito de inteligências diversas, opostas, aparentemente hostis, jorra a luz, sem que se apague na hora do nosso último sono. Ao contrário, a marcha constante das gerações que se sucedem traz uma nova pedra ao edifício social; a luz se torna mais brilhante quando nasce uma criança trazendo, para continuar o progresso, o primeiro elemento de uma inteligência constantemente renovada."

"Mas a marquesa me repete incessantemente, diz a moça, que todos nascemos maus; que não diferimos senão pela maior ou menor propensão para o pecado; que a existência inteira é uma luta contra as nossas inclinações; que todos tenderiam para a eterna danação, se a religião que ela me ensina não nos detivesse à borda do abismo.

"– Não creia nesses blasfemos. Deus seria o agente do mal, se não tivesse posto em cada um de nós a bússola que deve guiar nossos passos para a realização dos nossos destinos, e se os homens não tivessem podido marchar em seu caminho até o dia em que a Igreja veio corrigir a obra imperfeita e mal acabada do Eterno."

"Quem sabe se, na imensa rotação do mundo, nossos filhos, por sua vez, não se tornarão nossos pais, e se não nos restituirão, intacta, esta soma de misérias que lhes teremos deixado ao partir?"

"Nenhum mal pode vir de Deus, nem no tempo nem na eternidade. A dor é obra nossa, é o protesto da Natureza para nos indicar que não mais estamos nas vias que ela assinala para a atividade humana. Ela se torna um meio de salvação, porque é o seu próprio excesso que nos leva à frente, incita nossa imaginação preguiçosa e nos leva a fazer grandes descobertas que aumentam o bem-estar dos que devem passar por este globo depois de nós."

"Cada um de nós é um anel dessa cadeia sublime e misteriosa que liga todos os homens entre si, bem como com a criação inteira, e que jamais, em parte alguma, poderiam ser quebradas."

"Após a morte, os órgãos gastos necessitam de repouso e o corpo devolve à terra os elementos de que se constituem, até o fim dos tempos, os seres que se sucedem. Mas a vida renasce da morte."

"Nós partimos, levando conosco a lembrança dos conhecimentos aqui adquiridos; o mundo para onde iremos nos dará os seus, e nós os agruparemos todos em feixe, para deles formar o progresso."

"Entretanto, aventurou a moça, haverá um termo, um inevitável fim, tão afastado quanto o supões.

"– Por que limitar a eternidade, depois de tê-la admitido em princípio?

"Aquilo que se chama o fim do mundo é apenas uma imagem. Jamais houve começo e jamais haverá fim do mundo. Tudo vive, tudo respira, tudo é povoado. Para que o juízo final possa chegar, seria preciso um cataclismo geral, que fizesse o Universo inteiro entrar no nada. Deus, que tudo criou, não pode destruir sua obra. Para que serviria o aniquilamento da vida?"

"Sem dúvida a morte é inevitável. Mas, mais bem compreendida no futuro, esta morte que nos apavora não será mais que a hora prevista, talvez esperada, da partida, para fornecer uma nova etapa. Um chega, outro se põe a caminho, e a esperança enxuga as lágrimas que correm no instante dos adeuses. A imensidade, o infinito, a eternidade prolongam aos nossos olhos ávidos as suas perspectivas cujo desconhecido nos atrai. Já mais aperfeiçoados, faremos uma mais bela viagem, depois partiremos ainda outra vez, e marcharemos sempre, elevando-nos incessantemente, porque de nós depende que a morte seja a recompensa do dever cumprido, ou o castigo, quando a obra encomendada não tiver sido feita."

"Em qualquer lugar em que estejamos no Universo, prendemo-nos por laços misteriosos e sagrados que nos tornam solidários uns com os outros, e recolheremos fatalmente a colheita do bem e do mal que cada um de nós semeou atrás de si, antes de partir para a grande viagem."

"A criança que nasce traz seu germe de progresso; o homem que morre deixa o seu lugar para que depois dele o progresso se realize, e ele vá continuar a nele trabalhar também, lavando alhures, e a outro ser, sua alma aperfeiçoada."

"Aqueles a quem deves a luz expiaram nesta vida as faltas de um passado misterioso. Eles sofreram, mas sofreram corajosamente. O Deus de amor e de misericórdia necessitava deles, sem dúvida, para uma missão mais importante em outro mundo. Ele os chamou para si, concedendo-lhes assim o salário merecido antes que o dia tivesse acabado."

(A propósito de uma jovem que, ainda criança, operava curas surpreendentes, indicando os remédios por intuição).

Isto fez ruído, e a principal autoridade, o cura, emocionou-se e interveio. Por meios naturais, uma menina fazia o que nem o médico, com sua ciência, nem ele com suas preces podia obter!... Evidentemente ela era possessa. Para os homens de pouca fé e inteligência obtusa, é Deus que, com o propósito de nos castigar, como se não tivesse a eternidade à sua frente, ou de nos provar, como se ele não soubesse o que vamos fazer, nos envia todos os males, os flagelos de todo o gênero, as ruínas, a perda dos que nos são caros. Ao contrário, é Satã que dá a prosperidade, que ajuda a encontrar tesouros, que cura os doentes e que nos prodigaliza todas as felicidades, todas as alegrias deste mundo. Deus, enfim, segundo eles, faz o mal, ao passo que o diabo é o autor de todo o bem. Então Maria foi exorcizada, rebatizada ao acaso, a fim de não poder mais aliviar os seus semelhantes. Mas nada funcionou, pois ela continuou a fazer o bem em seu redor.

– Mas tu, que sabes tudo, Paul, que dizes de tudo isto?

– Se não creio nunca no que a minha razão repele, respondeu o jovem conde, não nego os fatos atestados por numerosas testemunhas, apenas porque a Ciência não sabe explicá-los. Deus deu aos animais o instinto de ir diretamente à planta que pode curar as raras doenças que os atingem. Por que nos teria recusado esse precioso privilégio? Mas o homem saiu dos caminhos que o Criador lhe havia assinalado e pôs-se em hostilidade com a Natureza, cujos avisos cessou de escutar. Esse facho extinguiu-se nele, e a Ciência veio substituir o instinto que, em sua arrogância de bem-sucedida, ela negou, combateu, perseguiu, aniquilou tanto quanto estava em suas possibilidades. Mas quem pode afirmar que ele não sobrevive nalguns seres simples e primitivos, decididos a se esclarecer docilmente por todos os clarões que eles próprios entreveem, animados que estão pelo desejo de vir em auxílio aos sofrimentos alheios? Quem sabe se Maria, tendo vivido outrora entre povos na infância, entre os quais ainda sobrevive o instinto e que conhecem segredos maravilhosos, ou então nalgum mundo mais adiantado, de onde suas faltas a fizeram decair, Deus não lhe permita recordar-se de coisas que os outros esqueceram?

"Para cada um de nós, não são certos conhecimentos que parecem reencontrar-se em nós, tão fácil nos é o seu estudo, ao passo que outros não podem penetrar em nosso espírito, sem dúvida porque vêm feri-lo pela primeira vez, ou porque várias gerações acumularam sobre esses conhecimentos montanhas de ignorância e de esquecimento?"

(A propósito das visões nos sonhos).

"É a alma mantida no seu exílio que conversa com a alma desprendida de sua parte terrena. Assim, essas visões são iluminadas por um raio luminoso que deixa entrever aos pobres humanos quanto é resplendente o ponto onde chegaram os que souberam dirigir o seu esquife no oceano perigoso, onde flutua a existência."

"Sem dúvida, em mundos diferentes, nossos corpos se constituem de elementos diferentes, e aí revestimos outro envoltório, mais perfeito ou mais imperfeito, conforme o meio onde eles devem agir. Mas, sobretudo, é certo que esses corpos vivem, animados todos pelo mesmo sopro de Deus; que a transmissão das almas se faz, tanto nuns quanto noutros dos inumeráveis planetas que povoam o espaço infinito, e que, sendo eles a própria emanação de Deus, existem identicamente nas mesmas condições em todos os mundos. Do outro lado da vida, ele nos dá uma alma sempre purificada, que nos permite que nos aproximemos incessantemente do Céu. Só a nossa vontade por vezes a faz desviar-se do reto caminho.

– Entretanto, Paul, ensinam-nos que ressuscitaremos com os nossos corpos de hoje!

– Tudo isto não passa de loucura e orgulho! Nossos corpos não são nossos, mas de todo mundo, dos seres que ontem devoramos e daqueles que nos devorarão amanhã. Eles são de um dia; a Terra no-los empresta e no-los retomará. Só a nossa alma nos pertence; só ela é eterna, como tudo quanto vem de Deus e a ele retorna."

DISSERTAÇÕES ESPÍRITAS

LUTA DOS ESPÍRITOS PELA VOLTA AO BEM

(Paris, 24 de março de 1867 – Médium, Sr. Rul)

Obrigado, caro irmão, por vossa compaixão por aquele que expia pelo sofrimento as faltas cometidas; obrigado por vossas boas preces, inspiradas por vosso amor aos irmãos. Chamai-me algumas vezes. Será um encontro a que não faltarei nunca, ficai certo. Eu disse numa comunicação dada na Sociedade que depois de ter sofrido ser-me-ia permitido vir dar minha opinião sobre algumas questões de que vos ocupais. Deus é tão bom, que depois de me haver imposto a expiação pelo sofrimento, teve piedade de meu arrependimento, porque ele sabe que se eu fali, foi por fraqueza, e que o orgulho é filho da ignorância. É-me permitido instruir-me, e se não posso, como os bons Espíritos que deixaram a Terra, penetrar os mistérios da criação, posso estudar os rudimentos da ciência universal, a fim de progredir e ajudar os meus irmãos a progredir também.

Dir-vos-ei que relação existe entre o estado da alma e a natureza dos fluidos que a envolvem em cada meio em que se encontra momentaneamente. E se, como vos foi dito, a alma pura saneia os fluidos, acreditai que o pensamento impuro as vicia. Julgai que esforços deve fazer o Espírito que se arrepende, para combater a influência desses fluidos que o envolvem, aumentada ainda pela reunião de todos os maus fluidos que os Espíritos perversos lhe trazem para sufocá-lo. – Não creiais que me baste querer melhorar-me, para expulsar os Espíritos de orgulho de que estava rodeado em minha estada na Terra. Eles estão sempre perto de mim, procurando reter-me em sua atmosfera malsã. Os bons Espíritos vêm esclarecer-me, trazer-me a força de que necessito para lutar contra a influência dos maus Espíritos, depois eles se afastam, deixando-me entregue às minhas próprias forças para lutar contra o mal. É então que eu sinto a influência benéfica de vossas boas preces, porque, sem o saber, continuais a obra dos bons Espíritos de Além-Túmulo.

Vedes, caro irmão, que tudo se encadeia na imensidade; que todos somos solidários uns com os outros, e que não há um só pensamento bom que não leve consigo frutos de amor, de melhora e de progresso moral. Sim, tendes razão de dizer aos vossos irmãos que sofrem que uma palavra basta para explicar o Criador; que esta palavra deve ser a estrela que guia cada Espírito, seja qual for o grau da escada a que pertença por todos os seus pensamentos, por todos os seus atos, tanto nos mundos inferiores quanto nos superiores; que essa palavra, o evangelho de todos os séculos, o alfa e o ômega de toda a ciência, a luz da verdade eterna, é amor! Amor a Deus, amor aos irmãos. Felizes os que oram por seus irmãos que sofrem. Suas provações na Terra tornar-se-ão leves, e a recompensa que os espera estará acima de suas esperanças!...

Vedes, caro irmão, quanto o Senhor é cheio de misericórdia, pois que, malgrado meus sofrimentos, permite-me vir falar-vos a linguagem de um bom Espírito.

A...

ALLAN KARDEC

REVISTA ESPÍRITA

JORNAL DE ESTUDOS PSICOLÓGICOS

ANO X	AGOSTO DE 1867	VOL. 8

FERNANDA

NOVELA ESPÍRITA

Tal é o título de um folhetim, pelo Sr. Jules Doinel (d'Aurillac), publicado no *Moniteur du Cantal,* de 23 e 30 de maio, 6, 13 e 20 de junho de 1866. Como se vê, o nome do Espiritismo não está dissimulado, e o autor deve ser tanto mais felicitado por sua coragem de opinião, que é mais rara nos escritores de província, onde as influências contrárias exercem uma pressão maior do que em Paris.

Lamentamos que, depois de ter sido publicada em folhetim, forma sob a qual uma ideia se espalha mais facilmente nas massas, a novela não tenha sido publicada em volume, e que os nossos leitores estejam privados do prazer de adquiri-la. Embora seja uma obra sem pretensões e circunscrita num pequeno quadro, é uma pintura verdadeira e atraente das relações entre o mundo espiritual e o mundo corporal, que traz sua contribuição à vulgarização da ideia espírita, do ponto de vista sério e moral. Ela mostra os puros e nobres sentimentos que esta crença pode desenvolver no coração do homem, a serenidade que dá nas aflições, pela certeza de um futuro que responde a todas as aspirações da alma e dá plena satisfação à razão. Para pintar essas aspirações com justeza, como o faz o autor, é preciso ter fé *naquilo que se diz.* Um escritor, para quem semelhante assunto não seria um quadro banal, sem convicção, julgaria que para fazer Espiritismo basta acumular o fantástico, o maravilhoso e as aventuras estranhas, como certos pintores julgam que basta espalhar cores vivas para fazer um quadro.

O Espiritismo verdadeiro é simples; toca o coração e não fere a imaginação com marteladas. Foi o que compreendeu o autor. O roteiro de *Fernanda* é muito simples. É uma jovem ternamente amada por sua mãe, roubada na flor da idade à sua ternura e ao amor de seu noivo, e que ressalta sua coragem manifestando-se à sua visão e ditando ao seu amado, que em breve deve reunir-se a ela, o quadro do mundo que o espera. Citaremos alguns dos pensamentos que aí notamos.

"Desde a aparição de *Fernanda*, eu me havia tornado um adepto resoluto da ciência de Além-Túmulo. Aliás, por que dela teria eu duvidado? O homem terá o direito de estabelecer limites ao *pensamento* e dizer a Deus: Não irás mais longe?"

"Considerando-se que estamos perto dela e pisamos uma terra que é santa, eu vou, meu caro amigo, te falar com o coração aberto, tomando Deus por testemunha da sinceridade de tudo quanto vais ouvir. Tu crês nos Espíritos, eu sei, e mais de uma vez me pediste para precisar tua crença sobre este ponto. Não o fiz, e é preciso dizer-te que sem as manifestações estranhas que tiveste, eu jamais tê-lo-ia feito. Meu amigo, creio que Deus deu a certas almas uma força de simpatia tão grande que ela pode propagar-se nas regiões desconhecidas da outra vida. É sobre este fundamento que repousa toda a minha doutrina. O charlatanismo e a velhacaria de certos adeptos me fazem mal, porque não compreendo que se possa profanar uma coisa tão santa."

"Oh! Stephen Stany (o noivo) tinha muita razão de dizer que o charlatanismo e a velhacaria profanam as coisas mais santas. A crença nos Espíritos deve tornar a alma serena. De onde vem, pois, que na obscuridade, o menor ruído me espante? Por vezes vi desenhar-se, na penumbra de minha alcova, ora o fantasma de *Fernanda* de Moeris, ora o vago perfil de minha mãe. Àqueles eu sorri, mas muitas vezes, também, minha vista se desviou com terror do rosto deformado de alguns Espíritos maus que vinham com o propósito de me afastar do bem e me desviar de Deus."

"Enquanto me falava, Stany estava calmo. Não notei em seu rosto qualquer traço de exaltação. Mas, junto dessa pedra, sua diafaneidade tornava-se ainda mais visível. A alma de meu amigo mostrava-se toda inteira ao meu olhar. Essa bela alma nada tinha a ocultar. Eu compreendia que o laço que a prendia a esse corpo de lama era muito fraco, e que não estava longe a hora em que ela voaria para o outro mundo."

"Ela me havia dito: 'Vai à casa de minha mãe.' – Isto foi difícil para mim, confesso; embora noivo de *Fernanda*, eu não estava muito bem com tua prima. Sabes quanto ela tinha inveja de todo aquele que detivesse uma parte da afeição de sua filha. Dir-te-ei que me recebeu de braços abertos e me disse chorando: 'Eu a revi!' A frieza estava quebrada; nós íamos nos compreender pela primeira vez. – Meu caro Stéphen, acrescentou ela, acho que eu sonhei! Mas, enfim, eu a vi, e escuta o que ela me disse: 'Mãe, pedirás a Stéphen Stany que fique oito dias no quarto que foi meu. Durante esses oito dias, não permitirás que o perturbem. Durante esse retiro, Deus lhe revelará muitas coisas.' – Conduziram-me imediatamente ao quarto de tua prima, e a partir daquele mesmo dia até ontem, quando te vi, sua alma esteve ininterruptamente comigo. Eu a vi e vi bem, com os olhos do Espírito e não com os do meu corpo, embora estes estivessem abertos. Ela me falou. Quando digo que me falou, quero dizer que houve entre nós *transmissão de pensamento*. Eu agora sei tudo o que precisava saber. Sei que este globo nada mais tem para mim, e que uma existência melhor me aguarda."

"Aprendi a estimar o mundo no seu justo valor. Retém estas palavras, meu amigo: Todo Espírito que quer atingir a felicidade superior deve manter seu corpo casto, seu coração puro, sua alma livre. Feliz quem sabe perceber a forma imaterial de Deus através das sombras do que se passa!"

"Não esqueçamos jamais, ó irmãos, que Deus é espírito e que quanto mais a gente se torna espírito, mais a gente se aproxima de Deus. Não é permitido ao homem quebrar violentamente os laços da matéria, da carne e do sangue. Esses laços supõem deveres; mas lhe é permitido deles se destacar pouco a pouco pelo idealismo de suas aspirações, pela pureza de suas intenções, pela radiação de sua alma, reflexo sagrado cujo dever é o lar, até que, pomba livre, seu Espírito desprendido das cadeias mortais voe e plane nos espaços imensos."

O manuscrito ditado pelo Espírito de Fernanda, durante os oito dias do retiro de Stéphen, contém as seguintes passagens:

"Morri na perturbação e despertei na alegria. Vi meu corpo, logo que esfriou, estender-se no leito funerário, e me senti como que descarregada de um pesado fardo. Foi então que te percebi, meu bem-amado, e que pela permissão de Deus, unida ao livre exercício de minha vontade, eu te percebi junto ao meu cadáver.

"Enquanto os vermes seguiam sua obra de corrupção, eu penetrava, curiosa, os mistérios do mundo novo que habitava. Eu pensava, eu sentia, eu amava como na Terra; mas meu pensamento, minha sensação, meu amor tinham crescido. Eu compreendia melhor os desígnios de Deus, *eu aspirava sua vontade divina*. Vivemos uma vida quase imaterial, e somos superiores a vós tanto quanto os anjos o são a nós. Nós vemos Deus, mas não claramente; nós o vemos como se vê o Sol de vossa Terra, através de uma espessa nuvem. Mas esta visão imperfeita basta à nossa alma, que ainda não está purificada.

"Os homens nos aparecem como fantasmas vagando numa bruma crepuscular. Deus deu a alguns dentre nós a graça de ver mais claro aqueles a quem amam de preferência. Eu te via assim, caro amor, e minha vontade te cercava de uma simpatia amorosa a todo momento. É assim que teus pensamentos vinham a mim; que teus atos eram inspirados por mim; que a tua vida, numa palavra, não era senão um reflexo de minha vida. Assim como podemos comunicar-nos convosco, os Espíritos superiores podem revelar-se às nossas vistas. Por vezes, na transparência imaterial, vemos passar a silhueta augusta e luminosa de algum Espírito. É-me impossível descrever-te o respeito que essa visão nos inspira. Felizes aqueles dentre nós que são honrados com essas visitas divinas. Admira a bondade de Deus! Os mundos se correspondem todos. Nós nos mostramos a vós; eles se mostram a nós; é a simbólica escada de Jacob."

"É assim que, num só bater de asas, se elevavam até Deus. Mas esses são raros. Outros sofrem as longas provações das existências sucessivas. É a virtude que estabelece as classes, e o mendigo curvado para a terra é, às vezes, aos olhos do Deus justo e severo, maior que o rei soberbo ou o conquistador invicto. Nada vale senão a alma; é o único peso que importa na balança de Deus."

266 | REVISTA ESPÍRITA

Agora que fizemos o elogio, façamos a crítica. Ela não será longa, porque só atinge dois ou três pensamentos. Para começar, no diálogo entre os dois amigos, encontramos a seguinte passagem:

"Temos existências anteriores? Não o creio: Deus nos tira do nada, mas do que tenho certeza é que depois que chamamos a morte, começamos – e quando digo nós, falo da alma – começamos, digo, uma série de novas existências. No dia em que estivermos bastante puros para ver, compreender e amar Deus inteiramente, só nesse dia morremos. Note bem que nesse dia não amamos mais que Deus e nada senão Deus. Se, pois, Fernanda estava purificada, ela não pensaria, não poderia pensar em mim. Porque se manifestou, concluo que vive. Onde? Em breve saberei! Ela está feliz com sua vida, eu o creio, porque enquanto o Espírito não tiver sido completamente depurado, não pode compreender que a felicidade só está em Deus. Ele pode ser relativamente feliz. À medida que subimos, a ideia de Deus cada vez mais cresce em nós, e somos, por isso mesmo, cada vez mais felizes. Mas essa felicidade jamais é senão uma felicidade relativa. Assim, minha noiva vive. Como é a sua vida? Ignoro. Só Deus pode dizer aos Espíritos que revelem esses mistérios aos homens."

Depois de ideias como as que encerram as passagens precitadas, a gente se admira de encontrar uma doutrina como esta, que faz da felicidade perfeita uma felicidade egoística. O encanto da Doutrina Espírita, o que dela faz uma suprema consolação, é precisamente o pensamento da perpetuidade das afeições, depurando-se e estreitando-se à medida que o Espírito se depura e se eleva. Aqui, ao contrário, quando o Espírito é perfeito, esquece os que amou, para não pensar senão em si; está *morto* para qualquer outro sentimento que não seja o de sua felicidade; a perfeição lhe tirará a *possibilidade,* o *próprio desejo* de vir consolar os que ele deixa na aflição. Convenhamos que isto seria uma triste perfeição, ou melhor, seria uma imperfeição. A felicidade eterna, assim concebida, quase não seria mais invejável que a perpétua contemplação, da qual a reclusão claustral nos dá a imagem pela morte antecipada das mais santas afeições da família. Se assim fosse, uma mãe estaria reduzida a temer, em vez de desejar, a completa depuração dos seres que lhe são mais caros. Jamais a generalidade dos Espíritos ensinou coisa semelhante. Dir-se-ia uma transição entre o Espiritismo e a crença vulgar. Mas essa transição não é feliz, porque, não satisfazendo às aspirações íntimas da alma, não tem nenhuma chance de prevalecer na opinião.

Quando o autor diz que não acredita nas existências anteriores, mas que está certo que, depois da morte, começamos uma série de novas existências, não se apercebeu que comete uma contradição flagrante. Se admite, como coisa lógica e necessária ao progresso, a pluralidade das existências posteriores, em que se fundamenta para não admitir as existências anteriores? Ele não diz como explica de uma maneira condizente com a justiça de Deus, a desigualdade nativa, intelectual e moral, que existe entre os homens. Se esta existência é a primeira, e se todos saíram do nada, cai-se na doutrina absurda, inconciliável com a soberana justiça, de um Deus parcial, que favorece algumas das suas criaturas, criando almas de todas as qualidades. Poder-se-ia aí ver um ajuste com as ideias novas, mas que não é mais feliz do que o precedente.

A gente se admira, enfim, de ver Fernanda, Espírito adiantado, sustentar esta proposição de outro tempo: "Laura tornou-se mãe; Deus teve piedade dela e chamou para si essa criança. Ele vem vê-la, às vezes. Ele está triste, porque tendo morrido sem batismo, *jamais* gozará da contemplação divina." Assim, eis um Espírito que *Deus chama a si,* e que sempre será infeliz e privado da contemplação de Deus, porque não recebeu o batismo, quando dele não dependia recebê-lo, e a falta é do próprio Deus, que o chamou muito cedo. São essas doutrinas que fizeram tantos incrédulos, e se enganam se esperam fazê-las passar para o lado das ideias espíritas que se enraízam. Aceitarão das ideias espíritas somente o que é racional e sancionado pela universalidade dos ensinamentos dos Espíritos. Se aí ainda há transação, ela é equivocada. Asseguramos que em mil centros espíritas onde as proposições que acabamos de criticar forem submetidas aos Espíritos, haverá novecentos e noventa onde elas serão resolvidas em sentido contrário.

Foi a universalidade do ensino, aliás sancionada pela lógica, que *fez* e que *completará* a Doutrina Espírita. Esta doutrina colhe nessa universalidade do ensino dado em todos os pontos do globo, por Espíritos diferentes, e em centros completamente estranhos uns aos outros, e que não sofrem qualquer pressão comum, uma força contra a qual em vão lutariam as opiniões individuais, quer dos Espíritos, quer dos homens. A aliança que se pretendesse estabelecer das ideias espíritas com ideias contraditórias, não pode ser senão efêmera e localizada. As opiniões individuais podem ligar alguns indivíduos, mas, forçosamente circunscritas, não podem ligar a maioria, a menos que tenha a sanção dessa maioria. Rechaçadas pelo maior número, elas não têm vitalidade e se extinguem com os seus representantes.

Este é o resultado de um puro cálculo matemático. Se em 1.000 centros houver 990 onde se ensina da mesma maneira e 10 de maneira contrária, é evidente que a opinião dominante será de 990 em 1.000, isto é, a quase unanimidade. Pois bem! Estamos certos de conceder uma parte muito grande às ideias divergentes, levando-as a um centésimo. Jamais formulando um princípio antes de estar assegurado do assentimento geral, estamos sempre de acordo com a opinião da maioria.

O Espiritismo está hoje de posse de uma soma de verdades de tal modo demonstradas pela experiência, que ao mesmo tempo satisfazem à razão tão completamente, e que passaram a artigos de fé na opinião da imensa maioria de seus adeptos. Ora, pôr-se em aberta hostilidade com esta maioria, chocar suas aspirações e suas mais caras convicções, é preparar-se para um choque inevitável. Tal é a causa do insucesso de certas publicações.

Mas, perguntarão, é então proibido a quem não compartilha as ideias da maioria publicar as suas opiniões? Certamente não; é mesmo útil que o faça; mas, então, deve fazê-lo por sua conta e risco, e não contar com o apoio moral e material daqueles cujas crenças querem destruir.

Voltando a *Fernanda*, os pontos de doutrina que combatemos parecem ser opinião pessoal do autor, que não sentiu o lado fraco. Remetendo-nos a sua obra, estreia de um jovem, disse-nos ele que quando tinha escrito essa novela, tinha apenas um conhecimento superficial da Doutrina Espírita e que, sem dúvida, nela encontraríamos várias coisas a corrigir, e sobre as quais pedia a nossa opinião; que hoje, mais esclarecido, há princípios que formularia de outro modo. Felicitando-o por sua franqueza e por sua modéstia, informamos-lhe que se houvesse motivo para refutá-lo, fá-lo-íamos na *Revista,* para instrução de todos.

Além dos pontos que acabamos de citar, não há nenhum que a Doutrina Espírita não possa aceitar. Felicitamos o autor pelo ponto de vista moral e filosófico em que se colocou, e consideramos o seu trabalho como eminentemente útil à difusão da ideia, porque enseja que ela seja encarada sob sua verdadeira luz, que é o ponto de vista sério. (Vide no número precedente a poesia do mesmo autor, intitulada *Aos Espíritos Protetores*).

SIMONET

MÉDIUM CURADOR DE BORDÉUS

O *Fígaro* de 5 de julho último dava conta, nestes termos, de um julgamento feito pelo tribunal de Bordéus:

"Nestes últimos tempos, o furor em Bordéus era ir consultar o feiticeiro de Cauderon. Avalia-se em mil ou mil e duzentas a quantidade de visitas diárias que ele recebia. A polícia, que faz profissão de ceticismo, inquietou-se com semelhante sucesso e quis fazer uma devassa no castelo de Bel-Air, onde o feiticeiro tinha estabelecido sua morada. Nos arredores da morada do feiticeiro encontrava-se uma multidão acometida de toda espécie de doença; grandes damas também aí vinham de carro para consultar o iluminado.

"Os magistrados, após interrogar o feiticeiro, ficaram convencidos que se tratava de um pobre louco que era explorado por aqueles que lhe davam hospedagem; assim, o feiticeiro Simonet não foi envolvido na perseguição que se contentaram em dirigir contra os irmãos Barbier, hábeis comparsas que recolhiam todo o lucro da credulidade gascã.

"Sua casa, que como verdadeiros gascões enfeitavam com o nome de castelo, tinha sido convertida em albergue; apenas os vinhos aí vendidos nada tinham de comum com os que no Languedoc são chamados vinhos de Château; além disto, eles tinham esquecido de obter uma licença, de modo que a administração das contribuições indiretas havia movido contra eles um processo.

"O feiticeiro Simonet tinha sido citado como testemunha.

– "Onde aprendestes a medicina, se sois um simples caldeireiro?

– "E o que pensais da revelação? Quem eram, então, os discípulos do Cristo? Que faziam esses pobres pescadores que converteram o mundo? Deus me apareceu. Ele me deu a sua ciência e eu não preciso de remédios; sou um médico curador.

– "Onde aprendestes tudo isto?

– "Em Allan Kardec... e mesmo, Senhor Presidente, eu vo-lo digo com todo o respeito possível, pareceis não conhecer a ciência do Espiritismo, e eu vos aconselho mesmo a estudá-la (Hilaridade a que não resistiram os próprios juízes).

– "Abusais da credulidade pública. Assim, para citar apenas um exemplo, há um pobre cego que toda Bordéus conhece. Ele cometeu a fraqueza de ir a vós e vos levava óbolos, que recebia da caridade pública. Devolveste-lhe a visão?

– "Eu não curo todo mundo, mas é preciso crer que eu faço curas, porque no dia em que a justiça veio, havia mais de 1.500 pessoas que esperavam a sua vez.

– "Infelizmente é verdade.

"O senhor procurador imperial:

– "E se isto continuar, tomaremos uma destas duas medidas: ou vos citaremos aqui por extorsão, e a justiça apreciará se sois louco, ou tomaremos uma medida administrativa contra vós. É preciso proteger as pessoas honestas contra sua credulidade.

"No Castelo de Bel-Air não pediam dinheiro aos consulentes; apenas lhes distribuíam um número de ordem, pelo qual pagavam vinte cêntimos; depois havia os que traficavam com esses números, revendendo-os até a quinze francos. Davam comida para os pobres camponeses, por vezes vindos dos limites do Departamento. Enfim, havia um recipiente para o depósito de esmolas para os pobres; desnecessário dizer que os hospedeiros do feiticeiro se apropriavam do dinheiro dos pobres.

"O tribunal condenou os tais Barbier a dois meses e um mês de prisão e 300 francos a título de contribuições indiretas."

Ad. ROCHER

Eis a verdade sobre Simonet, e como se revelou sua faculdade.

Os senhores Barbier constroem em Cauderan, subúrbio de Bordéus, um vasto estabelecimento, como há vários no bairro, destinado a bailes, núpcias e banquetes, e ao qual deram o nome de *Château du Bel-Air,* o que não é mais gascão que o *Châteu-Rouge* ou o *Château des Fleurs* de Paris. Simonet ali trabalhava como *marceneiro* e não como *caldeireiro.* Durante os trabalhos de construção, acontecia muitas vezes que operários se feriam ou adoeciam. Simonet, espírita há muito tempo, e conhecendo um pouco de magnetismo, instintivamente foi levado, sem desígnio premeditado, a deles cuidar pela influência fluídica, e curou muitos. A repercussão dessas curas espalhou-se, e em breve ele viu uma multidão de doentes a ele acorrerem, tanto é certo que, façam o que fizerem, não tirarão dos doentes o desejo de se verem curados, seja por quem for. Sabemos por testemunhas oculares que a média dos que se apresentavam era de mais de mil por dia. A estrada estava atravancada de veículos de toda espécie, vindos de várias léguas de distância, carretas ao lado de equipagens. Havia pessoas que passavam a noite à espera de sua vez.

Mas nessa multidão havia pessoas que necessitavam comer e beber. Os empreendedores do estabelecimento forneciam alimentação e bebida, e isto se tornou para eles um ótimo negócio. Quanto a Simonet, que era uma fonte de lucros indiretos, era hospedado e alimentado; isto era o de menos, e não se lhe poderia fazer qualquer reproche. Como se acotovelavam à porta, para evitar a confusão, tomaram a sábia decisão de dar um número de ordem aos que chegavam, mas tiveram a ideia menos feliz de cobrar dez cêntimos por número, e mais tarde vinte cêntimos, o que, dada a afluência, diariamente perfazia um montante bem considerável. Por menor que fosse essa retribuição, todos os espíritas, e o próprio Simonet, que não estava metido nisso, a viram com pesar, pressentindo o mau efeito que isto produziria. Quanto ao tráfico de cartões, parece certo que algumas pessoas mais apressadas, para entrar mais cedo, compravam o lugar de gente pobre que estava à frente, muito contentes com esse ganho inesperado. Nisto não há grande mal, mas podia e devia certamente resultar em abuso. Foram esses abusos que motivaram a ação judiciária dirigida contra os tais Barbier, como tendo aberto um estabelecimento de consumação antes de se haverem munido de um alvará. Quanto a Simonet, não foi posto em causa, mas apenas citado como testemunha.

A reprovação geral que se liga à exploração, em casos análogos ao de Simonet, é digna de nota. Parece que um sentimento instintivo leva até mesmo os incrédulos a ver no desinteresse absoluto uma prova de sinceridade que inspira uma espécie de respeito involuntário. Eles não creem na faculdade; levam-na em troça, mas qualquer coisa lhes diz que se ela existe, deve ser uma coisa santa, que não pode, sem profanação, tornar-se uma profissão; limitam-se a dizer: É um pobre louco de boa-fé; mas todas as vezes que a especulação, seja sob que forma for, se mistura a uma mediunidade qualquer, a crítica se julga dispensada de qualquer consideração.

Simonet cura realmente? Pessoas dignas de fé, muito respeitáveis, e que teriam mais interesse em desmascarar a fraude do que em preconizá-la, nos citaram numerosos casos de cura perfeitamente autênticos. Aliás, parece-nos que se ele não tivesse curado ninguém, já teria perdido todo o crédito. Ademais, ele não tem a pretensão de curar todo mundo; nada promete; diz que a cura não depende dele, mas de Deus, de que é apenas instrumento, e cuja assistência deve ser implorada; recomenda a prece e ele próprio ora. Lamentamos muito não ter podido vê-lo durante nossos dias em Bordéus; mas todos os que o conhecem são concordes em dizer que é um homem suave, simples, modesto, sem jactância nem fanfarronadas, que não procura prevalecer-se de uma faculdade que sabe que pode ser-lhe retirada. É benevolente com os doentes, que encoraja por boas palavras. O interesse que lhes demonstra não se baseia na posição que ocupam; tem tanta solicitude pelo mais miserável quanto pelo mais rico. Se a cura não for instantânea, o que ocorre muitas vezes, ele aí põe toda a perseverança necessária.

Eis o que nos foi dito. Ignoramos quais serão para ele as consequências deste negócio, mas é certo que, se for sincero e perseverar nos sentimentos de que parece animado, não lhe faltarão a assistência e a proteção dos bons Espíritos; ele verá sua faculdade desenvolver-se e crescer, ao passo que a verá declinar e perder-se se entrar num mau caminho, sobretudo se pensar em se envaidecer.

NOTA: No momento de ir para o prelo, soubemos que, em consequência da fadiga para ele resultante do longo e penoso exercício de sua faculdade, mais do que para escapar aos ataques de que era vítima, Simonet resolveu suspender qualquer recepção até nova ordem. Se os doentes sofrem por esta abstenção, ao menos se produziu um grande efeito.

ENTRADA DOS INCRÉDULOS NO MUNDO DOS ESPÍRITOS

O DOUTOR CLAUDIUS

(Sociedade de Paris. Médium, Sr. Morin, em sonambulismo espontâneo)

Um médico, que designaremos sob o nome de doutor Claudius, conhecido de alguns dos nossos colegas, cuja vida tinha sido uma profissão de fé materialista, morreu há algum tempo de uma afecção orgânica que ele sabia ser incurável. Chamado, sem dúvida, pelo pensamento dos que o haviam conhecido e que desejavam conhecer sua posição, manifestou-se espontaneamente por intermédio do Sr. Morin, um dos médiuns da Sociedade, em estado de sonambulismo espontâneo. Já várias vezes esse fenômeno se produziu por esse médium e por outros adormecidos no sono espiritual.

O Espírito que assim se manifesta apodera-se da pessoa do médium e se serve de seus órgãos como se ele ainda estivesse vivo. Então não mais é uma fria comunicação escrita, porquanto o que temos diante dos olhos é a expressão, a pantomima e a inflexão de voz do indivíduo.

Foi nestas condições que se manifestou o doutor Claudius, sem ter sido evocado. Sua comunicação, que publicamos textualmente a seguir, é instrutiva sob vários aspectos, principalmente porque descreve os sentimentos que o agitam; a dúvida

274 | REVISTA ESPÍRITA

ainda constitui o seu tormento e a incerteza de sua situação que o mergulha numa terrível perplexidade, e aí está a sua punição. É um exemplo a mais que vem confirmar o que se viu muitas vezes em casos semelhantes.

Após uma dissertação sobre outro assunto, o médium absorvido se recolhe alguns instantes, depois, como se despertasse penosamente, assim se exprime, falando consigo mesmo:

Ah! Ainda um sistema!... Que há de verdadeiro e de falso na existência humana, na criação, na criatura, no criador? ... A coisa existe?... A matéria é mesmo verdadeira?... A ciência é uma verdade?... O saber, uma aquisição?... A alma... a alma existe?

O criador, a divindade não é um mito?... Mas... que digo eu?... Por que essas blasfêmias multiplicadas?... Por que, em face da matéria, não posso crer, ó meu Deus, não posso ver, sentir, compreender?...

Matéria!... Matéria!... Mas, sim, tudo é matéria... Tudo é matéria!!!... Entretanto, a invocação a Deus veio-me à boca!... Por que, então, disse eu: Ó meu Deus?... Por que esta palavra, se sei que tudo é matéria?... Sou eu?... Não é um eco do meu pensamento que raciocina e que se escuta?... Não são os últimos repiques do sino que eu tocava?

Matéria!... Sim, a matéria existe, eu o sinto!... A matéria existe; eu a toquei!... mas!... nem tudo é matéria, e contudo... contudo, tudo foi auscultado, apalpado, tocado, analisado, dissecado fibra a fibra, e nada!... Nada senão a carne, sempre a matéria que desde o instante em que o grande movimento parou, parou também!... O movimento para, o ar não chega mais... Mas!... se tudo é matéria, por que ela não mais se põe em movimento, porquanto tudo o que existia quando ela se agitava existe ainda?... E contudo... *ele* não mais existe!...

Mas sim, eu existo!... Nem tudo acabou com o corpo!... Na verdade... estou mesmo morto?... Entretanto, esse roedor que alimentei, que cuidei com minhas mãos, ele não me perdoou!... É verdade; estou morto!... Mas essa doença que vi nascer... crescer... tinha uma alma?

Ah! a dúvida! sempre a dúvida!... em resposta a todas as minhas secretas aspirações!... Mas, se eu sou, ó meu Deus, se eu existo... ah! fazei que eu me reconheça!... fazei-me vos pressentir!... porque se eu sou, que longa sucessão de blasfêmias!...

que longa negação de vossa sabedoria, de vossa bondade, de vossa justiça!... Que imensa responsabilidade do orgulho assumi sobre minha cabeça, ó meu Deus!... Mas sim, eu ainda tenho um *eu*, eu que nada queria admitir que não fosse possível tocar... Duvidei de vossa sabedoria, ó meu Deus! É justo que eu duvide!... Sim, eu duvidei; a dúvida me persegue e me castiga.

Oh! Mil mortes antes que a dúvida em que vivo!... Eu vejo. Eu encontro velhos amigos... e contudo, todos eles morreram antes!... Méry! Meu pobre louco!... mas o louco não sou eu?... o epíteto de louco se adapta à sua personalidade?

– Vejamos, então. O que é a loucura?... A loucura!... A loucura!... Decididamente, a loucura é universal!!! Todos os homens são loucos num grau maior ou menor... mas a sua loucura, *a dele,* não era sabedoria ao lado de minha própria loucura?... Para ele, os sonhos, as imagens, as aspirações ao além da... mas, é justiça!... Conhecia eu esse desconhecido que a mim se apresenta inopinadamente?... Não, não, o nada não existe, porque se existisse, esta encarnação de negação, de crimes, de infâmias, não me torturaria assim!... Eu vejo, mas vejo demasiado tarde, todo o mal que fiz!... Vendo-o hoje, e reparando-o pouco a pouco, talvez um dia eu seja digno de ver e fazer o bem!...

Sistemas!... Sistemas orgulhosos, produtos de cérebros humanos, eis para onde nos conduzis!... Num, é a divindade; noutro, a divindade material e sensual; num terceiro, o nada, nada!... Nada, divindade material, divindade espiritual, são palavras?... Oh! Eu peço para ver, meu Deus!... E se eu existo, e se vós existis, concedei-me o favor que vos peço; aceitai minha prece, porque vos peço, ó meu Deus, que me façais ver se eu existo, se eu sou!... (Estas últimas palavras foram ditas com um tom dilacerante).

OBSERVAÇÃO: Se o Sr. Claudius perseverou até o fim na sua incredulidade, não foram os meios de se esclarecer que lhe faltaram. Como médico, tinha, necessariamente, o espírito cultivado, a inteligência desenvolvida, um saber acima do vulgo e, contudo, isto não lhe bastou. Em suas minuciosas investigações da natureza morta e da natureza viva, ele não entreviu Deus, não entreviu a alma! Vendo os efeitos, não soube remontar

276 | REVISTA ESPÍRITA

à causa! ou melhor, ele havia imaginado uma causa à sua maneira, e seu orgulho de sábio o impedia de confessá-lo a si próprio, de confessar sobretudo à face do mundo que ele podia ter-se enganado.

Circunstância digna de nota, ele morreu de um mal orgânico que ele *sabia,* por sua própria ciência, *ser incurável*; esse mal, que ele tratava, era uma advertência permanente; a dor que lhe causava era uma voz que lhe gritava sem cessar que pensasse no futuro. Entretanto, nada pôde triunfar sobre sua obstinação. Ele manteve os olhos fechados até o último momento.

Será que esse homem algum dia poderia ter-se tornado espírita? Certamente não. Nem fatos, nem raciocínios teriam podido vencer uma opinião estabelecida *a priori*, e da qual ele estava decidido a não se desviar. Ele era desses homens que não se querem render à evidência, porque neles a incredulidade é *inata,* como a crença em outros. O sentido pelo qual um dia poderão assimilar os princípios espirituais ainda não eclodiu; eles são, para a espiritualidade, o que os cegos de nascença são para a luz: não a compreendem.

Portanto, a inteligência não basta para conduzir pelo caminho da verdade; ela é como o cavalo que nos carrega, e que segue a rota que lhe traçamos. Se essa rota conduz a um pântano, ela aí precipita o cavaleiro; mas, ao mesmo tempo, dá-lhe os meios de se erguer.

Tendo o Sr. Claudius morrido voluntariamente como cego espiritual, não é de admirar que não tenha visto a luz imediatamente; que ele não se reconheça num mundo que não quis estudar; que, morto com a ideia do nada, duvide de sua própria existência, incerteza pungente que constitui o seu tormento. Ele caiu no precipício para onde impeliu sua montaria-inteligência. Mas ele pode erguer-se dessa queda e parece já entrever um clarão que, se o seguir, o conduzirá ao porto. É em seus louváveis esforços que é preciso sustentá-lo pela prece. Quando tiver gozado dos benefícios da luz espiritual, ele terá horror às trevas do materialismo; e se um dia voltar à Terra, será com intuições e aspirações muito diversas das que tinha nesta última existência.

UM OPERÁRIO DE MARSELHA

Num grupo espírita de Marselha, a Sra. T..., médium, escreveu espontaneamente a seguinte comunicação:

Escutai um infeliz que foi arrancado violentamente do meio de sua família, e que não sabe onde está... Em meio às trevas em que me encontro, pude seguir um raio luminoso de um Espírito, ao que me dizem; mas não creio nos Espíritos. Sei bem que é uma fábula inventada por cabeças débeis e crédulas... De minha parte não compreendo mais nada... Vejo-me duplo; um corpo mutilado jaz ao meu lado, contudo, estou vivo... Vejo os meus parentes que se desolam, sem contar meus companheiros de infortúnio, que não veem tão claramente quanto eu. Assim, aproveitei a luz que me conduziu até aqui, para vir colher informações junto de vós.

Parece-me que não é a primeira vez que vos vejo. Minhas ideias ainda estão confusas... Permitem-me voltar outra vez, quando eu estiver mais habituado à minha posição atual... Para mim dá na mesma, eu me vou com pesar; encontrava-me em meu centro... mas sinto que é preciso obedecer. Este Espírito me parece bom, mas severo. Vou esforçar-me para ganhar as suas boas graças, para poder falar mais vezes convosco.

Um operário do curso Lieutaud

No desmoronamento de uma ponte que ocorreu poucos dias antes, seis operários tinham morrido. Foi um desses que se manifestou.

Depois desta comunicação, o guia do médium lhe ditou o seguinte:

Cara irmã, este Espírito infeliz foi conduzido a ti para exercitares a tua caridade. Como nós a praticamos para com os encarnados, a vossa deve exercer-se para com os desencarnados.

Embora esse infeliz seja sustentado por seu anjo da guarda, este lhe deve ficar invisível, até que ele se reconheça bem na sua situação. Para isto, cara irmã, toma-o sob tua proteção, que reconheço ser ainda fraca; mas, sustentado por tua fé, esse Espírito em breve verá reluzir a aurora de um novo dia, e o que recusou reconhecer depois de sua catástrofe, em breve tornar-se-á para ele um motivo de paz e de alegria. Tua tarefa não será muito difícil, porque ele tem o essencial para te compreender: a bondade do coração.

Escuta, cara irmã, os impulsos do teu coração, e sairás vitoriosa da prova que tua nova missão te impõe.

Sustentai-vos mutuamente, caros irmãos e muito amadas irmãs, e a nova Jerusalém que estais a ponto de atingir vos será aberta com cantos de triunfo, porque o cortejo que vos seguirá vos tornará vitoriosos. Mas para bem combater os obstáculos exteriores, antes de tudo é preciso ter vencido a si mesmo. Deveis manter uma disciplina severa para o vosso coração. A menor infração deve ser reprimida, sem buscar atenuar a falta, senão não sereis jamais vencedores dos outros. Entre vós, é preciso rivalizar em virtudes e vigilância.

Coragem, amigos; não estais sós; sois sustentados e protegidos pelos combatentes espirituais que esperam em vós e chamam sobre vós a bênção do Altíssimo.

Vosso guia.

Como se vê, este fato tem alguma analogia com o precedente. É igualmente um Espírito que não se reconhece, que não compreende sua situação, mas é fácil de ver qual dos dois sairá primeiro da incerteza. Pela linguagem de um, se reconhece o sábio orgulhoso que racionalizou sua incredulidade, que, ao que parece, nem sempre fez de sua inteligência e de seu saber o melhor uso possível. O outro é uma natureza inculta, mas boa, à qual, sem dúvida, só faltou uma boa direção. Nele a incredulidade não era um sistema, mas uma consequência da falta de ensinamento conveniente. Aquele que em vida pudesse ter tido piedade do outro, bem que poderia tê-lo visto mais cedo numa posição mais feliz que ele. Que possa Deus pô-los em presença um do outro para sua mútua instrução, e o sábio bem poderia sentir-se feliz em receber as lições do ignorante.

VARIEDADES

A LIGA DO ENSINO

Lê-se no *Siècle* de 10 de julho de 1867:

"Uma seção da associação fundada por Jean Macé acaba de ser autorizada em Metz, pela prefeitura, sob o nome de "Círculo da *Liga do Ensino* de Metz."

"A respeito, lê-se no *Moselle:*

"A comissão diretora eleita do círculo entrou em atividade e decidiu começar seus trabalhos pela fundação de uma biblioteca popular, no modelo das que prestam tão grandes serviços na Alsácia.

"Para essa obra, o Círculo de Metz reclama o concurso de todos e solicita a adesão de quem quer que se interesse pelo desenvolvimento da instrução e da educação em nossa cidade. Essas adesões, acompanhadas de uma quotização cujo valor e forma de pagamento são facultativos, e as doações de livros, serão recebidos por qualquer um dos membros da comissão."

Como dissemos, quando falamos da Liga do ensino (*Revista* de março e abril de 1867), nossas simpatias são conquistadas por todas as ideias progressistas. Naquele projeto criticamos apenas o modo de execução. Assim, sentir-nos-emos feliz por ver aplicações práticas dessa bela ideia.

SENHORA WALKER, DOUTORA EM CIRURGIA

Os médicos e internos do Hospital de Caridade receberam sábado, durante o período da manhã, um de seus confrades americanos, a quem a última guerra da América deu uma certa reputação.

Esse doutor em cirurgia não era nada mais nada menos que a Senhora Walker, que durante a guerra da secessão dos Estados Unidos, dirigiu importante serviço de ambulâncias. Pequena, de compleição delicada, vestida com a elegante simplicidade que distingue as damas da Sociedade, a Senhora Walker foi recebida com muita simpatia e mui respeitosamente.

Interessou-se vivamente pelos dois grandes serviços, o cirúrgico e o médico. Sua presença no Hospital de Caridade proclamava um princípio novo, que recebeu sua consagração no novo mundo: a igualdade da mulher perante a Ciência.

(Opinion nationale)

(Vide a *Revista* de junho de 1867 e janeiro de 1866 sobre a emancipação da mulher).

O IMAN, GRANDE ESMOLER DO SULTÃO

Sábado, 6 de julho, diz a *Presse*, o iman ou grande esmoler do sultão, Hairoulah-Effendi, visitou o Monsenhor Chigi, núncio apostólico, e o Monsenhor Arcebispo de Paris.

A viagem do sultão a Paris é mais que um acontecimento político. É um sinal dos tempos, o prelúdio do desaparecimento dos preconceitos religiosos que por tanto tempo ergueram uma barreira entre os povos e ensanguentaram o mundo. Vindo o sucessor de Maomé, de sua plena vontade, visitar um país cristão, fraternizando com um soberano cristão, teria sido, de sua parte, e não há muito tempo, um ato audacioso. Hoje o fato parece muito natural. O que é ainda mais significativo é a visita do Iman, seu grande esmoler, aos chefes da Igreja. A iniciativa que ele tomou nessa circunstância, porque a etiqueta a isto não obrigava, é uma prova do progresso das ideias. Os ódios religiosos são anomalias no século em que estamos, e é de bom augúrio para o futuro ver um dos príncipes da religião muçulmana dar o exemplo de tolerância e abjurar as prevenções seculares.

Uma das consequências do progresso moral será certamente um dia a unificação das crenças: ela ocorrerá quando os diferentes cultos reconhecerem que há um só Deus para todos os homens, e que é absurdo e indigno dele lançarmos anátemas porque não o adoramos da mesma maneira.

JEAN RYZAK. A FORÇA DO REMORSO

ESTUDO MORAL

Escrevem de Winschoten, a 2 de maio de 1867, ao *Journal de Bruxelles*:

Sábado passado aconteceu em nossa comuna que um operário cavouqueiro se apresentou na casa do guarda campestre, onde intimou esse funcionário a prendê-lo e o entregar à justiça, diante da qual, dizia ele, tinha que fazer a confissão de um crime por ele cometido há vários anos. Levado ante o burgomestre, esse operário, que declarou chamar-se Jean Ryzak, fez a seguinte confissão:

"Há cerca de doze anos eu era empregado nos trabalhos de dessecamento do lago de Harlem, quando um dia o cabo, pagando a minha quinzena, entregou-me o soldo devido a um de meus camaradas, com ordem de entregá-la a este último. Gastei o dinheiro e, querendo evitar aborrecimentos de investigações, resolvi matar o amigo a quem acabara de roubar. Para isso, precipitei-o num dos abismos do lago e, vendo-o voltar à superfície e fazer esforços para nadar para a margem, dei-lhe duas facadas na nuca.

"Logo que cometi o crime, o remorso começou a fazer-se sentir. Em breve tornou-se intolerável e foi-me impossível continuar no trabalho. Comecei por fugir do teatro do meu erro, e não achando em parte alguma do país nem paz nem trégua, embarquei para as Índias, onde me alistei no exército colonial. Mas lá também o espectro de minha vítima me perseguiu noite e dia; minhas torturas eram incessantes e incríveis e, assim que terminou o meu período de engajamento, uma força irresistível impeliu-me a voltar a Winschoten e a pedir à justiça o apaziguamento de minha consciência. Ela mo dará, impondo-me a expiação que julgar conveniente, e se ordenar que eu morra, prefiro esse suplício ao que me faz experimentar, há doze anos, a toda hora do dia e da noite, o carrasco que trago no peito."

Após essa declaração, e tendo certeza de que o homem que estava à sua frente estava no pleno uso de sua razão, o magistrado requisitou a polícia, que prendeu Ryzak e relatou imediatamente o caso ao oficial de justiça. Aqui se aguarda com emoção a sequência que poderá ter este estranho acontecimento.

INSTRUÇÕES DOS ESPÍRITOS SOBRE ESTE CASO

(Sociedade de Paris, 10 de maio de 1867 - Médium, Srta. Lateltin)

Como sabeis, cada ser tem a liberdade do bem e do mal, o que chamais de livre-arbítrio. O homem tem em si sua consciência que o adverte quando fez o bem ou fez o mal, cometeu uma ação má ou negligenciou de fazer o bem; sua consciência que, como guarda vigilante encarregada de velar por ele, aprova ou desaprova sua conduta. Muitas vezes acontece que ele se mostre rebelde à sua voz, que repila as suas inspirações; que queira abafá-la pelo esquecimento, mas nunca ela é completamente aniquilada para que num dado momento não desperte mais forte e mais poderosa e não exerça um severo controle de vossas ações.

A consciência produz dois efeitos diferentes: a satisfação de haver agido bem, a paz que deixa o sentimento do dever cumprido; e o remorso que penetra e tortura quando se praticou uma ação reprovada por Deus, pelos homens ou pela honra. É, propriamente falando, o senso moral. O remorso é como uma serpente de mil voltas, que circula em redor do coração e o devasta; é o remorso que sempre vos faz ouvir os mesmos brados e vos grita: Fizeste uma ação má; deverás ser punido; teu castigo não cessará senão depois da reparação. E quando a esse suplício de uma consciência atormentada vem juntar-se a visão constante da vítima, da pessoa a quem se fez o mal; quando, sem repouso nem trégua, sua presença censura ao culpado sua conduta indigna, lhe repete incessantemente que sofrerá enquanto não houver expiado e reparado o mal que fez, o suplício se torna intolerável. É então que, para pôr fim às suas torturas, seu orgulho se dobra e ele confessa os seus crimes. O mal carrega em si a sua pena, pelo remorso que deixa e pelos reproches feitos unicamente pela presença daqueles contra os quais se agiu mal.

Crede-me, escutai sempre essa voz que vos adverte quando estais prestes a falir; não a abafeis pela revolta do vosso orgulho, e se falirdes, apressai-vos em reparar o mal, pois do contrário o remorso seria vossa punição. Quanto mais tardardes, mais penosa será a punição e mais prolongado o suplício.

UM ESPÍRITO

(Mesma sessão – Médium, Sra. B...)

Hoje tendes um exemplo notável da punição que sofrem, mesmo na Terra, os que se tornaram culpados de uma ação má. Não é somente no mundo invisível que a visão de uma vítima vem atormentar o assassino para forçá-lo ao arrependimento; onde a justiça dos homens não começou a expiação, a justiça divina faz começar, a despeito de todos, o mais lento e o mais terrível dos suplícios, o mais temível castigo.

Há certas pessoas que dizem que a punição infligida ao criminoso no mundo dos Espíritos, e que consiste na visão contínua de seu crime, não pode ser muito eficaz, e que em nenhum caso essa punição por si só determina o arrependimento. Dizem que um perverso natural, como é o caso de um criminoso, não pode senão amargurar-se cada vez mais por essa visão, assim se tornando pior. Os que assim falam não fazem uma ideia do que pode tornar-se tal castigo; não sabem quanto é cruel esse espetáculo contínuo de uma ação que gostariam de jamais haver cometido. Certamente vemos alguns criminosos se empedernirem, mas muitas vezes é só por orgulho, e por quererem parecer mais fortes do que a mão que os castiga; é para fazer crer que não se deixam abater pela visão de imagens vãs, mas essa falsa coragem não tem longa duração; em breve vê-los-emos enfraquecerem diante desse suplício, que deve muito de seus efeitos à sua lentidão e à sua persistência. Não há orgulho que possa resistir a essa ação, semelhante à da gota d'água sobre o rochedo: por mais dura que possa ser a pedra, é inevitavelmente atacada, desagregada, reduzida a pó. É assim que o orgulho, que faz resistirem esses infelizes contra seu soberano senhor, mais cedo ou mais tarde é abatido, e que o arrependimento enfim pode ter acesso à sua alma. Como eles sabem que a origem de seus sofrimentos está em sua falta, pedem para repará-la, a fim de trazer um abrandamento para os seus males.

Aos que disso pudessem duvidar, não precisais senão citar o caso que vos foi assinalado esta noite. Ali não é só a hipótese; não é mais somente o ensinamento dos Espíritos: é um exemplo, de certo modo palpável, que se vos apresenta. Nesse exemplo, o castigo seguiu de perto a falta, e foi de tal monta que ao cabo de vários anos forçou o culpado a pedir a expiação de seu crime à justiça humana, e ele mesmo disse que todas as penas, a própria morte, lhe pareceriam menos cruéis que o que ele sofria, no momento em que se entregou à justiça.

UM ESPÍRITO

OBSERVAÇÃO: Sem ir procurar aplicações do remorso nos grandes criminosos, que são exceções na Sociedade, podemos encontrá-las nas mais comuns circunstâncias da vida. É esse sentimento que leva todo indivíduo a afastar-se daqueles em relação aos quais sente que tem reproches a se fazer; em sua presença ele se sente mal; se a falta não for conhecida, ele teme ser desmascarado; parece-lhe que um olhar pode penetrar o fundo de sua consciência; em toda palavra, em todo gesto, ele vê uma alusão à sua pessoa. Eis por que, se ele se sente desmascarado, retira-se. O ingrato também foge de seu benfeitor, porque a presença dele é uma censura incessante, da qual em vão ele procura desembaraçar-se, porque uma voz íntima lhe grita no fundo de sua consciência que ele é culpado.

Se o remorso já é um suplício na Terra, quão maior não será no mundo dos Espíritos, onde não é possível subtrair-se à vista daqueles a quem se ofendeu. Felizes os que, tendo reparado já nesta vida, poderão sem receio enfrentar todos os olhares no mundo onde nada é oculto.

O remorso é uma consequência do desenvolvimento do senso moral; ele não existe onde o senso moral ainda se acha em estado latente. É por isto que os povos selvagens e bárbaros cometem sem remorso as piores ações. Aquele, pois, que se pretendesse inacessível ao remorso assimilar-se-ia ao bruto. À medida que o homem progride, o senso moral torna-se mais apurado; ofusca-se ao menor desvio do reto caminho. Daí o remorso, que é o primeiro passo para o retorno ao bem.

DISSERTAÇÕES ESPÍRITAS

PLANO DE CAMPANHA. - A ERA NOVA. - CONSIDERAÇÕES SOBRE O SONAMBULISMO ESPONTÂNEO.

(Paris, 10 de fevereiro de 1867 - Médium, Sr. T..., em sono espontâneo)

NOTA: Nessa sessão, nenhuma pergunta prévia tinha provocado o assunto que foi tratado. A princípio o médium se havia ocupado de saúde, depois, pouco a pouco, viu-se conduzido às reflexões cuja análise damos a seguir. Ele falou durante cerca de uma hora, sem interrupção.

Os progressos do Espiritismo causam aos seus inimigos um terror que eles não podem dissimular. No começo brincaram com as mesas girantes, sem pensar que acariciavam uma criança que devia crescer;... a criança cresceu... então eles pressentiram o seu futuro e disseram para si mesmos que em breve estariam com a razão... Mas, como se costuma dizer, o menino tinha vida dura. Resistiu a todos os ataques, aos anátemas, às perseguições, mesmo às troças. Semelhante a certos grãos que o vento carrega, produziu inúmeros renovos... Para cada um que destruíam, surgiam cem outros.

A princípio empregaram contra ele as armas de outra época, as que outrora davam resultado contra as ideias novas, porque essas ideias eram apenas clarões esparsos que tinham dificuldade de vir à luz através da ignorância, e que ainda não tinham criado raízes nas massas... hoje é outra coisa; tudo mudou: os costumes, as ideias, o caráter, as crenças; a Humanidade não mais se emociona com as ameaças que amedrontam as crianças; o diabo, tão temido por nossos avós, já não mete medo: rimos dele.

Sim, as armas antigas entortaram-se na couraça do progresso. É como se, em nossos dias, um exército quisesse atacar uma praça forte guarnecida de canhões, com as flechas, os aríetes e as catapultas dos nossos antepassados.

Os inimigos do Espiritismo viram, pela experiência, a inutilidade das armas carcomidas do passado contra a ideia regeneradora; longe de prejudicá-lo, seus esforços só serviam para dar-lhe autoridade.

Para lutar com vantagem contra as ideias do século, seria preciso estar à altura do século; às doutrinas progressistas seria necessário opor doutrinas ainda mais progressistas, pois o menos não pode vencer o mais.

Então, não podendo triunfar pela violência, recorreram à astúcia, a arma dos que têm consciência de sua fraqueza... De lobos, fizeram-se cordeiros, para se introduzirem no aprisco e aí semear a desordem, a divisão, a confusão. Porque chegaram a lançar a perturbação nalgumas fileiras, cedo de mais se julgaram senhores da praça. Nem por isto os adeptos isolados deixaram de continuar sua obra, e diariamente, a ideia abre o seu caminho sem muito alarido... Eles é que fizeram o alarido... Não a vedes perpassar tudo, nos jornais, nos livros, no teatro e mesmo na cátedra? Ela trabalha todas as consciências; ela arrasta os Espíritos para novos horizontes; é encontrada no estado de intuição mesmo naqueles que dela não ouviram falar. Eis um fato que ninguém pode negar e que a cada dia se torna mais evidente. Não é a prova de que a ideia é irresistível e que ela é um sinal dos tempos?

Aniquilá-lo é, pois, uma coisa impossível, porque seria preciso aniquilá-lo não num ponto, mas no mundo inteiro; e depois, as ideias não são levadas nas asas do vento? E como atingi-las? Pode-se pegar pacotes de mercadorias na alfândega, mas as ideias são intangíveis.

Que fazer, então? Tentar apoderar-se delas, para acomodá-las à sua vontade... Pois bem! É o partido pelo qual se decidiram.

Disseram de si para si: O Espiritismo é o precursor de uma revolução moral inevitável; antes que ela se realize completamente, tratemos de desviá-la em nosso proveito; façamos de maneira que aconteça com ela como com certas revoluções políticas; desnaturando o seu espírito, poder-se-ia imprimir-lhe outro curso.

Assim, o plano de campanha está mudado... Vereis formarem-se reuniões espíritas cujo objetivo confessado será a defesa da Doutrina, e cujo objetivo secreto será a sua destruição; supostos médiuns que terão comunicações encomendadas, adequadas ao fim que se propõem; publicações que, sob o manto do Espiritismo, esforçar-se-ão para o demolir; doutrinas que lhe tomarão algumas ideias, mas com o pensamento de suplantá-lo. Eis a luta, a verdadeira luta que ele terá de sustentar, e que será perseguida encarniçadamente, mas da qual ele sairá vitorioso e mais forte.

Que podem os homens contra a vontade de Deus? É possível desconhecê-la ante o que se passa? Seu dedo não é visível nesse progresso que desafia todos os ataques, nesses fenômenos que surgem de todos os lados como um protesto, como um desmentido dado a todas as negações?... A vida dos homens, a sorte da Humanidade não está em suas mãos?... Cegos!... Eles não contam com a nova geração que se ergue e que diariamente supera a geração que se vai... Ainda alguns anos e esta terá desaparecido, não deixando depois de si senão a lembrança de suas tentativas insensatas para deter o impulso do espírito humano, que avança a despeito de tudo... Eles não contam com os acontecimentos que vão apressar o desabrochar do novo período humanitário... com apoios que se vão erguer em favor da nova doutrina cuja voz poderosa imporá silêncio aos seus detratores por sua autoridade.

Oh! Como estará mudada a face do mundo para aqueles que virem o começo do próximo século!... Quanta ruína eles verão em sua retaguarda, e que esplêndidos horizontes abrir-se-ão à sua frente!... Será como a aurora afugentando as sombras da noite... Aos ruídos, aos tumultos, aos rugidos da tempestade sucederão cantos de alegria; depois das angústias, os homens renascerão para a esperança... Sim! O século XX será um século abençoado, porque verá a era nova anunciada pelo Cristo.

288 | REVISTA ESPÍRITA

NOTA: Aqui o médium para, dominado por indizível emoção, e como que esgotado de fadiga. Após alguns minutos de repouso, durante os quais parece voltar ao grau de sonambulismo ordinário, ele retoma:

– O que vos dizia eu então?

– Vós nos faláveis do novo plano de campanha dos adversários do Espiritismo; depois falastes da era nova.

– Continuo.

Enquanto esperam, disputam o terreno palmo a palmo. Eles renunciaram pouco mais ou menos às armas de outros tempos, cuja ineficácia reconheceram; agora ensaiam as que são onipotentes neste século de egoísmo, de orgulho e de cupidez: o ouro, a sedução do amor-próprio. Junto aos que são inacessíveis ao medo, exploram a vaidade, as necessidades terrenas. Aquele que resistiu à ameaça, às vezes dá ouvidos complacentes à adulação, ao gosto do bem-estar material... Prometem pão ao que o não o tem; trabalho ao artesão; freguesia ao negociante; promoção ao empregado; honras aos ambiciosos, se renunciarem às suas crenças. Ferem-no em sua posição, em seus meios de existência, em suas afeições, se forem indóceis; depois, a miragem do ouro produz sobre alguns o seu efeito ordinário. Entre esses encontram-se, necessariamente, alguns caracteres fracos que sucumbem à tentação. Há os que caem na armadilha de boa-fé, porque a mão que os manobra se esconde... Há também, e muitos, que cedem à dura necessidade, mas que não pensam menos nisso; sua renúncia é apenas aparente; eles se vergam, mas para se erguerem na primeira ocasião... Outros, aqueles que no mais alto grau têm a verdadeira coragem da fé, enfrentam o perigo resolutamente; esses vencem sempre, porque são sustentados pelos bons Espíritos... Alguns, ah!... mas estes jamais foram espíritas de coração... preferem o ouro da Terra ao ouro do Céu; eles ficam, pela forma, ligados à Doutrina, e sob esse manto, apenas servem melhor à causa de seus inimigos... É uma triste troca que eles fazem, e que pagarão bem caro!

Nos tempos de cruéis provas que ides atravessar, felizes aqueles sobre os quais se estender a proteção dos bons Espíritos, porque jamais ela foi tão necessária!... Orai pelos irmãos desgarrados, a fim de que aproveitem os curtos instantes de moratória que lhes são concedidos, antes que a justiça do Altíssimo pese sobre eles... Quando eles virem rebentar a tempestade, mais de um pedirá graça!... Mas lhes será respondido: Que fizestes dos nossos ensinamentos? Como médiuns, não escrevestes centenas de vezes a vossa própria condenação?... Tivestes a luz e não a aproveitastes! Nós vos tínhamos dado um abrigo; por que o abandonastes? Sofrei, pois, a sorte daqueles que preferistes. Se vosso coração tivesse sido tocado por nossas palavras, teríeis ficado firmes no caminho do bem que vos era traçado; se tivésseis tido fé, teríeis resistido às seduções estendidas ao vosso amor-próprio e à vossa vaidade. Então acreditastes poder no-las impor, como aos homens, por falsas aparências? Sabei, se duvidastes, que não há um só movimento da alma que não tenha seu contragolpe no mundo dos Espíritos.

Credes que seja por nada que se desenvolve a faculdade da vidência em tão grande número de pessoas? Que seja para oferecer um alimento à curiosidade que hoje tantos médiuns adormecem espontaneamente em sono de êxtase? Não. Desenganei-vos. Esta faculdade, que há tanto tempo vos é anunciada, é um sinal característico dos tempos que são chegados; é um prelúdio da transformação, porque, como vos foi dito, este deve ser um dos atributos da nova geração. Essa geração, mais depurada moralmente, sê-lo-á também fisicamente. A mediunidade, sob todas as formas, será mais ou menos geral, e a comunhão com os Espíritos um estado, por assim dizer, normal.

Deus envia a faculdade de vidência nesses momentos de crise e de transição, para dar aos seus fiéis servidores um meio de frustrar a trama de seus inimigos, porque os maus pensamentos que eles julgam escondidos na sombra dos refolhos da consciência, repercutem nessas almas sensíveis como num Espelho, e se desvelam por si mesmos. Aquele que só emite bons pensamentos não teme que os conheçam. Feliz aquele que pode dizer: Lede em minha alma como num livro aberto.

OBSERVAÇÃO: O sonambulismo espontâneo, do qual já falamos, não é, com efeito, senão uma forma de mediunidade vidente, cujo desenvolvimento era anunciado há já algum tempo, assim como o aparecimento de novas aptidões mediúnicas. É notável que em todos os momentos de crise geral ou de perseguição, as pessoas dotadas dessa faculdade são mais numerosas do que nos tempos normais. Houve muitos no momento da revolução; os Calvinistas das Cévènes, perseguidos como animais selvagens, tinham numerosos videntes que os advertiam do que se passava ao longe; por este fato, e por ironia, eram qualificados de iluminados; hoje começa-se a compreender que a visão à distância e independente dos órgãos da visão pode bem ser um dos atributos da natureza humana, e o Espiritismo a explica pela faculdade expansiva e pelas propriedades da alma. Os fatos deste gênero de tal modo se multiplicaram, que já nos admiramos menos; o que outrora a alguns parecia milagre ou sortilégio é hoje considerado como efeito natural. É uma das mil vias pelas quais penetra o Espiritismo, de sorte que, se estancam uma fonte, ele ressurge por outros caminhos.

Então, esta faculdade não é nova, mas ela tende a se generalizar, sem dúvida pelo motivo indicado na comunicação acima, mas também como meio de provar aos incrédulos a existência do princípio espiritual. No dizer dos Espíritos, ela se tornaria mesmo endêmica, o que naturalmente se explicaria pela transformação moral da Humanidade, transformação que deverá produzir no organismo modificações que facilitarão a expansão da alma.

Como outras faculdades mediúnicas, esta pode ser explorada pelo charlatanismo. Assim, é bom manter-se em guarda contra a charlatanice que, por um motivo qualquer, poderia tentar simulá-la e, por todos os meios possíveis, assegurar-se a boa-fé dos que dizem possuí-la. Além do desinteresse material e moral e da honorabilidade notória da pessoa, que são as primeiras garantias, convém observar com cuidado as condições e as circunstâncias nas quais se produz o fenômeno e ver se nada oferecem de suspeito.

OS ESPIÕES

(Sociedade de Paris, 12 de julho de 1867 - Médium, Sr. Morin, em sono espontâneo)

Quando, em consequência de uma terrível convulsão da Humanidade, a Sociedade inteira se movia lentamente, abatida, esmagada e ignorando a causa de seu abatimento, alguns seres privilegiados, velhos veteranos do bem, colocando à disposição de todos a sua experiência da dificuldade de reproduzi-lo e acrescentando a isso o respeito que devia provocar sua conduta e sua posição, resolveram tentar aprofundar as causas dessa crise geral que atinge cada um em particular.

A era nova começa, e com ela o Espiritismo (Esta palavra foi criada; nada mais resta senão torná-la compreendida e cada um aprender a sua significação). O tempo impassível prossegue em sua marcha perene, e o Espiritismo, que já não é uma simples palavra, não tem mais que se fazer compreender: ele é compreendido!... Mas, alguns veteranos espíritas, esses criadores, esses missionários, estão sempre à testa do movimento... Seu pequeno batalhão é muito fraco em número, mas, paciência!... pouco a pouco ele ganha adeptos, e em breve será um exército, um exército de veteranos do bem, porque, em geral, o Espiritismo, em seu começo, em seus primeiros anos, quase não tocou senão os corações já gastos pelo atrito da vida, os corações que sofreram e pagaram, aqueles que levavam em germe os princípios do belo, do bem, do grande.

Descendo sucessivamente do velho à ideia madura, da idade madura à idade viril e da idade viril à adolescência, o Espiritismo infiltrou-se em todas as idades, como em todos os corações, em todas as religiões, em todas as seitas, em toda parte! A assimilação foi lenta, mas segura!... E hoje não temais que caia essa bandeira espírita, sustentada desde o início por uma mão firme e segura, porque hoje, as jovens falanges dos batalhões espíritas não gritam, como seus adversários: "Espaço aos jovens." Não, eles não dizem: "Saí, velhos, para deixar os moços assumirem." Eles não pedem senão um lugar no banquete da inteligência; senão o direito de se sentarem ao lado de seus vanguardeiros e de trazer seu óbolo ao grande todo. Hoje a juventude se viriliza; traz sua contribuição à idade madura, em troca da experiência desta última, em razão da grande lei da reciprocidade e das consequências do trabalho coletivo para

292 | REVISTA ESPÍRITA

a ciência, a moralidade, o bem; porque, em definitivo, se a ciência progride, em benefício de quem ela progride? Não são os corpos humanos que tiram proveito de todas as elucidações, de todos os problemas resolvidos, de todas as invenções? Isto beneficia a todos, assim como se progredirdes em moralidade, isso beneficiará a todos os Espíritos. Hoje, portanto, os jovens e os velhos são iguais perante o progresso e devem combater lado a lado por sua realização.

O batalhão tornou-se um exército, exército invulnerável, mas que deve combater não um, mas milhares de adversários coligados contra ele. Assim, moços, trazei com confiança o ímpeto de vossas convicções, e vós, velhos, vossa sabedoria, vosso conhecimento dos homens e das coisas, vossa experiência sem ilusão.

O exército está em posição de batalha. Vossos inimigos são numerosos, mas não estão em vossa frente, face a face, peito contra peito. Eles estão por toda parte, na frente, atrás, ao vosso lado, em vosso meio, no vosso próprio coração, e não tendes para combatê-lo senão vossa boa vontade, vossas consciências leais e vossas tendências para o bem. Desses exércitos coligados, um se chama orgulho e os outros são a ignorância, o fanatismo, a superstição, a preguiça, os vícios de toda natureza.

Vosso exército, que deve combater de frente, também deve saber lutar em particular, porque não sereis um contra um, mas um contra dez!... Que bela vitória a conquistar!... Então! Se combaterdes todos em massa, com a esperança de triunfar, inicialmente combatei contra vós mesmos, dominai vossas más tendências. Hipócritas, adquiri sinceridade; preguiçosos, tornai-vos trabalhadores; orgulhosos, sede humildes. Estendei a mão à lealdade vestida com uma blusa em frangalhos, e todos, solidariamente, tomai e sustentai o compromisso de fazer a outrem o que queríeis que vos fosse feito. Assim, não gritemos: Espaço para jovens, mas lugar para tudo o que é belo, bem; para tudo o que tende a aproximar-se da Divindade.

Hoje começa-se a tomar em consideração esse pobre Espiritismo, que diziam natimorto. Nele veem um inimigo sério, mas por quê?... Não temiam, no começo, aquele menino franzino; riam-se de seus esforços impotentes, mas hoje, que o menino tornou-se homem, temem-no, porque ele tem a força da idade viril. É que ele reuniu em torno de si homens de todas as idades, de todas as posições sociais, de todos os graus de inteligência, que compreendem que a sabedoria, o conhecimento adquirido, pode tão bem residir no coração de um moço de vinte anos quanto no cérebro de um homem de sessenta.

Portanto, hoje esse pobre Espiritismo é temido, respeitado. Não ousam vir de frente, medir-se com ele; tomam pelos desvios, o caminho dos covardes!... Eles não vêm à luz do dia dizer-lhe: Tu não existes; eles vêm no meio de seus partidários, falar como eles, fazer como eles, aplaudir e aprovar tudo quanto eles fazem enquanto estão com eles, para combatê-los e traí-los quando estiverem pelas costas. Sim, eis o que fazem hoje! No começo diziam na cara o que pensavam do menino magricela, mas hoje não ousam mais, porque ele cresceu e, contudo, jamais mostrou os dentes.

Se me dizem que vos diga isto, embora me seja sempre penoso, é que isto tinha a sua utilidade; nada, nenhuma palavra, nenhum gesto, nenhuma entonação de voz se efetua sem que haja uma razão de ser e que não traga seu contingente ao equilíbrio geral. A administração dos correios lá do alto é muito mais inteligente e mais completa que a da vossa Terra. Toda palavra vai ao seu destino, ao seu endereço, sem envelope, ao passo que entre vós a carta sem envelope não chega nunca.

OBSERVAÇÃO: A comunicação acima, como se vê, é uma aplicação do que foi dito na precedente, sobre o efeito da faculdade de vidência, e esta não é a única vez em que nos foi dado constatar os serviços que essa faculdade é chamada a prestar. Não quer dizer que seja preciso juntar uma fé cega a tudo quanto pode ser dito em casos semelhantes; seria tão imprudente crer sem reservas no primeiro que aparecesse, quanto desprezar os avisos que podem ser dados por essa via. O grau de confiança que se pode a isso conceder depende das circunstâncias. Essa faculdade requer ser estudada. Antes de tudo, é preciso agir com circunspecção e evitar um julgamento precipitado.

Quanto ao fundo da comunicação, sua coincidência com a que foi dada cinco meses antes, através de outro médium e em outro meio, é um fato digno de nota, e sabemos que instruções análogas são dadas em diversos centros. Assim, é prudente manter reserva em relação às pessoas sobre cuja sinceridade não se tem toda a razão de estar convicto. Sem dúvida os espíritas não têm senão princípios altamente confessáveis; nada têm a ocultar; mas o que têm a temer é ver suas palavras desnaturadas e suas intenções mascaradas; são as armadilhas preparadas à sua boa-fé por pessoas que defendem o falso para saber a verdade; que, sob a aparência de um zelo muito exagerado para ser sincero, tentam arrastar os grupos por um caminho comprometedor, quer para lhes suscitar embaraços, quer para lançar o desfavor sobre a doutrina.

A RESPONSABILIDADE MORAL

(Sociedade de Paris, 7 de julho de 1867 - Médium, Sr. Nivard)

Assisto a todas as tuas conversas mentais, mas sem dirigi-las; teus pensamentos são emitidos em minha presença, mas eu não os provoco. É o pressentimento dos casos que têm alguma chance de se apresentar que faz nascerem em ti os pensamentos adequados à solução das dificuldades que eles poderiam te suscitar. Aí está o livre-arbítrio; é o exercício do Espírito encarnado, tentando resolver problemas que provoca para si mesmo.

Com efeito, se os homens só tivessem as ideias que os Espíritos lhes inspiram, teriam pouca responsabilidade e pouco mérito; só teriam a responsabilidade de haver escutado maus conselhos, ou o mérito de haver seguido os bons. Ora, essa responsabilidade e esse mérito evidentemente seriam menores do que se fossem resultado do pleno exercício do livre-arbítrio, isto é, de atos realizados na plenitude do exercício das faculdades do Espírito que, nesse caso, age sem qualquer solicitação.

Resulta do que digo que muitas vezes os homens têm pensamentos que lhes são essencialmente próprios, e que os cálculos a que se entregam, os raciocínios que fazem, as conclusões a que chegam, são o resultado do exercício intelectual, da mesma forma que o trabalho manual é o resultado do exercício corporal.

Daí não se deve concluir que o homem não é assistido em seus pensamentos e em seus atos pelos Espíritos que os cercam, muito pelo contrário; os Espíritos, sejam benevolentes ou malévolos, são muitas vezes a causa provocadora dos vossos atos e pensamentos, mas ignorais completamente em que circunstâncias se produz essa influência, de sorte que, quando agis, julgais fazê-lo em virtude do vosso próprio movimento: vosso livre-arbítrio fica intacto; não há diferença entre os atos que realizais sem serdes a eles impelidos, e aqueles que realizais sob a influência dos Espíritos, senão no grau do mérito ou da responsabilidade.

Num e noutro caso, a responsabilidade e o mérito existem, mas, repito, não existem no mesmo grau. Creio que este princípio que enuncio não necessita de demonstração. Para prová-lo bastar-me-á fazer uma comparação com o que acontece entre vós.

Se um homem cometeu um crime, e se o tiver cometido seduzido pelos conselhos perigosos de outro homem que sobre aquele exerce muita influência, a justiça humana saberá reconhecê-lo, concedendo-lhe o benefício das circunstâncias atenuantes; ela irá mais longe, porquanto punirá o homem cujos conselhos perniciosos provocaram o crime, e sem haver contribuído de outra maneira, esse homem será mais severamente punido do que aquele que foi apenas o instrumento, porque foi seu pensamento que concebeu o crime, e sua influência sobre um ser mais fraco que ensejou execução. Então! Se os homens, neste caso, reduzem a responsabilidade do criminoso e a partilham com o infame que o impeliu a cometer o crime, como queríeis que Deus, que é a própria justiça, não fizesse o mesmo, sendo que vossa razão vos diz que é justo agir assim?

No que concerne ao mérito das boas ações, que eu disse ser menor se o homem tiver sido solicitado a praticá-las, é a contrapartida do que acabo de dizer a respeito da responsabilidade, e pode demonstrar-se invertendo a proposição.

Assim, pois, quando te acontece refletir e transitar com as tuas ideias de um a outro assunto; quando discutes mentalmente sobre os fatos que prevês ou que já se realizaram; quando tu analisas, quando raciocinas e quando julgas, não crês que sejam Espíritos que te ditam teus pensamentos ou que te dirigem? Eles aí estão, perto de ti, e te escutam; eles veem com prazer esse exercício intelectual, ao qual te entregas; seu prazer é duplicado quando veem que tuas conclusões estão de acordo com a verdade.

Por vezes lhes ocorre, evidentemente, de se imiscuírem nesse exercício, quer para facilitá-lo, quer para dar ao Espírito alguns estímulos, ou lhe criar algum embaraço, a fim de tornar essa ginástica intelectual mais proveitosa a quem a pratica. Mas, em geral, o homem que busca, quando entregue às suas reflexões, quase sempre age só, sob o olhar vigilante de seu Espírito protetor, que intervém se o caso for bastante grave para tornar necessária a sua intervenção.

Teu pai, que vela por ti, e que está feliz por te ver quase restabelecido. (O médium saía de uma grave doença).

LOUIS NIVARD

RECLAMAÇÃO AO JORNAL *LA MARIONNETTE*

La Marionnette, novo jornal de Lyon, tinha publicado o artigo abaixo em seu número de 30 de junho último:

"Assinalamos a chegada a Lyon do museu antropológico e etnológico do Sr. A. Neger, sucessor do Sr. Th. Petersen.

"Entre outras coisas extraordinárias, veem-se nesse museu de cera:

"1º – uma infortunada princesa da costa de Coromandel que, casada com um grande chefe de tribo, teve a infâmia de esquecer os seus deveres conjugais com um europeu muito sedutor e que veio morrer em Londres de uma doença de languidez;

"2º – triquinas vinte vezes maiores do que o natural, em todas as fases de sua existência, desde a mais tenra infância até a mais extrema velhice;

"3º – a célebre mexicana *Julia Pastrana,* falecida de parto em Moscou, *no ano da graça* de 1860.

"Não é sem legítima admiração que soubemos dessa morte prematura – tendo em vista que em 1865 Julia Pastrana entregava-se a exercícios equestres num circo cujas representações se davam no Passeio Napoleão.

"Como uma mulher falecida em 1860 pode romper círculos de papel em 1865? Isto dá o que pensar!"

ALLAN KARDEC

Este número nos foi remetido e nós dirigimos ao diretor a reclamação seguinte:

Senhor,

Enviaram-me o número 6 do vosso jornal, onde se encontra um artigo assinado: *Allan Kardec.* Penso não ter homônimo; em todo caso, como só respondo pelo que escrevo, peço-vos a bondade de inserir a presente carta no vosso próximo número, a fim de informar aos vossos leitores que o Sr. Allan Kardec, autor de *O Livro dos Espíritos,* nada tem a ver com o artigo que leva o seu nome e que não autoriza ninguém a se servir dele.

Recebei, senhor, minhas respeitosas saudações.

ALLAN KARDEC

O diretor do jornal imediatamente nos respondeu o seguinte:

Senhor,

Nosso amigo Acariâtre, autor do artigo assinado por engano com o vosso nome, já reclamou do descuido do revisor. Eis a frase: *Isto faz sonhar Allan Kardec,* alusão ao Espiritismo. Os embelezamentos de Lyon são todos assinados por *Acariâtre.* Em nosso próximo número retificaremos esse engano.

Recebei, senhor, minhas respeitosas saudações.

E. B. LABAUME

NOTA: Esse jornal sai aos domingos. Curso Lafayette, 5 - Lyon.

ALLAN KARDEC

REVISTA ESPÍRITA

JORNAL DE ESTUDOS PSICOLÓGICOS

ANO X	SETEMBRO DE 1867	VOL. 9

CARACTERES DA REVELAÇÃO ESPÍRITA[1]

1. – Pode-se considerar o Espiritismo como uma revelação? Neste caso, qual o seu caráter? Sobre o que se funda sua autenticidade? A quem e de que maneira foi ela feita? A Doutrina Espírita é uma revelação, no sentido litúrgico do vocábulo, isto é, é em todos os pontos produto de um ensino oculto, vindo do alto? É absoluta, ou suscetível de modificações? Trazendo aos homens a verdade acabada, teria a revelação o efeito de impedi-los de fazer uso de suas faculdades, porquanto lhes poupa o trabalho de pesquisa? Qual pode ser a autoridade do ensino dos Espíritos, se eles não são infalíveis e superiores à Humanidade? Qual a utilidade da moral que eles pregam, se essa moral não é senão a do Cristo, que é conhecida? Quais as verdades novas que eles nos trazem? Necessita o homem de uma revelação e não pode achar em si mesmo e em sua consciência tudo quanto lhe é necessário para se conduzir? Tais são as perguntas sobre as quais importa fixar-se.

2. – Para começar, definamos o sentido do vocábulo revelação.

Revelar, derivado de véu – do latim *velum* – significa literalmente *tirar o véu;* e, no sentido figurado: descobrir, fazer conhecer uma coisa secreta ou desconhecida. Em sua acepção vulgar mais geral, diz-se de toda coisa ignorada que é trazida à luz, de toda ideia nova posta no caminho daquilo que não se sabia.

Deste ponto de vista, todas as ciências que nos dão a conhecer os mistérios da Natureza são revelações, e podemos

---

[1] Este artigo é extraído de uma nova obra que neste momento se acha no prelo e que aparecerá antes do fim do ano. Uma razão de oportunidade nos levou a publicar este extrato por antecipação na *Revista.* Malgrado sua extensão, julgamos dever inseri-lo de uma vez, para não interromper o encadeamento das ideias. A obra inteira terá o mesmo formato e o mesmo volume de *Céu e Inferno.*

dizer que há para nós uma revelação incessante. A Astronomia nos revelou o mundo astral, que não conhecíamos; a Geologia, a formação da Terra; a Química, a lei das afinidades; a Fisiologia, as funções do organismo etc. Copérnico, Galileu, Newton, Laplace, Lavoisier são reveladores.

3. – O caráter essencial de toda revelação deve ser a verdade. Revelar um segredo é dar um fato a conhecer. Se a coisa for falsa, não é um fato e, por consequência, não há revelação. Toda revelação desmentida pelos fatos não é revelação; se for atribuída a Deus, e não podendo Deus nem mentir nem enganar-se, não pode emanar dele. Há que considerá-la como produto de uma opinião pessoal.

4. – Qual o papel do professor perante os alunos, senão o de um revelador? Ele lhes ensina o que eles não sabem, o que não teriam tempo nem possibilidade de descobrir por si mesmos, porque a ciência é a obra coletiva dos séculos e de uma multidão de homens que trouxeram, cada um, seu contingente de observações, das quais se aproveitam os que vêm depois deles. O ensinamento é, pois, na realidade, a revelação de certas verdades científicas ou morais, físicas ou metafísicas, feita por homens que as conhecem, a outros que as ignoram e que, sem isto, as ignorariam sempre.

5. – Mas o professor só ensina o que aprendeu: é um revelador de segunda ordem. O homem de gênio ensina o que ele próprio encontrou: é o revelador primitivo; ele traz a luz que, pouco a pouco, se vulgariza. Onde estaria a Humanidade sem a revelação dos homens de gênio, que aparecem de tempos em tempos?

Mas, que são os homens de gênio? Por que são homens de gênio? De onde vêm? Em que se tornam? Notemos que a maioria deles ao nascer trazem faculdades transcendentes e conhecimentos inatos, para cujo desenvolvimento basta um pouco de trabalho. Eles pertencem realmente à Humanidade, porquanto nascem, vivem e morrem como nós. Onde, então, beberam esses conhecimentos, que não puderam adquirir em vida? Dirão, com os materialistas, que o acaso lhes deu a matéria cerebral em maior quantidade e de melhor qualidade? Neste caso eles não teriam mais mérito do que um legume maior e mais saboroso que outro.

Dirão, com certos espiritualistas, que Deus os dotou com uma alma mais favorecida que a do comum dos homens? Suposição

300 | REVISTA ESPÍRITA

também ilógica, porque acusaria Deus de parcialidade. A única solução racional deste problema está na preexistência da alma e na pluralidade das existências. O homem de gênio é um Espírito que viveu mais tempo; que consequentemente adquiriu mais progresso do que aqueles que são menos adiantados. Encarnando-se, ele traz o que sabe, e como sabe muito mais que os outros, sem ter necessidade de aprender, ele é o que se chama um homem de gênio. Mas o que sabe não deixa de ser fruto de um trabalho anterior, e não o resultado de um privilégio. Antes de renascer ele era, pois, um Espírito adiantado; ele se reencarna, seja para que os outros aproveitem o que ele sabe, seja para adquirir ainda mais.

Incontestavelmente os homens progridem por si mesmos e pelos esforços de sua inteligência. Mas, entregues às suas próprias forças, esse progresso é muito lento, se não forem ajudados por homens mais avançados, como o estudante o é por seus professores. Todos os povos têm tido seus homens de gênio, que vieram, em diversas épocas, dar-lhes um impulso e tirá-los de sua inércia.

6. – Considerando-se que admitimos a solicitude de Deus por suas criaturas, por que não admitiríamos que Espíritos capazes, por sua energia e pela superioridade de seus conhecimentos, de fazer a Humanidade avançar, se encarnem, pela vontade de Deus, visando ajudar o progresso num determinado sentido; que recebam uma missão, como um embaixador a recebe de seu soberano? Tal é o papel dos grandes gênios. Que vêm eles fazer senão ensinar aos homens verdades que estes ignoram, e que teriam ainda ignorado por longos períodos, a fim de lhes dar um degrau com cujo auxílio poderão elevar-se mais rapidamente? Esses gênios, que surgem através dos séculos, como estrelas brilhantes, deixando após si um longo rastro luminoso sobre a Humanidade, são missionários, ou, se preferirem, messias. Se eles não ensinassem aos homens nada além do que estes sabem, sua presença seria completamente inútil. As coisas novas que eles lhes ensinam, quer da ordem física, quer da ordem filosófica, são *revelações*.

Se Deus suscita reveladores para as verdades científicas, ele pode, com mais forte razão, suscitá-los para as verdades morais, que são um dos elementos essenciais do progresso. Tais são os filósofos, cujas ideias atravessaram os séculos.

7. – No sentido especial da fé religiosa, a revelação se diz mais particularmente das coisas espirituais que o homem não

pode saber por si mesmo; que não pode descobrir por meio dos sentidos, e cujo conhecimento lhe é dado por Deus e por seus mensageiros, quer por meio da palavra direta, quer pela inspiração. Neste caso, a revelação é sempre feita a homens privilegiados, designados sob o nome de profetas ou *messias*, isto é, *enviados, missionários*, tendo a *missão* de transmiti-la aos homens. Considerada sob este ponto de vista, a revelação implica a passividade absoluta; é aceita sem controle, sem exame, sem discussão.

8. – Todas as religiões tiveram seus reveladores, e embora todas estejam longe de haver conhecido toda a verdade, eles tinham sua razão de ser providencial, porque eram adequadas ao tempo e ao meio em que viviam, ao gênio particular dos povos aos quais falavam, aos quais eram relativamente superiores. A despeito dos erros de suas doutrinas, não deixaram de abalar os espíritos e, por isso mesmo, semearam germes de progresso que mais tarde deviam espalhar-se, ou se espalharão um dia, ao sol do Cristianismo. É, pois, sem razão que lhes jogam o anátema em nome da ortodoxia, porque dia virá em que todas essas crenças, tão diversas na forma, mas que em realidade repousam sobre o mesmo princípio fundamental: – Deus e a imortalidade da alma – fundir-se-ão numa grande e vasta unidade, quando a razão houver triunfado dos preconceitos.

Infelizmente, em todos os tempos, as religiões têm sido instrumentos de dominação; o papel de profetas tentou ambições secundárias e viram-se surgir inúmeros pretensos reveladores ou messias que, valendo-se do prestígio desse nome, exploraram a credulidade em proveito de seu orgulho, de sua cupidez ou de sua preguiça, achando mais cômodo viver à custa de suas vítimas. A religião cristã não ficou ao abrigo desses parasitas. A esse respeito, chamamos a atenção séria para o Cap. XXI de *O Evangelho segundo o Espiritismo*: *"Haverá falsos Cristos e falsos profetas."*

9. – Há revelações diretas de Deus aos homens? É uma questão que não ousaríamos resolver nem afirmativa nem negativamente de maneira absoluta. A coisa não é radicalmente impossível, mas nada lhe dá uma prova certa. O de que não poderíamos duvidar, é que os Espíritos mais próximos de Deus pela perfeição se penetrem de seu pensamento e possam transmiti-lo. Quanto aos reveladores encarnados, segundo a

302 | REVISTA ESPÍRITA

ordem hierárquica a que pertencem e ao grau de seu saber pessoal, podem colher suas instruções em seus próprios conhecimentos, ou recebê-las de Espíritos mais elevados, quiçá dos mensageiros diretos de Deus. Estes, falando em nome de Deus, por vezes foram tomados como o próprio Deus.

Essas espécies de comunicações nada têm de estranho para quem quer que conheça os fenômenos espíritas e a maneira pela qual se estabelecem as relações entre encarnados e desencarnados. As instruções podem ser transmitidas por diversos meios: pela inspiração pura e simples, pela audição da palavra, pela vista dos Espíritos instrutores nas visões e aparições, quer em sonho, quer em vigília, como se veem muitos exemplos na Bíblia, no Evangelho e nos livros sagrados de todos os povos. É, pois, rigorosamente exato dizer que a maioria dos reveladores são médiuns inspirados, auditivos ou videntes, de onde não se segue que todos os médiuns sejam reveladores e ainda menos que sejam intermediários diretos da Divindade ou de seus mensageiros.

10. – Só os puros Espíritos recebem a palavra de Deus com a missão de retransmiti-la. Mas sabe-se agora que os Espíritos estão longe de ser todos perfeitos, e que há Espíritos que tomam falsas aparências. É isto que levou São João a dizer: "Não creiais em todo Espírito, mas vede antes se os Espíritos são de Deus." (1.ª Ep. Cap. IV, vers. 1)

Pode, pois, haver revelações sérias e verdadeiras, como há apócrifas e mentirosas. O caráter essencial da revelação divina é o da *eterna verdade*. Toda revelação manchada de erro ou sujeita a mudança não pode emanar de Deus. É assim que a lei do Decálogo tem todos os caracteres de sua origem, ao passo que as outras leis mosaicas, essencialmente transitórias, muitas vezes em contradição com a lei do Sinai, são obra pessoal e política do legislador hebreu. Abrandando-se os costumes do povo, essas leis por si mesmas caíram em desuso, ao passo que o Decálogo permaneceu de pé, como o farol da Humanidade. O Cristo dele fez a base de seu edifício, ao passo que aboliu as outras leis. Se estas tivessem sido obra de Deus, ele teria evitado tocá-las. O Cristo e Moisés são os dois grandes reveladores que mudaram a face do mundo, e aí está a prova de sua missão divina. Uma obra puramente humana não teria tal poder.

11. – Uma importante revelação se realiza na época atual. É a que nos mostra a possibilidade de nos comunicarmos com

os seres do mundo espiritual. Esse conhecimento não é novo, sem dúvida, mas até os nossos dias tinha ficado, de certo modo, no estado de letra morta, isto é, sem proveito para a Humanidade. A ignorância das leis que regem essas relações as havia abafado sob a superstição; o homem era incapaz de retirar delas qualquer dedução salutar. Estava reservado à nossa época desembaraçá-la de seus acessórios ridículos, de compreender o seu alcance e de fazer jorrar a luz que devia iluminar os caminhos do futuro.

12. – Tendo o Espiritismo dado a conhecer o mundo invisível que nos cerca, em cujo meio vivemos sem nos darmos conta, as leis que o regem, suas relações com o mundo visível, a natureza e o estado dos seres que o habitam e, por conseguinte, o destino do homem após a morte, fez uma verdadeira revelação, na acepção científica do vocábulo.

13. – Por sua natureza, a revelação espírita tem um duplo caráter. Ela participa, ao mesmo tempo, da revelação divina e da revelação científica. Participa da primeira porque o seu surgimento é providencial, e não o resultado da iniciativa e de um desígnio premeditado do homem; porque os pontos fundamentais da Doutrina são o fato do ensino dado pelos Espíritos encarregados por Deus de esclarecer os homens sobre coisas que estes ignoravam, que não podiam aprender por si mesmos e que hoje lhes importa conhecer, pois estão amadurecidos para compreendê-las. Participa da segunda porque esse ensino não é privilégio de nenhum indivíduo, mas é dado a todo mundo pela mesma via; porque os que o transmitem e os que o recebem não são seres *passivos,* dispensados do trabalho de observação e de pesquisa; porque eles não prescindem de seu raciocínio e de seu livre-arbítrio; porque o controle não lhes é interdito, mas, ao contrário, recomendado; enfim, porque a Doutrina *não foi ditada peça por peça, nem imposta à crença cega*; porque ela é deduzida, pelo trabalho do homem, da observação dos fatos que os Espíritos põem sob os seus olhos e das instruções que lhe dão, instruções que ele estuda, comenta, compara, e das quais ele próprio tira as consequências e as aplicações. Numa palavra, *o que caracteriza a revelação espírita é que a sua fonte é divina; que a iniciativa pertence aos Espíritos e que a elaboração é produto do trabalho do homem.*

304 | REVISTA ESPÍRITA

14. – Como meio de elaboração, o Espiritismo procede exatamente da mesma maneira que as ciências positivas, isto é, aplica o método experimental. Apresentam-se fatos de uma ordem nova, que não podem ser explicados pelas leis conhecidas; ele os observa, compara-os, analisa-os, e dos efeitos remontando às causas, chega à lei que os rege, depois deduz as suas consequências e busca as suas aplicações úteis. *Não estabelece qualquer teoria preconcebida.* Assim, não apresentou como hipótese nem a existência e a intervenção dos Espíritos, nem o perispírito, nem a reencarnação, nem nenhum dos princípios da Doutrina. Ele concluiu pela existência dos Espíritos quando essa existência ressaltou com evidência da observação dos fatos, e assim com os outros princípios. Não foram os fatos que vieram de súbito confirmar a teoria, mas a teoria que veio subsequentemente explicar e resumir os fatos. É, pois, rigorosamente exato dizer que o Espiritismo é uma ciência de observação e não o produto da imaginação.

15. – Citemos um exemplo. No mundo dos Espíritos passa-se um fato muito singular, e que seguramente ninguém teria suspeitado: é o de Espíritos que não se julgam mortos. Ora! Os Espíritos superiores, que sabem disso perfeitamente, não vieram dizer por antecipação: "Há Espíritos que ainda creem viver a vida terrena; que conservaram seus gostos, seus hábitos e seus instintos." Mas provocaram a manifestação de Espíritos dessa categoria, para que os observássemos. Tendo, pois, visto Espíritos incertos de seu estado, ou afirmando que ainda estavam neste mundo e crendo entregar-se às suas ocupações ordinárias, do exemplo deduziu-se a regra. A multiplicidade de fatos análogos provou que não era uma exceção, mas uma das fases da vida espírita; permitiu estudar todas as variedades e as causas dessa singular ilusão; reconhecer que essa situação é própria, sobretudo dos Espíritos pouco adiantados moralmente, e que ela é particular a certos gêneros de morte; que é apenas temporária, mas pode durar dias, meses ou anos. Foi assim que a teoria nasceu da observação. Deu-se o mesmo com todos os outros princípios da Doutrina.

16. – Assim como a Ciência propriamente dita tem por objetivo o estudo das leis do princípio material, o objetivo especial do Espiritismo é o conhecimento das leis do princípio espiritual. Ora, como este último princípio é uma das forças da Natureza, que ele reage incessantemente sobre o princípio

material, e reciprocamente, daí resulta que o conhecimento de um não pode ser completo sem o conhecimento do outro; que o Espiritismo e a Ciência se completam mutuamente; que a Ciência sem o Espiritismo se acha na impossibilidade de explicar certos fenômenos só pelas leis da matéria; que é por haver feito abstração do princípio espiritual que ela se deteve em tão numerosos impasses; que o Espiritismo sem a Ciência estaria sem apoio e controle e poderia acalentar ilusões. Se o Espiritismo tivesse vindo antes das descobertas científicas, teria sido uma obra abortada, como tudo quanto vem antes de seu tempo.

17. – Todas as ciências se encadeiam e se sucedem numa ordem racional. Elas nascem umas das outras, à medida que encontram um ponto de apoio nas ideias e conhecimentos anteriores. A Astronomia, uma das primeiras a ser cultivada, permaneceu nos erros da infância até o momento em que a Física veio revelar a lei das forças dos agentes naturais; nada podendo sem a Física, a Química devia sucedê-la de perto, para em seguida avançar lado a lado, apoiando-se uma na outra. A Anatomia, a Fisiologia, a Zoologia, a Botânica, a Mineralogia só se tornaram ciências sérias com o auxílio das luzes trazidas pela Física e pela Química. A Geologia, nascida ontem, sem a Astronomia, a Física, a Química e todas as outras, não teria tido os seus verdadeiros elementos de vitalidade, portanto, só poderia vir depois.

18. – A Ciência moderna fez justiça aos quatro elementos primitivos dos Antigos e, de observação em observação, chegou à concepção *de um só elemento gerador* de todas as transformações da matéria. Mas a matéria, por si mesma, é inerte; ela não tem vida nem pensamento nem sentimento; é-lhe necessária a união com o princípio espiritual. O Espiritismo não descobriu nem inventou esse princípio, mas foi o primeiro a demonstrá-lo por provas irrefutáveis; estudou-o, analisou-o e tornou evidente a sua ação. *Ao elemento material* veio juntar *o elemento espiritual. Elemento material* e *elemento espiritual,* eis, de agora em diante, os dois princípios, as duas forças vivas da Natureza. Pela união indissolúvel desses dois elementos, explica-se sem esforço uma porção de fatos até agora inexplicáveis.

Por sua própria essência, e como tendo por objetivo o estudo de um dos dois elementos constitutivos do Universo, o Espiritismo forçosamente toca na maior parte das ciências. Ele

306 | REVISTA ESPÍRITA

não podia vir senão após a elaboração dessas ciências, e sobretudo depois que elas tivessem provado sua impossibilidade de tudo explicar só pelas leis da matéria.

19. – Acusam o Espiritismo de aparentado com a magia e a feitiçaria; mas esquecem que a Astronomia tem como irmã mais velha a astrologia judiciária, que não está tão afastada de nós; que a Química é filha da Alquimia, da qual nenhum homem sensato hoje ousaria ocupar-se. Contudo, ninguém nega que na Astrologia e na Alquimia havia o germe das verdades de onde saíram as ciências atuais. A despeito de suas fórmulas ridículas, a Alquimia pôs no caminho dos corpos simples e da lei das afinidades; a Astrologia se apoiava na posição e no movimento dos astros que ela havia estudado. Mas, na ignorância das verdadeiras leis que regem o mecanismo do Universo, os astros eram para o vulgo seres misteriosos, aos quais a superstição emprestava uma influência moral e um sentido revelador. Quando Galileu, Newton, Kepler deram a conhecer essas leis; quando o telescópio rasgou o véu e mergulhou nas profundezas do espaço um olhar que certas pessoas acharam indiscreto, os planetas nos apareceram como simples mundos semelhantes ao nosso, e se esboroaram todos os andaimes do maravilhoso.

Dá-se o mesmo com o Espiritismo em relação à magia e à feitiçaria. Estas também se apoiavam na manifestação dos Espíritos, como a Astrologia no movimento dos astros; mas, na ignorância das leis que regem o mundo espiritual, a essas relações elas misturavam práticas e crenças ridículas, às quais faz justiça o Espiritismo moderno, fruto da experiência e da observação. Seguramente, a distância que separa o Espiritismo da magia e da feitiçaria é maior que a que existe entre a Astronomia e a Astrologia, a Química e a Alquimia. Querer confundi-las é provar que se ignora o á-bê-cê.

20. – Só o fato da possibilidade de comunicação com os seres do mundo espiritual tem consequências incalculáveis, da mais alta importância. É todo um mundo novo que se nos revela e que tem tanto mais importância pelo fato de atingir todos os homens, sem exceção. Esse conhecimento não pode deixar de trazer, generalizando-se, uma profunda modificação nos costumes, no caráter, nos hábitos e nas crenças que têm tamanha influência nas relações sociais. É toda uma revolução que se opera nas ideias, revolução tanto maior e mais poderosa

porque não fica circunscrita a um povo, a uma casta, mas, pelo coração, atinge todas as classes, todas as nacionalidades, todos os cultos.

É, pois, com razão que o Espiritismo é considerado como a terceira grande revelação. Vejamos em que elas diferem e por quais laços elas se ligam uma à outra.

21. – Como profeta, *Moisés* revelou aos homens o conhecimento de um Deus único, soberano senhor e criador de todas as coisas; ele promulgou a lei do Sinai e lançou os fundamentos da verdadeira fé; como homem, foi o legislador do povo, pelo qual essa fé primitiva, depurando-se, devia um dia espalhar-se por toda a Terra.

22. – *O Cristo,* tomando da antiga lei o que é eterno e divino, rejeitando o que apenas era transitório, puramente disciplinar e de concepção humana, acrescentou à *revelação da vida futura,* da qual Moisés não havia falado, a das penas e recompensas que esperam o homem depois da morte (Vide *Revista Espírita* de 1861).

23. – A parte mais importante da revelação do Cristo, no sentido que ela é a fonte primeira, a pedra angular de toda a sua doutrina, é o ponto de vista inteiramente novo, sob o qual ele faz encarar a Divindade. Não é mais o Deus terrível, ciumento e vingativo de Moisés, o Deus cruel e impiedoso que rega a Terra com o sangue humano; que ordena o massacre e o extermínio dos povos, sem excetuar as mulheres, as crianças e os velhos; que castiga os que poupam as vítimas; não é mais o Deus injusto que pune todo um povo pela falta de seu chefe; que se vinga do culpado na pessoa do inocente; que fere os filhos pela falta de seus pais, mas um Deus clemente, soberanamente bom e justo, cheio de mansuetude e de misericórdia, que perdoa o pecador arrependido e *dá a cada um segundo as suas obras*; não é mais o Deus de um só povo privilegiado, o *Deus dos exércitos* que preside os combates para sustentar a sua própria causa contra o Deus dos outros povos, mas o pai comum do gênero humano, que estende a sua proteção a todos os seus filhos e os chama todos a si; não é mais o Deus que recompensa e castiga apenas com os bens terrenos; que faz consistir a glória e a felicidade na escravização dos povos rivais e na multiplicidade da progenitura, mas que diz aos homens: "Vossa verdadeira pátria não é neste mundo, é no reino celeste; é lá que os humildes de coração serão elevados e os

308 | REVISTA ESPÍRITA

orgulhosos rebaixados." Não é mais o Deus que faz da vingança uma virtude e que determina retribuir olho por olho e dente por dente, mas o Deus de misericórdia que diz: "Perdoai as ofensas, se quiserdes ser perdoados; fazei o bem pelo mal; não façais a outrem o que não quereis que vos façam." Não é mais o Deus mesquinho e meticuloso que impõe, sob as mais rigorosas penas, a maneira pela qual quer ser adorado; que se ofende com a inobservância de uma fórmula, mas o Deus grande, que olha o pensamento e não se honra com a forma; enfim não é mais o Deus que quer ser temido, mas o Deus que quer ser amado.

24. – Sendo Deus o centro de todas as crenças religiosas, o objetivo de todos os cultos, o *caráter de todas as religiões é conforme à ideia que elas dão de Deus*. As que dele fazem um Deus vingativo e cruel, creem honrá-lo por atos de crueldade, pelas fogueiras e pelas torturas; as que dele fazem um Deus parcial e ciumento, são intolerantes; são mais ou menos meticulosas na forma, segundo o creem mais ou menos maculado pelas fraquezas e pequenezas humanas.

25. – Toda a doutrina do Cristo está fundada no caráter que ele atribui à Divindade. Com um Deus imparcial, soberanamente justo, bom e misericordioso, ele pôde fazer do amor a Deus e da caridade para com o próximo a condição expressa da salvação, e dizer: *Aí estão toda a lei e os profetas, e não há outra*. Apenas sobre essa crença ele pôde assentar o princípio da igualdade dos homens perante Deus, e da fraternidade universal.

Essa revelação dos verdadeiros atributos da Divindade, acrescida pela da imortalidade da alma e da vida futura, modificava profundamente as relações mútuas dos homens, impondo-lhes novas obrigações, fazendo-os encarar a vida presente sob uma outra luz. Era, por isto mesmo, toda uma revolução nas ideias, revolução que forçosamente devia reagir sobre os costumes e as relações sociais. Por suas consequências, é incontestavelmente o mais importante ponto da revelação do Cristo, cuja importância ainda não foi suficientemente compreendida. É lamentável dizê-lo, mas é também aquele do qual mais se afastavam, que mais foi desconhecido na interpretação de seus ensinamentos.

26. – Contudo, o Cristo acrescenta: Muitas das coisas que vos digo não podeis compreender agora, e eu teria muitas outras a vos dizer que não compreenderíeis. É por isso que vos falo

por parábolas, porém, mais tarde *eu vos enviarei o Consolador, o Espírito de Verdade, que restabelecerá todas as coisas e vo-las explicará todas.*

Se o Cristo não disse tudo o que poderia ter dito, é que ele julgou que deveria deixar certas verdades na sombra, até que os homens estivessem em condições de compreendê-las. Por sua confissão, seu ensino, então, era incompleto, porquanto ele anuncia a vinda daquele que deve completá-la. Assim, ele previa que se enganassem quanto às suas palavras; que desviassem o seu ensino; numa palavra, que desfizessem o que ele havia feito, pois todas as coisas devem ser restabelecidas. Ora, só se *restabelece* o que foi desfeito.

27. – Por que chama ele o novo messias *Consolador?* Este nome significativo e sem ambiguidade é toda uma revelação. Ele previa, portanto, que os homens necessitariam de consolações, o que implica a insuficiência das que eles encontrariam na crença que iam adquirir. Talvez jamais o Cristo tenha sido mais claro e mais explícito do que nestas últimas palavras, às quais poucas pessoas prestaram atenção, talvez porque tivessem evitado trazê-las à luz e aprofundar o seu sentido profético.

28. – Se o Cristo não pôde desenvolver o seu ensino de maneira completa, é que faltavam aos homens conhecimentos que só com o tempo poderiam adquirir, e sem os quais eles não podiam compreendê-lo. Há coisas que teriam parecido insensatas, no estado dos conhecimentos de então. Completar, pois, o seu ensino deve entender-se no sentido de *explicar* e *desenvolver,* muito mais do que no de acrescentar verdades novas, porque ali tudo se encontra em germe. Faltava a chave para compreender o sentido de suas palavras.

29. – Mas quem ousa permitir-se interpretar as Escrituras Sagradas? Quem tem esse direito? Quem possui as luzes necessárias senão os teólogos? Quem o ousa? Para começar, a Ciência, que a ninguém pede permissão para dar a conhecer as leis da Natureza, e pula por cima dos erros e preconceitos. – Quem tem esse direito? No século da emancipação intelectual e de liberdade de consciência, o direito de exame pertence a todos, e as Escrituras não mais são a Arca da Aliança na qual ninguém ousa tocar sem arriscar-se a ser fulminado. Quanto às luzes especiais necessárias, sem contestar as dos teólogos e, por mais esclarecidos que estes fossem na Idade Média, e em particular os Pais da Igreja, eles contudo ainda não o eram

310 | REVISTA ESPÍRITA

bastante para não condenar como heresias o movimento da Terra e a crença nos antípodas; e sem ir tão longe, os dos nossos dias não lançaram anátema aos períodos da formação da Terra? Os homens não puderam explicar as Escrituras senão com o auxílio do que sabiam, das noções falsas ou incompletas que tinham sobre as leis da Natureza, mais tarde reveladas pela Ciência. Eis por que os próprios teólogos puderam, de muito boa-fé, equivocar-se quanto ao sentido de certas palavras e de certos fatos do Evangelho. Querendo a todo custo aí encontrar a confirmação de um pensamento preconcebido, andavam sempre em círculo, sem deixar seu ponto de vista, de tal sorte que aí só viam o que queriam ver. Por mais sábios que fossem esses teólogos, não podiam compreender as causas que dependem de leis que eles desconheciam.

Mas quem será juiz das interpretações diversas e muitas vezes contraditórias dadas fora da teologia? – O futuro, a lógica e o bom senso. Os homens, cada vez mais esclarecidos, à medida que novos fatos e novas leis vierem revelar-se, saberão separar os sistemas utópicos da realidade. Ora, a Ciência dá a conhecer certas leis; o Espiritismo revela outras; umas e outras são indispensáveis à inteligência dos textos sagrados de todas as religiões, desde Confúcio e Buda até o Cristianismo. Quanto à Teologia, ela não poderia judiciosamente alegar contradições da Ciência, quando nem sempre está de acordo consigo mesma.

30. – Partindo o Espiritismo das próprias palavras do Cristo, assim como o Cristo partiu das palavras de Moisés, ele é uma consequência direta de sua doutrina.

À ideia vaga da vida futura, ele alia a revelação da existência do mundo invisível que nos rodeia e povoa o espaço, e a partir daí precisa a crença; dá-lhe um corpo, uma consistência, uma realidade no pensamento.

Ele define os laços que unem alma e corpo, e ergue o véu que ocultava aos homens os mistérios do nascimento e da morte. Para o Espiritismo, o homem sabe de onde vem, para onde vai, por que está na Terra, por que aí sofre temporariamente, e por toda parte vê a justiça de Deus.

Ele sabe que a alma progride sem cessar através de uma série de existências sucessivas, até que tenha atingido o grau de perfeição que pode aproximá-la de Deus.

Sabe que todas as almas, tendo o mesmo ponto de partida, são criadas iguais, com uma mesma aptidão para progredir, em virtude de seu livre-arbítrio; que todas são da mesma essência, e que entre elas há apenas a diferença do progresso realizado; que todas têm o mesmo destino e atingirão o mesmo objetivo, mais ou menos rapidamente, conforme seu trabalho e sua boa vontade.

Ele sabe que não há criaturas deserdadas, nem mais favorecidas umas que as outras; que Deus não criou umas privilegiadas e dispensadas do trabalho imposto a outras para progredir; que não há seres perpetuamente votados ao mal e ao sofrimento; que aqueles designados sob o nome de *demônios* são Espíritos ainda atrasados e imperfeitos, que fazem o mal no estado de Espíritos, como o faziam no estado de homens, mas que progredirão e melhorarão; que os anjos ou puros Espíritos não são seres à parte na criação, mas Espíritos que atingiram o objetivo, depois de haverem seguido a fieira do progresso; que assim, não há criações múltiplas de diferentes classes entre os seres inteligentes, mas que toda a criação surge da grande lei de unidade que rege o Universo, e que todos os seres gravitam para um fim comum, que é a perfeição, sem que uns sejam favorecidos à custa de outros, pois todos são filhos de suas próprias obras.

31. – Pelas relações que agora o homem pode estabelecer com os que deixaram a Terra, há não só a prova material da existência e da individualidade da alma, mas ele compreende a solidariedade que liga os vivos e os mortos deste mundo e os deste mundo com os de outros mundos. Ele conhece a sua situação no mundo dos Espíritos; segue-os nas suas migrações; é testemunha de suas alegrias e de suas penas; sabe por que são felizes ou infelizes, e a sorte que o espera, conforme o bem ou o mal que haja feito. Essas relações o iniciam à vida futura, que ele pode observar em todas as suas fases, em todas as suas peripécias; o futuro não é mais uma vaga esperança: é um fato positivo, uma certeza matemática. Então a morte nada mais tem de apavorante, porque é para ele a libertação, a porta da verdadeira vida.

32. – Pelo estudo da situação dos Espíritos, o homem sabe que a felicidade e a infelicidade na vida espiritual são inerentes ao grau de perfeição e de imperfeição; que cada um sofre as consequências diretas e naturais de suas falhas, isto é, que é punido por onde pecou; que essas consequências duram tanto quanto a causa que as produziu; que, assim, o culpado

312 | REVISTA ESPÍRITA

sofreria eternamente, se eternamente persistisse no mal, mas que o sofrimento cessa com o arrependimento e a reparação. Ora, como depende de cada um se melhorar, cada um pode, em virtude de seu livre-arbítrio, prolongar ou abreviar os seus sofrimentos, como o doente sofre por seus excessos até que neles ponha um termo.

33. – Se a razão repele, como incompatível com a bondade de Deus, a ideia das penas irremissíveis, perpétuas e absolutas, muitas vezes infligidas por uma única falta; os suplícios do inferno, que não podem ser abrandados pelo mais ardente e pelo mais sincero arrependimento, ela se inclina ante essa justiça distributiva e imparcial que tudo leva em conta; que jamais fecha a porta de retorno e incessantemente estende a mão ao náufrago, em vez de empurrá-lo para o abismo.

34. – A pluralidade das existências, cujo princípio o Cristo estabeleceu no Evangelho, embora sem defini-lo mais que muitos outros, é uma das mais importantes leis reveladas pelo Espiritismo, no sentido em que demonstra a sua realidade e a sua necessidade para o progresso. Por essa lei, o homem compreende todas as aparentes anomalias que apresenta a vida humana; as diferenças de posição social; as mortes prematuras que, sem a reencarnação, tornariam inúteis para a alma as vidas abreviadas; a desigualdade das aptidões intelectuais e morais, pela ancianidade do Espírito, que viveu mais ou menos, mais ou menos aprendeu e progrediu, e que, renascendo, traz o que adquiriu nas vidas anteriores. (N° 5)

35. – Com a doutrina da criação da alma em cada nascimento, cai-se no sistema das criações privilegiadas: Os homens são estranhos uns aos outros; nada os une, e os laços de família são puramente carnais. Eles não são solidários de um passado em que não existiam. Com o do nada após a morte, toda relação cessa com a vida; eles não são solidários no futuro. Pela reencarnação, eles são solidários no passado e no futuro. Perpetuando-se as suas relações no mundo espiritual e no mundo corporal, a fraternidade tem por base as próprias leis da Natureza; o bem tem um objetivo, o mal as suas inevitáveis consequências.

36. – Com a reencarnação, caem os preconceitos de raças e de castas, pois o mesmo Espírito pode renascer rico ou pobre, nobre ou proletário, chefe ou subordinado, livre ou escravo, homem ou mulher. De todos os argumentos invocados contra

a injustiça da servidão e da escravatura, contra a sujeição da mulher à lei do mais forte, não há nenhum que supere em lógica o fato material da reencarnação. Se, pois, a reencarnação funda sobre uma lei da Natureza o princípio da fraternidade universal, funda sobre a mesma lei o da igualdade dos direitos sociais e, por consequência, o da liberdade.

Os homens não nascem inferiores e subordinados senão pelo corpo; pelo Espírito eles são iguais e livres. Daí o dever de tratar os inferiores com bondade, benevolência e humanidade, porque aquele que é nosso subordinado hoje pode ter sido nosso igual ou nosso superior, talvez um parente ou um amigo, e que, por nossa vez, poderemos vir a ser subordinado daquele a quem comandamos.

37. – Tirai do homem o espírito livre, independente, sobrevivente à matéria, e dele fazeis uma máquina organizada, sem objetivo, sem responsabilidade, sem outro freio senão a lei civil, e *boa de explorar* como um animal inteligente. Nada esperando após a morte, nada o detém para aumentar os prazeres do presente; se sofre, não tem em perspectiva senão o desespero e o nada como refúgio. Com a certeza do futuro, a de reencontrar aqueles a quem amou, *o medo de rever aqueles a quem ofendeu,* todas as suas ideias mudam. Se o Espiritismo não tivesse feito senão tirar o homem da dúvida em relação à vida futura, teria feito mais por seu melhoramento moral do que todas as leis disciplinares que por vezes o contêm, mas não o transformam.

38. – Sem a preexistência da alma, a doutrina do pecado original não só é inconciliável com a justiça de Deus, que tornaria todos os homens responsáveis pela falta de um só, ela seria uma insensatez muito menos justificável porque a alma não existia na época à qual se pretende fazer remontar a sua responsabilidade. Com a preexistência e a reencarnação, ao nascer o homem traz o germe de suas passadas imperfeições, dos defeitos de que não se corrigiu, que se traduzem por seus instintos inatos, suas propensões para tal ou qual vício. Aí está o seu verdadeiro pecado original, do qual naturalmente sofre todas as consequências, mas com a diferença capital que sofre a pena de suas próprias faltas e não a da falta de outrem; e esta outra diferença, ao mesmo tempo consoladora, encorajadora e soberanamente equitável, que cada existência lhe oferece os meios de se resgatar pela reparação e de progredir, quer

314 | REVISTA ESPÍRITA

se despojando de alguma imperfeição, quer adquirindo novos conhecimentos, e isto até que se tendo purificado suficientemente, não mais necessite da vida corporal e possa viver exclusivamente a vida espiritual, eterna e bem-aventurada.

Pela mesma razão, aquele que progrediu moralmente traz, ao renascer, qualidades inatas, assim como aquele que progrediu intelectualmente traz ideias inatas; ele está identificado com o bem; pratica-o sem esforço, sem cálculo e, por assim dizer, sem pensar. Aquele que é obrigado a combater as suas más tendências, ainda está na luta; o primeiro já venceu, o segundo está a caminho de vencer. *A mesma causa produz o pecado original e a virtude original.*

39. – O Espiritismo experimental estudou as propriedades dos fluidos espirituais e sua ação sobre a matéria. Demonstrou a existência do *perispírito,* suspeitado desde a Antiguidade, e designado por São Paulo sob o nome de *Corpo Espiritual,* isto é, corpo fluídico da alma após a destruição do corpo tangível. Sabe-se hoje que esse envoltório é inseparável da alma; que é um dos elementos constitutivos do ser humano; que é o veículo de transmissão do pensamento e que, durante a vida do corpo, serve de ligação entre o Espírito e a matéria. O perispírito exerce um papel importante no organismo e numa porção de afecções, pelo que ele se liga tanto à Fisiologia quanto à Psicologia.

40. – O estudo das propriedades do perispírito, dos fluidos espirituais e dos atributos fisiológicos da alma, abre novos horizontes à Ciência, e dá a chave de uma porção de fenômenos até agora incompreendidos por falta do conhecimento da lei que os rege, fenômenos negados pelo materialismo, porque se ligam à espiritualidade, qualificados por outros de milagres ou sortilégios, conforme as crenças. Tais são, entre outros, os fenômenos da dupla vista, da visão à distância, do sonambulismo natural e artificial, dos efeitos psíquicos de catalepsia e da letargia, da presciência, dos pressentimentos, das aparições, das transfigurações, da transmissão do pensamento, da fascinação, das curas instantâneas, das obsessões e possessões etc. Demonstrando que esses fenômenos repousam em leis tão naturais quanto os fenômenos elétricos, bem como as condições normais em que se podem reproduzir, o Espiritismo destrói o império do maravilhoso e do sobrenatural e, por conseguinte, a fonte da maior parte das superstições. Se enseja a crença na possibilidade de certas coisas vistas por alguns

como quiméricas, ele impede a crença em muitas outras, demonstrando a sua impossibilidade e a sua irracionalidade.

41. – Longe de negar ou destruir o Evangelho, o Espiritismo vem, ao contrário, confirmar, explicar e desenvolver, pelas novas leis da Natureza que ele revela, tudo quanto o Cristo disse e fez; projeta luz sobre pontos obscuros de seu ensino, de tal modo que aqueles para os quais certas partes do Evangelho eram ininteligíveis, ou pareciam *inadmissíveis,* as compreendem sem esforço com o auxílio do Espiritismo, e as admitem. Eles veem melhor o seu alcance e podem separar a realidade da alegoria. O Cristo lhes parece maior, porque não é mais um simples filósofo, mas um Messias divino.

42. – Se considerarmos, além disso, o poder moralizador do Espiritismo, pelo fim que ele assinala a todas as ações da vida, pelas consequências do bem e do mal que ele torna palpáveis; a força moral, a coragem, as consolações que ele dá nas aflições por uma inalterável confiança no futuro, pelo pensamento de ter perto de si os seres que foram amados, pela segurança de revê-los, pela possibilidade de comunicar-se com eles, enfim, pela certeza que de tudo quanto se faz, de tudo quanto se adquire em inteligência, em ciência, em moralidade, *até a última hora da vida,* nada fica perdido; que tudo concorre para o adiantamento, reconhecer-se-á que o Espiritismo realiza todas as promessas do Cristo a respeito do *Consolador* anunciado. Ora, como é o *Espírito de Verdade* que preside ao grande movimento da regeneração, a promessa de seu advento se acha realizada, porque, de fato, ele é o verdadeiro *Consolador*[2]

---

[2] Muitos pais de família deploram a morte prematura de filhos por cuja educação fizeram muitos sacrifícios e dizem que foi tudo tempo perdido. Com o Espiritismo, eles não lamentam tais sacrifícios, e estariam prontos a fazê-los, mesmo com a certeza de verem morrer os filhos, porque sabem que se estes não tiram proveito dessa educação no presente, ela servirá ao seu avanço como Espíritos, pois será uma aquisição para uma nova existência, e que quando eles voltarem, terão uma bagagem intelectual que os tornará mais aptos para adquirir novos conhecimentos. Tais são essas crianças que ao nascerem trazem ideias inatas, e que sabem, por assim dizer, sem terem tido necessidade de aprender. Se, como pais, eles não têm a satisfação imediata de ver seus filhos tirarem proveito dessa educação, certamente dela gozarão mais tarde, quer como Espíritos, quer como homens. Talvez sejam novamente os pais desses mesmos filhos que são vistos como dotados pela Natureza, e que devem suas aptidões a uma precedente educação; como também, se esses filhos se tornam maus por força da negligência de seus pais, estes poderão ter que sofrer mais tarde, pelos aborrecimentos e desgostos que esses mesmos filhos lhes suscitarão numa nova existência.

316 | REVISTA ESPÍRITA

43. – Se a esses resultados acrescentarmos a incrível rapidez da propagação do Espiritismo, malgrado tudo quanto têm feito para abatê-lo, não se pode discordar que sua vinda seja providencial, porquanto ele triunfa de todas as forças e de toda má vontade humana. A facilidade com a qual é aceito por tão grande número, e isto sem constrangimento e sem outros recursos além do poder da ideia, prova que ele corresponde a uma necessidade: a de crer, depois do vazio cavado pela incredulidade e que, consequentemente, veio no devido tempo.

44. – Os aflitos são em grande número, portanto, não é surpreendente que tanta gente acolha uma doutrina que consola, de preferência às que desesperam, porque é aos deserdados, mais que aos felizes do mundo, que se dirige o Espiritismo. O doente vê chegar o médico com mais alegria que aquele que passa bem. Ora, os aflitos são doentes e o Consolador é o médico.

Vós que combateis o Espiritismo, se quiserdes que as pessoas o deixem para seguir-vos, dai mais e melhor do que ele; curai mais seguramente as feridas da alma; fazei como o negociante que, para lutar contra um concorrente, dá mercadoria de melhor qualidade e a menor preço. Dai, pois, mais consolações, mais satisfações do coração, esperanças mais legítimas, certezas maiores; fazei do futuro um quadro mais racional mais sedutor, mas não penseis em vencê-lo com a perspectiva do nada, com a alternativa das chamas do inferno ou da beata e inútil contemplação perpétua. Que diríeis do negociante que chamasse de *loucos* todos os fregueses que não querem sua mercadoria e vão ao vizinho? Fazeis o mesmo taxando de loucura e inépcia todos os que não querem vossas doutrinas que eles cometem o erro de não achar de seu gosto.[3]

[3] O Espiritismo não é contrário à crença dogmática relativa à natureza do Cristo e, neste caso, pode ele dizer-se o complemento do Evangelho, se o contradiz?
A solução desta questão toca apenas de maneira acessória o Espiritismo, que não tem que se preocupar com dogmas particulares de tal ou qual religião. Simples doutrina filosófica, não se arvora nem em campeão nem em adversário sistemático de nenhum culto e deixa a cada um a sua crença.
A questão de natureza do Cristo é capital do ponto de vista cristão. Ela não pode ser tratada levianamente, e não são as opiniões pessoais nem dos *homens nem dos Espíritos* que podem decidi-la. Em assunto semelhante, não basta afirmar ou negar. É preciso provar. Ora, de todas as razões alegadas pró ou contra, não há nenhuma que não seja mais ou menos hipotética, porque todas são controvertidas. Os materialistas não viram a coisa senão com os olhos da incredulidade e a ideia preconcebida

de negação; os teólogos com os olhos da fé cega, e a ideia preconcebida da afirmação; nem uns nem outros estavam nas condições de imparcialidade necessárias; interessados em sustentar sua opinião, só viram e procuram o que a ela poderia ser favorável e fecharam os olhos ao que lhe podia ser contrário. Se a questão é a tanto tempo discutida e ainda não foi resolvida de maneira peremptória, é que faltaram os *únicos* elementos que lhe podiam dar a chave, absolutamente como faltava aos sábios da Antiguidade o conhecimento das leis da luz, para explicar o fenômeno do arco-íris.

O Espiritismo é neutro na questão; ele não está mais interessado numa solução do que na outra; ele avançou sem isto e continuará avançando, seja qual for o resultado; colocado fora dos dogmas particulares, não é para ele uma questão de vida ou morte. Quando ele a abordar, apoiando todas as suas teorias nos fatos, resolvê-la-á pelos fatos, e isso em tempo oportuno. Se tivesse urgência, ela já estaria resolvida. Os elementos de uma solução hoje estão completos, mas o terreno ainda não está preparado para receber a semente. Uma solução prematura, fosse qual fosse, encontraria muita oposição de parte a parte, e afastaria do Espiritismo mais partidários do que conquistaria. Eis por que a prudência nos impõe o dever de nos abstermos de toda polêmica sobre este assunto, até que estejamos certo de poder pôr o pé em terreno sólido. Enquanto se espera, deixamos que discutam pró e contra, *fora do Espiritismo*, sem nisto tomar parte, deixando que os dois partidos esgotem os argumentos. Quando o momento for propício, levaremos para a balança, não a nossa opinião pessoal, que não tem nenhum peso nem pode fazer lei, mas *fatos* até este momento *não observados*, e então cada um poderá julgar com conhecimento de causa. Tudo quanto podemos dizer, sem prejulgar a questão, é que a solução, em qualquer sentido em que for dada, não contradirá nem os atos nem as palavras do Cristo, mas, ao contrário, os confirmará, elucidando-os.

Assim, àqueles que nos perguntam o que diz o Espiritismo sobre a natureza de Cristo, respondemos invariavelmente: "É uma questão de dogma estranha ao objetivo da Doutrina." O objetivo que todo espírita deve ter em mira, se quiser merecer esse título, é seu próprio melhoramento moral. Eu sou melhor do que o era? Corrigi-me de algum defeito? Fiz o bem ou o mal ao próximo? Eis o que todo espírita sincero e convicto deve perguntar. Que importa saber se o Cristo era Deus ou não, se continuo sendo egoísta, orgulhoso, ciumento, invejoso, colérico, maledicente, caluniador? A melhor maneira de honrar o Cristo é imitá-lo em sua conduta. Quanto mais o elevamos no pensamento, menos somos dignos dele e mais o insultamos e profanamos, fazendo o contrário do que ele diz. O Espiritismo diz aos seus adeptos: "Praticai as virtudes recomendadas pelo Cristo e sereis mais cristãos que muitos dos que tal se dizem." Aos católicos, protestantes e outros, ele diz: "Se temeis que o Espiritismo perturbe a vossa consciência, não vos ocupeis dele." Ele não se dirige senão aos que a ele vêm livremente, e que dele necessitam. Ele não se dirige àqueles que têm uma fé qualquer e aos quais essa fé basta, mas aos que não têm ou que duvidam, e lhes dá a crença que lhes falta, não mais particularmente a do

318 | REVISTA ESPÍRITA

45. – A primeira revelação era personificada em Moisés, a segunda no Cristo, a terceira não é em nenhum indivíduo. As duas primeiras são individuais, a terceira é coletiva; eis um caráter essencial de grande importância. Ela é coletiva no sentido que não foi feita por privilégio a ninguém; que ninguém, consequentemente, pode dizer-se seu profeta exclusivo. Ela foi feita simultaneamente em toda a Terra, a milhões de pessoas de todas as idades, de todos os tempos e de todas as condições sociais, desde o primeiro até o último degrau da escada, segundo esta predição exarada pelo autor dos Atos dos Apóstolos: "Nos últimos tempos, diz o Senhor, eu espalharei o meu espírito sobre toda a carne; vossos filhos e vossas filhas profetizarão; vossos moços terão visões e vossos velhos terão sonhos." Ela não saiu de nenhum culto especial, a fim de servir um dia a todos de ponto de ligação.[4]

Catolicismo que a do Protestantismo, do Judaísmo ou do Islamismo, mas a crença fundamental, base indispensável de toda religião. Aí termina o seu papel. Estabelecida esta base, cada um fica livre de seguir a rota que melhor satisfaça à sua razão.

[4] Nosso papel pessoal no grande movimento de ideias que se prepara pelo Espiritismo, e que já começa a se operar, é o de um observador atento que estuda os fatos para lhes buscar as causas e tirar as suas consequências. Confrontamos todos os que nos foi possível reunir; comparamos e comentamos as instruções dadas pelos Espíritos em todos os pontos da Terra, depois coordenamos tudo metodicamente. Numa palavra, estudamos e tornamos público o fruto de nossas pesquisas, sem atribuir aos nossos trabalhos outro valor senão o de uma obra filosófica deduzida da observação e da experiência, sem jamais nos termos arvorado em chefe de Doutrina, nem ter querido impor nossas ideias a ninguém. Publicando-os, fizemos uso de um direito comum, e aqueles que os aceitaram fizeram-no livremente. Se essas ideias encontraram numerosas simpatias, é que elas tiveram a vantagem de corresponder às aspirações de um grande número, do que não poderíamos tirar vantagem, porquanto a origem não nos pertence. Nosso maior mérito é o da perseverança e do devotamento à causa que abraçamos. Em tudo isto temos feito o que outros poderiam ter feito como nós. Eis por que jamais tivemos a pretensão de nos crer profeta ou messias e, ainda menos, de nos considerarmos como tal.

Sem ter nenhuma das qualidades exteriores da mediunidade efetiva, não contestamos em ser assistidos pelos Espíritos em nossos trabalhos, pois temos provas muito evidentes para não duvidar, o que sem dúvida devemos à nossa boa vontade, e ao que é dado a cada um merecer. Além das ideias que reconhecemos nos serem sugeridas, é notável que assuntos de estudo e de observação, numa palavra, tudo quanto pode ser útil à realização

46. – Sendo as duas primeiras revelações produto de um ensinamento pessoal, forçosamente foram localizadas, isto é, ocorreram num só ponto, em torno do qual a ideia se espalhou pouco a pouco. Mas foram precisos muitos séculos para que atingissem as extremidades do mundo, sem invadi-lo inteiramente. A terceira tem de particular que, não estando personificada num indivíduo, produziu-se simultaneamente em milhares de pontos diversos, os quais se tornaram centros ou focos de irradiação. Multiplicando-se esses centros, seus raios se encontram pouco a pouco, como os círculos formados por uma porção de pedras atiradas na água, de tal sorte que, num dado tempo, acabarão cobrindo toda a superfície do globo.

Tal é uma das causas da rápida propagação da doutrina. Se ela tivesse surgido num só ponto, se tivesse sido obra exclusiva de um homem, teria formado uma seita em seu redor. Talvez mais de meio século tivesse decorrido antes que ela tivesse atingido os limites do país onde surgiu, ao passo que em dez anos ela tem balizas plantadas de um pólo ao outro.

47. – Essa circunstância singular na história das doutrinas dá a esta uma força excepcional e um poder de ação irresistível. Com efeito, se a reprimirem num ponto, num país, é materialmente impossível reprimi-la em todos os pontos, em todos os países. Para um lugar onde for entravada, haverá mil ao lado onde ela florescerá. Ainda mais, se a atingirem num indivíduo, não poderão atingi-la nos Espíritos, que são a sua fonte. Ora, como os Espíritos estão em toda parte e sempre existirão, se, – o que nos parece impossível – chegassem a abafá-la em todo o globo, ela reapareceria algum tempo depois, porque repousa sobre *um fato, e esse fato está na Natureza* e não se podem suprimir as leis da Natureza. Eis de que se devem persuadir os que sonham com o aniquilamento do Espiritismo. *(Revista Espírita,* fevereiro de 1865: *Perpetuidade do Espiritismo).*

48. – Entretanto, esses centros disseminados poderiam ter ficado ainda muito tempo isolados uns dos outros, já que

---

da obra, sempre nos chega a propósito. – Noutros tempos diriam: como por encanto, – de sorte que os materiais e documentos do trabalho jamais nos faltam. Se tivermos que tratar de um assunto, estamos certos que, sem o pedir, os elementos necessários à sua elaboração nos serão fornecidos, e isso por meios que são absolutamente naturais, mas que sem dúvida são provocados por nossos colaboradores invisíveis, como tantas coisas que o mundo atribui ao acaso.

320 | REVISTA ESPÍRITA

alguns são confinados em regiões distantes. Era preciso entre eles um traço de união que os pusesse em comunhão de pensamentos com seus irmãos em crença, ensinando-lhes o que se fazia alhures. Esse traço de união, que teria faltado ao Espiritismo na Antiguidade, acha-se nas publicações que vão a toda parte, que condensam, sob uma forma única, concisa e metódica, o ensinamento dado em toda parte sob formas múltiplas e em línguas diversas.

49. – As duas primeiras revelações não podiam ser senão o resultado de um ensino direto; deviam impor-se à fé pela autoridade da palavra do mestre, pois os homens não eram bastante adiantados para participarem da sua elaboração.

Contudo, notemos entre elas uma nuança muito palpável, que diz respeito ao progresso dos costumes e das ideias, embora tenham sido feitas no mesmo povo e no mesmo meio, mas com cerca de dezoito séculos de intervalo. A doutrina de Moisés é absoluta, despótica; não admite discussão e se impõe a todo o povo pela força. A de Jesus é essencialmente *conselheira*; é aceita livremente e não se impõe senão pela persuasão; é controvertida ainda em vida de seu fundador, que não se recusava a discutir com os adversários.

50. – A terceira revelação veio numa época de emancipação e de maturidade intelectual, em que a inteligência desenvolvida não se pode reduzir a um papel passivo, em que o homem nada aceita cegamente, mas quer ver aonde o conduzem, saber por que e como se dá cada coisa; devia ser, ao mesmo tempo, o produto de um ensino e o fruto do trabalho, da pesquisa e do livre exame. Os Espíritos só ensinam precisamente o que é necessário para trilhar o caminho da verdade, mas se abstêm de revelar o que o homem pode descobrir por si mesmo, deixando-lhe o cuidado de discutir, de controlar e de submeter tudo ao cadinho da razão, muitas vezes até o deixando adquirir a experiência à própria custa. Eles lhe dão o princípio, os materiais, cabendo-lhe deles tirar proveito e pô-los à obra (nº 15).

51. – Tendo os elementos da revelação espírita sido dados simultaneamente numa porção de lugares, a homens de todas as condições sociais e de diversos graus de instrução, é bem evidente que as observações não podiam ser feitas em toda parte com os mesmos resultados; que as consequências a delas tirar, a dedução das leis que regem essa ordem de fenômenos, numa palavra, a conclusão que devia assentar as

ideias, não podiam sair senão do conjunto e da correlação dos fatos. Ora, cada centro isolado, circunscrito num círculo restrito, o mais das vezes não vendo senão uma ordem particular de fatos por vezes aparentemente contraditórios, geralmente não tratando senão com uma mesma categoria de Espíritos e além disso entravado pelas influências locais e pelo espírito de partido, achava-se na impossibilidade material de abarcar o conjunto e, por isso mesmo, impotente para ligar as observações isoladas a um princípio comum. Cada um apreciando os fatos do ponto de vista de seus conhecimentos e de suas crenças anteriores, ou da opinião particular dos Espíritos que se manifestam, em breve haveria tantas teorias e sistema quantos centros, dos quais nenhum poderia ter sido completo, por falta de elementos de comparação e de controle.

52. – É de notar, ainda, que em parte alguma o ensinamento espírita foi dado de maneira completa. Ele compreende tão grande número de observações, em assuntos tão diversos que tanto exigem conhecimentos quanto aptidões mediúnicas especiais, que teria sido impossível reunir num mesmo ponto todas as condições necessárias. Devendo o ensinamento ser coletivo e não individual, os Espíritos dividiram o trabalho disseminando os assuntos de estudo e de observação, como em certas fábricas a confecção de cada parte de um mesmo objeto é repartida entre diferentes operários.

Assim, a revelação se fez parcialmente, em diversos lugares e por uma multidão de intermediários, e é desta maneira que prossegue, ainda neste momento, porque nem tudo está revelado. Cada centro encontra nos outros centros o complemento do que recebe, e é o conjunto, a coordenação de todos os ensinamentos parciais que constituíram a *Doutrina Espírita*.

Era, pois, necessário agrupar os fatos esparsos para ter a sua correlação; reunir os documentos diversos, as instruções fornecidas pelos Espíritos em todos os lugares e sobre todos os assuntos, para compará-los, analisá-los, estudar as suas analogias e as suas diferenças. Sendo as comunicações dadas por Espíritos de todas as ordens, mais ou menos esclarecidos, era necessário apreciar o grau de confiança que a razão permitia conceder-lhes; distinguir as ideias sistemáticas individuais e isoladas das que tinham a sanção do ensino geral dos Espíritos, as utopias das ideias práticas; eliminar as que eram notoriamente desmentidas pelos dados da ciência positiva e

322 | REVISTA ESPÍRITA

da sadia lógica; utilizar os próprios erros, as informações fornecidas por Espíritos, mesmo da mais baixa categoria, para o conhecimento do estado do mundo invisível, e disso formar um todo homogêneo. Numa palavra, era preciso um centro de elaboração, independente de toda ideia preconcebida, de todo preconceito de seita, *resolvido a aceitar a verdade tornada evidente, ainda que fosse contrária às suas opiniões pessoais.* Tal centro formou-se por si mesmo, pela força das coisas, e *sem desígnio premeditado.*[5]

53. – Desse estado de coisas resultou uma dupla corrente de ideias: umas indo das extremidades para o centro, outras retornando do centro para as extremidades. Foi assim que a doutrina marchou rapidamente para a unidade, malgrado a diversidade das fontes de onde ela emanou; que os sistemas divergentes caíram pouco a pouco, em razão do seu isolamento, ante o ascendente da opinião da maioria, por não encontrar aí ecos simpáticos. Desde então estabeleceu-se entre os vários centros parciais uma comunhão de pensamentos; falando a mesma linguagem espiritual, eles se compreendem e simpatizam de um extremo ao outro do mundo.

[5] *O Livro dos Espíritos*, a primeira obra que fez o Espiritismo entrar e via filosófica, pela dedução das consequências morais dos fatos, que abordou todas as partes da Doutrina, tocando nas mais importantes questões que ela levanta, foi, desde o seu aparecimento, o ponto de ligação para o qual espontaneamente convergiram os trabalhos individuais. É notório que, da publicação desse livro, data a era do Espiritismo filosófico, até então no domínio das experiências de curiosidade. Se esse livro conquistou as simpatias da maioria, é que ele era a expressão dos sentimentos dessa mesma maioria, e respondia às suas aspirações; é, também, porque cada um aí encontrava a confirmação ou uma explicação racional do que obtinha em particular. Se ele estivesse em desacordo com o ensino geral dos Espíritos, não teria tido nenhum crédito e prontamente teria caído no esquecimento. Ora, a quem se ligou? Não foi ao homem, que por si mesmo nada é, cavilha mestra que morre e desaparece, mas à ideia, que não perece quando emana de uma fonte superior ao homem.
Essa concentração espontânea das forças esparsas deu lugar a uma correspondência imensa, monumento único no mundo, quadro vivo da verdadeira história do Espiritismo moderno, onde se refletem, ao mesmo tempo, os trabalhos parciais, os sentimentos múltiplos que a doutrina fez nascer, os resultados morais, os devotamentos e os as falências, arquivos preciosos para a posteridade, que poderá julgar os homens e as coisas em peças autênticas. Em presença destes testemunhos irrecusáveis, em que se tornarão, em consequência, todas as falsas alegações, as difamações da inveja e do ciúme?

Os espíritas acharam-se mais fortes, lutaram com mais coragem e marcharam com passo mais firme, quando não mais se viram isolados, quando sentiram um ponto de apoio, um elo que os ligava à grande família. Os fenômenos que testemunhavam já lhes não pareceram estranhos, anormais, contraditórios, quando os puderam ligar às leis gerais de harmonia, abarcar de um golpe de vista o edifício, e ver em todo esse conjunto um objetivo grande e humanitário[6].

54. – Não há qualquer ciência que tenha saído com todas as peças do cérebro de um homem. Todas, sem exceção, são o produto de observações sucessivas apoiando-se em observações precedentes, como num ponto conhecido para chegar ao desconhecido. Foi assim que os Espíritos procederam para com o Espiritismo. Eis por que o seu ensino é graduado. Eles não abordam as questões senão à medida que os princípios

[6] Um testemunho significativo, tão notável quão tocante dessa comunhão de pensamentos que se estabeleceu entre os espíritas pela conformidade das crenças, são os pedidos de preces que nos vêm das mais remotas paragens, desde o Peru até os extremos da Ásia, de parte de pessoas de religiões e nacionalidades diversas, e que jamais vimos. Não é isto o prelúdio da grande unificação que se prepara, a prova das raízes sérias que por toda parte o Espiritismo lança?

É notável que, de todos os grupos que se formaram com a intenção premeditada de fazer cisão, proclamando princípios divergentes, assim como os que, em razão do amor-próprio ou por outros motivos, não querendo ter a aparência de submissão à lei comum, julgaram-se bastante fortes para marchar sós, com bastante luzes para dispensar conselhos, nenhum chegou a constituir uma unidade preponderante e viável; todos se extinguiram ou vegetaram na sombra. Como poderia ser de outro modo, desde que, para se distinguir, em vez de se esforçar para dar uma maior soma de satisfações, eles rejeitavam princípios da Doutrina, precisamente o que constitui seu mais poderoso atrativo, o que há de mais conciliador, de mais encorajador e de mais racional? Se eles tivessem compreendido o poder dos elementos morais que constituíram a unidade, não se teriam embalado em ilusões quiméricas, mas tomando o seu pequeno círculo pelo Universo, não viram nos aderentes mais que uma camarilha que facilmente poderia ser derrubada por uma contra-camarilha. Era equivocar-se estranhamente sobre os caracteres essenciais da Doutrina, e esse erro só poderia trazer decepções, porque não se fere impunemente o sentimento de uma massa que tem convicções assentadas em bases sólidas. Em vez de romper a unidade, eles quebraram o único elo que lhes poderia dar força e vida. (Vide *Revista Espírita* de abril de 1866: *O Espiritismo sem os Espíritos; o Espiritismo independente*).

sobre os quais elas devem apoiar-se estejam suficientemente elaborados, e que a opinião esteja madura para assimilá-los. É mesmo notável que todas as vezes que os centros particulares quiseram abordar questões prematuras, só obtiveram respostas contraditórias não concludentes. Quando, ao contrário, chega o momento favorável, o ensinamento é idêntico em toda a linha, na quase universalidade dos centros. Contudo, entre a marcha do Espiritismo e a das ciências há uma diferença capital: é que estas não atingiram o ponto onde chegaram senão depois de longos intervalos, ao passo que ao Espiritismo bastaram apenas alguns anos, senão para atingir o ponto culminante, ao menos para recolher uma soma bastante grande de observações próprias para constituir uma doutrina. Isto se deve à inumerável multidão de Espíritos que, pela vontade de Deus, se manifestaram simultaneamente, trazendo cada um o contingente de seus conhecimentos. Disso resultou que todas as partes da doutrina, em vez de serem elaboradas sucessivamente durante vários séculos, o foram mais ou menos simultaneamente em alguns anos e que bastou agrupá-las para que formassem um todo.

Quis Deus que assim fosse, primeiro para que o edifício chegasse mais rapidamente à cumeeira; em segundo lugar, para que pudéssemos, pela comparação, ter um controle por assim dizer imediato e permanente na universalidade do ensino, cada parte só tendo valor e *autoridade* pela conexão com o conjunto, devendo todas harmonizar-se e cada uma chegar a seu tempo e ao seu lugar. Não confiando a um só Espírito o cuidado da promulgação da doutrina, ele quis, além disso, que o menor, como o maior, entre os Espíritos como entre os homens, trouxesse sua pedra ao edifício, a fim de estabelecer entre eles o laço de solidariedade cooperativa que faltou a todas as doutrinas que saíram de uma fonte única.

Por outro lado, cada Espírito, assim como cada homem, tendo apenas uma soma limitada de conhecimentos, eram individualmente inábeis para tratar *ex-professo* das inumeráveis questões que o Espiritismo abrange. Eis, igualmente por que a Doutrina, para cumprir os desígnios do Criador, não podia ser obra nem de um só Espírito nem de um só médium; não podia sair senão da coletividade dos trabalhos controlados uns pelos outros. (Vide *O Evangelho segundo o Espiritismo,* introdução, parte VI e *Revista Espírita* de abril de 1864: *Autoridade da Doutrina Espírita; controle universal do ensino dos Espíritos).*

55. – Um último caráter da revelação espírita, e que ressalta das próprias condições em que ela é feita, é que, apoiando-se nos fatos, ela é, e não pode deixar de ser, essencialmente progressiva, como todas as ciências de observação. Por sua essência, ela contrai aliança com a Ciência que, sendo a exposição das leis da Natureza numa certa ordem de fatos, não pode ser contrária à vontade de Deus, o autor dessas leis. *As descobertas da Ciência glorificam Deus em vez de rebaixá-lo; elas não destroem senão o que os homens construíram sobre as ideias falsas que fizeram de Deus.*

O Espiritismo, portanto, não estabelece como princípio absoluto senão o que é demonstrado com evidência, ou o que ressalta logicamente da observação. Abrangendo todos os ramos da economia social, aos quais dá o apoio de suas próprias descobertas, ele assimilará sempre todas as doutrinas progressivas, sejam de que ordem forem, que tenham atingido o status de *verdades práticas* e que tenham saído do domínio da utopia, sem o que ele suicidar-se-ia. Deixando de ser o que é, ele mentiria à sua origem e ao seu objetivo providencial. *Marchando com o progresso, o Espiritismo jamais será ultrapassado, porque se novas descobertas lhe demonstrassem que está laborando em erro num ponto, modificar-se-ia nesse ponto; se uma nova verdade se revela, ela a aceita*[7].

ROBINSON CRUSOÉ ESPÍRITA

(CONTINUAÇÃO)

---

[7] Ante declarações tão claras e categóricas quanto as contidas neste capítulo, caem todas as alegações de tendência para o absolutismo e para a autocracia dos princípios, todas as falsas assimilações que criaturas prevenidas ou mal informadas atribuem à Doutrina. Ademais, essas declarações não são novas: nós as repetimos muitas vezes em nossos escritos, para não deixar qualquer dúvida a esse respeito. Além disso, elas nos sinalizam nosso verdadeiro papel, o único que ambicionamos: o de trabalhador.

Na *Revista Espírita* de março de 1867 citamos algumas passagens das aventuras de Robinson, marcadas por um pensamento evidentemente espírita. Devemos à gentileza de um dos nossos correspondentes de Antuérpia o conhecimento do complemento dessa história, na qual os princípios do Espiritismo são expressos e afirmados de forma muito mais explícita e não se encontram em nenhuma das edições modernas. A obra completa, traduzida da edição original inglesa, compreende três volumes e faz parte de uma coleção em trinta e tantos volumes, intitulada: *Viagens imaginárias, sonhos, visões e romances cabalísticos,* impressa em Amsterdã em 1787. O título indica que também se encontra em Paris, *rue et hotel Serpente.*

Os dois primeiros volumes dessa coleção contêm as viagens propriamente ditas de Robinson; o terceiro volume, que o nosso correspondente nos quis confiar, tem por título: *Reflexões sérias e importantes de Robinson Crusoé.* O tradutor diz no seu prefácio:

"Eis enfim o enigma das aventuras de Robinson Crusoé; é uma espécie de *Telêmaco Burguês,* cujo objetivo é levar os homens comuns à virtude e à sabedoria, por acontecimentos acompanhados de reflexões. Há, entretanto, algo a mais na história de Robinson do que nas aventuras de Telêmaco; não é um simples romance, é antes uma história alegórica, na qual cada incidente é um emblema de algumas particularidades da vida do nosso autor. Não digo mais sobre este artigo, porque ele próprio o tratou a fundo em seu prefácio, que traduzi do inglês, e cuja leitura aconselho insistentemente a todos esses homens bruscos que adquiriram o hábito ridículo de pular todos os discursos preliminares dos livros.

"A obra que aqui se dá ao público, e que constitui o terceiro volume de *Robinson Crusoé,* é completamente diferente das duas partes precedentes, embora tenda para o mesmo fim. O autor aí dá, por assim dizer, a última demão em seu projeto de reformar os homens e de induzi-los a conduzir-se de uma maneira digna da excelência de sua natureza. Ele não está contente de lhes haver dado instruções envoltas em fábulas; ele acha bom estender os seus preceitos e os dar de maneira direta, a fim de que nada escape à penetração do grande número de leitores que não têm bastante argúcia para separar a essência da alegoria, do corpo que a envolve."

Esse volume compreende duas partes.

Na primeira parte, voltando Robinson à vida calma do lar, entrega-se a meditações sugeridas pelas peripécias de sua agitada existência. Essas reflexões são marcadas por uma alta moralidade e um profundo sentimento religioso, no gênero das seguintes:

Pg. 301. – "Confessemos, se quiserem, que não podemos compreender a imutabilidade da natureza e das ações de Deus, e que nos é absolutamente impossível conciliá-la com essa variedade da Providência que, em todas as suas ações, nos aparece numa completa e perfeita liberdade de formar todos os dias novos desígnios, de mudar os acontecimentos para este ou aquele lado, como apraz à soberana sabedoria. Porque não podemos conciliar estas coisas, podemos concluir que sejam absolutamente incompatíveis? Seria o mesmo que sustentar que a natureza de Deus é inteiramente incompreensível porque não o compreendemos, e que, na Natureza, todo fenômeno em que não penetramos é impenetrável. Onde está o filósofo que ousa gabar-se de compreender a causa que faz girar para o polo uma agulha imantada, e a maneira pela qual a força magnética é transmitida por um simples toque? Quem me dirá por que essa força não pode ser transmitida senão ao ferro, e por que a agulha não é atraída pelo ouro, pela prata e por outros metais? Que comércio secreto há entre o ímã e o polo norte e por qual força misteriosa a agulha que friccionamos se volta para o polo sul, desde que atravessamos a linha equinocial? Nada compreendemos destas operações da Natureza, contudo nossos sentidos nos asseguram da realidade dessas operações, da maneira mais incontestável do mundo. A menos que levemos o ceticismo até o mais alto grau do absurdo, devemos confessar que nada há de contraditório nesses fenômenos, embora nos seja impossível conciliá-los em conjunto, e que eles sejam incompreensíveis, apenas porque não os compreendemos.

"Por que a nossa sabedoria não nos impele a seguir o mesmo método de raciocinar em relação ao objeto da questão? É natural crer que, malgrado essa aparente mudança que descobrirmos nos atos da Providência, malgrado esses desígnios que parecem destruir-se mutuamente e erguer-se um sobre as ruínas do outro, nada é mais certo e mais real que a imutabilidade da Natureza e dos decretos de Deus. O que há de mais temerário do que alegar a fraqueza e a pequena extensão da razão como uma prova contra a existência das coisas? Nada é

328 | REVISTA ESPÍRITA

mais bizarro do que raciocinar justamente nos limites do nosso espírito, em relação aos objetos finitos da física, e de não prestar atenção à natureza de nossa alma, quando se trata das operações de um ser infinito, tão superior às nossas fracas luzes.

"Portanto, se é razoável acreditar que a Providência divina é livre em suas ações, e que, dirigida por sua própria soberania, ela segue, no curso ordinário das coisas humanas, esses métodos que julga adequados, é nosso dever ligar um comércio estreito com essa parte ativa da providência, que influi diretamente em nossa conduta, sem nos embaraçar o espírito em vãs discussões sobre a maneira pela qual essa providência influi em nossos negócios, e sobre o objetivo que ela se propõe.

"Entrando nessa correspondência com aquela virtude ativa da sabedoria de Deus, devemos examinar os seus caminhos, enquanto pareçam acessíveis à nossa penetração e às nossas pesquisas; devemos prestar a mesma atenção à voz secreta que já tive o cuidado de descrever, que a essa voz clara e forte que nos fala nos acontecimentos mais próprios a nos ferir.

"Quem quer que não faça um estudo sério para penetrar no sentido dessa voz secreta que se oferece à sua intenção, deliberadamente se priva de um grande número de conselhos úteis e de fortes consolações, dos quais por vezes sente necessidade na carreira que deve percorrer neste mundo.

"Que consolação não é para os que escutam essa voz, ver a cada momento que um poder invisível e infinitamente poderoso se empenha em conservar e orientar os seus interesses! Com essa atenção religiosa, não é possível não se aperceber dessa proteção; não é possível refletir sobre as soluções imprevistas que todo homem encontra na variedade dos incidentes da vida humana, evidentemente sem ver que não o deve à sua própria prudência, mas unicamente ao socorro eficaz de um poder infinito que o favorece porque o ama."

– A segunda parte, intitulada *Visão do mundo evangélico*, contém o relato de fatos que pertencem mais particularmente à ordem dos fatos espíritas, da qual tomamos as seguintes passagens:

Pg. 359. – "Em minha opinião, o Espírito que apareceu a Saul devia ser um bom Espírito, que se chamava o anjo de um homem, como parece pelo que dizia aquela serva dos Atos dos Apóstolos, vendo diante da porta Pedro, que havia saído miraculosamente da prisão. Se tomarmos a coisa desta maneira, ela confirma a minha ideia relativa ao comércio dos Espíritos puros com os Espíritos encerrados em corpos no que se refere às vantagens que os homens podem ter de tal comércio. – Aqueles que pretendem que foi um mau Espírito, devem supor ao mesmo tempo que Deus pode servir-se do diabo como de um profeta, pôr na boca mentirosa as verdades que ele acha bom revelar aos homens, e suportar que ele pregue aos transgressores de suas leis, a justiça dos castigos que ele resolveu infligir-lhes. Não sei de que subterfúgio esses intérpretes se serviriam para salvar todos os inconvenientes de tal opinião. Em minha opinião, não vejo que convenha à sua majestade divina emprestar a Satã o seu Espírito de Verdade e dele fazer um pregador e um profeta."

Pg. 365. – "Os efeitos mais diretos de nosso comércio com as inteligências puras, que me parecem tão sensíveis que é impossível negá-las, são: sonhos, certas vozes, certos ruídos, avisos, pressentimentos, apreensões, uma tristeza involuntária."

Pg. 380. – "Parece-me que examinais com muita atenção a natureza dos sonhos e as provas que deles podem ser tiradas da realidade do mundo dos Espíritos. Mas peço-vos que me digais o que pensais dos sonhos que nos vêm em plena vigília, transportes, êxtases, visões, ruídos, vozes, pressentimentos. Não vedes que são provas ainda mais fortes da mesma verdade, porquanto elas nos afetam nos mesmos momentos em que nossa razão é senhora de si, e que sua luz não está envolta nos vapores do sonho?"

Pg. 393. – "Eu vi ainda, como num golpe de vista, a maneira pela qual esses maus Espíritos exercem o seu poder; até que ponto ele se estende; que obstáculos eles devem superar, e que outros Espíritos se opõem ao êxito de seus abomináveis desígnios...

"...Embora o diabo tenha a seu serviço um número infinito de ministros fiéis, que nada negligenciam para executar os seus projetos, não há apenas um número igual, mas infinitamente maior de Anjos e de bons Espíritos que, armados de um poder superior, velam de um lugar muito mais elevado, sobre a sua conduta, e fazem todos os esforços para fazer fracassarem as suas maquinações. Esta descoberta faz ver ainda mais claramente que ele nada poderia fazer senão pela sutileza e pela astúcia, mantidas por uma vigilância e uma atenção

330 | REVISTA ESPÍRITA

extraordinárias, porquanto ele tem a mortificação de se ver a todo momento detido e contrariado em seus desígnios pela prudente atividade dos bons Espíritos, que têm o poder de castigá-lo e de repreendê-lo, como faz o homem a um cão malvado que espreita os transeuntes para se atirar sobre eles."

Pg. 397. – "Em minha opinião, as inspirações não passam de discursos que imperceptivelmente nos são soprados ao ouvido, ou por bons anjos que nos favorecem, ou por esses diabos insinuantes que nos espreitam continuamente para nos fazerem cair em alguma armadilha. *A única maneira de distinguir os autores desses discursos é guardar-se quanto à natureza dessas inspirações, e examinar se tendem a nos levar ao bem ou ao mal."*

Pg. 401. – "É infinitamente melhor para nós que um espesso véu nos oculte esse mundo invisível, tanto quanto a conduta da Providência em relação ao futuro. A bondade divina se manifesta mesmo no fato do comércio dos Espíritos e os avisos que estes nos dão serem efetuados de maneira alegórica, por inspirações e por sonhos, e não de maneira direta, clara, evidente. Aqueles que desejam uma visão mais distinta das coisas futuras, não sabem o que almejam, e se seus anseios fossem atendidos, talvez tivessem a sua curiosidade cruelmente castigada."

Pg. 408. – "Uma manhã, quando ela estava desperta e uma porção de pensamentos dolorosos entravam em seu espírito, ela sentiu com força, em sua alma, uma espécie de voz que lhe dizia: Escreve-lhes uma carta. A voz era tão inteligível e tão natural que, se não tivesse a certeza de estar só, ela teria pensado que essas palavras tinham sido pronunciadas por uma criatura humana. Durante vários dias elas lhe foram repetidas a cada momento; enfim, passeando no quarto onde se havia recolhido, cheia de pensamentos sombrios e melancólicos, ela as ouviu novamente e respondeu em voz alta: A quem quereis, pois, que eu escreva? E a voz lhe replicou imediatamente: Escreva ao juiz. Estas palavras ainda lhe foram repetidas várias vezes e, enfim, levaram-na a tomar da pena e preparar-se para escrever, sem ter no espírito qualquer ideia necessária ao seu desígnio; mas, *dabitur in hoec hora* etc. Os pensamentos e as expressões não lhe faltaram; eles corriam de sua pena com tanta abundância e tão grande facilidade que ela ficou com a maior admiração e alimentou as mais fortes esperanças de um feliz sucesso."

Pg. 413. – "Entretanto, o que se pode imaginar de mais razoável sobre isto, é que esses Espíritos nos dão, nessas ocasiões, todas as luzes que estão em condições de nos dar, e que nos dizem o que sabem ou, pelo menos, tudo quanto seu mestre e o nosso lhes permitem que nos comuniquem. Se eles não tivessem um desígnio real e sincero de nos favorecer e nos garantir contra a infelicidade que pende sobre a nossa cabeça, não diriam absolutamente nada e, consequentemente, se seus avisos não forem mais ouvidos e mais bem executados, é certo que não deve estar em seu poder dar-nos outros mais úteis."

Pg. 416. – "Considerando-se que temos pressentimentos que são verificados pela experiência, é necessário que haja Espíritos instruídos quanto ao futuro; que haja um lugar para os Espíritos onde as coisas futuras se desenvolvem à sua penetração e nada melhor teríamos a fazer do que acreditar nas notícias que nos vêm de lá. O dever de prestar atenção a esses pressentimentos não é a única consequência que possamos tirar desta verdade; há outras que nos podem ser de uma utilidade muito considerável:

"1º – *Ela nos explica a natureza do mundo dos Espíritos e nos prova a certeza de nossa alma após a morte;*

"2º – Ela nos faz ver que a direção da Providência, em relação aos homens e aos conhecimentos futuros, não está tão oculta aos habitantes do mundo espiritual quanto está para nós;

"3º – Daí podemos concluir que a penetração dos Espíritos desprendidos da matéria é de uma extensão muito maior que a dos Espíritos encerrados em corpos, porquanto os primeiros sabem o que nos deve acontecer, ao passo que nós mesmos o ignoramos.

"A persuasão da existência do mundo dos Espíritos pode ser-nos útil de muitas maneiras diferentes. Cabe sobretudo a nós tirar grandes vantagens da certeza que temos de que eles sabem desvendar o futuro e nos comunicar as luzes que eles possuem lá em cima, de tal modo que nos enseja vigiar nossa conduta, evitar desgraças, pensar em nossos interesses e até esperar a morte com a alma firme e o espírito preparado para recebê-la com constância e com uma firmeza cristã. Seria, também, um meio seguro de ampliar a esfera de nossas luzes e de nos levar a raciocinar com justeza sobre o verdadeiro valor das coisas.

Pg. 427. – "Se fizéssemos semelhante uso (arrependimento e reforma de uma conduta má) das aparições reais do diabo, estou convencido que seria o meio de expulsá-lo para sempre do mundo invisível. É muito natural crer que nos fizesse visitas muito raras, se estivesse persuadido, por sua experiência, que elas nos levariam à virtude, bem longe de nos fazer cair em armadilhas. Pelo menos jamais viria ver-nos por sua própria iniciativa e necessitaria de uma força superior para a isso se resolver."

Pg. 457. – "Minha conversão vem diretamente do Céu. A luz que cercou São Paulo no caminho de Damasco não o feriu mais vivamente do que a que me deslumbrou. É verdade que não era acompanhada por qualquer voz do Céu, mas tenho certeza que uma voz secreta falou eficazmente à minha alma; ela fez-me compreender que eu estava exposto à cólera desse poder, dessa majestade, desse Deus que eu antes reneguei com toda a impiedade imaginável."

Pg. 462. – "Numa palavra, acidentes semelhantes são de grande força para convencer-nos da influência da Providência Divina nos negócios humanos, por menores que sejam em aparência; da existência de um *mundo invisível* e da realidade do comércio de *inteligências puras* com os Espíritos encerrados em corpos. Espero nada haver dito sobre este delicado assunto que seja próprio a levar os meus leitores a fantasias absurdas e ridículas. Pelo menos posso protestar que não tive tal desígnio, e que minha intenção foi unicamente excitar no coração dos homens sentimentos respeitosos pela divindade e de docilidade aos avisos dos *bons Espíritos* que se interessam pelo que nos diz respeito."

OBSERVAÇÃO: Faz quase um século que Daniel de Foë, autor de *Robinson,* escreveu estas coisas que dir-se-iam hauridas, até nas expressões, na moderna Doutrina Espírita. Numa segunda comunicação, dada na Sociedade de Paris após a leitura destes fragmentos, ele explicou suas crenças sobre este ponto, dizendo que pertencia à seita dos *teósofos,* seita que, com efeito, professava esses mesmos princípios. Por que, então, essa doutrina não tomou, nessa oportunidade, a extensão que hoje tem? Há várias razões para isto:

1º) Os teósofos mantinham suas doutrinas quase secretas;

2º) A opinião das massas não estava madura para as assimilar;

3º) Era preciso que uma sucessão de acontecimentos desse outro curso às ideias;

4º) Era necessário que a incredulidade preparasse os caminhos e que, por seu desenvolvimento, fizesse sentir o vazio que ela cava sob os passos da Humanidade, e a necessidade de algo para enchê-lo;

5º) Enfim, a Providência não havia julgado que já era tempo de tornar gerais as manifestações dos Espíritos. Foi a generalização dessa ordem de fenômenos que vulgarizou a crença nos Espíritos, e a doutrina que é o seu corolário.

Se as manifestações tivessem sido mantidas como privilégio de alguns indivíduos, o Espiritismo ainda não teria saído da fonte em que teria tido a sua origem; ainda estaria, para as massas, no estado de teoria, de opinião pessoal, sem consistência. Foi a sanção prática que, de um extremo a outro do mundo, e quase instantaneamente, cada um encontrou nas manifestações, *provocadas* ou *espontâneas,* que a doutrina vulgarizou e que lhe deram uma força irresistível, a despeito dos que a combatem.

Embora os teósofos tenham tido pouca repercussão e mal tenham saído da obscuridade, seus trabalhos não foram perdidos para a causa. Eles semearam germes que só deveriam frutificar mais tarde, mas que formaram homens predispostos à aceitação das ideias espíritas, como fez a seita dos *swedenborgianos*, e mais tarde a dos *fourrieristas.* É de notar que jamais uma ideia de certa magnitude sofre uma interrupção brusca no mundo. Muitas vezes ela lança os seus balões de ensaio alguns séculos antes de sua eclosão definitiva; é o trabalho do parto.

NOTÍCIA BIBLIOGRÁFICA

DEUS NA NATUREZA

POR CAMILLE FLAMMARION[8]

---

[8] Um grosso volume in-12. Preço, 4 francos. Paris Didier & Comp. Quai des Grands-Augustins, 35.

334 | REVISTA ESPÍRITA

Como se sabe, depois de haver tratado, do ponto de vista científico, da questão da habitabilidade dos mundos, que se liga intimamente ao Espiritismo, o Sr. Flammarion hoje aborda a demonstração de uma outra verdade, sem contradita a mais importante, porque é a pedra angular do edifício social, e ainda aquela sem a qual o Espiritismo não teria razão de ser: *A existência de Deus*. O título de sua obra – *Deus na Natureza* – resume tudo; ele diz, antes de mais nada, que não é um livro litúrgico nem místico, mas filosófico.

Do ceticismo de um grande número de sábios, concluiu-se erradamente que, por si mesma, a Ciência é ateísta, ou conduz fatalmente ao ateísmo. É um erro que o Sr. Flammarion cuida de refutar, demonstrando que se os sábios não viram Deus em suas pesquisas, foi porque não quiseram vê-lo. Ademais, estão longe de ser ateus todos os sábios, mas muitas vezes se confunde o ceticismo relativo aos dogmas particulares de tal ou qual culto com o ateísmo. O Sr. Flammarion se dirige especialmente à classe dos filósofos que abertamente fazem profissão de materialismo.

"O homem, diz ele, traz em sua natureza uma tão imperiosa necessidade de se deter numa convicção, particularmente do ponto de vista da existência de um ordenador do mundo e do destino dos seres, que se nenhuma fé o satisfaz, ele sente necessidade de demonstrar a si mesmo que Deus não existe, e busca o repouso de sua alma no ateísmo e na doutrina do nada. Assim, a questão atual que nos apaixona não é mais saber qual a forma do Criador, o caráter da mediação, a influência da graça, nem discutir o valor dos argumentos teológicos. A verdadeira questão é saber se Deus existe ou não existe."

Nesse trabalho o autor procedeu da mesma maneira que na sua *Pluralidade dos Mundos Habitados*; colocou-se no próprio terreno de seus adversários. Se ele tivesse buscado seus argumentos na Teologia, no Espiritismo ou em doutrinas espiritualistas quaisquer, teria estabelecido premissas que teriam sido rejeitadas. Eis por que toma as dos negadores e demonstra, pelos próprios fatos, que se chega a uma conclusão diametralmente oposta; ele não invoca novos argumentos controversíveis; ele não se perde nas nuvens da metafísica, do subjetivo e do objetivo, nas argúcias da dialética, mas fica no terreno do positivismo. Ele combate os ateus com suas próprias armas. Tomando seus argumentos um a um, os destrói com o auxílio da mesma ciência que eles invocam. Não se apoia na opinião de homens; sua autoridade é a Natureza e aí mostra Deus em tudo e por toda parte.

"A Natureza explicada pela Ciência, diz ele, no-la mostrou num caráter particular. Ele lá está, visível, como a força íntima de todas as coisas. Nenhuma poesia humana nos pareceu comparável à verdade natural, e o verbo eterno nos falou com mais eloquência nas mais modestas obras da Natureza do que o homem nos seus mais pomposos cantos."

Dissemos os motivos que levaram o Sr. Flammarion a colocar-se fora do Espiritismo, e não podemos senão aplaudi-lo. Se algumas pessoas pensaram que foi por antagonismo à Doutrina, bastaria, para desiludi-lo, citar a passagem seguinte:

"Poderíamos acrescentar, para fechar o capítulo da personalidade humana, algumas reflexões sobre certos assuntos de estudo ainda misteriosos, mas não insignificantes. O sonambulismo natural, o magnetismo, o Espiritismo, oferecem aos experimentadores sérios que sabem examiná-los cientificamente, fatos característicos que bastariam para demonstrar a insuficiência das teorias materialistas. Confessamos que é triste, para o observador consciencioso, ver o charlatanismo desavergonhado deslizar sua avidez pérfida em causas que deveriam ser respeitadas; é triste constatar que noventa e nove fatos em cem podem ser falsos ou imitados; mas um único fato bem constatado derruba todas as negações. Ora, que partido tomam certos doutos personagens diante desses fatos? Simplesmente os negam.

"A Ciência não duvida, disse em particular o Sr. Buchner, que todos os casos de pretensa clarividência não sejam efeitos de charlatanice e de conluio. A lucidez é, por razões naturais, uma *impossibilidade.* Está nas leis da Natureza que os efeitos dos sentidos sejam limitados a certa extensão do espaço que eles não podem transpor. Ninguém tem a faculdade de adivinhar os pensamentos, nem de ver com os olhos fechados o que se passa em torno de si. Estas verdades são baseadas nas leis naturais, que são imutáveis e sem exceção."

"Ora, senhor juiz, então vós conheceis bem as leis naturais? Homem feliz! Como sucumbis sob o excesso de vossa ciência! Mas, que? Volto duas páginas e eis o que leio:

336 | REVISTA ESPÍRITA

"O sonambulismo é um fenômeno do qual infelizmente não temos senão observações muito inexatas, conquanto fosse desejável que dele tivéssemos noções precisas, *por força de sua importância para a Ciência.* Contudo, *sem ter dele dados certos* (escutai!) *podemos relegar entre as fábulas* todos os fatos maravilhosos que se contam dos sonâmbulos. Não é dado a um sonâmbulo escalar muros etc. Ah! senhor, como raciocinais com sabedoria, e como vos teria feito bem, antes de escrever, saber um pouco o que pensais!"

Um relato analítico da obra exigiria desenvolvimentos que a falta de espaço nos interdiz e, aliás, seria supérfluo. Bastaria mostrar o ponto de vista em que se colocou o autor para compreendermos a sua utilidade. Reconciliar a Ciência com as ideias espiritualistas é aplainar as vias de sua aliança com o Espiritismo. O autor fala em nome da ciência pura e não de uma ciência fantasista ou superficial, e o faz com a autoridade que lhe dá seu saber pessoal. Seu livro é um desses que têm um lugar marcado nas bibliotecas espíritas, porque é uma *monografia* de uma das partes constituintes da doutrina, onde o crente encontra para se instruir tanto quanto o incrédulo. Teremos mais de uma vez ocasião de a ele voltar.

ALLAN KARDEC

REVISTA ESPÍRITA

JORNAL DE ESTUDOS PSICOLÓGICOS

ANO X	OUTUBRO DE 1867	VOL. 10

O ESPIRITISMO EM TODA PARTE

A PROPÓSITO DAS POESIAS DO SR. MARTEAU

É uma coisa realmente curiosa ver os mesmos que repelem o nome do Espiritismo com a maior obstinação, semearem suas ideias em profusão. Não há um dia em que, na imprensa, nas obras literárias, na poesia, nos discursos, até mesmo nos sermões, não se encontrem pensamentos pertinentes ao mais puro Espiritismo. Perguntai a esses escritores se eles são espíritas, e responderão com desdém que se guardam de ser; se disserdes que o que escreveram é Espiritismo, responderão que não pode ser, pois não é a apologia dos Davenport e das mesas girantes. Para eles, aí está todo o Espiritismo, e daí não saem, nem querem sair. Já se pronunciaram: seu julgamento é inapelável.

Contudo, ficariam muito surpresos se soubessem que a cada instante fazem Espiritismo sem o saber; que o acotovelam sem notar que estão perto! Mas, que importa o nome, se as ideias fundamentais são aceitas! Que vale a forma da charrua, se ela prepara o terreno? Em vez de chegar de uma vez, a ideia vem por fragmentos, eis toda a diferença. Ora, quando mais tarde virem que os fragmentos reunidos não são outra coisa senão o Espiritismo, forçosamente renegarão a opinião que dele haviam feito. Os espíritas não são tão pueris para ligar mais importância ao nome do que à coisa. É por isto que se felicitam por ver suas ideias se espalhando sob uma forma qualquer.

Os Espíritos que conduzem o movimento se dizem: Considerando-se que eles não querem a coisa com este nome, vamos fazê-los aceitá-la em detalhes sob outra forma; julgando-se

338 | REVISTA ESPÍRITA

inventores da ideia, eles próprios serão seus propagadores. Faremos como com os doentes que não querem certos remédios, e que os fazemos tomar sem que o suspeitem, mudando-lhes a cor. Os adversários em geral conhecem tão pouco o que constitui o Espiritismo, que temos por certo que o mais fervoroso espírita que não fosse conhecido como tal, poderia, com o auxílio de algumas precauções oratórias, e desde que se abstivesse de falar em Espíritos, desenvolver os mais essenciais princípios da doutrina e ser aplaudido pelos mesmos que não lhe teriam concedido a palavra se se tivesse apresentado como adepto.

Mas, de onde vêm essas ideias, porquanto aqueles que as emitem não as beberam na doutrina que desconhecem?

Já o dissemos várias vezes: quando uma verdade chega a termo e o espírito das massas está maduro para assimilá-la, a ideia germina em toda parte: ela está no ar, levada a todos os pontos pelas correntes fluídicas; cada um lhe aspira algumas parcelas e as emite como se tivessem brotado de seu cérebro. Se alguns se inspiram na ideia espírita sem o confessar, certamente é que em muitos ela é espontânea. Ora, o Espiritismo, achando-se na coletividade e na coordenação dessas ideias parciais, pela força das coisas um dia será o traço de união entre os que as professam. É questão de tempo.

É notório que quando uma ideia deve tomar lugar na Humanidade, tudo concorre para franquear-lhe caminho. É assim com o Espiritismo. Observando o que se passa no mundo neste momento, os grandes e pequenos acontecimentos que surgem ou se preparam, não há um espírita que não diga que tudo parece feito de propósito para aplainar as dificuldades e facilitar o seu estabelecimento. Seus próprios adversários parecem impelidos por uma força inconsciente a limpar o caminho e a cavar um abismo sob seus passos, para melhor fazer sentir a necessidade de enchê-lo.

E não se creia que os contrários sejam prejudiciais. Longe disto. Jamais a incredulidade, o ateísmo e o materialismo levantaram a cabeça mais atrevidamente e proclamaram suas pretensões. Não se trata mais de opiniões pessoais, respeitáveis como tudo quanto é da competência da consciência íntima, são doutrinas que querem impor e com o auxílio das quais pretendem governar os homens contra a vontade deles. O próprio exagero dessas doutrinas é o seu remédio, porque se pergunta o que seria a Sociedade se um dia elas viessem a prevalecer. Era necessário esse exagero para fazer melhor compreender o benefício das crenças que podem ser a salvaguarda da ordem social.

Mas, que cegueira estranha! ou melhor, que cegueira providencial! Aqueles que querem ocupar o lugar do que existe, como aqueles que querem opor-se às ideias novas, no momento em que surgem as mais graves questões, em vez de atrair para si, de angariar simpatias pela doçura, pela benevolência e pela persuasão, parece que se empenham em tudo fazer para inspirar a repulsa; não encontram nada de melhor do que impor-se pela violência, comprimir consciências, chocar as convicções, perseguir. Singular meio de se fazerem bem-vistos pelas populações!

No estado atual do nosso mundo, a perseguição é o batismo obrigatório de toda crença nova de algum valor. Recebendo o seu o Espiritismo, é a prova da importância que a ele atribuem.

Mas, repetimos, tudo isto tem sua razão de ser e sua utilidade: é preciso que assim seja, para preparar os caminhos. Os espíritas devem considerar-se como soldados num campo de batalha; eles se devem à causa e não podem esperar repouso senão quando a vitória for conquistada. Felizes os que tiverem contribuído para a vitória com o preço de alguns sacrifícios.

Para o observador que contempla a sangue-frio o trabalho de nascimento da ideia, é algo de maravilhoso ver como tudo, mesmo o que à primeira vista parece insignificante, ao contrário, converge em definitivo para o mesmo objetivo; ver a diversidade e a multiplicidade dos expedientes que as potências invisíveis põem em jogo para atingir esse objetivo; tudo lhes serve, tudo é utilizado, mesmo o que nos parece mau.

Não há, pois, que se inquietar com as flutuações que o Espiritismo pode experimentar no conflito das ideias que estão em fermentação; é um efeito da própria efervescência que ele produz na opinião geral, na qual ele não pode encontrar simpatias por toda parte; é preciso atentar para essas flutuações, até que seja restabelecido o equilíbrio. Enquanto esperamos, a ideia avança. É o essencial. Como dissemos no começo, ela surge por todos os poros; todos, amigos e inimigos, nela trabalham como que por prazer, e não podemos duvidar que sem a ativa colaboração involuntária dos adversários, os progressos da Doutrina, que jamais fez propaganda para se tornar conhecida, não teriam sido tão rápidos.

340 | REVISTA ESPÍRITA

Creem abafar o Espiritismo proscrevendo-lhe o nome. No entanto, como ele não consiste em palavras, se lhe fecham a porta por causa de seu nome, ele penetra sob a forma impalpável da ideia. E o que há de curioso é que muitos daqueles que o repelem, não o conhecendo, não querendo conhecê-lo, ignorando, por consequência, o seu objetivo, suas tendências e seus mais sérios princípios, aclamam certas ideias que por vezes são as suas, sem suspeitar que muitas vezes elas fazem parte essencial e integrante da doutrina. Se eles soubessem disso, é provável que se absteriam.

O único meio de evitar o equívoco seria estudar a doutrina a fundo, para saber o que ela diz e o que não diz. Mas então surgiria outro embaraço: o Espiritismo toca em tantas questões, as ideias que se agrupam em torno dele são tão múltiplas, que se eles quisessem abster-se de falar de tudo quanto lhe diz respeito, encontrar-se-iam muitas vezes singularmente impedidos, e, muitas vezes mesmo, tolhidos nos impulsos das próprias inspirações; porque, por esse estudo, convencer-se--iam que o Espiritismo está em tudo e por toda parte e ficariam surpreendidos de encontrá-lo em escritores dos mais acreditados; mais ainda, surpreender-se-iam, eles próprios, a fazê-lo em muitas circunstâncias, involuntariamente. Ora, uma ideia que se torna patrimônio comum é imperecível.

Por várias vezes já reproduzimos pensamentos espíritas que encontramos em profusão na imprensa e nos escritos de todo gênero, e continuaremos a fazê-lo de vez em quando, sob o título de *O Espiritismo em toda parte*. O artigo seguinte, sobretudo, vem em apoio às reflexões acima. É extraído do *Phare de la Manche,* jornal de Cherbourg, de 18 de agosto de 1867.

O autor aí dá conta de uma coletânea de poesias do Sr. Amédée Marteau[1] e, a respeito, assim se exprime:

"Há dois mil anos, algum tempo antes do estabelecimento do Cristianismo, a casta sacerdotal dos druidas ensinava aos seus adeptos uma estranha doutrina. Ela dizia: Nenhum ser acabará jamais; mas todos os seres, exceto Deus, começaram. Todo ser é criado no mais baixo grau da existência. Inicialmente a alma não tem consciência de si mesma; submetida às leis invariáveis do mundo físico, espírito escravo da matéria, força latente e obscura, ela sobe fatalmente os degraus da natureza inorgânica, depois da natureza organizada. Então o relâmpago cai do céu, o ser se conhece, é homem.

[1] Espoirs et Souvenirs, Hachette, Boulevard Saint-Germain, 77.

"A alma humana começa numa alvorada as provas de seu livre-arbítrio; ela própria faz o seu destino, avança de existência em existência, de transmigração em transmigração, pela libertação que lhe dá a morte; ou, então, volta-se sobre si mesma, cai de degrau em degrau, se não tiver merecido elevar-se, sem que nenhuma queda, nada obstante, seja para sempre irreparável.

"Quando a alma tiver chegado ao mais alto ponto da ciência, da força, da virtude, de que é susceptível a condição humana, ela escapa ao círculo das provas e das transmigrações, atinge o termo da felicidade: o Céu. Uma vez chegado a esse termo, o homem não cai mais; sobe continuamente, eleva-se para Deus por um progresso eterno, sem contudo jamais confundir-se com ele. Bem longe de no Céu perder a sua atividade, a sua individualidade, é lá que cada alma adquire a sua plena posse, com a memória de todos os estados anteriores pelos quais passou. Sua personalidade e sua natureza própria aí se desenvolvem cada vez mais distintas, à medida que ela sobe na escada infinita, cujos degraus não passam de realizações de vida que não são mais separados pela morte.

"Tal era a concepção que o Druidismo tinha da alma e de seus destinos. Era a ideia pitagórica ampliada, transformada em dogma e aplicada ao infinito.

"Como esta opinião, depois de ter dormido tantos séculos nos limbos da inteligência humana, desperta hoje? Talvez ela tenha a sua razão de ser na revolução que, a partir de Galileu, se operou no sistema astronômico; talvez ela deva sua ressurreição às sedutoras perspectivas que apresenta aos devaneios dos filósofos e dos pensadores, ou, enfim, a essa curiosidade inata que incessantemente leva o homem para o desconhecido.

"Seja como for, Fontenelle foi o primeiro cuja pena espirituosa renovou estas questões na sua encantadora brincadeira sobre a pluralidade dos mundos.

"Da habitabilidade dos mundos à transmigração das almas, a rampa é escorregadia, e nosso século aí se deixou arrastar. Ele apoderou-se dessa ideia e, esteando-se na Astronomia, tenta elevá-la às alturas de uma ciência. Jean Reynaud a desenvolveu, sob forma magistral, em *Ciel et Terre*; Lamennais a adota e generaliza no *Esquisse d'une Philosophie*; Lamartine e Hugo a preconizam; Maxime Ducamp a popularizou num romance; Flammarion publicou um livro em seu favor; enfim, o Sr. Amédée Marteau, numa obra poética que lemos com o

342 | REVISTA ESPÍRITA

mais vivo interesse, reveste com as cores de sua palheta sedutora essa vasta e magnífica utopia.

"O Sr. Marteau é o poeta da ideia nova; é um crente entusiasta e devotado da transmigração das almas em corpos celestes, e é preciso convir que ele conseguiu tratar com mão de mestre este esplêndido assunto. Deus, o homem, o tempo, o espaço são os inspiradores de sua musa. Abismos vertiginosos, elevações incomensuráveis, nada o detém, nada o apavora. Ele se joga na imensidade, bordeja sem empalidecer as barrancas do infinito. Ele viaja nos astros, como uma águia sobre os altos cimos. Ele descreve numa linguagem harmoniosa, com uma precisão matemática, suas formas, sua marcha, sua cor, seus contornos."

Depois de citar um fragmento de uma das odes dessa coletânea, acrescenta o autor do artigo:

"O Sr. Marteau não é apenas um poeta de alta distinção, ele é, ainda, um filósofo e um sábio. A Astronomia lhe é familiar; ele embeleza a sua poesia com o pó de ouro que faz cair das esferas siderais. Não saberíamos dizer o que mais nos cativou, se o interesse da dicção, se a originalidade do pensamento. Tudo isto se ajusta, se coordena de maneira tão límpida, tão clara, tão natural, que se fica como que fascinado sob o encanto.

"Não conhecemos o Sr. Marteau, mas pensamos que, se para compor um livro como este é preciso ser dotado de um grande talento, também é preciso ser dotado de um grande coração, porquanto nesse autor tudo respira o amor ao homem e o amor a Deus.

"Assim, não podemos deixar de recomendar a todos aqueles que não se consomem nas preocupações e nos interesses materiais, que lancem um olhar sobre a obra do Sr. Marteau. Eles aí encontrarão consolações e esperanças, sem contar os prazeres intelectuais que faz experimentar a leitura de uma poesia generosa, rica de concepções, ideal e destinada – disto não duvidamos – a um brilhante sucesso.

DIGARD.

A exposição da doutrina druídica sobre os destinos da alma, pela qual começa o artigo, é, como se vê, um resumo completo da Doutrina Espírita sobre o mesmo assunto. O autor sabe disso? Permitimo-nos duvidar, do contrário seria estranho que se tivesse abstido de citar o Espiritismo, a menos que tivesse temido fazê-lo participar dos elogios que prodigaliza às ideias do autor. Não lhe faremos a injúria de supor tal parcialidade pueril; preferimos julgar que até ignore a sua existência. Quando ele se pergunta: "Como esta opinião, depois de ter dormido tantos séculos nos limbos da inteligência humana, desperta hoje?" se tivesse estudado o Espiritismo, o Espiritismo lhe teria respondido, e ele teria visto que essas ideias são mais populares do que se pensa.

"O Sr. Marteau, dizia ele, é o poeta da ideia nova; é um crente entusiasta e devotado da transmigração das almas em corpos celestes e convenhamos que conseguiu tratar com mão de mestre este esplêndido assunto." Mais adiante acrescenta: "Se para compor um livro como este é preciso ser dotado de um grande talento, também é preciso ser dotado de um grande coração, porque, neste autor, tudo respira o amor ao homem e o amor a Deus." Então o Sr. Marteau não é um louco por professar semelhantes ideias? Jean Reynaud, Lamennais, Lamartine, Victor Hugo, Louis Jourdan, Maxime Ducamp, Flammarion, então não são loucos por tê-las preconizado? Fazer o elogio aos homens não é elogiar os seus princípios? Ademais, pode-se fazer um elogio maior a um livro do que dizer que os leitores aí beberão esperanças e consolações? Considerando-se que essas doutrinas são as do Espiritismo, não é avaliá-las perante a opinião? Assim, eis um artigo onde diríamos que o nome do Espiritismo é omitido de propósito, e onde são aclamadas as ideias que ele professa sobre os pontos mais essenciais: a pluralidade das existências e os destinos da alma.

SENHORA CONDESSA ADÉLAÏDE DE CLÉRAMBERT

MÉDIUM MÉDICA

A Sra. Condessa de Clérambert morava em Saint-Symphorien-sur-Coise, Departamento de Loire; faleceu há alguns anos, em idade avançada. Dotada de inteligência superior, tinha mostrado, desde a juventude, um gosto particular pelos estudos médicos e se comprazia na leitura de obras que tratavam dessa ciência. Nos vinte últimos anos de sua vida havia-se consagrado inteiramente ao alívio do sofrimento com um devotamento inteiramente filantrópico e a mais completa abnegação. As numerosas curas que operava em criaturas consideradas incuráveis lhe tinham criado uma certa reputação, mas, tão modesta quanto caridosa, disto ela não tirava proveito nem se envaidecia.

Aos conhecimentos médicos adquiridos, de que ela certamente fazia uso em seus tratamentos, juntava uma faculdade de intuição que não passava de uma mediunidade inconsciente, porque muitas vezes tratava por correspondência e, sem ter visto os doentes, descrevia a doença perfeitamente; aliás, ela mesma dizia receber instruções, sem compreender a maneira pela qual lhe eram transmitidas. Muitas vezes tinha tido manifestações materiais, tais como transportes, deslocamento de objetos e outros fenômenos deste gênero, embora não conhecesse o Espiritismo. Um dia, um de seus doentes lhe escreveu que lhe tinham sobrevindo abscessos, e para lhe dar uma ideia, tinha traçado um desenho numa folha de papel, mas, tendo esquecido de juntá-lo à carta, a senhora respondeu pelo retorno do correio: Como o desenho que anunciais em vossa carta não veio com ela, imaginei que tivesse sido um esquecimento de vossa parte, mas acabo de encontrar um esta manhã em minha gaveta, que deve ser semelhante ao vosso e que vos remeto." Com efeito, esse desenho reproduzia exatamente a forma e o tamanho dos abscessos.

Ela não tratava nem pelo magnetismo nem pela imposição das mãos nem pela intervenção ostensiva dos Espíritos, mas pelo emprego de medicamentos que, no mais das vezes, ela mesma preparava, conforme as indicações que lhe eram fornecidas. Sua medicação variava para a mesma doença, conforme os indivíduos; ela não tinha uma receita secreta de eficácia universal, mas se guiava pelas circunstâncias. Algumas vezes o resultado era quase instantâneo, e em certos casos não era obtido senão depois de um tratamento continuado, mas sempre curto, em relação à medicina ordinária. Ela curou radicalmente um grande número de epilépticos e doentes portadores de afecções agudas ou crônicas desenganados pelos médicos.

A senhora de Clérambert não era, portanto, médium curadora, no sentido ligado a essa expressão, mas *médium médica*. Ela gozava de uma clarividência que lhe fazia ver o mal e a guiava na aplicação dos remédios, que lhe eram inspirados, secundada, além disso, pelo conhecimento que ela tinha da matéria médica e sobretudo das propriedades das plantas. Por seu devotamento, por seu desinteresse moral e material jamais desmentidos, por sua inalterável benevolência para com aqueles que a ela se dirigiam, a senhora de Clérambert, assim como o abade Príncipe de Hohenlohe, deve ter conservado até o fim da vida a preciosa faculdade que lhe havia sido concedida, e que, sem dúvida, ela teria visto enfraquecer-se e desaparecer, se não a tivesse preservado pelo nobre emprego que dela fazia.

Sua situação econômica, sem ser muito cômoda, era suficiente para tirar qualquer pretexto para uma remuneração qualquer. Assim, não pedia absolutamente nada, mas recebia dos ricos, reconhecidos por terem sido curados, aquilo que eles achavam que deveriam dar, e o empregava para suprir as necessidades daqueles a quem faltava o necessário.

Os documentos da nota acima foram fornecidos por uma pessoa que foi curada pela senhora de Clérambert, e foram confirmados por outras pessoas que a conheceram. Tendo sido esta notícia lida na Sociedade Espírita de Paris, a senhora de Clérambert deu a resposta abaixo.

(Sociedade Espírita de Paris, 5 de abril de 1867 - Médium, Sr. Desliens)

Evocação. – O relato que acabamos de ler naturalmente nos dá o desejo de nos entretermos convosco, e de vos contar entre Espíritos que desejam concorrer para a nossa instrução. Esperamos tenhais a bondade de vir ao nosso apelo e, neste caso, tomamos a liberdade de vos dirigir as seguintes perguntas:

1º – Que pensais da notícia que acaba de ser lida e das reflexões que a acompanham?

2º – Qual a origem do vosso gosto nato pelos estudos médicos?

3º – Por qual via recebíeis as inspirações que vos eram dadas para o tratamento dos doentes?

346 | REVISTA ESPÍRITA

4º – Como Espírito, podeis continuar a prestar os serviços que prestáveis como encarnada, quando fordes chamada por um doente, com o auxílio de um médium?

Resposta. – Agradeço-vos, senhor presidente, as palavras benevolentes que tivestes a bondade de pronunciar em minha intenção e aceito de boa vontade o elogio feito ao meu caráter. Acredito que ele é a expressão da verdade, e não terei o orgulho ou a falsa modéstia de recusá-lo. Instrumento escolhido pela Providência, sem dúvida por causa de minha boa vontade e da aptidão particular que favorecia o exercício da minha faculdade, não fiz senão o meu dever, consagrando-me ao alívio dos que reclamavam o meu socorro. Algumas vezes acolhida pelo reconhecimento, muitas vezes pelo esquecimento, meu coração não se orgulhou mais com os sufrágios de uns do que sofreu com a ingratidão de outros, porquanto eu sabia muito bem ser indigna de uns e colocar-me acima de outros.

Mas chega de ocupar-me da minha pessoa. Vamos à faculdade que me valeu a honra de ser chamada para a reunião desta Sociedade simpática, onde se gosta de repousar a vista, sobretudo quando se foi, como eu, vítima da calúnia e dos ataques malévolos daqueles cujas crenças foram feridas, ou cujos interesses foram prejudicados. Que Deus lhes perdoe, como eu mesma fiz!

Desde a minha mais tenra infância, e por uma espécie de atração natural, ocupei-me do estudo das plantas e de sua ação salutar sobre o corpo humano. De onde me vinha esse gosto ordinariamente pouco natural em meu sexo? Então eu o ignorava, mas hoje sei que não era a primeira vez que a saúde humana era objeto de minhas mais vivas preocupações: eu tinha sido médico. Quanto à faculdade particular que me permitia ver à distância o diagnóstico das afecções de certos doentes (porque eu não via em todos), e prescrever os medicamentos que deviam restituir a saúde, era muito semelhante à dos vossos atuais médiuns médicos. Como eles, eu estava em relação com um ser oculto que se dizia Espírito, e cuja influência salutar ajudou-me poderosamente a aliviar os infortunados que me procuravam. Ele me havia prescrito o mais completo desinteresse, sob pena de perder instantaneamente uma faculdade que constituía a minha felicidade. Não sei por que razão, talvez porque teria sido prematuro desvelar a origem de minhas prescrições, ele igualmente me havia recomendado, da maneira mais formal, que não dissesse de quem recebia as recomendações que dirigia aos meus doentes. Enfim, ele considerava o desinteresse moral, a humildade e a abnegação como uma das condições essenciais à perpetuação de minha faculdade. Segui seus conselhos e me saí bem.

Tendes razão, senhor, de dizer que os médicos serão chamados um dia a representar um papel da mesma natureza que o meu, quando o Espiritismo tiver conquistado a influência considerável que, no futuro, fá-lo-á o instrumento universal do progresso e da felicidade dos povos! Sim, certos médicos terão faculdades desta natureza e poderão prestar serviços muito maiores porque os seus conhecimentos adquiridos lhes permitirão mais facilmente assimilar espiritualmente as instruções que lhes forem dadas. Um fato que deveis ter notado é que as instruções que tratam de assuntos especiais são tanto mais facilmente e tanto mais largamente desenvolvidas quanto mais os conhecimentos pessoais do médium se aproximam da natureza daquelas que ele é chamado a transmitir. Assim, certamente eu poderia prescrever tratamentos aos doentes que a mim se dirigiam para obter a cura, mas não o faria com a mesma facilidade com todos os instrumentos, ao passo que se uns facilmente transmitiriam minhas indicações, outros só o fariam incorretamente ou incompletamente. Entretanto, se meu concurso vos pode ser útil, seja em que circunstância for, terei prazer em vos ajudar em vossos trabalhos, na medida de meus conhecimentos, ah! muito limitados fora de certas atribuições especiais.

ADÈLE DE CLÉRAMBERT

OBSERVAÇÃO: O Espírito assina *Adèle,* embora em vida fosse chamada *Adélaïde.* Tendo-lhe sido perguntada a razão, ela respondeu que *Adèle* era o seu verdadeiro nome, e que só por hábito da infância chamavam-na *Adélaïde.*

OS MÉDICOS MÉDIUNS

348 | REVISTA ESPÍRITA

A Sra. Condessa de Clérambert, da qual falamos no artigo anterior, oferecia uma das variedades da faculdade de curar, que se apresenta sob uma infinidade de aspectos e nuanças apropriadas às aptidões especiais de cada indivíduo. Em nossa opinião, ela era o modelo do que poderiam ser muitos médicos; do que muitos poderão ser, sem dúvida, quando entrarem na via da espiritualidade que o Espiritismo lhes abre, porque muitos verão desenvolver-se em si faculdades intuitivas que lhes serão um precioso auxílio na prática.

Dissemos e repetimos que seria um erro crer que a mediunidade curadora venha destronar a Medicina e os médicos. Ela vem lhes abrir um novo caminho, mostrar-lhes, na Natureza, recursos e forças que eles ignoravam e com os quais podem beneficiar a ciência e seus doentes; numa palavra, provar-lhes que eles não sabem tudo, pois há pessoas que, fora da ciência oficial, conseguem o que eles mesmos não conseguem. Assim, não temos a menor dúvida que um dia haja *médicos--médiuns,* como há *médiuns-médicos* que, à ciência adquirida, juntarão o dom de faculdades mediúnicas especiais.

Apenas, como essas faculdades só têm valor efetivo pela assistência dos Espíritos, que podem paralisar os seus efeitos pela retirada de seu concurso; que frustram à sua vontade os cálculos do orgulho e da cupidez, é evidente que não prestarão sua assistência aos que os renegarem e pretenderem servir-se deles secretamente, em proveito de sua própria reputação e de sua fortuna. Como os Espíritos trabalham para a Humanidade e não vêm para servir a interesses egoísticos individuais; como, em tudo o que fazem, agem com vistas à propagação das doutrinas novas, são-lhes necessários soldados corajosos e devotados, e eles nada têm a fazer com os poltrões que têm medo da sombra da verdade. Assim, eles secundarão aqueles que sem resistência e sem premeditação colocarem suas aptidões a serviço da causa que se esforçam por fazer prevalecer.

O desinteresse material, que é um dos atributos essenciais da mediunidade curadora, será, também ele, uma das condições da medicina mediúnica? Como, então, conciliar as exigências da profissão com uma abnegação absoluta?

Isto requer algumas explicações, porque a situação não é mais a mesma.

A faculdade do médium curador nada lhe custou; não lhe exigiu estudo, nem trabalho, nem despesas; ele recebeu-a gratuitamente, para o bem dos outros, e deve usá-la gratuitamente. Como antes de tudo é preciso viver, se ele não tem, por si mesmo, recursos que o tornem independente, deve buscar seus meios em seu trabalho ordinário, como teria feito antes de conhecer a mediunidade; ele não dá ao exercício de sua faculdade senão o tempo que lhe pode consagrar materialmente. Se ele tira esse tempo de seu repouso e se emprega em trabalho útil a seus semelhantes o tempo que teria consagrado a distrações mundanas, é um verdadeiro devotamento, e nisto só tem mais mérito. Os Espíritos não pedem mais e não exigem nenhum sacrifício desarrazoado. Não se poderia considerar devotamento e abnegação o abandono de sua condição para entregar-se a um trabalho menos penoso e mais lucrativo. Na proteção que eles concedem, os Espíritos, aos quais a gente não se pode impor, sabem perfeitamente distinguir os devotamentos reais dos devotamentos fictícios.

Muito diferente seria a posição dos *médicos-médiuns*. A Medicina é uma das carreiras sociais que se abraça para dela fazer uma profissão, e a ciência médica só se adquire a título oneroso, por um trabalho assíduo, por vezes penoso; o saber do médico é, pois, uma conquista pessoal, o que não é o caso da mediunidade. Se, ao saber humano, os Espíritos juntam seu concurso pelo dom de uma aptidão mediúnica, é para o médico um meio a mais para se esclarecer, para agir mais segura e eficazmente, pelo que ele deve ser reconhecido, mas ele não deixa de ser médico; é a sua profissão, que não deixa para fazer-se médium. Nada há, pois, de repreensível em que continue a dela viver, e isto com tanto mais razão quanto a assistência dos Espíritos por vezes é inconsciente, intuitiva, e sua intervenção se confunde, às vezes, com o emprego dos meios ordinários de cura.

Porque um médico tornou-se médium e é assistido por Espíritos no tratamento de seus doentes, não se segue que deva renunciar a toda remuneração, o que o obrigaria a procurar meios de subsistência fora da Medicina, e assim renunciar à sua profissão. Mas se for animado do sentimento das obrigações que lhe impõe o favor que lhe é concedido, ele saberá conciliar seus interesses com os deveres de humanidade.

Não se dá o mesmo com o desinteresse moral, que em todos os casos pode e deve ser absoluto. Aquele que em vez de ver na faculdade mediúnica um meio a mais de tornar-se útil a seus semelhantes, nela só procurasse uma satisfação ao amor-próprio; que considerasse um mérito pessoal os sucessos obtidos por esse meio, dissimulando a causa verdadeira, faltaria ao seu primeiro dever. Aquele que, sem renegar os Espíritos, não visse em seu concurso direto ou indireto senão um meio de suplementar a deficiência de sua clientela produtiva, com qualquer aparência filantrópica que se cobrisse aos olhos dos homens, faria, por isso mesmo, ato de exploração. Num caso como no outro, tristes decepções seriam sua consequência inevitável, porque os simulacros e os subterfúgios não podem enganar os Espíritos, que leem no fundo do pensamento.

Dissemos que a mediunidade curadora não matará nem a medicina nem os médicos, mas ela não pode deixar de modificar profundamente a ciência médica. Sem dúvida haverá sempre médiuns curadores, porque sempre os houve, e esta faculdade está na Natureza; mas eles serão menos numerosos e menos procurados, à medida que aumentar o número de *médicos-médiuns,* e quando a ciência e a mediunidade se prestarem mútuo apoio. Ter-se-á mais confiança nos médicos quando forem médiuns, e mais confiança nos médiuns quando forem médicos.

Não podem ser contestadas as virtudes curativas de certas plantas e de outras substâncias que a Providência pôs ao alcance do homem, colocando o remédio ao lado do mal. O estudo dessas propriedades é da alçada da medicina. Ora, como os médiuns curadores só agem por influência fluídica, sem o emprego de medicamentos, se um dia eles devessem suplantar a medicina, resultaria que, dotando as plantas de propriedades curativas, Deus teria feito uma coisa inútil, o que é inadmissível. É preciso, portanto, considerar a mediunidade curadora como um modo especial e não como meio absoluto de cura; o fluido, como um novo agente terapêutico aplicável em certos casos, e vindo somar um novo recurso à Medicina; em consequência, a mediunidade curadora e a Medicina como devendo de agora em diante caminhar lado a lado, destinadas a se auxiliarem mutuamente, a se suplementarem e a se completarem uma pela outra. Eis por que se pode ser médico sem ser médium curador, e médium curador sem ser médico.

Então, por que esta faculdade hoje se desenvolve quase que exclusivamente nos ignorantes, em vez de desenvolver-se nos homens de ciência? Pela razão muito simples que, até agora, os homens de ciência a repelem. Quando a aceitarem, vê-la-ão desenvolver-se entre eles, como entre os outros. Aquele que hoje a possuísse iria proclamá-la? Não. Ele a ocultaria com o maior cuidado. Considerando-se que ela seria inútil em suas mãos, por que dar-lha? Seria o mesmo que dar um violino a um homem que não sabe e não quer tocar.

A este estado de coisas junta-se outro motivo capital. Dando aos ignorantes o dom de curar males que os sábios não podem curar, é para provar a estes que eles não sabem tudo, e que há leis naturais além das que a Ciência reconhece. Quanto maior for a distância entre a ignorância e o saber, mais evidente será o fato. Quando ela se produz naquele que nada sabe, é uma prova certa de que ali em nada participou o saber humano.

Mas como a Ciência não pode ser um atributo da matéria, o conhecimento do mal e dos remédios por intuição, assim como a faculdade de vidência, só podem ser atributos do Espírito. Elas provam no homem a existência do ser espiritual, dotado de percepções independentes dos órgãos corporais e muitas vezes de conhecimentos adquiridos anteriormente, numa precedente existência. Esses fenômenos, consequentemente, têm o propósito de ser úteis à Humanidade e ao mesmo tempo de provar a existência do princípio espiritual.

O CAÏD HASSAN, CURADOR TRIPOLITANO

OU A BÊNÇÃO DO SANGUE

O fato que segue, publicado no *Tour du monde*, páginas 74 e seguintes, é tirado dos *Promenades dans la Tripolitaine*, pelo Sr. Barão de Krafft.

"Muitas vezes tenho como guia e companheiro de passeio nas excursões fora da cidade, o *cavas-bachi* (chefe dos janízaros) do consulado da França, que o cônsul geral tem a gentileza de pôr à minha disposição. É um magnífico negro de Ouadaï, de seis pés de altura e que, a despeito da barba grisalha, conservou toda a vitalidade e toda a energia da mocidade. O *caïd Hassan* não é homem comum: durante dezoito anos, ao tempo dos Caramanlys, ele governou a tribo dos Ouerchéfâna e ninguém melhor que ele soube manter no freio essa gentalha inquieta. Valente até a temeridade, sempre defendeu os interesses de seus administrados contra as tribos vizinhas e, se necessário, contra o próprio governo; mas, ao mesmo tempo, os seus não mais podiam entregar-se aos seus caprichos e não brincavam com a severidade do caïd *Hassan*. Para ele, a vida de um homem era pouco mais preciosa que a de um carneiro, e certamente ficaria muito embaraçado se lhe perguntassem o número exato de cabeças que ele tinha feito cair com sua mão, tanto a sua consciência está tranquila a esse respeito. Excelente homem, aliás, completamente dedicado ao consulado ao qual ele serve há dez anos.

"Numa de nossas primeiras saídas, vi um grupo de cinco ou seis mulheres aproximar-se dele com um ar súplice. Duas entre elas tinham nos braços pobres criancinhas de peito, cujo rosto, cabeça e pescoço estavam cobertos por uma placa dartrosa e de crostas purulentas. Era horrível e desagradável de ver.

"– Nosso pai, disseram as mães desoladas ao caïd Hassan, é o profeta de Deus que te traz perto de nossa casa, porque nós queríamos ir à cidade para te encontrar e há bem dez dias que esperávamos a ocasião. O *djardoun* (pequeno lagarto branco muito inofensivo) passou sobre o nosso seio e envenenou o nosso leite; vê o estado de teus filhos e cura-os para que Deus te abençoe.

"– Então és médico? perguntei ao meu companheiro.

"– Não, respondeu ele, mas tenho a *bênção do sangue* nas mãos, e quem quer que a tenha como eu, pode curar essa doença. É um dom natural de todo homem cujo braço cortou algumas cabeças. – Vamos, mulheres, dai o que é preciso.

"E logo uma das mães apresenta ao doutor uma galinha branca, sete ovos e três moedas de vinte paras; depois se agacha aos seus pés, elevando o pequeno paciente acima da cabeça. Gravemente Hassan tira da cintura o isqueiro e sua pederneira, como se quisesse acender um cachimbo. *Bismillah!* (Em nome de Deus!) diz ele, e se põe a fazer saltar numerosas centelhas de sílex sobre a criança doente, enquanto recitava o *sourat-el-fatéha,* o primeiro capítulo do Alcorão.

"Terminada a operação, chegou a vez do outro menino, mediante a mesma oferenda, e as mulheres partiram, contentes por haver beijado respeitosamente a mão que acabava de dar a saúde aos seus filhos.

"Parece que o meu rosto traía a minha incredulidade, porque o caïd Hassan, reunindo os honorários de sua cura maravilhosa, gritou às clientes: "Não deixeis de vir em sete dias me apresentar vossos filhos na *skifa* do consulado." (A *skifa* é o vestíbulo externo, a sala de espera nas grandes casas).

"Com efeito, uma semana depois, as criaturinhas me foram mostradas. Uma estava completamente curada, a outra tinha apenas algumas cicatrizes de aparência muito satisfatória, indicando uma cura muito próxima. Fiquei estupefato, mas não convencido. Contudo, depois de mais de vinte experiências semelhantes, fui forçado a crer na incrível virtude das mãos abençoadas pelo sangue."

Há criaturas que nem os fatos mais patentes podem convencer. Todavia, é preciso convir que, neste caso, é permitido logicamente não acreditar na eficácia da *bênção do sangue,* obtida sobretudo em tais condições, nem na das faíscas do isqueiro. Entretanto não deixa de existir o fato material da cura. Se ela não tem esta causa, deve ter uma outra; se vinte experiências semelhantes, do conhecimento do narrador, vieram confirmá-lo, essa causa não pode ser fortuita e deve provir de uma lei. Ora, essa lei não é senão a faculdade curadora de que aquele homem é dotado. Na sua ignorância do princípio, atribuía a faculdade ao que chamava a bênção do sangue, crença em relação com os costumes do país onde a vida de um homem nada vale. O isqueiro e as outras fórmulas são acessórios que só têm valor em sua imaginação, e que servem, sem dúvida, pela importância a elas atribuída, para lhe dar mais confiança em si próprio e, em consequência, para aumentar o seu poder fluídico.

Este fato levanta naturalmente uma questão de princípio em relação ao dom da faculdade de curar, à qual responde a comunicação seguinte, dada a respeito.

(Sociedade de Paris, 23 de fevereiro de 1867 - Médium, Sr. Desliens)

354 | REVISTA ESPÍRITA

Por vezes se admiram, com razão aparente, de encontrar em indivíduos indignos, faculdades notavelmente desenvolvidas, que aparentemente deveriam ser, de preferência, apanágio de homens virtuosos e desprovidos de preconceitos. Contudo, a história dos séculos passados apresenta, quase que a cada página, exemplos de mediunidade notáveis possuídas por Espíritos inferiores e impuros ou por fanáticos sem raciocínio! Qual pode ser o motivo de tal anomalia? Entretanto aí nada há que possa causar admiração, e um estudo suficientemente sério e refletido do problema dará a sua chave.

Quando fenômenos excepcionais pertencentes à ordem extracorpórea são produzidos, o que acontece de fato? – É que individualidades encarnadas servem de *órgãos de transmissão* da manifestação. Elas são *instrumentos* movidos por uma vontade exterior. Ora, perguntariam a um simples instrumento o que se exigiria do artista que o põe em vibração?... Se é evidente que um bom piano é preferível a um defeituoso, não é menos certo que, num como no outro, distinguir-se-á a execução do artista da execução de um aprendiz. – Se, pois, o Espírito que intervém na cura encontra um bom instrumento, dele se servirá com boa vontade; se não, utilizará o que tiver à mão, por mais defeituoso que seja.

É preciso considerar, também, que no exercício da faculdade mediúnica, e em particular no exercício da mediunidade curadora, podem apresentar-se dois casos distintos: ou o médium pode ser curador por sua vontade, ou pode não ser senão o agente mais ou menos passivo de uma força motriz extracorpórea.

No primeiro caso, só poderá agir se suas virtudes e sua força moral lho permitirem. Será um exemplo na sua conduta privada ou pública, um modelo, um missionário que veio para servir de guia e de sinal de ligação para os homens de boa vontade. O Cristo é a personificação suprema do curador.

Quanto àquele que é apenas médium, sendo instrumento, ele pode ser mais ou menos defeituoso, e os atos que se operam por seu intermédio de modo algum o impedem de ser imperfeito, egoísta, orgulhoso e fanático. Membro da grande família humana, tanto quanto a maioria, ele partilha de todas as suas fraquezas.

"Lembrai-vos destas palavras de Jesus: "Não são os que têm saúde que precisam de médico." Então, é preciso ver um sinal de bondade da Providência nessas faculdades que se desenvolvem em meios e em pessoas imperfeitas. É um meio de lhes dar a fé que mais cedo ou mais tarde conduzirá ao bem; se não for hoje, será amanhã; são sementes que não estão perdidas, porque vós, espíritas, sabeis que nada se perde para o Espírito.

Se não é raro, em naturezas moral e fisicamente mais abruptas, encontrar faculdades transcendentes, isto se deve a que essas individualidades, tendo pouca ou nenhuma vontade pessoal, limitam-se a deixar agir a influência que as dirige. Poder-se-ia dizer que agem por instinto, ao passo que uma inteligência mais desenvolvida, querendo entender a causa que a põe em movimento, por vezes colocar-se-ia em condições que não permitiriam uma realização tão fácil dos desígnios providenciais.

Por mais bizarros e inexplicáveis que sejam os efeitos que se produzem aos vossos olhos, estudai-os atentamente, antes de considerar um só como infração às leis eternas do Mestre Supremo! Não há um só que não ateste a sua existência, a sua justiça e a sua sabedoria eternas, e se a aparência disser o contrário, crede que será apenas uma aparência que desaparecerá para dar lugar à realidade, com um estudo mais aprofundado das leis conhecidas e o conhecimento daquelas cuja descoberta está reservada ao futuro.

CLÉLIE DUPLANTIER

O ZUAVO JACOB

Estando na ordem do dia a faculdade curadora, não é de admirar que a ela tenhamos consagrado a maior parte deste número. Seguramente estamos longe de haver esgotado o assunto, por isto a ele voltaremos.

Para apaziguar, inicialmente, as ideias de muitas pessoas interessadas na questão relativa ao Sr. Jacob, as quais nos escreveram ou poderiam escrever-nos a respeito, dizemos: 1º - Que as sessões do Sr. Jacob foram suspensas. Assim, seria inútil ir ao lugar onde se realizavam: Rua de la Roquette, 80, e que, até o presente, ele não as reabriu em parte alguma. O motivo foi o excessivo ajuntamento de pessoas, que dificultava a circulação numa rua muito frequentada, e num beco sem saída ocupado por grande número de industriais que se viam prejudicados em seus negócios e não podiam nem receber os seus fregueses, nem expedir as suas mercadorias. Neste momento o Sr. Jacob não faz sessões públicas nem particulares.

2º - Tendo em vista a afluência, e devendo cada um esperar muito tempo a sua vez, aos que nos perguntaram ou, no futuro, nos viessem a perguntar se, conhecendo pessoalmente o Sr. Jacob, com uma recomendação nossa não poderiam conseguir um atendimento preferencial, diremos que jamais pedimos e não o pediríamos nunca, pois sabemos que seria inútil. Se atendimentos preferenciais tivessem sido concedidos, teriam sido em prejuízo dos que esperam, e isto não teria deixado de provocar justas reclamações. O Sr. Jacob não fez exceções para ninguém; o rico devia esperar como o infeliz, porque, obviamente, o infeliz sofre tanto quanto o rico; ele não tem, como este, o conforto como compensação e, além disso, muitas vezes espera a saúde para ter de que viver. Por isso felicitamos o Sr. Jacob, e se ele não tivesse agido assim, solicitando uma preferência, apenas teríamos feito uma coisa que nele teríamos censurado.

3º - Aos doentes que nos perguntaram, ou poderiam perguntar-nos se lhes aconselhamos fazer a viagem a Paris, dizemos: O Sr. Jacob não cura todo mundo, como ele mesmo declara; ele nunca sabe por antecipação se curará ou não um doente; é somente quando o doente está em sua presença que ele julga da ação fluídica e vê o resultado. Por isto nunca promete nada e nada responde. Aconselhar alguém a fazer a viagem a Paris, seria assumir uma responsabilidade sem certeza de sucesso. É, pois, um risco a correr. Se a pessoa não obtém resultado, pelo menos está livre de despesas de viagem, ao passo que se gasta, por vezes, somas enormes em consultas sem mais resultado, se não fica curado, não pode dizer que pagou por um atendimento que só deu prejuízo.

4º - Aos que nos perguntam se, indenizando o Sr. Jacob de suas despesas de viagem, já que ele não aceita honorários, ele concordaria em vir a tal ou qual localidade para cuidar de um doente, respondemos: O Sr. Jacob não atende convites dessa natureza, pelas razões desenvolvidas acima. Não podendo previamente responder pelos resultados, consideraria uma indelicadeza induzir em despesas sem certeza, e, em casos sem êxito, seria dar asas à crítica.

5º - Aos que escrevem ao Sr. Jacob, ou nos mandam cartas para lhes serem enviadas, dizemos: O Sr. Jacob tem em casa um armário cheio de cartas que não lê, e ele não responde a ninguém. Com efeito, o que poderia ele dizer? Aliás, ele não cura por correspondência. Fazer frases? Não é o seu gênero. Dizer que tal doença é curável por intermédio dele? Ele não sabe. Pelo fato de ter curado uma pessoa de tal doença, não se segue que cure a mesma doença em outras pessoas, porque as condições fluídicas não são mais as mesmas. Indicar um tratamento? Ele não é médico, e evitaria fornecer esta arma contra si.

Escrever a ele, portanto, é trabalho inútil. A única coisa a fazer, caso ele reabrisse as sessões, que erram classificando de consultas, pois não o consultam, é apresentar-se em primeiro lugar, entrar na fila, esperar pacientemente e arriscar a chance. Se não ficar curado, não pode queixar-se de ter sido enganado, porque ele nada promete.

Há fontes que têm a propriedade de curar certas moléstias. As pessoas vão lá. Uns se sentem bem, outros apenas são aliviados e outros, enfim, não melhoram absolutamente nada. É preciso considerar que o Sr. Jacob é como uma fonte de fluidos salutares a cuja influência vão submeter-se, mas que, não sendo uma panaceia universal, não cura todos os males e pode ser mais ou menos eficaz, conforme as condições do doente.

Mas, enfim, houve curas? Um fato responde a esta pergunta: Se ninguém tivesse sido curado, a multidão não teria ido para lá, como fez.

Mas uma multidão crédula não pode ter sido enganada por falsas aparências e ir até lá com fé numa reputação usurpada? Comparsas não podem ter simulado doenças para parecerem curados?

358 | REVISTA ESPÍRITA

Isto sem dúvida já se viu e se vê todos os dias, quando comparsas têm interesse em representar uma comédia. Ora, aqui, que proveito teriam tirado? Quem os teria pago? Certamente não é o Sr. Jacob, com o seu soldo de músico zuavo; também não é lhes pagando tanto por consulta, porque ele nada recebia. Compreende-se que aquele que quer criar uma clientela a qualquer preço empregue semelhantes meios, mas o Sr. Jacob não tinha qualquer interesse em atrair a si a multidão; ele não a chamou; foi ela que veio a ele e, pode dizer-se, malgrado seu. Se não tivesse havido os fatos, ninguém teria vindo, pois ele não chamava ninguém. Sem dúvida os jornais contribuíram para aumentar o número de visitantes, mas eles só falaram porque já existia a multidão, sem o que nada teriam dito, pois o Sr. Jacob não lhes tinha pedido que falassem dele, nem pago para fazerem propaganda. É preciso, portanto, descartar toda ideia de subterfúgios, que não teriam nenhuma razão de ser, na circunstância de que se trata.

Para apreciar os atos de um indivíduo, há que procurar o interesse que pode movê-lo na sua maneira de agir. Ora, está constatado que não havia nenhum da parte do Sr. Jacob; que também não havia interesse para o Sr. Dufayet, que cedia seu local gratuitamente e punha seus operários a serviço dos doentes, para subir os enfermos, e isto em prejuízo de seus próprios interesses; enfim, que comparsas nada tinham a ganhar.

Considerando-se que as curas operadas pelo Sr. Jacob nestes últimos tempos são do mesmo gênero das obtidas o ano passado, no campo de Châlons, e tendo os fatos sucedido mais ou menos da mesma maneira, apenas em maior escala, remetemos os leitores aos relatos e apreciações que demos na *Revista* de outubro e novembro de 1866. Quanto aos incidentes particulares deste ano, apenas poderíamos repetir o que todos souberam pelos jornais. Assim, quanto ao presente, restringir-nos-emos a algumas considerações gerais sobre o fato em si mesmo.

Há cerca de dois anos os Espíritos nos haviam anunciado que a mediunidade curadora tomaria grandes desenvolvimentos e seria um poderoso meio de propagação para o Espiritismo. Até então não tinha havido senão curadores operando, por assim dizer, na intimidade e sem alarde. Dissemos aos Espíritos que, para que a propagação fosse mais rápida, era preciso que surgissem médiuns suficientemente poderosos para que as curas tivessem repercussão no público. – Isto acontecerá, foi a resposta, e haverá mais de um.

Essa previsão teve um começo de realização o ano passado, no campo de Châlons, e Deus sabe se este ano faltou repercussão às curas da Rua *de la Roquette*, não só na França, mas no estrangeiro.

A emoção geral que estes fatos causaram é justificada pela importância das perguntas que eles determinam. Não há por que se equivocar, porquanto aqui não está um desses acontecimentos de simples curiosidade, que por um momento apaixonam a multidão ávida de novidades e distrações. A gente não se distrai com o espetáculo das misérias humanas; a visão desses milhares de doentes correndo em busca da saúde que não podem encontrar nos recursos da Ciência, nada tem de prazenteiro e conduz a sérias reflexões.

Sim, há aqui algo além de um fenômeno vulgar. Sem dúvida admiram-se das curas obtidas em condições tão excepcionais que chegam às raias do prodígio, mas o que impressiona mais ainda que o fato material, é que aí pressentem a revelação de um princípio novo, cujas consequências são incalculáveis, de uma dessas leis por tanto tempo ocultas no santuário da Natureza, que, à sua aparição, mudam o curso das ideias e modificam profundamente as crenças.

Diz uma secreta intuição que se os fatos em questão são reais, é mais que uma mudança nos hábitos, mais que um deslocamento de indústria: é um elemento novo introduzido na Sociedade, uma nova ordem de ideias que se estabelece.

Embora os acontecimentos do campo de Châlons tenham preparado para o que acaba de se passar, em consequência da inatividade do Sr. Jacob durante um ano, eles quase tinham sido esquecidos; a emoção se havia acalmado, quando, de repente, os mesmos fatos explodem no seio da capital e de súbito tomam proporções incríveis. As pessoas, por assim dizer, despertaram, como no dia seguinte a uma revolução, e abordavam-se umas às outras perguntando: Sabeis o que está acontecendo na Rua *de la Roquette*? Tendes novidades? Passavam aos jornais, como se se tratasse de um grande acontecimento. Em quarenta e oito horas a França inteira ficou sabendo.

Há nesta instantaneidade algo de notável e de mais importante do que se pensa.

A impressão do primeiro momento foi de estupor: *ninguém riu*. A própria imprensa trocista simplesmente relatou os fatos e os boatos sem comentários. Diariamente ela dava o boletim, sem se pronunciar nem pró nem contra, e foi possível notar que a maioria dos artigos não tinham o tom de troças; eles exprimiam a dúvida, a incerteza quanto à realidade de fatos tão estranhos, mas inclinando-se mais para a afirmação do que para a negação. É que o assunto, por si mesmo, era sério; tratava-se do sofrimento, e o sofrimento tem algo de sagrado que impõe respeito; em semelhantes casos, a troça estaria deslocada e seria universalmente reprovada. Jamais se viu a veia trocista exercer-se na frente de um hospital, mesmo de loucos, ou de um comboio de feridos. Homens de coração e de senso não podiam deixar de compreender que, numa coisa que se refere uma questão de humanidade, a zombaria teria ficado deslocada, porque teria sido um insulto à dor. Também é com um sentimento penoso e uma espécie de desgosto que hoje se vê o espetáculo desses infelizes doentes reproduzido grotescamente nos palcos e traduzido em canções burlescas. Admitindo de sua parte uma credulidade pueril e uma esperança mal fundamentada, não é uma razão para faltar ao respeito que se deve ao sofrimento.

Em presença de tal repercussão, a denegação absoluta era difícil. A dúvida só é permitida àquele que não sabe ou que não viu. Entre os incrédulos de boa-fé e por ignorância, muitos compreenderam que seria imprudência prematuramente inscrever-se em falso contra fatos que um dia ou outro poderiam receber uma consagração e lhes dar um desmentido. Assim, pois, sem nada negar nem afirmar, a imprensa geralmente limitou-se a consignar o estado das coisas, deixando à experiência o cuidado de confirmá-las ou desmenti-las, e sobretudo explicá-las. Era a decisão mais prudente.

Passado o primeiro momento de surpresa, os adversários obstinados de toda coisa nova que contraria as suas ideias, por um instante atordoados pela violência da irrupção, tomaram coragem, sobretudo quando viram que o zuavo era paciente e de humor pacífico. Começaram o ataque e desfecharam contra ele uma carga de fundo, com as armas habituais dos que não têm boas razões para opor: a troça e a calúnia exacerbada. Mas a sua polêmica acrimoniosa desencadeia a cólera e um embaraço evidente, e seus argumentos, que na maior parte assentam em falso e sobre alegações notoriamente inexatas, não são daqueles que convencem, porque se refutam por si mesmos.

Seja como for, não se trata aqui de uma questão de pessoa. Que o Sr. Jacob sucumba na luta, ou não, é uma questão de princípios que está em jogo, que é colocada com uma imensa repercussão, e que seguirá o seu curso. Ela traz à memória inumeráveis fatos do mesmo gênero que a história menciona, e que se multiplicam em nossos dias. Se é uma verdade, ela não está encarnada num homem, e nada poderia asfixiá-la; a própria violência dos ataques prova que temem que seja uma verdade.

Nesta circunstância, os que testemunham menos surpresa e menos se emocionam são os espíritas, porque essa espécie de fatos nada tem de que eles não se deem conta perfeitamente. Conhecendo a causa, eles não se admiram dos efeitos.

Quanto àqueles que não conhecem nem a causa do fenômeno nem a lei que os rege, naturalmente se perguntam se é uma ilusão ou uma realidade; se o Sr. Jacob é um charlatão; se ele realmente cura todas as moléstias; se ele é dotado de um poder sobrenatural e de quem ele o haure; se voltamos aos tempos dos milagres. Vendo a multidão que o cerca e o segue, como outrora a que seguia Jesus na Galileia, alguns chegam a perguntar se ele são seria o Cristo reencarnado, ao passo que outros pretendem que sua faculdade seja um presente do diabo.

Há muito tempo todas estas questões estão resolvidas para os espíritas, que têm a sua solução nos princípios da Doutrina. Não obstante, como daí podem sair vários ensinamentos importantes, nós os examinaremos num próximo artigo, no qual igualmente destacaremos a inconsequência de certas críticas.

DISSERTAÇÕES ESPÍRITAS

CONSELHOS SOBRE A MEDIUNIDADE CURADORA

I

(Paris, 12 de março de 1867. Grupo Desliens
- Médium, Sr. Desliens)

Como já vos foi dito muitas vezes nas diferentes instruções, a mediunidade curadora, conjuntamente com a faculdade de vidência, é chamada a desempenhar um grande papel no período atual da revelação. São os dois agentes que cooperam com a maior força na regeneração da Humanidade e para a fusão de todas as crenças numa crença única, tolerante, progressiva, universal.

Quando, recentemente, me comuniquei numa reunião da Sociedade, onde me haviam evocado, eu disse e repito que todo mundo possui em maior ou menor grau a faculdade curadora, e se cada um quisesse consagrar-se seriamente ao estudo dessa faculdade, muitos médiuns que se ignoram poderiam prestar úteis serviços a seus irmãos em humanidade. Nessa oportunidade o tempo não me permitiu desenvolver todo o meu pensamento a esse respeito. Aproveitarei o vosso apelo para fazê-lo hoje.

Em geral, aqueles que buscam a faculdade curadora têm como único desejo o restabelecimento da *saúde material,* de obter a liberdade de ação de tal *órgão,* impedido nas suas funções por uma *causa material* qualquer. Mas, sabei-o bem, é o menor dos serviços que esta faculdade está chamada a prestar, e só a conheceis em suas primícias e de maneira inteiramente rudimentar, se lhe conferis esse único papel... Não, a faculdade curadora tem missão mais nobre e mais extensa!... Se ela pode dar aos corpos o vigor da saúde, também deve dar às almas toda a pureza de que são susceptíveis, e é somente neste caso que poderá ser chamada *curativa,* no sentido absoluto da palavra.

Muitas vezes vos disseram, e vossos instrutores nunca se cansariam de repetir, que o efeito material aparente, o sofrimento, tem quase constantemente uma causa mórbida imaterial, residindo no estado moral do Espírito. Se, pois, o médium curador ataca os males do corpo, só ataca o efeito, e a causa primeira do mal continuando, o efeito pode reproduzir-se, quer sob a forma primordial, quer sob qualquer outra aparência. Muitas vezes aí está uma das razões pelas quais tal doença, subitamente curada pela influência de um médium, reaparece com todos os seus acidentes, desde que a influência benéfica se afaste, porque não resta nada, absolutamente nada para combater a causa mórbida.

Para evitar essas recidivas, é necessário que o remédio espiritual ataque o mal em sua base, como o fluido material o destrói em seus efeitos; numa palavra, é preciso tratar, ao mesmo tempo, o corpo e a alma.

Para ser bom médium curador, não só é preciso que o corpo esteja apto a servir de canal aos fluidos materiais reparadores, mas é preciso, ainda, que o Espírito possua uma força moral que ele não pode adquirir senão por seu próprio melhoramento. Para ser médium curador, portanto, é preciso preparar-se, não só pela prece, mas pela depuração de sua alma, a fim de tratar fisicamente do corpo pelos meios físicos e de influenciar a alma pela força moral.

Uma última reflexão. Aconselham-vos a procurar de preferência os pobres que não têm outros recursos além da caridade do hospital. Não estou inteiramente de acordo com este conselho. Jesus dizia que o médico tem por missão cuidar dos doentes e não dos que estão com saúde. Lembrai-vos que na questão de saúde moral há doentes por toda parte, e que o dever do médico é ir a todos os lugares onde o seu socorro é necessário.

ABADE PRÍNCIPE DE HOHENLOHE

II

(Sociedade de Paris, 15 de março de 1867
- Médium, Sr. Desliens.)

Numa comunicação recente, eu falava da mediunidade curadora, de um ponto de vista mais amplo do que o que até aqui foi considerado, e a fazia consistir antes no tratamento moral que no tratamento físico dos doentes ou, pelo menos, reunia esses dois tratamentos em um só. Pedirei me permitais dizer algumas palavras a esse respeito.

364 | REVISTA ESPÍRITA

O sofrimento, a doença, a própria morte, nas condições sob as quais as conheceis, não são mais especialmente o quinhão dos mundos habitados por Espíritos inferiores ou pouco adiantados? O desenvolvimento moral não tem por objetivo principal conduzir a Humanidade à felicidade, fazendo-a adquirir conhecimentos mais completos, desembaraçando-a das imperfeições de toda natureza, que retardam sua marcha ascensional para o infinito? Ora, melhorando o Espírito dos doentes, ele não os põe em melhores condições para suportar seus sofrimentos físicos? Combatendo os vícios, as más inclinações, que são a fonte de quase todas as desorganizações físicas, não se põem essas desorganizações na impossibilidade de se reproduzirem? Destruindo a causa, necessariamente se impede o efeito de manifestar-se novamente.

A mediunidade curadora pode, portanto, comportar duas formas, e essa faculdade não estará em seu apogeu, naqueles que a possuem, senão quando eles reunirem em si essas duas maneiras de ser. Ela pode compreender unicamente o alívio material dos doentes, e então se dirige aos encarnados; ela pode compreender a melhora moral dos indivíduos e, neste caso, se dirige tanto aos Espíritos quanto aos homens; ela pode compreender, enfim, tanto o melhoramento moral quanto o alívio material e, neste caso, tanto a causa quanto o efeito poderão ser combatidos vitoriosamente. O tratamento dos Espíritos obsessores é, com efeito, alguma coisa além de uma espécie de influência semelhante à mediunidade curadora exercida de comum acordo por médiuns e Espíritos sobre uma personalidade desencarnada?

A mediunidade curadora abarca, portanto, ao mesmo tempo, a saúde moral e a saúde física, o mundo dos encarnados e o mundo dos Espíritos.

ABADE PRÍNCIPE DE HOHENLOHE

III

(Paris, 24 de março de 1867 - Médium, Sr. Rul)

Venho continuar a instrução que dei a um médium da Sociedade. Por que duvidáveis que tivesse vindo ao vosso apelo? Não sabeis que um bom Espírito se sente sempre feliz por ajudar os seus irmãos da Terra na via do melhoramento e do progresso?

Hoje sabeis o que eu disse do vasto papel reservado à mediunidade curadora; sabeis que, conforme o estado de vossa alma e as aptidões do vosso organismo, podeis, se Deus vo-lo permitir, tanto curar as dores físicas quanto os sofrimentos morais, ou ambos. Duvidais de vossa capacidade de fazer uma ou outra coisa, porque conheceis as vossas imperfeições, mas Deus não pede a perfeição, a pureza absoluta dos homens da Terra. Sob esse ponto de vista, ninguém entre vós seria digno de ser médium curador. Deus pede que vos melhoreis, que façais esforços constantes para vos purificardes e leva em conta a vossa boa vontade.

Considerando-se que desejais seriamente aliviar os vossos irmãos que sofrem física e moralmente, tende confiança e esperai que o Senhor vos conceda esse favor. No entanto, repito, não sejais exclusivistas na escolha dos vossos doentes. Todos, sejam quem forem, ricos ou pobres, crentes ou incrédulos, bons ou maus, todos têm direito ao vosso socorro. Acaso o Senhor priva os maus do benéfico calor do sol que aquece, que reanima, que vivifica? Acaso a luz é recusada a quem quer que não se prosterne ante a bondade do Todo-Poderoso? Curai, pois, quem quer que sofra, e aproveitai o bem que proporcionastes ao corpo para purificar a alma ainda mais sofredora e para ensiná-la a orar. Não vos magoeis pelas negações que encontrardes; fazei sempre a vossa obra de caridade e de amor e não duvideis que o bem, embora adiado para uns, jamais ficará perdido. Melhorai-vos pela prece, pelo amor ao Senhor e aos vossos irmãos, e não duvideis que o Todo-Poderoso não vos dê ocasiões frequentes de exercer vossa faculdade mediúnica. Ficai felizes quando, após a cura, vossa mão apertar a do vosso irmão reconhecido e ambos, prosternados aos pés de vosso Pai celeste, orardes juntos para agradecer-lhe e adorá-lo. Ficai mais felizes ainda quando, acolhidos pela ingratidão, depois de haverdes curado o corpo, impotentes para curar a alma endurecida, elevardes o vosso pensamento ao Criador, porque vossa prece será a primeira centelha destinada a acender mais tarde o facho que brilhará aos olhos do vosso irmão curado de sua cegueira, e vós vos direis que quanto mais um doente sofre, mais cuidados lhe deve dar o médico.

Coragem, irmãos, esperai e aguardai que os bons Espíritos que vos dirigem, vos inspirem quando devereis começar, junto aos vossos irmãos que sofrem, a aplicação de vossa nova faculdade mediúnica. Até lá orai, progredi pela caridade moral, pela influência do exemplo, e não deixeis jamais fugir a menor ocasião de esclarecer os vossos irmãos. Deus vela sobre cada um de vós, e aquele que hoje é o mais incrédulo, poderá amanhã ser o mais fervoroso e o mais crente.

Abade Príncipe DE HOHENLOHE

OS ADEUSES

(Sociedade de Paris, 16 de agosto de 1867 - Médium, Sr. Morin, em sonambulismo espontâneo)

NOTA: Entre as comunicações obtidas na última sessão da Sociedade, antes das férias, esta apresenta um caráter particular, que foge da forma habitual. Vários Espíritos, daqueles que são assíduos às sessões e por vezes se manifestam, vieram sucessivamente dirigir algumas palavras aos membros da Sociedade antes de sua separação, por meio de Sr. Morin, em sonambulismo espontâneo. Era como um grupo de amigos vindo despedir-se e dar testemunho de simpatia, no momento da partida. A cada interlocutor que se apresentava, o intérprete mudava de tom, de atitude, de expressão, de fisionomia, e pela linguagem reconhecíamos o Espírito que falava, antes que fosse nomeado. Era bem ele que falava, servindo-se dos órgãos de um encarnado, e não o seu pensamento traduzido, mais ou menos fielmente, ao passar por um intermediário. Assim, a identidade era patente e, salvo a semelhança física, tínhamos diante de nós o Espírito, como em sua vida. Depois de cada alocução, o médium ficava absorto durante alguns minutos; era o tempo de substituição de um Espírito por outro; depois, voltando a si pouco a pouco, ele retomava a palavra num outro tom. O primeiro que se apresentou foi o nosso antigo colega Leclerc, falecido em dezembro do ano passado.

Alguns de vossos irmãos que partiram vêm aproveitar a ocasião para vos manifestar sua simpatia, no momento de vossa separação.

A morte nada é, quando tem como resultado fazer nascer uma vida muito maior, muito mais larga, muito mais útil que a vida humana!... O atordoamento sobrevém, segue-se um esgotamento (alusão à maneira pela qual ele morreu) e ergo-me mais livre e feliz ao entrar neste mundo invisível que minha alma havia pressentido, que todo o meu ser desejava!... Livre!... planar no espaço!... Eu vi, eu observei, e minha alegria delirante só era limitada pelo exagerado pesar dos meus pela ausência de minha personalidade material. Mas hoje, que lhes pude provar a minha existência, que lhes demonstrei que se meu corpo não mais estava lá, meu Espírito lá estava mais presente ainda, e que hoje eu sou feliz, muito feliz, porque o que não pude fazer como encarnado, pude obter no estado de espiritualidade. Hoje sou útil, muito útil, e graças à simpática afeição daqueles que me conheceram, minha utilidade é mais eficaz.

Como é bom poder servir aos irmãos e assim ser útil à Humanidade inteira! Como é bom, como é doce para a alma poder fazer participar a Humanidade do pouco saber que se adquiriu pelo sofrimento! Eu que, outrora aprisionado neste corpo obtuso, hoje sou grande, e se não fosse o medo do vosso ridículo, eu me admiraria; porque, vede, ser bom é fazer parte de Deus; e esta bondade, eu a possuía? Oh! Respondei-me; vosso testemunho será uma felicidade a mais, acrescentada à felicidade de que desfruto. Mas, por que necessito de vossas palavras? Não posso ler nos vossos corações e ver os vossos sentimentos mais íntimos? Hoje, graças à minha desmaterialização, não posso ver os vossos mais secretos pensamentos?

Oh! Deus é grande, e sua bondade é sublime! Meus amigos, inclinai-vos, como eu, diante de sua majestade; trabalhai pela realização de seus desígnios, fazendo mais e melhor do que eu mesmo pude fazer.

LECLERC

368 | REVISTA ESPÍRITA

Para a alma que aspira à liberdade, como é longo o tempo na Terra, e como se faz esperar o momento tão sonhado! Mas, também, uma vez rompido o laço, com que rapidez o Espírito corre e voa para o reino celeste, que em vida via em sonhos e ao qual aspirava sem cessar! O belo, o infinito, o impalpável, todos os mais puros sentimentos, eis o apanágio dos que desprezam os tesouros humanos, querendo avançar no caminho reto do bem, da caridade e do dever. Tenho minha recompensa e sou muito feliz, porque agora não mais espero visitas daqueles que me são caros; agora não há mais limites para a minha visão, e esse sofrimento, esse longo emagrecimento do corpo terminou; sou alegre, contente, cheia de vivacidade. Não espero mais visitantes, eu vou visitá-los.

ERNESTINE DOZON

São muito felizes os que hoje podem vir sem acanhamento ao vosso meio, comunicar-vos a sua alegria, o seu prazer ao entrar aqui! Mas eu, que tomei o caminho dos covardes, para evitar caminho batido; eu, que entrei de surpresa num mundo que não me era desconhecido; eu, que quebrei a porta da prisão, em vez de esperar que ela me fosse largamente aberta, é em razão dessa mesma vergonha que me cobre o rosto que venho a esta mesa, porque aqui encontro o meio de vos dizer: Obrigado por vosso perdão sincero, obrigado por vossas preces, pelo interesse que me prodigalizastes e que abreviaram os meus sofrimentos! Obrigado, também, pelos vossos pensamentos em relação ao futuro que vejo germinarem em vossos corações, pela coletividade fraterna de vossas simpatias de que me beneficiarei!

Hoje, o clarão apenas entrevisto tornou-se um luminoso farol, com os raios largos e brilhantes; de agora em diante vejo a estrada, e se vossas preces me sustentarem, como pressinto, e se minha humildade e meu arrependimento não se desmentirem, podeis contar com um viajante a mais na larga estrada que se chama o bem.

D.

Eu fali... Eu pequei... Pequei muito!... Entretanto, se Deus coloca no cérebro de um homem uma inteligência, e ao lado põe desejos a saciar, inclinações impossíveis de superar, por que ele faria o Espírito suportar as consequências desses obstáculos que não pôde vencer?... Mas eu me perco, blasfemo!... porque se ele me havia dado uma inteligência, era o instrumento com a ajuda do qual eu podia vencer os obstáculos... Quanto maior era essa inteligência, menos escusável sou... Minha própria inteligência, sobretudo minha presunção, me levaram a perder-me... Sofri moralmente todas as minhas decepções, muito mais que fisicamente, o que não diz pouco!... Fazendo-vos estas confissões, sofro o passado e todos os sofrimentos dos meus, que vêm aumentar a bagagem dos males que já me esmagam... Oh! Orai por mim! Hoje é um dia de indulgência. Então! Eu reclamo a vossa. Que me perdoem aqueles a quem ofendi e desconheci!

X

Espectador invisível, há algum tempo assisto aos vossos estudos com uma felicidade muito grande! Vossos trabalhos absorvem ainda mais as minhas faculdades do que quando eu era vivo. Eu vejo, observo, estudo, e hoje que minhas fibras cerebrais não são mais obstruídas pela matéria, abri os meus olhos espirituais e posso ver os fluidos que em vão tinha procurado perceber em vida.

Pois bem! Se pudésseis ver esse imenso feixe, esse emaranhado fluídico, vossos raios visuais de tal modo seriam aniquilados que só perceberíeis trevas. Eu vejo, sinto, ressinto!... e nessas moléculas fluídicas, átomos impalpáveis, distingo as diferentes forças propulsoras; analiso-as, delas formo um todo que emprego ainda em benefício dos pobres corpos sofredores; reúno, aglomero os fluidos simpáticos, e vou simplesmente, gratuitamente, despejá-los sobre aqueles que deles necessitam.

Ah! O estudo dos fluidos é uma bela coisa! E vós compreenderíeis quanto todos esses mistérios são preciosos para mim se, como eu, em vão tivésseis consagrado toda a existência para compreendê-los. Graças ao Espiritismo, o aparente caos desses conhecimentos foi posto em ordem. O Espiritismo distinguiu o que é do domínio físico do que pertence ao mundo espiritual; ele reconheceu duas partes bem distintas no magnetismo; ele tornou seus efeitos fáceis de reconhecer, e Deus sabe o que o futuro lhe reserva!

Mas eu me apercebo que absorvo todo o vosso tempo em meu benefício, ao passo que outros Espíritos também vos desejam falar. Voltarei pela escrita, para continuar a vos desenvolver minhas ideias sobre estes estudos com os quais, em vida, tanto gostava de me ocupar.

E. QUINEMANT

Meus caros filhos, o ano social espírita foi fecundo para os vossos estudos, e com prazer venho testemunhar toda a minha satisfação. Muitos fatos foram analisados, muitas coisas incompreendidas foram elucidadas e tocastes em certas questões que não tardarão a ser admitidas em princípio. Eu estou, ou melhor, nós estamos satisfeitos.

A despeito de todo o ardor até aqui empregado, em vosso meio e por vossos inimigos, contra as vossas boas intenções, vossa falange foi a mais forte, e se o mal fez algumas vítimas, é que a lepra já existia nelas, entretanto, a chaga já cicatriza; entram os bons, e os maus se vão, e para os maus que ficam em vosso meio, mais tarde o remorso será terrível, porque eles juntam aos seus defeitos os da hipocrisia. Mas aqueles que são sinceros, aqueles que hoje se juntam a vós, aqueles que trazem o seu devotamento à verdade e o desejo de transmiti-la a todos, esses, eu vos digo, meus filhos, serão bem-aventurados, porque levarão a felicidade não só para si, mas para todos aqueles que os escutam. Olhai em vossas fileiras e vereis que os vazios criados pelas defecções são bem depressa cobertos com vantagem por novas individualidades, e essas desfrutarão dos benefícios que serão o apanágio da geração futura.

Ide, meus filhos! Vossos estudos são ainda muito elementares; mas cada dia traz os meios de aprofundar mais, e para isto, novos instrumentos virão juntar-se aos que já tendes. Tereis instruções mais extensas, e isto para maior glória de Deus e para maior bem-estar da Humanidade.

Há entre vós vários desses instrumentos que tomarão lugar à vossa mesa, na reabertura. Eles ainda não ousam declarar-se, mas encorajai-os, trazei para o vosso lado os tímidos e os orgulhosos que julgam fazer melhor que os outros, e então veremos se os tímidos têm medo e se os orgulhosos não terão que reprimir as suas pretensões.

SÃO LUÍS

A epidemia que vem dizimar o mundo em certos momentos, e que convencionastes chamar de cólera, fere de novo e por redobrados golpes a Humanidade. Seus efeitos são prontos e sua ação rápida. Sem nenhum aviso, o homem passa da vida à morte, e aqueles que são mais privilegiados, poupados por sua mão fulminante, ficam estupefatos, trêmulos, ante as espantosas consequências de um mal desconhecido em suas causas, e cujo remédio se ignora completamente.

Nesses tristes momentos, o medo se apodera dos que não veem senão a ação da morte, sem pensar no além, e que, só por este fato, mais facilmente oferecem o flanco ao mal. Mas como a hora de cada um de nós está marcada, é preciso partir, apesar de tudo, se ela tiver soado. A hora está marcada para bom número de habitantes do universo terrestre, que dele partem todos os dias; pouco a pouco o flagelo se espalha e vai estender-se sobre toda a superfície do globo.

Este mal é desconhecido, e talvez o seja mais ainda hoje, porque, à sua constituição própria, juntam-se diariamente outros elementos que confundem o saber humano e impedem de achar o remédio necessário para deter a sua marcha. Então os homens, malgrado a sua ciência, devem sofrer as suas consequências, e esse flagelo destruidor é muito simplesmente um dos meios para ativar a renovação da Humanidade, que deve realizar-se.

Mas não vos inquieteis; para vós, espíritas, que sabeis que morrer é renascer, se fordes atingidos e partirdes, não ireis à felicidade? Se, ao contrário, fordes poupados, agradecei a Deus, que assim vos permitirá aumentar a soma dos vossos sofrimentos e pagar mais pela prova.

De um lado como de outro, quer a morte vos fira, quer vos poupe, só tendes a ganhar, ou então não vos digais espíritas.

Doutor DEMEURE

Isto é para ele (o médium fala de si mesmo na terceira pessoa).
– Vede, disseram-vos que viria um momento em que ele poderia ver, ouvir e repousar, por sua vez. Ora! Esse momento chegou, para vós e não para os outros; na reabertura ele não adormecerá mais, salvo nalguns casos excepcionais, nos quais a sua utilidade se fizer sentir; neste momento ele lamenta, mas, daqui a pouco, quando ele despertar e souber disso, ficará muito contente... o egoísta!... Entretanto, ele ainda tem muito a fazer. Daqui até lá, ele dormirá. Raramente felicitará e fustigará muitas vezes: é a sua tarefa. Orai para que ela lhe seja fácil; para que sua palavra leve a paz, a consolação e a conciliação onde elas forem necessárias. Ajudai-o com o vosso pensamento. Quando voltar, ele colocará toda a sua boa vontade em vos ajudar e o fará de todo o coração. Mas sustentai-o, pois ele necessita muito. Aliás, as circunstâncias excepcionais em que irá dormir, talvez e infelizmente não serão muitas vezes motivadas. Enfim, dizei como ele: Que a vontade de Deus seja feita!

MORIN

ALLAN KARDEC

REVISTA ESPÍRITA

JORNAL DE ESTUDOS PSICOLÓGICOS

ANO X	NOVEMBRO DE 1867	VOL. 11

IMPRESSÕES DE UM MÉDIUM INCONSCIENTE

A PROPÓSITO DO *ROMANCE DO FUTURO*

Pelo Sr. Eug. Bonnemère

O Sr. Bonnemère teve a gentileza de nos transmitir, sobre o jovem bretão de que se trata no prefácio do interessante livro que publicou, sob o título de *Roman de l'Avenir,* detalhes circunstanciados que completam os que demos a respeito na Revista de julho de 1867. Estes novos informes são do mais alto interesse e os nossos leitores serão gratos ao autor, como nós também, por havê-los posto à nossa disposição. Faremos, a respeito, algumas observações oportunas.

Senhor,

Um amigo me envia, com muito atraso, o número da *Revista Espírita* no qual noticiais o *Roman de l'Avenir,* que assinei com o meu nome. Permiti que vos dê alguns esclarecimentos a respeito de uma passagem desse artigo, na qual se acha esta reflexão: "Disseram-nos que quando escreveu este livro, o autor não conhecia o Espiritismo; isto parece difícil etc."

Entretanto, isto é rigorosamente exato. Confesso-o com toda sinceridade e humildade, senhor, ter cometido o erro de não vos oferecer este volume; jamais fui à vossa casa; eu nem mesmo conhecia o título da *Revista Espírita*, e minha biblioteca não possui nenhuma obra sobre as questões que aí são tratadas; eis por que chamei o meu jovem bretão de extático natural, ao passo que para vós é um médium.

Contei, no prefácio do *Roman de l'Avenir,* em consequência daquela estranha aventura, que eu, que fui um historiador na minha maturidade, ia tornar-me um romancista depois de haver ultrapassado os cinquenta anos. Os leitores aí não viram mais que um desses processos familiares aos autores para dar algo de picante ao seu relato. Atesto sob palavra que, com exceção de um detalhe que nada tem a ver com o caso, e que não me é ainda permitido revelar, tudo o que afirmo nesse prefácio é verdadeiro e, longe de exagerar, não digo tudo.

Meu jovem bretão explica em vinte passagens de seus volumosos manuscritos (perto de 18.000 páginas) as causas e os efeitos dessa espécie de condenação aos trabalhos forçados que sofreu, maldizendo-a.

"Todas as noites, escreveu ele a 24 de agosto de 1864, deito-me muito fatigado, após um dia de trabalho; adormeço; uma hora depois desperto; estou triste, parece que me envolve um crepe negro; estou sem palavras, mas não sofro. Algo de vago está em meu cérebro; é sob essa impressão que meus olhos por vezes se fecham com lágrimas no coração. Depois, pela manhã, desperto com um mutismo persistente, isto é, com intoleráveis sofrimentos no lado esquerdo e no coração, que não me permitem conciliar o sono. Experimento um estado de angústia intolerável que me força a levantar-me. Sufoco, pois há muita coisa em mim que é preciso despejar. Então vou à minha mesa e lá sou constrangido a trabalhar.

"Quanto mais sofro, mais e melhor trabalho. Tenho então uma extrema expansão da imaginação. Quando uma obra está completa e não mais necessita senão ser passada para o papel, invento outra, sem jamais buscar, e sempre escrevendo mecanicamente aquela que chegou à maturação.

"*Quando devo servir de instrumento a algum dos amigos desaparecidos, seu nome ressoa em meu ouvido.* Quando escrevo, esse nome não me deixa, e experimento, mesmo em meio aos meus sofrimentos físicos, por vezes agudos, sobretudo no coração, uma espécie de doçura em escrever o que ele põe em mim. É como uma inspiração, mas involuntária. Todas as fibras de meu ser moral são postas em alerta. Então sinto mais vivamente; parece que vibro; todos os ruídos são mais fortes, mais perceptíveis; vivo vibrações intelectuais e morais ao mesmo tempo.

"Quando estou nesse estado de mutismo, sinto-me como que envolto numa rede, que estabelece uma separação entre o meu ser intelectual e a massa dos objetos materiais ou das pessoas que me rodeiam. É um isolamento absoluto em meio à multidão; minha palavra e meu espírito estão alhures. O ser inspirador que vem em mim não me deixa mais. *É uma espécie de penetração íntima dele em mim; sou como uma esponja embebida de seu pensamento.* Eu a pressiono e dela sai a quintessência de sua inteligência, desprendida de todas as mesquinharias de nossa vida aqui embaixo.

"Por vezes, mesmo sem mutismo, quer esteja só, quer com outros, pouco importa, converso, rio, percebo tudo na conversação dos outros, e contudo trabalho; as ideias se acumulam, mas fugidias; eu ali estou mas não estou mais; volto a mim e não tenho mais lembrança de nada; mas o estado de mutismo faz reviver as imagens apagadas.

"Se for um romance que devo escrever, inicialmente me vem o título, depois vêm os acontecimentos; às vezes é questão de um ou dois dias para compô-lo inteirinho. Se se trata de coisas mais sérias, o título igualmente me é ditado, depois os pensamentos superabundam, até mesmo quando pareço mais distraído. A elaboração se faz a seu tempo, até o instante em que o acúmulo se derrama sobre o papel.

"Muitas vezes, depois de ter concluído um longo romance, e quando não tinha nada pronto para escrever nos meus cadernos, me aconteceu de experimentar uma estranha sensação, como se em meu cérebro houvesse um vazio. Então sofro muito mais; é um estado de completa atonia, até o momento em que a cabeça se enche de outra coisa.

"Geralmente, desde a tarde, ou de manhã, na cama, elaboro algum novo plano. Por vezes, entretanto, levanto-me sem pensar em nada do que vou fazer e sem ter nada elaborado de antemão. Acesa a vela, ponho-me diante do papel. Então escuto do lado esquerdo, no ouvido esquerdo, um nome, uma palavra, um assunto de romance em duas ou três palavras. Isto basta. As palavras se sucedem sem interrupção; os acontecimentos vêm alinhar-se por si mesmos sob a pena, sem um instante de interrupção, até que a história fique terminada. Quando as coisas se passam assim, é que não se trata senão de uma novela muito curta, que será terminada numa sessão.

"Há ainda em meu estado uma particularidade muito singular. É quando me inquieto pela saúde de alguém de quem

376 | REVISTA ESPÍRITA

gosto. Verdadeiramente isto se torna para mim uma doença atroz, e creio que sofro mais que o próprio doente. Durante alguns instantes sou tomado na cabeça, no estômago, no coração e nas entranhas por uma pressão cheia de angústias que vai até a dor extrema. Há um momento em que só a cabeça sofre. Então um ou vários nomes de remédios estão em mim. Não quero falar, porque duvido e temo agir mal, quando tanto gostaria de aliviar! Mas essas palavras voltam sem cessar; capitulo, cedo e as digo com esforço, ou as escrevo. Então está acabado, não penso mais nisso e tudo se apaga."

Não sei se me engano, mas me parece aí encontrar todos os caracteres da *possessão* de outrora, e creio mesmo que outrora queimaram muitos possessos que não eram mais feiticeiros do que o meu jovem extático. Evidentemente ele vive uma dupla vida, das quais nenhuma tem relação com a outra. Vi-o muitas vezes, quando uma das pessoas que a ele se confiavam vinha dizer-lhe que ela sofria; o olhar fixo, as pálpebras afastadas, a pupila dilatada, ele parecia escutar, procurar. – "Sim, sim!" murmurava ele, como se repetisse para si mesmo o que lhe dizia uma voz interior. Então ele indicava o remédio necessário, conversava um momento sobre a natureza e a causa do mal, depois, pouco a pouco, tudo se dissipava, e ele não tinha consciência nem do instante em que começara o êxtase, nem do momento em que havia terminado. Esse rápido momento de ausência para ele não existia, e evitava-se de falar com ele sobre o caso.

"Quero e devo viver na sombra, escreveu ele alhures. Dizem-me: Estais numa sociedade desviada, devido à má direção. *O bem que se faz sem interesse, emanando de uma fonte natural, mas um pouco extraordinária,* parece culposo, ridículo, pelo menos indiscreto. Não é necessário expor-se à zombaria, por vezes ao desprezo, devido a uma boa ação. Conforme o velho provérbio: "Falta confessada é meio perdoada", pode-se dizer que uma boa ação oculta está meio perdoada. Então há que fazer o bem aos outros sem que o suspeitem. É a verdadeira caridade, que dá sem esperar retribuição."

Tudo isto não se realiza sem lutas. Por vezes ele se revolta contra essa obsessão tirânica. Vi-o resistir, debater-se com cólera, depois, dominado por uma vontade superior à sua, entregar-se ao trabalho.

Ele tinha anunciado um grande e extenso trabalho sobre a liberdade. Declarava-se incapaz de fazê-lo, e protestava que não o faria. Uma manhã escreveu:

"Não, quero lutar ainda hoje. Sinto que a forma ainda não veio bastante clara... Quando, pois, me deixareis em repouso?... Estou arrebentado!... Ah! Chamais a isto uma liberdade de pensamento, que infundis em mim! Mas é a escravidão aos vossos pensamentos, que se devia dizer! Pretendeis que eu tenha o seu germe, e que é prestar-me um imenso serviço desenvolvê-la, a ela ajuntando o que podeis incluir!

"Começarei por esta questão já tratada: "Que é a vida?""

Uma espécie de anúncio de programa a ser desenvolvido continuava por dez páginas de sua escrita, e era escrito em quarenta minutos.

Todas essas coisas, que me pareceram muito estranhas, sê-lo-ão menos para vós, Senhor. Em suma, tenho fé em seu poder misterioso, porque ele me curou de mais de uma afecção que talvez tivesse embaraçado a faculdade. Jamais alguém está doente junto a ele, sem que ele escreva sua receitazinha. Muitas vezes o faz a despeito de sua vontade, percebendo que não ligarão para as suas prescrições. Um dia ele terminava por estas linhas uma consulta a propósito de uma pessoa doente do peito e da qual cuidavam mal, em sua opinião, e que ele acreditava que ainda poderia salvar:

"Eis o que posso dizer. Façam o que julgarem conveniente. Estas são as minhas observações, eis tudo. Não terei que me censurar por tê-las deixado dormir em mim. Nada deve ser feito sem o conselho do médico. Com naturezas como são todos, isto só pode servir como indicação. *Eu não sou um homem, mas uma alma que desperta ao grito do sofrimento, e que não mais se recorda, depois que chegou o alívio.*"

Quando ele não tinha doentes à mão, prescrevia remédios gerais para afecções que a ciência oficial ainda não sabe curar. Que valor têm essas prescrições? Ignoro. Contudo, o que vi,

378 | REVISTA ESPÍRITA

o que pude experimentar, me leva a crer que talvez pudessem abrir caminho para novos processos curativos.

Se um indivíduo que jamais abriu um livro de medicina prescreve, sem ter consciência disso, remédios que podem curar, em muitos casos, a maioria dos males atualmente considerados incuráveis, parece-me incontestável que tais coisas lhe são reveladas por uma força desconhecida e misteriosa. Em presença de semelhante fato, a questão me parece resolvida. Deve-se aceitar como demonstrado que existem sensitivos aos quais é concedido servir de intermediários dos amigos desaparecidos que, não mais tendo órgãos ao serviço de sua vontade, vêm usar a voz ou a mão desses seres privilegiados, quando querem curar o nosso corpo ou firmar a nossa alma, esclarecendo-a sobre coisas que lhes é permitido nos dar a conhecer.

É possível arriscar uma experiência *in anima vili,* sobre os bichos da seda, por exemplo, que quase não servem mais senão para serem atirados aos vermes dos túmulos, tão doentes que eles estão. A questão é séria, porque as perdas causadas pela moléstia que os afeta eleva-se anualmente a centenas de milhões de francos. O resultado a obter vale a pena que se tente esta primeira experiência que, em todo caso, se não der resultado, não agravará a situação.

Aqui pode haver um mistério, mas afirmo que não há mistificação. Se sou mistificado, restar-me-ão sempre os cento e tantos romances e novelas desse romancista sem o saber, cuja publicação vai ocupar agradavelmente os lazeres dos últimos anos de minha vida, e dos quais deixarei a maior parte para outros depois de mim.

Neste inverno publicarei outro romance de meu jovem extático bretão. No prefácio transcreverei textualmente tudo quanto ele escreveu sobre a cura dos bichos da seda; acrescentarei até mesmo, se quiserem, suas receitas para prevenir e para curar a cólera e as doenças do peito.

Pouco importa que riam de mim durante alguns dias, mas é muito importante que esses segredos dos quais o acaso me faz depositário, não morram comigo, se contiverem algo de sério, e que se saiba se existem relações possíveis entre as inteligências superiores do outro lado da vida e as inteligências dóceis deste lado de cá. Creio que seria muito importante para nós estabelecer relações cada vez mais seguidas com esses mortos de boa vontade que parecem dispostos a prestar-nos semelhantes serviços.

Aceitai etc...

E. BONNEMÈRE

O quadro das impressões desse jovem, traçado por ele próprio, é tanto mais notável quanto, tendo sido escrito na ausência de qualquer conhecimento espírita, não pode ser o reflexo de ideias colhidas num estudo qualquer, que lhe tivesse exaltado a imaginação. É a impressão espontânea de suas sensações, de onde ressaltam, com a maior evidência, todos os caracteres de uma mediunidade inconsciente; a intervenção de inteligências ocultas aí é expressa sem ambiguidades; a resistência que ele opõe, a própria contrariedade que ele sente, provam sobejamente que ele age sob o império de uma vontade que não é a sua. Esse jovem é, pois, um médium em toda a acepção da palavra, e, além disto, dotado de faculdades múltiplas, porquanto é ao mesmo tempo médium escrevente, falante, vidente, auditivo, mecânico, intuitivo, inspirado, impressivo, sonâmbulo, médico, literato, filósofo, moralista etc. Mas, nos fenômenos descritos, não há nenhum dos caracteres do *êxtase*. É, pois, impropriamente que o Sr. Bonnemère o qualifica de extático, pois é precisamente uma das faculdades que lhe faltam. O êxtase é um estado particular bem definido, que não se apresentou no caso de que se trata. Também não parece dotado da mediunidade de efeitos físicos, nem da mediunidade curadora.

Há médiuns naturais, como há sonâmbulos naturais, que agem espontaneamente e inconscientemente; em outros, nos quais os fenômenos mediúnicos são provocados pela vontade, a faculdade é desenvolvida pelo exercício, como em certos indivíduos o sonambulismo é provocado e desenvolvido pela ação magnética.

Há, pois, os *médiuns inconscientes* e os *médiuns conscientes*. A primeira categoria, à qual pertence o jovem bretão, é a mais numerosa; é quase geral e podemos dizer, sem exagero, que em cem indivíduos, noventa são dotados dessa aptidão em graus mais ou menos ostensivos. Se cada um se estudasse,

380 | REVISTA ESPÍRITA

encontrar-se-ia neste gênero de mediunidade, que reveste as mais diversas aparências, a razão de uma porção de efeitos que não se explicam por nenhuma das leis *conhecidas* da matéria. Esses efeitos, quer sejam materiais ou não, aparentes ou ocultos, para ter essa ordem, não são menos naturais. O Espiritismo nada admite de sobrenatural nem de maravilhoso; segundo ele, tudo entra na ordem das leis da Natureza. Quando a causa de um efeito é desconhecida, há que buscá-la na realização dessas leis, e não em sua perturbação provocada pelo ato de uma vontade qualquer, o que seria o verdadeiro milagre. Um homem investido do dom de milagres teria o poder de suspender o curso das leis que Deus estabeleceu, o que não é admissível. Mas sendo o elemento espiritual uma das forças ativas da Natureza, dá lugar a fenômenos especiais que não parecem naturais senão porque se obstinam em buscar a sua causa apenas nas leis da matéria. Eis por que os espíritas não fazem milagres, e jamais tiveram a pretensão de fazê-los. A qualificação de taumaturgos, que a crítica lhes dá por ironia, prova que ela fala de uma coisa da qual ignora a primeira palavra, pois que chama de *fazedores de milagres* àqueles mesmos que vêm destruí-los.

Outro fato que ressalta das explicações dadas na carta acima é que o *Roman de l'Avenir* é efetivamente uma obra mediúnica do jovem bretão, e não podemos deixar de ser grato ao Sr. Bonnemère por ter declinado a sua paternidade. Pensamentos tão elevados e tão profundos nada tinham que pudessem causar-nos admiração, vindos de sua parte, por isso não tínhamos hesitado em atribuí-los a ele, e estimamos ainda mais seu caráter e seu talento de escritor, que já era de nosso conhecimento. No entanto, eles haurem uma importância particular da fonte de onde emanam. Por mais estranha que pareça essa fonte, à primeira vista, ela nada tem de surpreendente para quem quer que conheça o Espiritismo. Fatos desse gênero se veem frequentemente, e não há um só espírita um pouco esclarecido que deles não se dê conta perfeitamente, sem recorrer aos milagres.

Assim, atribuindo a obra ao Sr. Bonnemère, e aí encontrando fatos e pensamentos que parecem hauridos da própria Doutrina, parecia-nos difícil que o autor a ignorasse. Considerando-se que ele afirma o contrário, acreditamo-lo sem esforço e encontramos em seu próprio desconhecimento a confirmação do fato, tantas vezes repetido em nossos escritos, que as ideias espíritas de tal modo estão na Natureza, que elas germinam *fora do ensinamento do Espiritismo*, e que uma multidão de criaturas são ou se tornam espíritas sem o saber e por intuição. Às suas ideias apenas falta o nome. O Espiritismo é como essas plantas cujas sementes são levadas pelo vento e brotam sem cultivo. Ele nasce espontaneamente no pensamento, sem estudo prévio. O que podem, então, contra ele aqueles que sonham com o seu aniquilamento, ferindo o tronco materno?

Assim, eis um médium completo, notável, e um observador, que não temem, nem um nem outro, o que seja o Espiritismo, e o observador, por uma dedução lógica do que vê, chega por si mesmo a todas as consequências do Espiritismo. O que ele constata, de saída, é que os fatos que ele tem sob os olhos lhe apresentam, no mesmo indivíduo, uma *dupla vida, da qual uma não tem qualquer relação com a outra*. Evidentemente, essas duas vidas, nas quais se manifestam pensamentos divergentes, estão submetidas a condições diferentes. Elas não podem ambas provir da matéria; é a constatação da vida espiritual; é a alma que se vê agir fora do organismo. Este fenômeno é muito vulgar; produz-se diariamente durante o sono do corpo, nos sonhos, no sonambulismo natural ou provocado, na catalepsia, na letargia, na dupla vista, no êxtase. O princípio inteligente isolado do organismo é um fato capital, porque é a prova de sua individualidade. A existência, a independência e a individualidade da alma podem, assim, ser resultado da observação. Se, durante a vida do corpo, a alma pode agir sem o concurso dos órgãos materiais, é porque ela tem existência própria; a extinção da vida corpórea não arrasta, pois, forçosamente, a da vida espiritual. Vemos, por aí, onde se chega, de consequência em consequência, por uma dedução lógica.

O Sr. Bonnemère não chegou a esse resultado por uma teoria preconcebida, mas pela observação. O Espiritismo não procedeu de modo diverso. O estudo dos fatos precedeu a Doutrina, e os princípios não foram formulados, como em todas as ciências de observação, senão à medida que eram deduzidas da experiência. O Sr. Bonnemère fez o que pode fazer todo observador sério, porque os fenômenos espontâneos que ressaltam do mesmo princípio são numerosos e vulgares.

382 | REVISTA ESPÍRITA

Apenas, não tendo o Sr. Bonnemère visto senão um ponto, só pôde chegar a uma conclusão parcial, ao passo que o Espiritismo, tendo abarcado o conjunto desses fenômenos tão complexos e tão variados, pôde analisá-los, compará-los, controlar uns pelos outros, e aí encontrar a solução de um maior número de problemas.

Levando-se em conta que o Espiritismo é um resultado de observações, quem tivesse olhos para ver, razão para raciocinar, paciência e perseverança para ir até o fim, poderia chegar a constituir o Espiritismo, assim como poder-se-ão reconstituir todas as ciências; mas, estando feito o trabalho, é tempo ganho e esforço poupado. Se fosse necessário recomeçar incessantemente, não haveria progresso possível.

Como os fenômenos espíritas estão na Natureza, eles ocorreram em todas as épocas, e precisamente porque tocam a espiritualidade de maneira mais direta, eles estão misturados em todas as teogonias. Vindo numa época menos acessível aos preconceitos, esclarecido pelo progresso das ciências naturais que faltavam aos primeiros homens, e por uma razão mais desenvolvida, o Espiritismo pôde observar melhor do que se fazia outrora. Ele vem hoje separar o que é verdadeiro da mistura introduzida pelas crenças supersticiosas, filhas da ignorância.

O Sr. Bonnemère se felicita pelo *acaso*, que lhe pôs em mãos os documentos fornecidos pelo jovem bretão. O Espiritismo não admite o *acaso* mais do que o *sobrenatural* nos acontecimentos da vida. O acaso, que por sua natureza é cego, mostrar-se-ia por vezes singularmente inteligente. Então, pensamos que foi intencionalmente que tais documentos vieram à sua posse, depois que ele foi posto em condições de constatar a sua origem. Nas mãos de um jovem, teriam ficado perdidos, e é sem dúvida o que não devia acontecer. Era preciso, pois, que alguém se encarregasse de tirá-los da obscuridade, e parece que coube ao Sr. Bonnemère essa missão.

Quanto ao valor desses documentos, a julgar pela amostra dos pensamentos contidos no *Roman de l'Avenir,* certamente ali deve haver coisas excelentes. Serão todas boas? É outra questão. Sob este ponto de vista, sua origem não é uma garantia de infalibilidade, visto que os Espíritos, não passando de almas dos mortos, não têm a ciência soberana. Sendo seu adiantamento relativo, há uns mais esclarecidos que outros; se há uns que sabem mais que os homens, também há homens que sabem mais que certos Espíritos. Até hoje os Espíritos foram considerados como seres fora da Humanidade, e dotados de faculdades excepcionais. Eis um erro capital, que gerou tantas superstições e que o Espiritismo veio retificar. Os Espíritos fazem parte da Humanidade, e até que tenham atingido o ponto culminante da perfeição, para o qual gravitam, estão sujeitos a enganar-se. Eis por que jamais se deve fazer abnegação do livre-arbítrio e do raciocínio, mesmo em relação ao que vem do mundo dos Espíritos. Jamais devemos aceitar qualquer coisa de olhos fechados e sem o controle severo da lógica. Sem nada prejulgar sobre os documentos em questão, eles poderiam conter coisas boas e más, verdadeiras e falsas, e, por consequência, teríamos que fazer uma escolha judiciosa, para a qual os princípios da Doutrina podem fornecer úteis indicações.

Entre esses princípios, há um que importa não perder de vista: é o objetivo providencial da manifestação dos Espíritos. Eles vêm para atestar a sua existência e para provar ao homem que nem tudo acaba para ele com a vida corporal; vêm instruí-lo sobre sua condição futura, excitá-lo a adquirir o que é útil ao seu futuro e o que ele pode levar, isto é, as qualidades morais, mas não para lhe dar meios de se enriquecer. O cuidado de sua fortuna e da melhoria de seu bem-estar material deve ser coisa de sua própria inteligência, de sua atividade, de seu trabalho e de suas buscas. Se assim não fosse, o preguiçoso e o ignorante poderiam enriquecer-se sem esforço, pois bastaria dirigir-se aos Espíritos para obter uma invenção lucrativa, descobrir tesouros, ganhar na bolsa ou na loteria. Assim, todas as esperanças de fortuna baseadas no concurso dos Espíritos falharam deploravelmente.

É o que nos inspira algumas dúvidas sobre a eficácia do processo para os bichos da seda, processo que teria por efeito fazer ganhar milhões, e endossar a ideia que os Espíritos podem dar os meios de enriquecer, ideia que perverteria a própria essência do Espiritismo. Seria, pois, imprudente criar quimeras a esse respeito, porque poderia aqui se dar como com certas receitas que deviam fazer correr o Pactolo em certas mãos, e que só conseguiram ridículas mistificações. Não é, entretanto, uma razão para calar o processo e para desprezá-lo. Se o sucesso deve ter um resultado mais importante e mais sério que a fortuna, talvez semelhante revelação seja permitida. Mas, na incerteza, é bom não embalar esperanças que poderiam ser desfeitas. Aprovamos, pois, o projeto do Sr. Bonnemère de publicar as receitas que foram dadas ao seu jovem bretão, porque entre elas podemos encontrar algumas úteis, sobretudo para as doenças.

O CURA GASSNER

MÉDIUM CURADOR

No jornal *l'Exposition populaire illustrée,* número 24, encontramos num artigo intitulado *Correspondência sobre os taumaturgos,* uma interessante notícia sobre o cura *Gassner,* quase tão conhecido em seu tempo quanto o príncipe Hohenlohe, por seu poder curador.

"Gassner (Jean-Joseph) nasceu a 20 de agosto de 1727, em Bratz, perto de Bludens (Suábia); fez seus primeiros estudos em Insbruck e em Praga; recebeu as ordens sacerdotais e, em 1758, foi nomeado cura de Kloesterle, no cantão dos Grisons.

"Após quinze anos de vida solitária, revelou-se ao mundo como dotado de um poder excepcional, o de curar todas as doenças pela simples imposição das mãos, e sem empregar nenhum remédio nem exigir remuneração. Os doentes afluíram logo de toda parte, e em tão grande número que, para se pôr em melhores condições de socorrê-los, Gassner solicitou e obteve permissão para se ausentar do curato, e foi sucessivamente a Wolfegg, a Weingarten, a Ravensperg, a Detland, a Kirchberg, a Morspurg e a Constança. Os infelizes lhe faziam cortejo; o corpo médico ergueu-se contra ele. Uns proclamavam suas curas maravilhosas, outros o contestavam.

"O bispo de Constança o constrangeu a um inquérito, feito pelo diretor do seminário. Gassner declarou jamais ter tido o pensamento de fazer milagres e ter-se limitado a aplicar *o poder que a ordenação confere a todos os padres de exorcizar,* em *nome de Jesus Cristo, os demônios que são uma das causas mais frequentes de nossas doenças.* Declarou dividir todas as doenças em doenças naturais ou lesões, em doenças *de obsessões* e em doenças complicadas de obsessões. Dizia que não tinha poder sobre as primeiras e fracassava nas da terceira categoria, quando a doença natural era superior à doença de obsessão.

"O bispo não ficou convencido e ordenou a Gassner que voltasse ao curato, mas pouco depois o autorizou a continuar seus exorcismos. O cura apressou-se em aproveitar a autorização e surpreendeu os habitantes de Elwangen, de Sulzbach e de Ratisbona, pela imensa multidão de doentes que seu renome atraía da Suíça, da Alemanha e da França. O duque de Wurtemberg declarou-se abertamente seu admirador e seu protetor; seus sucessos lhe atraíram poderosos adversários. O célebre Haen e o tiatino Sterzingen atacaram-no com perseverança e paixão; vários bispos prestaram apoio ao fogoso tiatino e proibiram-no de exorcizar em suas dioceses. Enfim Joseph II lançou um rescrito determinando que Gassner deixasse Ratisbona. Mas, fortalecido pela proteção do príncipe bispo dessa cidade, que lhe havia conferido o título de conselheiro eclesiástico, com a função de capelão da corte, ele persistiu. Tal resistência prolongou-se até 1777, época na qual Gassner foi lotado no curato de Bondorf, para onde se retirou e onde morreu a 4 de abril de 1779, com 52 anos."

OBSERVAÇÃO: O Espiritismo protesta contra a qualificação de taumaturgo dada aos curadores, porque não admite que nada se faça fora das leis naturais. Os fenômenos que pertencem à ordem dos fatos espirituais não são mais miraculosos que os fatos materiais, tendo em vista que o elemento espiritual é uma das forças da Natureza, do mesmo modo que o elemento material. O cura Gassner, portanto, não fazia mais milagres que o príncipe de Hohenlohe e que o zuavo Jacob, e podemos ver singulares semelhanças entre o que se passava então a seu respeito e o que hoje se passa.

PRESSENTIMENTOS E PROGNÓSTICOS

Extraímos do mesmo artigo do jornal acima citado os fatos abaixo, que acompanham a notícia sobre o cura Gassner, porque o Espiritismo deles pode tirar um útil assunto para instrução. O autor do artigo faz, na sequência do artigo, algumas reflexões dignas de nota nestes tempos de ceticismo em relação a causas extramateriais.

"Gassner tinha desfrutado de grande consideração junto à imperatriz Maria Tereza, que o consultava muitas vezes, tendo alguma fé em suas inspirações. Conta-se (Vide as Memórias de Madame Campan) que na época em que tinha sido concebida a ideia de unir a filha de Maria Tereza ao neto de Luís XV, a grande imperatriz chamou Gassner e lhe perguntou: "Minha *Antonieta* será feliz?"

"Depois de haver refletido longamente, Gassner empalideceu estranhamente e persistiu em guardar silêncio.

"Premido de novo pela imperatriz, e então procurando dar uma expressão geral à ideia com a qual parecia muito ocupado, respondeu: *Senhora, há cruzes para todos os ombros.*"

"O casamento ocorreu a 16 de maio de 1770; o delfim e Maria Antonieta receberam a bênção nupcial na capela de Versalhes (Maria Antonieta havia chegado a Compiègne no dia 14). Às três horas da tarde o céu cobriu-se de nuvens; torrentes de chuva inundaram Versalhes; violentos trovões ribombaram e a multidão de curiosos que enchia o jardim foi obrigada a se retirar.

"A chegada de Maria Antonieta no palácio dos reis de França (leiamos a *Vida pública e privada de Luís XVI,* por M. A... e de Salex; Paris, 1814, pg. 340), foi assinalada por um desses prognósticos dos quais ordinariamente só se lembra quem os viu realizar-se no correr dos tempos.

"No momento em que essa princesa, entrando pela primeira vez nos pátios do castelo de Versalhes, pôs os pés no pátio de mármore, um violento trovão abalou o castelo: *Presságio de desgraça!* exclamou o marechal de Richelieu.

"A noite foi triste na cidade e a iluminação não produziu nenhum efeito.

"Acrescentai a isto o terrível acidente ocorrido a 30 de maio na Rua Royale, no dia da festa que a cidade de Paris deu na

Praça Luís XV, pelo casamento do Delfim e da Delfina. *Anquetil* estima em 300 o número de mortos na praça e em 1.200 o dos que sucumbiram nos hospícios ou em domicílio poucos dias depois, ou que ficaram estropiados.

"'Em 1757 (ver os *Affiches* de Tours, 25º ano, nº 14. – Quinta-feira 5 de abril de 1792) madame Pompadour mandou vir à presença de Luís XV um astrólogo que, depois de ter calculado a posição dos astros na sua data de nascimento, lhe disse: "Senhor, vosso reino é célebre por grandes acontecimentos, e o que o seguirá sê-lo-á por grandes desastres."

"No dia da morte de Luís XV houve em Versalhes uma horrorosa tempestade.

"Que acúmulo de prognósticos!

"Durante oito anos o casamento da rainha foi estéril. – A 19 de dezembro de 1778 nasceu uma filha, Maria Tereza Carlota (mais tarde chamada pelo título de seu esposo, Senhora Delfina, Duquesa de Angoulême). Três anos mais tarde, a 22 de outubro de 1781, Maria Antonieta deu um herdeiro à coroa. A cidade de Paris ofereceu à rainha, nessa ocasião, uma festa na qual foi exibida a mais suntuosa munificência.

"Essa festa se deu a *21 de janeiro de 1782. Onze* anos mais tarde a comuna de Paris dava ao povo o *espetáculo da morte do rei.* A rainha estava presa, esperando que se realizasse a visão de Gassner.

"Considerando-se que tocamos nestas questões causticantes, escutai ainda as revelações da senhora Campan. – Estávamos em maio de 1789; os dias 4 e 5 tinham impressionado diversamente os Espíritos; quatro velas iluminavam o gabinete da rainha, que narrava alguns acidentes notáveis que haviam ocorrido naquele dia. – "Uma vela apagou-se por si mesma; eu a reacendi, disse a senhora Campan; logo a segunda, depois a terceira também se apagaram; então a rainha, apertando-lhe a mão num movimento de pavor, lhe disse: 'A desgraça pode tornar supersticiosa; se esta quarta vela se apagar como as outras, nada poderá impedir-me de olhar este sinal como um sinistro presságio...' A quarta vela apagou-se!!!

"Poucas noites antes a rainha tinha tido, dizia ela, um sonho *horroroso,* pelo qual tinha ficado profundamente afetada.

"Sem dúvida os espíritos fortes riem de todos esses prognósticos, de todas essas profecias, desse dom de visão anterior.

Eles não creem nisto, ou fingem não crer! Mas, por que, então, em todas as épocas, houve personagens de algum valor, de alguma importância que, *sem um interesse qualquer,* confirmaram fatos deste gênero, que declararam absolutos, positivos.

"Citemos alguns exemplos:

"Théodore-Agrippa d'Aubigné, avô da *Sra. de Maintenon,* relata em suas *Memórias* ter tido a seu serviço, em Poitou, um surdo-mudo de nascença *dotado do dom da adivinhação:*

"Um dia, dizia-me ele, as moças da casa lhe tendo perguntado quantos anos ainda viveria o rei Henrique IV, o tempo e as circunstâncias de sua morte, ele lhe deu três anos e meio e designou a cidade, a rua e o carro com as duas facadas que receberia no coração."

"Algumas palavras ainda sobre este mesmo Henrique IV:

"Que opinião teremos dos negros pressentimentos muito frequentes que esse infeliz príncipe teve de seu cruel destino? pergunta Sully em suas Memórias, livro XXVII. – Elas são de uma singularidade que tem algo de apavorante. Já mencionei com que repugnância ele tinha permitido que a cerimônia do coroamento da rainha se fizesse antes de sua partida; quanto mais ele via aproximar-se o momento, mais sentia o medo e o horror redobrarem em seu coração. Ele vinha abri-lo inteiramente a mim, nesse estado de amargura e de abatimento do qual eu o tirava como de uma fraqueza imperdoável. Suas próprias palavras darão uma impressão completamente diversa das que eu poderia dizer: '*Ah! meu amigo, dizia-me ele, como esta sagração me desagrada; não sei o que é, mas o coração me diz que me acontecerá alguma desgraça.*' Ele sentava-se numa cadeira baixa que eu tinha mandado fazer especialmente para ele, dizendo-me essas palavras, e, entregue a todas as negruras de suas ideias, tamborilava com os dedos no estojo de seus óculos, sonhando profundamente.

"Se ele saía desse devaneio, era para se levantar bruscamente, batendo as mãos nas coxas e para gritar: '*Por Deus, morrerei nesta cidade, dela não sairei mais; eles me matarão;*

vejo claramente que eles põem seu último recurso na minha morte! Ah! Maldita sagração, tu serás a causa de minha morte!'

"– Meu Deus, senhor, disse-lhe eu um dia, a que ideia vos entregais? Se ela continua, sou de opinião que deveis cancelar esta sagração e coroamento, viagem e guerra. Vós o quereis? Imediatamente será feito.

"– *'Sim* – disse-me ele enfim, depois de eu ter repetido essas coisas duas ou três vezes – *sim, suspendei a sagração, e que eu não ouça mais falar dela; por este meio terei o espírito curado das impressões que alguns avisos aí deixaram; sairei desta cidade e nada mais temerei.'*

"Por que sinal reconheceriam esse grito secreto e imperioso do coração, se desconhecessem estes que ele me dizia: *'Não quero esconder-vos que me disseram que eu deveria ser morto na primeira magnificência que eu fizesse, e que morreria num carro, e é isto que me deixa temeroso.'*

"– Parece que vós jamais me havíeis dito isto, senhor, respondi-lhe eu; várias vezes me admirei vendo-vos gritar num carro, ver-vos tão sensível a um pequeno perigo, depois vos ter visto tantas vezes intrépido em meio a tiros de canhão e de mosquete e entre lanças e espadas nuas; mas já que esta opinião vos perturba a este ponto, em vosso lugar, senhor, eu partiria amanhã mesmo; deixaria fazer a sagração sem vós, ou a adiaria e por muito tempo não voltaria a Paris, nem entraria num carro. Quereis que eu mande tudo agora a Nôtre-Dame e a Saint-Denis, suspenda tudo e despeça os operários?

"– *Quero sim,* disse-me o príncipe, *mas, que dirá minha mulher? Ela tem essa sagração como um sonho em sua mente.*

"– Ela dirá o que quiser, redargui, vendo quanto minha proposta tinha agradado ao rei. Mas eu não poderia crer que quando ela souber da vossa convicção de que isto deve ser a causa de muito mal ela continue mantendo sua opinião."

"Não esperei outra ordem para mandar interromper os preparativos da coroação. É com verdadeiro pesar que me vejo obrigado a dizer que por mais esforços que fizesse, jamais pude induzir a rainha a dar esta satisfação a seu esposo.

"Passo em silêncio as solicitações, as preces e as contestações que empreguei durante três dias inteiros para tentar dobrá-la. O príncipe teve que ceder. Mas Henrique não voltou menos fortemente às suas primeiras apreensões, que ordinariamente me exprimia por estas palavras que ele trazia frequentemente em sua boca: *– Ah! meu amigo, jamais sairei desta cidade; eles me matarão aqui! Ó maldita sagração, tu serás a causa de minha morte!*"

"Essa sagração foi feita em Saint-Denis, quinta-feira, 13 de maio, e a rainha devia, no domingo, 16 do mesmo mês, fazer sua entrada em Paris.

"A 14, o rei quis visitar Sully, visita que lhe tinha anunciado para a manhã de sábado, 15. Tomou seu carro e saiu, modificando várias vezes o seu itinerário no caminho etc.

"Seu historiador Péréfixe faz observar que 'O céu e a terra não tinham dado senão muitos prognósticos do que lhe aconteceu.'

"*O Bispo de Rhodez põe no elenco desses prognósticos um eclipse do Sol, a aparição de um terrível cometa, tremores de terra, monstros nascidos em diversas regiões da França, chuvas do sangue que caíram em diversos lugares, uma grande peste que havia afligido Paris em 1606, aparições de fantasmas e vários outros prodígios* (ver a *História de Henrique o Grande* por Hardouin de Péréfixe, bispo de Rhodez, *Vie du duc d'Epernon, Mercure français, Mathieu, l'Estoile* etc.)

"Paremos! Escreveríamos um volume, volumes, tão abundantes são os fatos. Mas é necessário recorrer aos relatos dos outros? Que cada um pergunte a si mesmo; que cada um chame as suas próprias recordações e responda com lealdade e franqueza, e cada um dirá: *Há em mim um desconhecido que somos nós, que ao mesmo tempo comanda o meu eu matéria e lhe obedece.* – Esse desconhecido, espírito, alma, o que é? Como é? Por que é? Mistério; série de mistérios; inexplicável mistério. Como tudo na Natureza, no organismo, na vida, a vida e a morte não são dois impenetráveis mistérios? O sono, este ensaio da morte, não é um inexplicável mistério? A assimilação dos alimentos, que se tornam nós: inexplicável, incompreensível mistério! A geração: misteriosa obscuridade! Essa obediência passiva de meus dedos que traçam estas linhas e obedecem à minha vontade: trevas cuja profundidade só Deus sonda e que se iluminam, só por ele, com a luz da verdade!

"Baixai a cabeça, filhos da ignorância e da dúvida; humilhai essa orgulhosa que chamais razão; livres-pensadores, sofrei as cadeias que constringem a vossa inteligência; dobrai os joelhos: só Deus sabe!"

Nestes fatos há que considerar duas coisas bem distintas: os pressentimentos e os fenômenos considerados como prognósticos de acontecimentos futuros.

Não poderíamos negar os pressentimentos, dos quais há poucas pessoas que não tenham tido exemplos. É um desses fenômenos cuja explicação tão somente a matéria é impotente para dar, porque se a matéria não pensa, ela também não pode pressentir. É assim que o materialismo a cada momento se choca contra as coisas mais vulgares que vêm desmenti-lo.

Para ser advertido de maneira oculta sobre aquilo que acontece à distância e de que não podemos ter conhecimento senão num futuro mais ou menos próximo pelos meios ordinários, é preciso que algo se desprenda de nós, veja e ouça o que não podemos perceber pelos olhos e pelos ouvidos, para transmitir a intuição ao nosso cérebro. Esse algo deve ser inteligente, porque compreende e muitas vezes de um fato atual prevê consequências futuras. É assim que por vezes temos o pressentimento do futuro. Esse algo não é outra coisa senão nós mesmos, nosso ser espiritual, que não está confinado no corpo, como um pássaro numa gaiola, mas que, semelhante a um balão cativo, afasta-se momentaneamente da Terra, sem deixar de estar a ela ligado.

É sobretudo nos momentos em que o corpo repousa, durante o sono, que o Espírito, aproveitando o descanso que lhe deixa o cuidado de seu envoltório, em parte recobra a liberdade e vai colher no espaço, entre outros Espíritos, encarnados como ele, ou desencarnados, e naquilo que ele vê, ideias cuja intuição ele traz ao despertar.

Essa emancipação da alma por vezes se dá no estado de vigília, nos momentos de absorção, de meditação e de devaneio, em que a alma parece não mais preocupada com a Terra. Ele ocorre, sobretudo de maneira mais efetiva e mais ostensiva, nas pessoas dotadas do que se chama *dupla vista* ou *visão espiritual*.

Ao lado das intuições pessoais do Espírito, há que colocar as que lhe são sugeridas por outros Espíritos, quer em vigília, quer no sono, pela transmissão de pensamentos de alma a alma. É assim que muitas vezes se é advertido de um perigo, solicitado a tomar tal ou qual direção, sem que por isto o Espírito deixe de ter o seu livre-arbítrio. São conselhos e não ordens, porque ele sempre fica livre de agir à sua vontade.

Os pressentimentos têm, pois, a sua razão de ser, e encontram a sua explicação natural na vida espiritual, que não cessamos um instante de viver, porque é a vida normal.

Já não é o mesmo com os fenômenos físicos considerados como prognósticos de acontecimentos felizes ou infelizes. Em geral esses fenômenos não têm nenhuma ligação com as coisas que parecem pressagiar. Eles podem ser precursores de efeitos físicos que são a sua consequência, como um ponto negro no horizonte pode ao marinheiro pressagiar uma tempestade, ou certas nuvens anunciar o granizo, mas a significação desses fenômenos para as coisas de ordem moral deve ser posta entre as crenças supersticiosas, que nunca seriam combatidas com demasiada energia.

Essa crença, que absolutamente não repousa sobre nada de racional, faz com que, quando chega um acontecimento, nos lembremos de algum fenômeno que o precedeu, e ao qual o espírito chocado o liga, sem se inquietar com a impossibilidade de relações que só existem na imaginação. Não pensamos que os mesmos fenômenos se repetem diariamente, sem que daí resulte nada de aborrecido, e que os mesmos acontecimentos chegam a cada instante, sem serem precedidos por nenhum pretenso sinal precursor. Se se trata de acontecimentos que dizem respeito a interesses gerais, narradores crédulos, ou, o mais das vezes, *oficiosos,* para lhes exaltar a importância aos olhos da posteridade, amplificam os prognósticos que eles se esforçam por tornar mais sinistros e mais terríveis, adicionando-lhes supostas perturbações da Natureza, das quais os tremores de Terra e os eclipses são os acessórios obrigatórios, como fez o bispo de Rodez a propósito da morte de Henrique IV. Esses relatos fantásticos, que muitas vezes tinham sua fonte nos interesses dos partidos, foram aceitos sem exame pela credulidade popular que viu, ou à qual queriam fazer ver milagres nesses estranhos fenômenos.

Quanto aos acontecimentos vulgares, o mais das vezes o homem é a sua primeira causa. Não querendo reconhecer suas próprias fraquezas, busca uma desculpa pondo à conta da Natureza as vicissitudes que são quase sempre o resultado de sua imprevidência e de sua imperícia. É em suas paixões, em seus defeitos pessoais que se deve buscar os verdadeiros prognósticos de suas misérias, e não na Natureza, que não se desvia da rota que Deus lhe traçou por toda a eternidade.

Explicando por uma lei natural a verdadeira causa dos pressentimentos, o Espiritismo demonstra, por isso mesmo, o que há de absurdo na crença nos prognósticos. Longe de dar crédito à superstição, ele lhe tira seu último refúgio: o sobrenatural.

O ZUAVO JACOB

(Segundo artigo. Vide o número de outubro)

O Sr. Jacob é um charlatão? Seu desinteresse material é um fato constatado, e talvez um dos que mais têm desorientado a crítica. Como acusar de charlatanismo um homem que nada pede e nada quer, nem mesmo agradecimentos?

Qual seria, pois, o seu móvel? Dizem que o amor-próprio. Sendo o desinteresse moral absoluto a sublimação da abnegação, seria preciso ter a virtude dos anjos para não experimentar uma certa satisfação quando se vê a multidão se comprimir subitamente em redor de si, quando na véspera se era desconhecido. Ora, como o Sr. Jacob não tem pretensão de ser anjo, supondo, o que ignoramos, tenha exaltado um pouco a sua importância aos seus próprios olhos, não se lhe poderia disso fazer um grande crime, nem isto destruiria os fatos, se fatos houver. Preferimos crer que os que lhe imputam esse defeito estão muito acima das coisas terrenas para ter, a esse respeito, a menor censura a se fazer.

Mas, em todo caso, esse sentimento não podia ser senão *consecutivo* e não preconcebido. Se o Sr. Jacob tivesse premeditado o desígnio de se popularizar dando-se como curador emérito, sem poder provar algo mais que a sua impotência, em vez de aplausos ele teria recolhido, desde o primeiro dia, apupos, o que não lhe teria sido muito lisonjeiro. Para se orgulhar de alguma coisa é preciso uma causa preexistente. Assim, era preciso que ele curasse, antes de se envaidecer. Acrescentam que ele queria que falassem dele. Que seja. Se tal foi o seu objetivo, convenhamos que graças à imprensa ele foi servido à vontade. Mas qual é o jornal que pode dizer que o Sr. Jacob foi implorar a menor propaganda, o menor artigo; que ele tenha pago uma única linha? Ele foi procurar algum jornalista? Não, os jornalistas é que foram a ele, e nem sempre puderam vê-lo facilmente. A imprensa falou dele espontaneamente quando viu a multidão, e a multidão só veio quando os fatos se deram. Ele foi cortejar grandes personagens? A estes mostrou-se mais acessível, mais atencioso, mas previdente? Todo mundo sabe que, nesse ponto, ele levou o rigorismo ao excesso. Contudo, seu amor-próprio teria encontrado mais elementos de satisfação na alta sociedade do que entre obscuros indigentes.

Portanto, logicamente temos que afastar toda imputação de intriga e de charlatanismo.

Ele cura todas as doenças? Não só não as cura todas, mas de dois indivíduos atingidos pelo mesmo mal muitas vezes cura um e nada faz pelo outro. Ele nunca sabe de antemão se curará um doente, por isso nunca promete nada. Ora, sabe-se que os charlatães não são avaros em promessas. A cura é devida às afinidades fluídicas que se manifestam instantaneamente, como um choque elétrico, e que não podem ser predeterminadas.

É ele dotado de poder sobrenatural? Voltamos ao tempo dos milagres? Perguntai a ele mesmo e ele vos responderá que em suas curas nada há de sobrenatural nem de miraculoso; que ele é dotado de um poder fluídico independente de sua vontade, que se manifesta com mais ou menos energia, conforme as circunstâncias e o meio onde ele se encontra; que o fluido que ele emite, cura certas doenças em certas pessoas, sem que ele saiba por que e como.

Quanto àqueles que pretendem que essa faculdade é um presente do diabo, podemos responder-lhes que, considerando-se que ela só se exerce para o bem, é preciso admitir que o diabo tem bons momentos, dos quais é bom tirar proveito. Também se lhes pode perguntar que diferença existe entre as curas do príncipe de Hohenlohe e as do zuavo Jacob, para que umas sejam reputadas santas e milagrosas e as outras diabólicas. Passemos sobre esta questão, que nestes tempos já não pode ser levada a sério.

A questão do charlatanismo prejulgava todas as outras, razão pela qual nela insistimos. Afastada essa questão, vejamos que conclusões podem ser tiradas da observação. O Sr. Jacob curou instantaneamente doenças consideradas incuráveis; é um fato positivo. A questão do número de doentes curados aqui é secundária; se houvesse apenas um caso em cem, o fato não deixaria de existir. Ora esse fato tem uma causa.

A faculdade curadora levada a esse grau de força, achando-se num soldado que, por mais honesto que seja, não tem o caráter nem os hábitos nem a linguagem ou as atitudes dos santos; que é exercida fora de toda forma ou aparato místico, nas mais vulgares e nas mais prosaicas condições; que, além disto, achando-se em diferentes graus numa porção de outras pessoas, nos heréticos como nos muçulmanos, nos hindus, nos budistas etc., exclui a ideia de milagres no sentido litúrgico da palavra. É, pois, uma faculdade inerente ao indivíduo, e como não é um fato isolado, é que depende de uma lei, como todo efeito natural.

A cura é obtida sem o emprego de qualquer remédio, portanto é devida a uma influência oculta, e porque se trata de um resultado efetivo, material, e que o nada não pode produzir alguma coisa, essa influência necessariamente deve ser alguma coisa material. Então, não pode ser senão um fluido material, embora impalpável e invisível. O Sr. Jacob, não tocando no doente, não fazendo mesmo nenhum passe magnético, o fluido não pode ter por motor e propulsor senão a vontade. Ora, não sendo a vontade um atributo da matéria, só pode emanar do espírito. É, pois, o fluido que age sob o impulso do espírito. Sendo a maioria das doenças curadas por esse meio, aquelas contra as quais a Ciência é impotente, há, então, agentes curativos mais poderosos que os da medicina ordinária. Esses fenômenos são, por consequência, a revelação de leis desconhecidas pela Ciência. Em presença de fatos patentes, é mais prudente duvidar do que negar. Tais são as conclusões a que forçosamente chega todo observador imparcial.

Qual é a natureza desse fluido? É eletricidade ou magnetismo? Provavelmente tem um e outro e talvez algo mais; em todo caso, é uma modificação deles, porquanto os efeitos são diferentes. A ação magnética é evidente, embora mais poderosa que a do magnetismo ordinário, de que esses fatos são a confirmação e ao mesmo tempo a prova que ele não disse a última palavra.

Não faz parte do propósito deste artigo explicar o modo de ação desse agente curador, já descrito na teoria da mediunidade curadora. Basta ter demonstrado que o exame dos fatos conduz ao reconhecimento da existência de um princípio novo, e que esse princípio, por mais estranhos que sejam os seus efeitos, não sai do domínio das leis naturais.

Nos fatos concernentes ao Sr. Jacob, por assim dizer, não foi mencionado o Espiritismo, ao passo que toda a atenção foi concentrada no Magnetismo. Isto tinha sua razão de ser e sua utilidade. Embora o concurso dos Espíritos desencarnados seja um fato constatado nessa espécie de fenômenos, aqui a sua ação não é evidente, razão por que dela fazemos abstração. Pouco importa que os fatos sejam explicados com ou sem a intervenção de Espíritos estranhos; o Magnetismo e o Espiritismo se dão as mãos; são duas partes de um mesmo todo, dois ramos de uma mesma ciência, que se completam e se explicam um pelo outro. Dar crédito ao Magnetismo é abrir caminho para o Espiritismo, e vice-versa.

A crítica não poupou o Sr. Jacob. Na falta de boas razões, ela, como de hábito, prodigalizou-lhe troças e injúrias grosseiras, com o que ele não se preocupou de maneira nenhuma. Ele desprezou umas e outras, e as pessoas sensatas ficaram gratas por sua moderação.

Alguns chegaram a solicitar a sua prisão como impostor, por abuso da credulidade pública. Entretanto, impostor é aquele que promete e não cumpre. Ora, como o Sr. Jacob nunca prometeu nada, ninguém pode queixar-se de ter sido enganado. O que lhe podiam censurar? Em que estava ele em contravenção legal? Ele não exercia a Medicina, nem mesmo ostensivamente o Magnetismo. Qual é a lei que proíbe de curar as pessoas olhando-as?

Fizeram-lhe um agravo porque a multidão de doentes que vinham a ele perturbavam a circulação, mas foi ele que chamou a multidão? Ele a convocou por anúncios? Qual o médico que se lamentaria se tivesse uma semelhante multidão à sua porta? E se um deles tivesse essa boa sorte, mesmo à custa de anúncios caros, o que diria ele se quisessem inquietá-lo por isso? Disseram que a mil e quinhentas pessoas por dia, durante um mês ter-se-iam quarenta e cinco mil doentes que se haviam apresentado e que desse modo, se os tivesse curado, não deveria mais haver coxos nem estropiados nas ruas de Paris. Seria supérfluo responder a esta singular objeção, mas diremos que quanto mais aumentarmos o número dos doentes que, curados ou não, se acotovelavam no beco sem saída da Rua Roquette, mais provaremos quanto é grande o número daqueles que a Medicina não pode curar, porque é evidente que se esses doentes tivessem sido curados pelos médicos, não teriam vindo ao Sr. Jacob.

Como, malgrado as negações, havia fatos patentes de curas extraordinárias, quiseram explicá-los dizendo que o Sr. Jacob agia, mesmo pela rudeza de suas palavras, sobre a imaginação dos doentes. Que seja, mas então, se reconheceis à influência da imaginação um tal poder sobre as paralisias, a epilepsia, os membros anquilosados, por que não empregais esse meio, em vez de deixar sofrer tanto os infelizes enfermos, ou lhes dar drogas que sabeis inúteis?

Disseram que a prova de que o Sr. Jacob não tinha o poder que se atribuía é que ele se recusou ir curar num hospital, sob as vistas de pessoas competentes para apreciar a realidade das curas.

Duas razões devem ter motivado a recusa. Primeiro, não se podia dissimular que a oferta que lhe era feita não era ditada pela simpatia, mas um desafio que lhe propunham. Se, numa sala de trinta doentes, ele não tivesse levantado ou aliviado senão três ou quatro, não teriam deixado de dizer que isto nada provava e que ele havia fracassado.

Em segundo lugar, há que levar em consideração circunstâncias que podem favorecer ou paralisar sua ação fluídica. Quando ele está rodeado de doentes que lhe vêm voluntariamente, a confiança que trazem os predispõe. Não admitindo nenhum estranho atraído pela curiosidade, ele se acha num meio simpático que a si mesmo predispõe; ele é senhor de si; seu espírito se concentra livremente, e sua ação tem toda a sua força. Numa sala de hospital, desconhecido dos doentes habituados aos cuidados de seus médicos, onde acreditar em alguma coisa além de sua medicação seria suspeitar de sua habilidade, sob os olhares inquisidores e zombeteiros de criaturas prevenidas, interessadas em denegrir; que, em vez de apoiá-lo pelo concurso de intenções benevolentes, temeriam mais do que desejariam vê-lo triunfar, porque o sucesso de um zuavo ignorante seria um desmentido dado ao seu saber, é evidente que, sob o império dessas impressões e desses eflúvios antipáticos, sua faculdade achar-se-ia neutralizada. O erro desses senhores, nisto como quando se tratou do sonambulismo, sempre foi crer que esses tipos de fenômenos seriam manobrados à vontade, como uma pilha elétrica.

As curas desse gênero são espontâneas, imprevistas e não podem ser premeditadas nem submetidas a um concurso. Acrescentemos a isto que o poder curador não é permanente; aquele que hoje o possui, pode vê-lo cessar no momento em que menos espera. Essas intermitências provam que ele depende de uma causa independente da vontade do curador e destroça os cálculos do charlatanismo.

NOTA: O Sr. Jacob ainda não retomou o curso de suas curas. Ignoramos o motivo, e parece que nada há de fixado quanto à época em que recomeçará, se isto tiver que se dar. Enquanto se espera, informam-nos que a mediunidade curadora se propaga em diversas localidades, com aptidões diversas.

NOTÍCIAS BIBLIOGRÁFICAS

A RAZÃO DO ESPIRITISMO[1]

POR MICHEL BONNAMY
Juiz de instrução; membro dos congressos científicos de França; antigo membro do conselho geral de Tarn-et-Garonne.

---

[1] Um volume in-12; preço 3 francos; pelo correio 3,35 francos. Livraria Internacional, Boulevard Montmartre, 15 – Paris.

Quando apareceu o romance *Mirette,* os Espíritos disseram estas palavras notáveis na Sociedade de Paris:

"O ano de 1866 apresenta a filosofia nova sob todas as formas; mas ainda é a haste verde que encerra a espiga de trigo, e para mostrá-la espera que o calor da primavera a tenha feito amadurecer e entreabrir-se. 1866 preparou, 1867 amadurecerá e realizará. O ano se inicia sob os auspícios de *Mirette* e não se escoará sem ver aparecerem novas publicações do mesmo gênero, e ainda mais sérias, no sentido que o romance far-se-á Filosofia e a Filosofia far-se-á História." (*Revista*, fevereiro de 1867).

Antes já haviam dito que se preparavam diversas obras sérias sobre a filosofia do Espiritismo, nas quais o nome da Doutrina não seria timidamente dissimulado, mas em altas vozes confessado e proclamado por homens cujo nome e posição social dariam peso à sua opinião; e acrescentaram que o primeiro apareceria provavelmente pelo fim do corrente ano.

A obra que anunciamos realiza completamente esta previsão. É a primeira publicação deste gênero na qual a questão é encarada em todas as suas partes e em toda a sua grandeza. Pode-se dizer, então, que ela inaugura uma das fases da existência do Espiritismo. O que a caracteriza é que não é uma adesão banal aos princípios da Doutrina, uma simples profissão de fé, mas uma demonstração rigorosa, onde os adeptos, eles próprios, encontrarão novas ideias. Lendo essa argumentação densa, levada, se assim se pode dizer, até a minúcia, e por um encadeamento lógico das ideias, perguntaremos, por certo, por que estranha extensão do vocábulo poderíamos aplicar ao autor o epíteto de *louco*. Se ele é um louco que assim discute, poderemos dizer que às vezes os loucos tapam a boca dos que se dizem sábios. É uma defesa em regra, onde se reconhece o advogado que quer reduzir a réplica aos seus últimos limites; mas aí reconhecemos, também, aquele que estudou sua causa seriamente e a perscrutou nos seus mais minuciosos detalhes. O autor não se limita a emitir a sua opinião: ele a fundamenta e dá a razão de ser de cada coisa. É justamente por isso que ele intitulou seu livro *A Razão do Espiritismo.*

Publicando essa obra, sem disfarçar a sua personalidade com o menor véu, o autor prova que tem a verdadeira coragem de sua opinião, e o exemplo que dá é um tributo ao reconhecimento de todos os espíritas. O ponto de vista em que se colocou

400 | REVISTA ESPÍRITA

é principalmente o das consequências filosóficas, morais e religiosas, aquelas que constituem o objetivo essencial do Espiritismo e dele fazem uma obra humanitária. Ademais, eis como ele se expressa no prefácio.

"Está nas vicissitudes das coisas humanas, ou melhor, parece fatalmente reservado a toda ideia nova, ser mal acolhida ao seu aparecimento. Como, na maioria das vezes, ela tem por missão derrubar ideias que a precederam, encontra uma resistência muito grande da parte do entendimento humano.

"O homem que viveu com os preconceitos não acolhe senão com desconfiança a recém-chegada, que tende a modificar, mesmo a destruir combinações e ideias estratificadas em seu espírito, a forçá-lo, numa palavra, a novamente pôr mãos à obra, para correr atrás da verdade. Além disto, ele se sente humilhado em seu orgulho, por ter vivido no erro.

"A repulsa que a ideia nova inspira é muito mais acentuada ainda quando traz consigo obrigações, deveres; quando impõe uma linha de conduta mais severa.

"Ela encontra, enfim, ataques sistemáticos, ardentes, encarniçados, quando ameaça posições estabelecidas, e sobretudo quando se acha em face do fanatismo ou de opiniões profundamente arraigadas na tradição dos séculos.

"As doutrinas novas, assim, têm sempre numerosos detratores; muitas vezes elas têm mesmo que sofrer perseguição, o que levou Fontenelle a dizer que 'se tivesse todas as verdades na mão, teria o cuidado de não abri-la.'

"Tais eram o desfavor e os perigos que esperavam o Espiritismo ao seu aparecimento no mundo das ideias. Os insultos, a troça, a calúnia não lhe foram poupados, e talvez venha também o dia da perseguição. Os adeptos do Espiritismo foram chamados iluminados, alucinados, simplórios, loucos, e a esse fluxo de epítetos que, entretanto, pareciam contradizer-se e excluir-se, acrescentaram os de impostores, de charlatães, de emissários de Satã, enfim.

"A qualificação de louco é a que parece mais especialmente reservada a todo promotor ou propagador de ideias novas. É assim que trataram de louco o primeiro que disse que a Terra gira em torno do Sol.

"Também era louco o célebre navegador que descobriu um novo mundo. Ainda era louco, para o areópago da Ciência, aquele que descobriu a força do vapor. E a douta assembleia acolheu com um sorriso desdenhoso a sábia dissertação de Franklin sobre as propriedades da eletricidade e a teoria do para-raios.

"Ele também não foi tratado de louco, o divino regenerador da Humanidade, o reformador autorizado da lei de Moisés? Não expiou por um suplício ignominioso a inoculação na Terra dos benefícios da moral divina?

"Galileu não expiou como herético, num sequestro cruel e pelas mais amargas perseguições morais, a glória de ter sido o primeiro a ter a iniciativa do sistema planetário cujas leis Newton devia promulgar?

"São João Batista, o precursor do Cristo, também tinha sido sacrificado por vingança dos culpados cujos crimes verberava.

"Os apóstolos, depositários dos ensinamentos do divino Messias, tiveram que selar com sangue a santidade de sua missão. E a religião reformada, por sua vez, não foi perseguida e, após os massacres de São Bartolomeu, não teve que sofrer as dragonadas?

"Enfim, remontando até o ostracismo inspirado por outras paixões, vemos Aristides exilado e Sócrates condenado a beber cicuta.

"Sem dúvida, graças aos costumes suaves que caracterizam o nosso século, sob o império de nossas instituições e das luzes que freiam a intolerância fanática, as fogueiras não mais se erguerão para purificar com suas chamas as doutrinas espíritas, cuja paternidade pretendem fazer remontar a Satã. Mas elas devem esperar, também elas, um levante dos mais hostis e ataques de ardentes adversários.

"Contudo, este estado militante não poderia enfraquecer a coragem daqueles que são animados por uma convicção profunda, dos que têm a certeza de ter nas mãos uma dessas verdades fecundas que constituem, em seus desdobramentos, um grande benefício para a Humanidade.

"Mas, seja qual for o antagonismo às ideias ou às doutrinas que o Espiritismo suscitar; sejam quais forem os perigos que ele deva abrir sob os passos dos adeptos, o espírita não poderia deixar essa luz sob o alqueire e se recusar a dar-lhe todo o brilho que ela comporta, o apoio de suas convicções e o testemunho sincero de sua consciência.

402 | REVISTA ESPÍRITA

"O Espiritismo, revelando ao homem a economia de sua organização, iniciando-o no conhecimento de seu destino, abre um campo imenso às suas meditações. Assim, o filósofo espírita chamado a levar suas investigações a esses novos e esplêndidos horizontes, só tem por limite o infinito. De certo modo, ele assiste ao conselho supremo do Criador. Mas o entusiasmo é o escolho que ele deve evitar, sobretudo quando lança suas vistas sobre o homem, que se tornou tão grande e que, entretanto, orgulhosamente se faz tão pequeno. Não é senão esclarecido pelas luzes de uma prudente razão e tomando como guia a fria e severa lógica que ele deve dirigir as peregrinações no domínio da ciência divina, cujo véu foi erguido pelos Espíritos.

"Este livro é o resultado de nossos próprios estudos e de nossas meditações sobre este assunto que desde o princípio nos pareceu de uma importância capital, e de consequências da mais alta gravidade. Reconhecemos que estas ideias têm raízes profundas e nelas entrevimos a aurora de uma era nova para a Sociedade. A rapidez com que elas se propagam é um indício de sua próxima admissão entre as crenças aceitas. Em razão de sua própria importância, não nos contentamos com afirmações e argumentos da doutrina; não só nos asseguramos da realidade dos fatos, mas perscrutamos com minuciosa atenção os princípios deles decorrentes. Buscamos a sua razão com uma fria imparcialidade, sem negligenciar o estudo não menos conscencioso das objeções que opõem os antagonistas. Como um juiz que escuta as duas partes, pesamos maduramente os prós e os contra. É, pois, depois de haver adquirido a convicção que as alegações contrárias nada destroem; que a Doutrina repousa em bases sérias, numa lógica rigorosa, e não em devaneios quiméricos; que ela contém o gérmen de uma renovação salutar do estado social surdamente minado pela incredulidade; que é, enfim, uma poderosa barreira contra a invasão do materialismo e da desmoralização, que julgamos dever dar nossa apreciação pessoal, e as deduções que tiramos de um estudo atento.

"Assim, tendo encontrado uma razão de ser para os princípios desta nova ciência que vem tomar um lugar entre os conhecimentos humanos, intitulamos nosso livro *A Razão do Espiritismo*. Este título é justificado pelo ponto de vista sob o qual encaramos o assunto, e aqueles que nos lerem reconhecerão sem esforço que este trabalho não é produto de um entusiasmo inconsiderado, mas um exame refletido maduramente e friamente.

"Estamos convictos que qualquer pessoa sem ideia preconcebida de oposição sistemática que fizer, como nós fizemos, um estudo consciencioso da Doutrina Espírita, considerá-la-á como uma das coisas que interessam no mais alto grau ao futuro da Humanidade.

"Dando a nossa adesão a essa doutrina, usamos do direito de liberdade de consciência que a ninguém pode ser contestado, seja qual for a sua crença. Com mais forte razão, esta liberdade deve ser respeitada quando tem por objetivo princípios da mais alta moralidade, que conduzem os homens à prática dos ensinamentos do Cristo e, por isso mesmo, são a salvaguarda da ordem social.

"O escritor que consagra sua pena a traçar a impressão que tais ensinamentos deixaram no santuário de sua consciência, deve guardar-se bem de confundir as elucubrações brotadas no seu horizonte terrestre com os raios luminosos que partiram do Céu. Se ele limitar-se aos pontos obscuros ou ocultos às suas explicações, pontos que ainda não lhe é dado conhecer, é que, aos olhos da sabedoria divina, eles ficam reservados para um grau superior na escala ascendente de sua depuração progressiva e de sua perfectibilidade.

"Não obstante, apressemo-nos em dizê-lo, todo homem convicto e consciencioso, consagrando suas meditações à difusão de uma verdade profunda para a felicidade da Humanidade, molha a pena na atmosfera celeste, onde nosso globo está imerso, e recebe incontestavelmente a centelha da inspiração."

A indicação do título dos capítulos dará a conhecer o quadro abarcado pelo autor. 1. Definição do Espiritismo. – 2. Princípio do bem e do mal. 3. União da alma com o corpo. – 4. Reencarnação. – 5. Frenologia. – 6. Do pecado original. – 7. O inferno. – 8. Missão do Cristo. – 9. O purgatório. – 10. O Céu. – 11. Pluralidade dos globos habitados. – 12. A caridade. – 13. Deveres do homem. – 14. Perispírito. – 15. Necessidade da revelação. – 16. Oportunidade da revelação. – 17. Os anjos e os demônios. – 18. Os

404 | REVISTA ESPÍRITA

tempos preditos. – 19. A prece. – 20. A fé. – 21. Resposta aos insultadores. – 22. Resposta aos incrédulos, ateus e materialistas. – 23. Apelo ao clero.

Lamentamos que a falta de espaço não nos permita reproduzir tantas passagens quantas desejaríamos. Limitar-nos-emos a algumas citações.

Cap. III, pág. 41. – "A utilidade recíproca e indispensável da alma e do corpo para sua cooperação respectiva constitui, pois, a razão de ser de sua união. Ela constitui a mais, para o espírito, as condições militantes na via do progresso, onde está chamado a conquistar sua personalidade intelectual e moral.

"Como esses dois princípios realizam normalmente, no homem, o fim de sua destinação? Quando o espírito é fiel às suas aspirações divinas, restringe os instintos animais e sensuais do corpo e os reduz à sua ação providencial na obra do Criador; desenvolve-se, cresce. É a perfeição da própria obra que se realiza. Ela chega à felicidade, cujo último termo é inerente ao grau supremo da perfectibilidade.

"Se, ao contrário, abdicando a soberania que é chamado a exercer sobre o corpo, ele cede ao arrastamento dos sentidos, e se aceita suas condições de prazeres terrestres como *único objetivo de suas aspirações,* falseia a razão de ser de sua existência e, longe de realizar os seus destinos, fica estacionário; ligado a esta vida terrestre que, entretanto, não deveria ter sido para ele senão uma condição acessória, porquanto não poderia ser o seu fim, o Espírito, de chefe que era, torna-se subordinado; como insensato, aceita a felicidade terrena que os sentidos lhe permitem experimentar e que lhe propõem satisfazer, assim nele abafando a intuição da felicidade verdadeira que lhe está reservada. Eis a sua primeira punição."

No capítulo VII, do inferno, pág. 99, encontramos esta notável apreciação da morte e dos flagelos destruidores:

"Seria enumerando os flagelos que espalham sobre a Terra o terror e o espanto, o sofrimento e a morte, que acreditariam poder dar a prova das manifestações da cólera divina?

"Sabei, pois, temerários *evocadores* das vinganças celestes, que os cataclismos que assinalais, longe de ter o caráter exclusivo de um castigo infligido à Humanidade, são, ao contrário, um ato da misericórdia divina, que fecha a esta o abismo onde a precipitavam suas desordens, e lhe abre as vias do progresso que deve levá-la ao caminho que ela deve seguir para assegurar a sua regeneração.

"Que são esses cataclismos, senão uma nova fase na existência do homem, uma era feliz, marcando para os povos e a Humanidade inteira o ponto providencial de seu adiantamento?

"Sabei, pois, que a morte não é um mal. Farol da existência do Espírito, ela é sempre, porquanto vem de Deus, o sinal de sua misericórdia e de sua assistência benevolente. A morte não é senão o fim do corpo, o termo de uma encarnação, e nas mãos de Deus, é o aniquilamento de um meio corruptor e vicioso, a interrupção de uma corrente funesta, à qual, num momento solene, a Providência arranca o homem e os povos.

"A morte não é senão um tempo de interrupção na prova terrestre. Longe de prejudicar o homem, ou melhor, o Espírito, ela o chama para recolher-se no mundo invisível, quer para reconhecer suas faltas e lamentá-las, quer para esclarecer-se e se preparar, por firmes e salutares resoluções, para retomar a prova da vida terrestre.

"A morte não gela o homem de pavor, a não ser que, muito identificado à Terra, ele não tenha fé em seu augusto destino, do qual a Terra não é senão a dolorosa oficina onde se deve realizar a sua depuração.

"Cessai, pois, de crer que a morte seja um instrumento de cólera e de vingança nas mãos de Deus; sabei, ao contrário, que ela é ao mesmo tempo a expressão de sua misericórdia e de sua justiça, seja detendo o mau na via da iniquidade, seja abreviando o tempo de provas ou de exílio do justo sobre a Terra.

"E vós, ministros do Cristo, que do alto da cátedra da verdade proclamais a cólera e a vingança de Deus, e pareceis, por vossas eloquentes descrições da fantástica fornalha, atiçar as suas chamas inextinguíveis para devorar o infeliz pecador; vós que, de vossos lábios tão autorizados, deixais cair esta aterradora epígrafe: 'Jamais! – Sempre!' esquecestes as instruções de vosso divino Mestre?"

Citaremos, ainda, as passagens seguintes, extraídas do capítulo sobre o pecado original:

406 | REVISTA ESPÍRITA

"Em vez de criar a alma perfeita, quis Deus que não fosse senão por longos e constantes esforços que ela chegasse a se desprender deste estado de inferioridade nativa, e gravitar para seus augustos destinos.

"Para chegar a esses fins, tem ela, pois, que romper os laços que a prendem à matéria, resistir ao arrastamento dos sentidos, com a alternativa de sua supremacia sobre o corpo, ou da obsessão exercida sobre ela pelos instintos animais.

"É desses laços terrestres que cabe a ela libertar-se, e que nela constituem as condições de sua inferioridade. Eles não são outra coisa além do pretenso pecado original, o alvéolo que cobre a sua essência divina. O pecado original constitui, assim, o ascendente primitivo que os instintos animais devem ter exercido, de início, sobre as aspirações da alma. Tal é o estado do homem que o *Gênesis* quis representar sob a figura simples da árvore da ciência do bem e do mal. A intervenção da serpente tentadora não é outra coisa senão os desejos da carne e a solicitação dos sentidos. O Cristianismo consagrou esta alegoria como um fato real, ligando-se à existência do primeiro homem, e é sobre esse fato que baseou o dogma da redenção."

"Colocado neste ponto de vista, é preciso reconhecê-lo, o pecado original deve ter sido, e com efeito foi, o de toda a posteridade do primeiro homem, e assim o será durante uma longa série de séculos, até a libertação completa do Espírito da constrição da matéria, libertação que sem dúvida tende a se realizar, mas que ainda não se fez em nossos dias.

"Numa palavra, o pecado original constitui as condições da natureza humana carregando os primeiros elementos de sua existência, com todos os vícios que ela engendrou.

"O pecado original é o egoísmo e o orgulho, que presidem a todos os atos da vida do homem;

"É o demônio da inveja e do ciúme, que roem o seu coração;

"É a ambição que perturba o seu sono;

"É a cupidez, que não pode saciar a avidez de lucro;

"É o amor e a sede de ouro, este elemento indispensável para dar satisfação a todas as exigências do luxo, do conforto, do bem-estar, que persegue o século com tanto ardor.

"Eis o pecado original proclamado pelo Gênesis, que o homem sempre ocultou em si; ele não será apagado senão no dia em que, compenetrado de seus altos destinos, o homem abandonar, conforme a lição do bom La Fontaine, a sombra pela presa; no dia em que renunciar à miragem da felicidade terrena, para voltar todas as suas aspirações para a felicidade real que lhe está reservada.

"Que o homem aprenda, pois, a se tornar digno de seu título de chefe entre todos os seres criados, e da essência etérea emanada do próprio seio de seu criador, da qual ele foi forjado. Que seja forte para lutar contra as tendências de seu envoltório terreno, cujos instintos são estranhos às suas aspirações divinas e não poderiam constituir sua personalidade espiritual; que seu objetivo único seja sempre gravitar para a perfeição de seu último fim, e o pecado original não mais existirá para ele."

O Sr. Bonnamy já é conhecido de nossos leitores, que puderam apreciar a firmeza e a independência de seu caráter, bem como a elevação de seus sentimentos, por sua notável carta que publicamos na *Revista* de março de 1866, no artigo intitulado: *O Espiritismo e a Magistratura*. Ele vem hoje, por um trabalho de alto alcance, emprestar resolutamente o apoio e a autoridade de seu nome a uma causa que, na sua consciência, considera como a da Humanidade.

Entre os adeptos já numerosos que o Espiritismo conta na magistratura, o Sr. Jaubert, vice-presidente do tribunal de Carcassone, e o Sr. Bonnamy, juiz de instrução em Villeneuve-sur-Lot, são os primeiros que abertamente arvoraram a bandeira. E o fizeram, não no dia seguinte à vitória, mas no momento da luta, quando a Doutrina está exposta aos ataques de seus adversários e quando seus adeptos ainda estão sob os golpes da perseguição. Os espíritas atuais e os do futuro saberão apreciá-lo e não o esquecerão. Quando uma doutrina recebe os sufrágios de homens tão justamente considerados, é a melhor resposta às diatribes de que ela pode ser objeto.

A obra do Sr. Bonnamy deixará sua marca nos anais do Espiritismo, não só como primeira no seu gênero, cronologicamente, mas sobretudo por sua importância filosófica. O autor aí examina a Doutrina em si mesma, discute os seus princípios, dos quais tira a quintessência, fazendo abstração completa de toda personalidade, o que exclui qualquer pensamento de camarilha.

NO PRELO

PARA APARECER EM DEZEMBRO

A GÊNESE, OS MILAGRES E AS PREDIÇÕES SEGUNDO O ESPIRITISMO

POR ALLAN KARDEC

1 volume in-12, de 500 páginas

AVISO

Resposta ao Sr. S. B., de Marselha

Não foram levadas em consideração as cartas que não estão ostensivamente assinadas, ou que não trazem endereço certo, quando o nome é desconhecido. Elas são postas na cesta.

Esta resposta se dirige igualmente a uma série de cartas com o carimbo de *estrada de Besançon* e vindas quotidianamente, durante um certo tempo. Se este aviso chegar ao autor das mesmas, ele será informado que, pelo motivo acima, e dada a sua extensão, elas nem mesmo foram lidas à medida que chegavam; a pessoa encarregada da correspondência as pôs de lado, como todas as que são cercadas de mistério e que, por esta razão, não consideramos bastante sérias para ocupar o tempo, com prejuízo dos trabalhos de importância real e para os quais apenas nos bastamos.

ALLAN KARDEC

REVISTA ESPÍRITA

JORNAL DE ESTUDOS PSICOLÓGICOS

ANO X	DEZEMBRO DE 1867	VOL. 12

O HOMEM DIANTE DA HISTÓRIA

ANCIANIDADE DA RAÇA HUMANA[1]

Na história da Terra, a Humanidade talvez não passe de um sonho, e quando o nosso velho mundo adormecer nos gelos de seu inverno, a passagem de nossas sombras por sua fronte talvez nele não terá deixado qualquer lembrança. A Terra possui uma história própria, incomparavelmente mais rica e mais complexa que a do homem. Muito tempo antes do aparecimento de nossa raça, durante séculos e séculos, ela foi alternativamente ocupada por habitantes diversos, por seres primordiais, que estenderam sua dominação sucessiva à sua superfície, e desapareceram com as modificações elementares da física do globo.

Num dos últimos períodos, na época terciária, para a qual podemos atribuir sem medo uma época várias centenas de milhares de anos antes de nós, o sítio onde hoje Paris desdobra os seus esplendores era um Mediterrâneo, um golfo do oceano universal, acima do qual apenas se elevavam na França o terreno cretáceo de Troie, Rouen, Tours; o terreno jurássico de Chaumont, Bourges, Niort; o terreno triássico dos Vosges e o terreno primitivo dos Alpes, da Auvergne e das costas da Bretanha. Mais tarde a configuração mudou. Na época em que ainda viviam o mamute, o urso das cavernas, o rinoceronte de narinas separadas, podia-se ir por Terra de Paris a Londres; e

---

[1] Este artigo é tirado dos artigos científicos que o Sr. Flammarion publicou no *Siècle*. Julgamos dever reproduzi-lo, primeiro porque sabemos o interesse que têm os nossos leitores pelos escritos desse jovem sábio, e, além disto, porque, do ponto de vista da Ciência, ele toca nalguns dos pontos fundamentais da doutrina exposta em nossa obra sobre a *Gênese*.

410 | REVISTA ESPÍRITA

talvez esse trajeto fosse efetuado por nossos antepassados daquele tempo, porque havia homens aqui, antes da formação da França geográfica. Sua vida diferia tanto da nossa quanto a dos selvagens dos quais nos ocupávamos recentemente. Uns tinham construído suas aldeias sobre estacaria, no meio dos grandes lagos; essas cidades lacustres, comparáveis às dos castores, foram adivinhadas em 1853, quando em consequência de uma longa seca, os lagos da Suíça, tendo baixado a uma estiagem inusitada, puseram a descoberto estacarias, utensílios de pedra, de chifre, de ouro e de argila, vestígios inequívocos da antiga habitação humana; e essas cidades aquáticas não eram uma exceção, pois foram encontradas mais de duzentas outras, só na Suíça. Conta Heródoto que os palonianos habitavam cidades semelhantes sobre o lago Prasias. Cada cidadão que tomava mulher era obrigado a mandar virem três pedras da floresta vizinha e fixá-las no lago. Como o número de mulheres não era limitado, o piso da cidade cresceu depressa. As cabanas tinham comunicação com a água por um alçapão, e os meninos eram amarrados pelo pé a uma corda, por medo de acidente. Homens, cavalos, gado, viviam juntos, alimentando-se de peixe. Hipócrates relata os mesmos costumes dos habitantes de Phase. Em 1826, Dumont d'Urville descobriu cidades lacustres análogas nas costas da Nova Guiné.

Outros moravam em cavernas, em grutas naturais, ou arranjavam um refúgio grosseiro contra os animais ferozes. Hoje encontram-se seus ossos misturados aos da hiena, do urso das cavernas, do rinoceronte ticorino. Em 1852, um cavouqueiro, querendo conhecer a profundidade de um buraco pelo qual os coelhos se esquivavam dos caçadores, em Aurignac (Haute--Garonne) retirou dessa abertura ossos de grande dimensão. Atacando então o flanco do montículo, na esperança de ali encontrar um tesouro, em breve encontrou-se em face de um verdadeiro ossuário. O rumor público apoderando-se do fato e pôs em circulação histórias de moedeiros falsos, de assassinatos etc. O prefeito julgou conveniente mandar reunir todas as ossadas para levá-las ao cemitério, e quando, em 1860, o Sr. Lartet quis examinar esses velhos restos, o fosseiro nem mais se lembrava do lugar da sepultura. Com o auxílio de raros vestígios que cercam a caverna, traços de um foco, ossos quebrados para extrair a medula, não obstante pode assegurar-se que as três espécies acima referidas viveram nesse ponto da

França ao mesmo tempo que o homem. O cão já era companheiro do homem, e sem dúvida foi a sua primeira conquista. O alimento desses homens primitivos já era muito variado. Pretende um professor que a proporção entre carnívoros e frugívoros era de doze para vinte. O Sr. Flourens prefere acreditar que eles se nutriam exclusivamente de frutos. Mas a verdade é que, desde o começo, o homem foi onívoro. Os kjokkenmoddings da Dinamarca conservaram restos de *cozinha antediluviana,* provando este fato até a evidência. Eles já almoçavam ostras e peixe, conheciam o ganso, o cisne, o pato; apreciavam o galo selvagem, o cervo, o cabrito montês, a rena, que eles caçavam, e dos quais foram encontrados restos atravessados por flechas de pedra. O urus ou boi primitivo já lhes dava leite; o lobo, a raposa, o cão e o gato lhes serviam de prato de resistência. As bolotas, a cevada, a aveia, as ervilhas, as lentilhas lhes davam o pão e os legumes; o trigo só veio mais tarde. As avelãs, as faias, as batatas, as peras, os morangos e as framboesas terminavam essas refeições dos antigos dinamarqueses. Os suíços da Idade da Pedra eram, além disso, dados à carne do bisão, do alce, do touro selvagem; tinham submetido a cabra e a ovelha ao estado doméstico. A lebre e o coelho eram desdenhados por alguma razão supersticiosa. Mas, em compensação, o cavalo já havia tomado lugar em suas refeições. Todas as carnes eram comidas cruas e fumegantes, inicialmente e, nota curiosa, os antigos dinamarqueses não se serviam, como nós, dos dentes incisivos para cortar, mas para segurar, reter e mastigar o alimento, de sorte que esses dentes não eram cortantes como os nossos, mas achatados, como os nossos molares, e as duas arcadas dentárias fechavam uma sobre a outra, em vez de se encaixar.

Nem todos os selvagens primitivos eram nus. Os primeiros habitantes das latitudes boreais, da Dinamarca, da Gália e da Helvécia, tiveram que se garantir contra o frio com peles e forros. Mais tarde pensaram nos ornamentos. "A coqueteria, o amor ao enfeite não datam de ontem, senhoras: testemunham esses colares formados com dentes de cão, de raposa e de lobo, atravessados por um furo de suspensão. Mais tarde, os grampos para o cabelo, os braceletes, os pegadores de bronze se multiplicaram ao infinito, e é admirável a variedade e até o bom gosto dos objetos que serviam à toalete das senhoritas e dos cortesãos daquele tempo.

412 | REVISTA ESPÍRITA

Durante essas idades recuadas, enterravam os mortos sob abóbadas sepulcrais. Os cadáveres eram colocados em atitude agachada, os joelhos quase em contacto com o queixo, os braços cruzados sobre o peito e próximos da cabeça. Como se observou, essa é a posição da criança no seio materno. Esses homens primordiais certamente o ignoravam, e é por uma espécie de intuição que assemelhavam o túmulo a um berço.

Vestígios de idades extintas, esses túmulos, esses outeiros, essas colinas que nos séculos passados eram chamados "túmulos de gigantes" e que serviam de limites invioláveis, são câmaras mortuárias, sob as quais nossos antepassados ocultavam seus mortos. Quem eram esses primeiros homens? "Não é apenas por curiosidade, diz Virchow, que perguntamos quem eram esses mortos, se eles pertenciam a uma raça de gigantes, quando viveram. Essas questões nos tocam. Esses mortos são nossos antepassados, e as perguntas que dirigimos a esses túmulos dizem respeito igualmente à nossa origem. De que raça saímos? De que começo saiu a nossa cultura atual e para onde ela nos conduz?"

Não é preciso remontar à criação para receber alguma luz sobre as nossas origens; do contrário ver-nos-íamos condenados a ficar sempre numa noite completa a esse respeito. Apenas sobre a data da criação contaram-se mais de 140 opiniões, e da primeira à última não há menos de 3.194 anos de diferença! Acrescentar uma 141.ª hipótese não esclareceria o problema. Assim, limitar-nos-emos a estabelecer que, do ponto de vista geológico, o último período da história da Terra, o período *quaternário,* e que perdura ainda até hoje, foi dividido em três fases: a fase *diluviana,* durante a qual houve imensas inundações parciais e vastos depósitos e acumulações de areia; a fase *glaciária,* caracterizada pela formação de geleiras e por um maior resfriamento do globo; enfim, a fase *moderna.* Em suma, a importante questão, hoje mais ou menos resolvida, era saber se o homem não data apenas desta última época, ou das precedentes.

Ora, está agora constatado que data ao menos da primeira, e que os nossos primeiros ancestrais têm direito ao título de *fósseis,* considerando-se que seus esqueletos (o pouco que resta) jazem com os do *ursus spelaeus,* da hiena e das *felis spelaea,* do *elephas primigenius,* do *megaceros* etc., numa camada pertencente a uma ordem de vida diferente da ordem atual.

Nessas épocas longínquas reinava uma Natureza muito diferente da que hoje desdobra os seus esplendores em volta de nós; outros tipos de plantas decoravam as florestas e os campos; outras espécies animais viviam na superfície do solo e nos mares. Quais foram os primeiros homens que despertaram nesse mundo primordial? Que cidades foram edificadas? Que língua foi falada? Que costumes estiveram em uso? Estas questões para nós ainda estão cercadas de profundo mistério. Mas, o de que temos certeza, é que ali onde fundamos hoje dinastias e monumentos, *várias raças de homens* habitaram sucessivamente, durante períodos seculares.

Sir John Lubbock, na obra citada no começo deste estudo, demonstra a ancianidade da raça humana pelas descobertas relativas aos usos e costumes de nossos ancestrais, como Sir Charles Lyell havia demonstrado do ponto de vista geológico. Seja qual for o mistério que ainda envolve as nossas origens, preferimos esse resultado ainda incompleto da ciência positiva, às fábulas e aos romances da antiga mitologia.

CAMILLE FLAMMARION

UM RESSURRECTO CONTRARIADO

Extraído da viagem do Sr. Victor Hugo a Zelândia

O episódio seguinte é tirado do relato publicado pelo jornal *la Liberté*, de uma viagem do Sr. Victor Hugo à Holanda, na província de Zelândia. O artigo se acha no número de 6 de novembro de 1867:

"Acabávamos de entrar na cidade. Eu tinha os olhos erguidos, e chamava a atenção de Stevens, meu vizinho de banco no carro, para o pitoresco recorte dentado de uma sucessão de telhados hispano-flamengos, quando, por sua vez, ele me tocou no ombro, e me fez sinal para olhar o que se passava no cais.

414 | REVISTA ESPÍRITA

"Uma multidão barulhenta de homens, mulheres e crianças cercava Victor Hugo. Descendo da viatura, escoltado pelas autoridades da cidade, ele avançava, com um ar simplesmente emocionado, a cabeça descoberta, com dois ramalhetes nas mãos e duas meninas de vestido branco ao seu lado.

"Eram as duas meninas que acabavam de lhe oferecer as flores.

"Que dizeis, por esse tempo de visitas coroadas e de ovações artificiais ou oficiais, desta entrada singularmente triunfal de um homem universalmente popular que chega de improviso a uma região perdida, de cuja existência ele nem mesmo suspeitava, e que aí se encontra muito naturalmente em seus Estados? Quem teria podido fazer o poeta prever que essa cidadezinha desconhecida, cuja silhueta tinha considerado de longe e com curiosidade, era a sua boa cidade de Ziéricsée?

"Durante o jantar, o Sr. Van Maenen disse a Victor Hugo:

"– Sabeis quem são as duas lindas meninas que vos ofereceram flores?

"– Não.

"– São as filhas de um fantasma.

"Isto exigia uma explicação, e o capitão nos contou a seguinte aventura estranha:

"Isto fora há cerca de um mês. Uma tarde, ao crepúsculo, uma viatura onde estavam um homem e um menino entrava na cidade. É preciso dizer que pouco antes esse homem havia perdido a esposa e um dos filhos, com o que ficara muito triste. Embora ainda tivesse duas meninas e o menino que estava com ele nesse momento, ele não se havia consolado e vivia melancólico.

"Naquela tarde sua viatura seguia por um desses caminhos aterrados e abruptos que são, à direita e à esquerda, ladeadas por um fosso de água estagnada e às vezes profunda. De súbito o cavalo, sem dúvida mal dirigido através da bruma da tarde, bruscamente perdeu o equilíbrio e rolou ladeira abaixo para o fosso, arrastando consigo o carro, o homem e a criança.

"Houve nesse grupo de seres precipitados um momento de angústia atroz, de que ninguém foi testemunha, e um esforço obscuro e desesperado para a salvação. Mas o mergulho se fez com a confusão da queda, e tudo desapareceu na cloaca, que se fechou com a espessa lentidão da lama.

"Só o menino, que como por milagre ficou fora do fosso, gritava e chamava lamentoso, agitando os bracinhos. Dois camponeses que atravessavam um campo de garança, a alguma distância, ouviram os gritos e acorreram. Retiraram o menino.

"O menino gritava: 'Meu papai! meu papai! eu quero o meu papai!'

"– E onde está o teu papai?

"– Ali, dizia o menino, mostrando o fosso.

"Os dois camponeses compreenderam e puseram-se ao trabalho. Ao cabo de um quarto de hora retiraram a viatura quebrada; depois de meia hora tiraram o cavalo morto. O pequeno continuava gritando e pedia seu pai.

"Enfim, após novos esforços, do mesmo buraco do fosso que o carro e o cavalo, pescaram e trouxeram para fora da água algo inerte e fétido que estava inteiramente negro e coberto de lodo: era o cadáver do pai.

"Tudo isto tinha levado cerca de uma hora. O desespero do menino redobrava; ele não queria que seu pai estivesse morto. Entretanto os camponeses o julgavam bem morto. Mas como o menino lhes suplicasse e se agarrasse a eles e eles fossem pessoas dispostas, tentaram, para acalmar o menino, o que se faz sempre em tais casos na região, e se puseram a rolar o afogado no campo de garança.

"Rolaram-no assim um bom quarto de hora. Nada mudou. Rolaram-no ainda mais. A mesma imobilidade. O pequeno acompanhava, chorando. Recomeçaram uma terceira vez, e iam renunciar, enfim, quando lhes pareceu que o cadáver movia o braço. Continuaram. O outro braço se agitou. Eles se obstinaram. O corpo inteiro deu vagos sinais de vida e o morto começou a ressuscitar lentamente.

"Isto é extraordinário, não é? Pois bem! Eis o que é ainda mais inusitado. O homem suspirou lentamente, voltando à vida e gritou com desespero: "Ah! Meu Deus! Que foi que fizestes? Eu estava tão bem onde estava! Estava com minha mulher, com meu filho. Eles tinham vindo a mim e eu tinha ido a eles. Eu os via, estava no Céu, estava na luz. Ah! Meu Deus! Que foi que fizestes? Não estou mais morto!"

"O homem que assim falava acabara de passar uma hora no lodo. Tinha o braço quebrado e contusões graves.

"Levaram-no para a cidade, e apenas acaba de se curar, acrescentou o Sr. Van Maenen, acabando de nos contar esta

416 | REVISTA ESPÍRITA

história. É o Sr. D..., uma das mais altas inteligências, não só da Zelândia, mas da Holanda. É um dos nossos melhores advogados. Aqui todo mundo o estima e o honra. Quando ele soube, Sr. Victor Hugo, que íeis passar pela cidade, quis a qualquer custo sair da cama, que ainda não havia deixado há um mês, e hoje fez a sua primeira saída para apresentar-se diante de vós e vos apresentar suas duas filhinhas, às quais tinha dado flores para vós.

"Houve um grito unânime em toda a mesa.

"Estas são coisas que só acontecem na Zelândia! Os viajantes aqui não vêm, mas os habitantes revivem.

"Deveriam tê-lo convidado para o jantar, aventurou a parte feminina da mesa.

"– Convidá-lo! exclamei. Mas já éramos doze! Este não seria bem o momento de convidar um fantasma. Senhoras, gostaríeis de ter um morto como décimo terceiro?

"– Há dois enigmas nesta história, disse Victor Hugo, que tinha ficado silencioso: o enigma do corpo e o da alma. Não me encarrego de explicar o primeiro, nem de dizer como pode um homem ficar submerso durante uma hora inteira numa cloaca sem que se siga a morte. A asfixia, cremos, ainda é um fenômeno mal conhecido. Mas o que compreendo admiravelmente é a lamentação dessa alma. Pois quê! Ela já tinha saído da vida terrena, desta sombra, deste corpo sujo, destes lábios negros, deste fosso negro! Ela tinha começado a evasão encantadora. Através da lama, ela havia chegado à superfície da cloaca e ali, ligada ainda apenas por uma última pena de sua asa a este horrível último suspiro estrangulado no pântano, ela já respirava silenciosamente a fresca inefável de fora da vida. Ela já podia voar para os seus amores perdidos e atingir a mulher e erguer-se até a criança. De repente, a semi fugida se arrepia; ela sente que o laço terrestre, em vez de se romper inteiramente, se reata; que em vez de subir na luz, ela desce bruscamente na noite, e que ela, a alma, teve que entrar violentamente no cadáver. Então ela solta um grito terrível.

"O que disto resulta para mim, acrescentou Victor Hugo, é que a alma pode ficar um certo tempo acima do corpo, em estado flutuante, já não sendo mais prisioneira e ainda não estando liberta. Esse estado flutuante é a agonia, é a letargia. O estertor é a alma que se lança fora da boca aberta e que aí recai por instantes, e que se sacode, arquejante, até que se quebre o fio vaporoso do último sopro. Parece-me que a vejo. Ela luta, escapa-se um pouco dos lábios, neles entra novamente, foge de novo, depois dá um grande golpe de asa, e ei-la que voa de um jacto e desaparece no azul imenso. Está livre. Mas algumas vezes também o agonizante volta à vida: então a alma desesperada volta ao agonizante. O sonho por vezes nos dá a sensação dessas estranhas idas e vindas da prisioneira. Os sonhos são alguns passos quotidianos da alma fora de nós. Até que tenha completado seu tempo no corpo, a alma faz, cada noite, no nosso sono, o giro no pátio do sonho."

PAUL DE LA MILTIÈRE

O fato em si mesmo é eminentemente espírita, como se vê. Mas se existe algo de mais espírita ainda, é a explicação dada pelo Sr. Victor Hugo. Dir-se-ia tirada textualmente da Doutrina. Aliás, não é a primeira vez que ele se exprime neste sentido. Lembramo-nos do encantador discurso que ele pronunciou, há cerca de três anos, no túmulo da jovem Emily Putron (*Revista Espírita* de fevereiro de 1865). Certamente o mais convicto espírita não falaria de outro modo. A tais pensamentos não falta absolutamente senão a palavra, mas que importa a palavra se as ideias se impõem! Por seu nome autorizado, o Sr. Victor Hugo é um de seus vulgarizadores. Entretanto, aqueles que os aclamam ridicularizam o Espiritismo, nova prova de que não sabem em que este consiste. Se eles soubessem, não tratariam a mesma ideia de loucura em uns e de verdade sublime em outros.

CARTA DE BENJAMIN FRANKLIN À SRA. JONE MECONE

SOBRE A PREEXISTÊNCIA

Dezembro de 1770

Em minha primeira estada em Londres, há perto de quarenta e cinco anos, conheci uma pessoa que tinha uma opinião quase semelhante à de vosso autor. Seu nome era Hive. Era viúva de um impressor. Morreu pouco depois de minha partida. Por seu testamento, obrigou o filho a ler publicamente, no Salter's Hall, um discurso solene, cujo objetivo era provar que esta Terra é o verdadeiro inferno, o lugar de punição para os Espíritos que pecaram num mundo melhor. Em expiação de suas faltas, eles são enviados para cá sob formas de toda espécie. Há muito tempo vi este discurso, que foi impresso. Creio lembrar-me que as citações das Escrituras ali não faltavam; ali se supunha que, muito embora hoje não tenhamos nenhuma lembrança de nossa preexistência, dela tomaríamos conhecimento após a nossa morte e nos recordaríamos dos castigos sofridos, de maneira a serem corrigidos. Quanto àqueles que ainda não tivessem pecado, a vista dos nossos sofrimentos devia servir-lhes de advertência.

De fato, aqui vemos que cada animal tem o seu inimigo, e esse inimigo tem instintos, faculdades, armas para o aterrar, ferir, destruir. Quanto ao homem, que está no primeiro degrau da escada, ele é um diabo para o seu semelhante. Na doutrina recebida da bondade e da justiça do grande Criador, parece que falta uma hipótese como a da Sra. Hive para conciliar com a honra da divindade esse estado aparente de mal geral e sistemático. Mas, em falta de história e de fatos, nossa razão não pode ir longe quando queremos descobrir o que fomos antes de nossa existência terrestre ou o que seremos mais tarde. *(Magasin pittoresque,* out. de 1867; pág. 340).

Demos na Revista de agosto de 1865 o epitáfio de Franklin, escrito por ele próprio e que assim está redigido:

"Aqui repousa, entregue aos vermes, o corpo de Benjamin Franklin, impressor, como a capa de um velho livro cujas folhas foram arrancadas e o título e os dourados apagados; mas por isto a obra não estará perdida, porque ele reaparecerá, *como ele acreditava,* em nova e melhor edição, revista e corrigida pelo autor."

Mais uma das grandes doutrinas do Espiritismo, a pluralidade das existências, professada, há mais de um século, por um homem visto, a justo título, como uma das luzes da Humanidade. Aliás, esta ideia é tão lógica, tão evidente pelos fatos que diariamente temos aos nossos olhos, que está no estado de intuição numa multidão de criaturas. Ela é positivamente admitida hoje por inteligências de escol, como princípio filosófico, fora do Espiritismo. O Espiritismo não a inventou, mas ele a demonstrou e provou e, do estado de simples teoria, a fez passar ao de fato positivo. É uma das numerosas portas abertas às ideias espíritas, porque, conforme explicamos em outra circunstância, admitido este ponto de partida, de dedução em dedução chega-se forçosamente a tudo quanto o Espiritismo ensina.

REFLEXO DA PREEXISTÊNCIA

Por Jean Raynaud

Eis um homem que chega ao fim da carreira. Em algumas horas não será mais deste mundo. Neste momento supremo, tem ele consciência do resultado, do produto líquido da vida? Vê ele o seu resumo como num espelho? Pode ele fazer uma ideia disso? Não, sem dúvida. Entretanto, esse produto líquido, esse resumo existe algures. Ele está na alma, de uma maneira latente, sem que ela possa discerni-lo. Discerni-lo-á um dia. Então o resumo de todo o passado, adquirindo vida de uma vez, será reconhecido realmente. Aqui embaixo só nos conhecemos por parcelas; a luz de um dia é apagada pelas trevas de outro dia; a alma reúne e guarda em seu tesouro uma porção de impressões, de percepções, de desejos que esquecemos.

Nossa memória está bem longe de ser proporcional à capacidade de nossa alma; e muitas coisas que agiram sobre a nossa alma, das quais perdemos a lembrança, são para nós como se jamais tivessem existido. Contudo, elas tiveram seu efeito, e seu efeito permanece; a alma guarda a sua impressão, que se revela no resumo final, que será a nossa vida futura. (Extraído de *Pensées genevoises,* por François Roget. *Magasin pittoresque,* 1861, pág. 222.)

JOANA D'ARC E SEUS COMENTADORES

Joana d'Arc é uma das grandes figuras da França, que se ergue na História como um imenso problema e, ao mesmo tempo, como um protesto vivo contra a incredulidade. É digno de nota que, neste tempo de ceticismo, são os mais obstinados adversários do maravilhoso que se esforçam por exaltar a memória dessa heroína quase legendária; obrigados a esquadrinhar essa vida cheia de mistério, eles se veem constrangidos a reconhecer a existência de fatos que as leis da matéria, por si sós, não poderiam explicar, porque se tirarem esses fatos, Joana d'Arc não passará de uma mulher corajosa, como vemos muitas. Provavelmente não é sem uma razão de oportunidade que a atenção pública é chamada sobre este assunto neste momento. É um meio como qualquer outro de rasgar o caminho a ideias novas.

Joana d'Arc não é um problema nem um mistério para os espíritas. É um modelo eminente de quase todas as faculdades mediúnicas, cujos efeitos, como uma porção de outros fenômenos, se explicam pelos princípios da doutrina, sem que haja necessidade de lhes buscar a causa no sobrenatural. Ela é a brilhante confirmação do Espiritismo, do qual foi um dos mais eminentes precursores, não por seus ensinamentos, mas pelos fatos, tanto quanto por suas virtudes, que nela denotam um Espírito superior.

A respeito disto propomo-nos fazer um estudo especial, desde que nossos trabalhos o permitam; enquanto se espera, não será inútil saber como suas faculdades são encaradas pelos comentadores.

O artigo seguinte é tirado do *Propegateur de Lille*, de 17 de agosto de 1867:

"Sem dúvida os nossos leitores se lembram que este ano, na festa de aniversário do levantamento do cerco de Orléans, o Sr. Abade Freppel pediu, com uma humilde e generosa sutileza, a canonização de nossa Joana d'Arc. Hoje lemos na *Bibliothèque de l'École de Chartres* um excelente artigo do Sr.

Natalis de Wailly, membro da Academia das Inscrições, que, a propósito da *Joana d'Arc* do Sr. Wallon, dá suas conclusões e as da verdadeira ciência sobre a história sobrenatural daquela que foi, ao mesmo tempo, uma heroína da Igreja e da França. Os argumentos do Sr. de Wailly são bem feitos para encorajar as esperanças do Sr. Abade Freppel e as nossas. – Léon *Gautier (Monde)*"

"Não há muitos personagens históricos que tenham estado, mais que Joana d'Arc, expostos à contradição dos contemporâneos e da posterioridade. Não há nenhum, entretanto, cuja vida seja mais simples nem mais conhecida.

"Saída de repente da obscuridade, ela não aparece na cena senão para representar um papel maravilhoso, que logo atrai a atenção de todos. É uma moça apenas capaz de fiar e costurar, que se pretende enviada de Deus para vencer os inimigos da França. Inicialmente, ela tem apenas um pequeno número de partidários devotados que acreditam em sua palavra; os hábeis desconfiam e lhe criam obstáculos. Eles cedem, enfim, e Joana d'Arc pode conquistar as vitórias que havia predito. Em breve arrasta até Reims um rei incrédulo e ingrato, que a atraiçoa no momento em que se prepara para tomar Paris; que a abandona quando ela cai prisioneira nas mãos dos ingleses; que nem mesmo tenta protestar nem proclamá-la inocente quando ela vai expirar por ele. No dia de sua morte, não havia, pois, somente inimigos que a declaravam apóstata, idólatra, impudica, ou amigos fiéis que a veneravam como uma santa. Havia também ingratos que a esqueciam, sem falar dos indiferentes, que não se preocupavam com ela, e gente esperta que se gabava de jamais ter acreditado em sua missão, ou de nela ter pouco acreditado.

"Todas essas contradições, em meio às quais Joana d'Arc teve que viver e morrer, lhe sobrevieram e a acompanharam através dos séculos. Entre o vergonhoso poema de Voltaire e a eloquente história de Wallon, produziram-se as mais diversas opiniões, e se todos hoje concordam em respeitar essa grande memória, podemos dizer que sob a admiração comum ainda se ocultam profundas discordâncias. Com efeito, quem quer que leia ou escreva a história de Joana d'Arc, vê erguer-se diante de si um problema que a crítica moderna não gosta de encontrar, mas que aí se impõe como uma necessidade. Esse problema é o caráter sobrenatural que se manifesta no conjunto

422 | REVISTA ESPÍRITA

dessa vida extraordinária, e mais especialmente em certos fatos particulares.

"Sim, a questão do milagre se manifesta inevitavelmente na vida de Joana d'Arc; ela embaraçou mais de um escritor e muitas vezes provocou estranhas respostas. O Sr. Wallon pensou com razão que o primeiro dever de um historiador de Joana d'Arc era não subtrair-se a essa dificuldade. Ele a aborda de frente, e a explica pela miraculosa intervenção de Deus. Tentarei mostrar que essa solução é perfeitamente conforme às regras da crítica histórica.

"As provas metafísicas sobre as quais pode apoiar-se a possibilidade do milagre escapam ou desagradam a certos espíritos; mas a história não tem que fazer essas provas. Sua missão não é estabelecer teorias; é constatar fatos e registrar todos os que se apresentam como verdadeiros. Que um fato miraculoso ou inexplicável deve ser verificado com mais atenção, ninguém o contestará. Por conseguinte, também, esse mesmo fato, verificado mais atentamente que os outros, adquire, de certo modo, um maior grau de certeza. Raciocinar diferentemente é violar todas as regras da crítica e transportar para a História os preconceitos da metafísica. Não há argumentação contra a possibilidade do milagre que dispense o exame das provas históricas de um fato miraculoso, e de admiti-las quando elas são de natureza a produzir a convicção num homem de bom senso e de boa-fé. Mais tarde teremos o direito de procurar para esse fato uma explicação que satisfaça a este ou àquele sistema científico. Mas, antes de tudo, e aconteça o que acontecer, a existência do fato deve ser reconhecida quando repousa sobre provas que satisfazem às regras da crítica histórica.

"Há ou não há fatos dessa natureza na história de Joana d'Arc? Esta questão foi discutida e discutida por um sábio que precedeu o Sr. Wallon e desta maneira adquiriu uma autoridade incontestável. Se aqui cito o Sr. Quicherat, de preferência ao Sr. Wallon, não é somente porque um, antes do outro, constatou os fatos que quero lembrar; é também porque ele se propôs estabelecê-los sem pretender explicá-los, de modo que sua crítica, independente de qualquer sistema preconcebido, limitou-se a estabelecer as premissas das quais ela não quis nem mesmo prever as conclusões.

"É claro, diz ele, que os curiosos quererão ir mais longe e raciocinar sobre uma causa cujos efeitos não lhes bastará admirar. Teólogos, psicólogos, fisiologistas, eu não tenho solução a lhes indicar. Que eles achem, se puderem, cada um de seu ponto de vista, os elementos de uma apreciação que desafie qualquer contraditor. A única coisa que me sinto capaz de fazer na direção em que se exercitar semelhante pesquisa é apresentar, sob sua forma mais precisa, as particularidades da vida de Joana d'Arc que parecem sair do âmbito das faculdades humanas.

"A mais importante particularidade, a que domina todas as outras, é o fato de *vozes* que ela escutava várias vezes por dia, que a interpelavam ou lhe respondiam, cujas entonações ela distinguia, relacionando-as sobretudo a São Miguel, a Santa Catarina e a Santa Margarida. Ao mesmo tempo se manifestava uma viva luz, na qual ela percebia a figura de seus interlocutores. "Eu os vejo com os olhos de meu corpo, dizia ela aos seus juízes, tão bem quanto vos vejo." Sim, ela sustentava com uma firmeza inabalável que Deus a aconselhava por intermédio dos santos e dos anjos. Um instante, ela se desmentiu, fraquejou diante do medo do suplício; mas chorou por causa da sua fraqueza e a confessou publicamente; seu último grito nas chamas foi que suas vozes não a haviam enganado e que suas revelações eram de Deus. Então há que concluir com o Sr. Quicherat que "sobre este ponto, a mais severa crítica não tem suspeitas a levantar contra a sua boa-fé." Uma vez constatado o fato, como certos sábios o explicaram? De duas maneiras: ou pela *loucura* ou pela simples alucinação. Que diz a isto o Sr. Quicherat? Que ele prevê grandes perigos para os que quiserem classificar o fato da Donzela entre os casos patológicos.

"Mas, acrescenta ele, quer a Ciência nisso veja ou não veja vantagem, não será menos necessário admitir as visões e, como vou demonstrar, estranhas percepções de espírito saídas dessas visões.

"Quais são essas estranhas percepções de espírito? São revelações que permitiram a Joana, ora perceber os mais secretos pensamentos de certas pessoas, ora perceber objetos fora do alcance dos sentidos, ora discernir e anunciar o futuro."

"O Sr. Quicherat cita para cada uma destas três espécies de revelações "um exemplo assente sobre bases tão sólidas que não se pode, diz ele, rejeitá-lo sem rejeitar o próprio fundamento da história."

424 | REVISTA ESPÍRITA

"Em primeiro lugar, Joana revelou a Carlos VII um segredo conhecido por Deus e por ele, único meio que ela teve de forçar a crença daquele príncipe desconfiado.

"Depois, achando-se em Tours, discerniu que havia, entre Loches e Chinon, na igreja de Santa Catarina de Fierbois, enterrada a uma certa profundidade, perto do altar, uma espada enferrujada e marcada com cinco cruzes. A espada foi encontrada, e seus acusadores mais tarde lhe imputaram ter sabido por ouvir dizer que essa arma lá estava ou de tê-la colocado ela própria.

"A propósito, disse o Sr. Quicherat, sinto quanto semelhante interpretação parecerá forte, num tempo como o nosso; ao contrário, quão fracos os fragmentos de interrogatório que ponho em oposição; mas quando se tem sob os olhos o processo inteiro e quando se vê de que maneira a acusada põe a sua consciência a descoberto, então é seu testemunho que é forte, e a interpretação dos raciocinadores que é fraca.

"Deixo enfim o próprio Sr. Quicherat contar uma das predições de Joana d'Arc:

"Em uma de suas primeiras conversas com Carlos VII, ela lhe anunciou que, operando-se a libertação de Orléans, ela seria ferida, mas sem ser posta fora de combate; suas duas santas lho haviam dito, e o acontecimento lhe provou que elas não a tinham enganado. Ela confessa isto em seu quarto interrogatório. Estaríamos reduzidos ao testemunho que o ceticismo, sem pôr em dúvida a sua boa-fé, poderia imputar seu dito a uma ilusão da memória. Mas o que demonstra que ela efetivamente predisse seu ferimento, é que o recebeu a 7 de maio de 1429 e que no dia 12 de abril precedente, um embaixador flamengo que estava na França escreveu ao governo de Brabante uma carta na qual não só era contada a profecia, mas a maneira como se realizaria. Joana teve a espádua atravessada por uma flecha de besta, no assalto ao forte de Tourelles, e o enviado flamengo tinha escrito: *Ela deve ser ferida por uma flecha num combate diante de Orléans, mas não morrerá.* Esse trecho de sua carta foi consignado nos registros da Câmara de contas de Bruxelas.

"Um dos sábios cuja opinião eu lembrava há pouco, aquele que faz de Joana d'Arc uma alucinada antes que uma louca, não contesta suas predições e as atribui a 'uma espécie de impressionabilidade sensitiva, a uma radiação da força nervosa cujas leis ainda não são conhecidas.'

"Estão bem certos de que essas leis existem e que jamais devem ser conhecidas? Enquanto não o forem, não é melhor confessar francamente sua ignorância do que propor tais explicações? Toda hipótese é boa quando se trata de negar a ação da Providência e a incredulidade dispensa qualquer raciocínio? Não se deveria dizer que, desde a origem dos tempos a imensa maioria dos homens concordou em crer que exista um Deus pessoal que, depois de haver criado o mundo, o dirige e se manifesta quando lhe agrada, por sinais extraordinários? Se calássemos por um instante nosso orgulho, não ouviríamos esse concerto de todas as raças e de todas as gerações? O que é maravilhoso é que possamos ter uma fé tão robusta em nós próprios quando falamos em nome de uma ciência que é a mais incerta e a mais variável de todas, de uma ciência cujos adeptos não cessam de contradizer-se, cujos sistemas morrem e renascem como a moda, sem que jamais a experiência tenha podido arruiná-los ou assentar definitivamente apenas um deles. Eu diria de boa vontade a esses doutores em patologia: Se encontrais doenças como a de Joana d'Arc, abstende-vos de curá-las; procurai, de preferência, que elas sejam contagiosas.

"Mais bem inspirado, o Sr. Wallon não pretendeu conhecer Joana d'Arc melhor do que ela própria se conhecia. Colocado diante da mais sincera das testemunhas, ele ouviu-a com atenção e deu-lhe inteira confiança. Essa mistura de bom senso e de elevação, de simplicidade e de grandeza, essa coragem sobre-humana, realçada ainda por curtos desfalecimentos da natureza, lhe apareceram não como sintomas de loucura ou de alucinação, mas como sinais brilhantes de heroísmo e de santidade. Aí, e não alhures, estava a boa crítica; daí vem que, procurando a verdade, também encontrou a eloquência e ultrapassou a todos aqueles que o tinham precedido nesta via. Ele merece ser posto à frente desses escritores, dos quais disse excelentemente o Sr. Quicherat:

"Eles restituíram Joana tão inteira quanto puderam e quanto mais se aferraram em reproduzir a sua originalidade, mais encontraram o segredo de sua grandeza."

"O Sr. Quicherat achará muito natural que eu empreste suas palavras para caracterizar um sucesso para o qual ele contribuiu

426 | REVISTA ESPÍRITA

mais que ninguém; porque, se para ele não era conveniente escrever a história de Joana d'Arc, de agora em diante é impossível empreendê-lo sem recorrer aos seus trabalhos. O Sr. Wallon, em particular, deles tirou imenso proveito, sem quase nunca ter nada a modificar, nem os textos recolhidos pelo editor, nem as suas conclusões. Entretanto, não os aceitou sem controle. É assim que ele assinala uma omissão involuntária, de que se prevaleceu um escritor que se inclina mais para a alucinação do que para a inspiração de Joana d'Arc. Lê-se na página 216 do *Processo* (tomo 1), que Joana d'Arc estava em jejum no dia em que pela primeira vez ouviu a voz do anjo, mas que não tinha jejuado no dia anterior. Na página 52, ao contrário, o Sr. Quicherat tinha impresso: *et ipsa Johanna jejunaverat die proecedenti.* Suprimindo da página 216 a negação que falta na página 52, tínhamos dois jejuns consecutivos, que pareciam uma causa suficiente de alucinação. O manuscrito não se presta a essa hipótese; o Sr. Wallon constatou que a exatidão habitual do Sr. Quicherat se achava aqui em falta, e que devemos ler, na página 52, *non jejunaverat.*

"A única discordância grave que percebo entre os dois autores é quando eles apreciam os vícios de forma assinalados no processo. O Sr. Quicherat sustenta que Pierre Cauchon era muito hábil para cometer ilegalidades, e o Sr. Wallon o julga muito apaixonado para ter podido defender-se disso. Não estou em condições de decidir esta questão; apenas farei notar que, no fundo, ela tem pouca importância, porque, de um e do outro lado, eles estão de acordo quanto à iniquidade do juiz e a inocência da vítima.

"Encontro o Sr. Wallon afirmando com o Sr. Quicherat, contrariamente a uma opinião já antiga, e que ainda conserva partidários, que, uma vez sagrado Carlos VII em Reims, Joana d'Arc ainda não tinha cumprido toda a sua missão, porquanto ela própria havia anunciado que tinha como compromisso, além disso, expulsar os ingleses. Deixo propositalmente de lado a libertação do duque de Orléans, porque é um ponto sobre o qual suas declarações não são tão explícitas. Entretanto, pelo que concerne à expulsão dos ingleses, têm-se a própria carta que ela lhes dirigiu a 22 de março de 1429: "Eu aqui vim por ordem de Deus, o rei do céu, corpo por corpo, para vos pôr para fora de toda a França." Seus curtos desfalecimentos nada podem contra esse texto autêntico que ela ratificou em muitas ocasiões, até que o consagrou sobre a fogueira, por um protesto supremo. Assim, não compreendo que uma dúvida pudesse existir, sobretudo no espírito daqueles que creem na inspiração de Joana d'Arc. Como podem eles conhecer sua missão, senão por ela? E por que recusar-lhe aqui a crença que lhe concedem alhures?

"Dirão que ela fracassou, portanto não tinha missão de Deus para empreender. Com efeito, tal foi o triste pensamento que se apoderou dos espíritos, quando a souberam prisioneira dos ingleses. Mas o piedoso Gerson, alguns meses antes de morrer, no dia seguinte à libertação de Orléans, tinha, de certo modo, previsto os revezes após a vitória, não como uma desaprovação para Joana d'Arc, mas como um castigo para os ingratos que ela viera defender. Escrevia ele a 14 de maio de 1429:

"Ainda mesmo (o que Deus não permita!) que ela se tivesse enganado em sua e na nossa esperança, daí não se devia concluir que o que ela fez vem do espírito maligno e não de Deus, mas antes nos atermos à nossa ingratidão e ao justo juízo de Deus, embora secreto... porque Deus, sem mudar de conselho, muda de sentença, conforme os méritos.

"Ainda aqui o Sr. Wallon fez uma boa crítica, pois ele não divide os testemunhos de Joana d'Arc; ele os aceita todos, e os proclama sinceros, mesmo quando não parecem ser mais proféticos. Acrescento que ele os justifica plenamente, mostrando que se ela tinha a missão de expulsar os ingleses, não tinha a promessa de tudo executar por si mesma, mas que ela começou a obra e predisse a sua terminação. O Sr. Wallon o sentiu bem. Glorificá-la em seus triunfos para renegá-la em sua paixão não é compreender Joana d'Arc.

"Sobretudo nós, que conhecemos o desenlace desse drama maravilhoso, nós que sabemos que os ingleses com efeito foram expulsos do reino e a coroa de Reims foi firmada na cabeça de Carlos VII, devemos crer, com o Sr. Wallon, que Deus jamais cessou de inspirar aquela cuja grandeza lhe aprouve consagrar pela provação e cuja santidade lhe aprouve consagrar pelo martírio."

N. DE WAILLY

O nosso correspondente de Antuérpia que teve a bondade de nos enviar o artigo acima, juntou a nota abaixo, fruto de suas pesquisas pessoais sobre o processo de Joana d'Arc:

"Pierre Cauchon, bispo de Beauvais, e um inquisidor chamado Lemaire, assistidos por sessenta assessores, foram os juízes de Joana. Seu processo foi instruído segundo as formas misteriosas e bárbaras da Inquisição, que havia jurado a sua perda. Ela quis louvar-se no julgamento do Papa e do Concílio de Bâle, mas o bispo se opôs. Um sacerdote, L'Oyseleur, a enganou, abusando da confissão, e lhe deu funestos conselhos. Por força de intrigas de toda sorte, ela foi condenada, em 1431, a ser queimada viva, "como mentirosa, perniciosa, enganadora do povo, adivinha, blasfemadora de Deus, descrente na fé de Jesus Cristo, gabola, idólatra, cruel, dissoluta, invocadora dos diabos, sistemática e herética."

"O Papa Calixto III, em 1456, por uma comissão eclesiástica, fez pronunciar a reabilitação de Joana e foi declarado, por uma sentença solene, que Joana morreu mártir para a defesa de sua religião, de sua pátria e de seu rei. O Papa quis mesmo canonizá-la, mas sua coragem não foi tão longe.

"Pierre Cauchon morreu subitamente, em 1443, fazendo a barba. Ele foi excomungado, seu corpo foi desenterrado e atirado num monturo."

A JOVEM CAMPONESA DE MONIN

CASO DE APARIÇÃO

Um dos nossos correspondentes de Oloron, Basses-Pyrénées, mandou-nos o relato do seguinte fato, de seu conhecimento pessoal:

"Pelo fim de dezembro de 1866, não longe da aldeia de Monin, Basses-Pyrénées, uma camponesa de vinte e quatro anos, chamada Marianne Courbet, estava ocupada em juntar folhas num prado, perto da casa onde mora com seu pai, de sessenta e quatro anos, e um irmão de vinte e nove. Já há alguns instantes, um velho de estatura média, vestido à camponesa, se mantinha ao lado do portão que dá passagem para o prado.

De repente ele chamou a jovem, que logo se aproximou, e ele perguntou se ela lhe podia dar uma esmola.

"– Mas que vos poderia dar? perguntou ela. Eu não tenho nada. A menos que queirais aceitar um pedaço de pão.

"– Como quiserdes, replicou o velho. Aliás, podeis ficar tranquila, ele não vos faltará.

"A camponesa apressou-se em ir buscar um pedaço de pão. Quando voltou, o velho lhe disse:

"– Há muito tempo que já me havíeis respondido.

"– Como, respondeu a camponesa atônita, vos podia responder? Vós ainda não me tínheis chamado.

"– Eu não vos tinha chamado, é verdade, mas meu Espírito se havia transportado para vós, tinha penetrado o vosso Espírito, e foi assim que previamente conheci as vossas intenções. Também parei diante de outra casa, lá embaixo; meu Espírito entrou e conheci as disposições pouco caridosas dos que ali moram. Então pensei que seria inútil ali pedir alguma coisa. Se aquelas pessoas não mudarem, se continuarem a não praticar a caridade, elas muito terão a lamentar. De vossa parte, jamais recuseis dar esmola, e Deus vos levará em conta os vossos sentimentos e vos dará muito além do que tiverdes dado aos infelizes. ... Estais doente dos olhos?

"– Ah! Sim, respondeu a camponesa, e as mais das vezes minha vista é tão fraca que não posso fazer trabalhos no campo.

"– Ora! continuou o velho, eis um par de óculos com os quais vereis perfeitamente. Tínheis uma irmã que amáveis muito e que morreu há oito anos e quatro meses.

"– É verdade, respondeu a camponesa, cada vez mais admirada.

"– Vossa mãe morreu há um ano.

"– É certo, continuou ela, ainda admirada.

"– Bem! Ireis dizer cinco *Pater* e cinco *Ave* em seu túmulo. Aliás, ambas se encontram num lugar onde são felizes e onde as vereis um dia. Antes de vos deixar, tenho uma coisa a vos recomendar. Deveis ir à casa de tal pessoa (uma moça de má conduta que tinha vários filhos) e pedireis que vos deixe levar um de seus filhos, que educareis até a época de sua primeira comunhão.

"Enfim, eis um livro de orações que deveis guardar preciosamente, e ao qual está ligada uma graça para todos os que o tocarem. As pessoas que vos vierem ver deverão, ao chegar e ao partir, dizer dois *Pater* e duas *Ave,* pelas almas do purgatório. Entre essas pessoas, cujo número aumentará dia a dia de modo considerável, há os que rirão, que zombarão; a esses não contareis nada. Não deixeis de recomendar à pessoa, na casa de quem deveis tomar o menino, que se converta, pois não creio que ela viva ainda muito tempo.

"Previno-vos que tereis uma doença grave pelo fim de março. Não chameis médico, pois será inútil. É uma prova a que vos deveis submeter com resignação. Aliás, eu voltarei a vos ver.

"E o velho afastou-se. Quando chegou a uma pequena ponte muito próxima, desapareceu de repente.

"Naturalmente, a jovem apressou-se em ir contar o fato ao senhor cura, ao qual mostrou o livro de orações. O cura lhe disse que pensava que houvesse nisto algo de extraordinário e aconselhou-a a guardar o livro com cuidado. Ela apressou-se em fazer tudo quanto o velho lhe havia recomendado e a partir de então a viram sempre com os óculos e o menino de que se havia encarregado. Ela foi visitada por uma inumerável multidão e, no último domingo, sua casa estava cheia a tal ponto que o cura teve que cantar as vésperas quase sozinho. Não posso esquecer uma circunstância importante. É que, conforme a predição do velho, a camponesa há alguns dias está de cama. Agora é preciso dizer que em Monin, como em Oloron, as opiniões estão muito divididas a respeito do fato em questão. Uns acreditam, outros ficam incrédulos. O cura de Monin, que a princípio tinha achado a coisa muito extraordinária, pregou várias vezes para dissuadir seus paroquianos de ir visitar a camponesa. Segundo ela, o personagem que se lhe apresentou disse seu nome e lhe confiou várias coisas que ela não devia revelar, pelo menos no momento. Em tudo isto, o que me faria refletir um pouco, é que ele manifestou o desejo de que se erigisse uma estátua representando-o, no lugar onde ele apareceu.

"A opinião geral, entre os crentes, é que deve ser São José. Para mim, se o fato for verdadeiro, aí não posso ver senão uma manifestação espírita, tendo por fim chamar a atenção sobre a nossa filosofia, numa região dominada por influências contrárias."

ALGUMAS PALAVRAS À REVISTA ESPÍRITA

PELO JORNAL "L'EXPOSITION POPULAIRE ILLUSTRÉE"

A *Exposition populaire illustrée* contém, em seu número 34, o artigo seguinte, a respeito das reflexões que fizemos acompanhar os dois artigos de nosso último número sobre o cura Gassner e os prognósticos que tínhamos extraído desse jornal:

"A *Revista Espírita* é um jornal especial mensário que há seis anos sustenta corajosamente a luta contra a classe numerosa dos escritores e dos homens superficiais que tratam, à porfia uns dos outros, os adeptos da fé nova de 'alucinados, iluminados, iludidos, loucos, impostores, charlatães, e enfim de subalternos de Satã.' Vedes que certos escritores gostam mais de insultar e ultrajar do que de discutir.

"Oh! Meu Deus! Todo esse vocabulário foi esgotado há trinta e cinco ou trinta e seis anos, contra os sansimonistas e, se não *erramos,* a eloquência do Parquet foi posta de lado, e nos parece que o pai e um de seus ardentes discípulos foram atingidos por uma condenação que os deixou livres para dirigirem grandes administrações, para ter assento no Instituto, para serem elevados à dignidade de senador, para usarem insígnias de diversas decorações, inclusive a cruz de honra, mas que não lhes permite tomar parte no Conselho Municipal de sua cidade e também de usar o direito cívico do voto.

"Bem vedes que o ultraje não significa grande coisa; contudo, também vedes bem que sempre resta alguma coisa. É uma espécie de calúnia. Ora, alguém disse, muito antes de nós, que *quando a calúnia não queima, enegrece.*

"Voltemos aos espíritas. Quem sabe o que está reservado aos homens da escola espírita? Talvez os vejamos um dia fazendo a curta escada para chegar às culminâncias do poder, como fazem os senhores sansimonistas.

"Sempre há os que progridem (os espíritas), que engrossam as suas fileiras com homens sérios e inteligentes, magistrados reputados em suas instituições.

"Falamos hoje da *Revista Espírita,* porque a *Revista Espírita* quis se ocupar de nós em seu último número (o de novembro)... Ela reproduziu diversas passagens de nosso vigésimo

432 | REVISTA ESPÍRITA

quarto número, relativas a uma *correspondência sobre os taumaturgos,* e apressou-se em *protestar* contra a qualificação de taumaturgo, que *nós* demos, em diversos outros artigos, *ao curador Jacob e aos curadores passados, presentes e futuros,* quando curassem fora da terapêutica científica.

"A *Revista Espírita* protesta contra o vocábulo taumaturgo, porque *ela não admite que nada se faça fora das leis naturais,* mas me parece que é o que o nosso jornalzinho já disse mais de vinte vezes.

"Não há nada, nada, nada fora das leis naturais.

"Tudo o que existe, tudo o que acontece, tudo o que se produz é resultante de leis naturais, de fenômenos naturais, *conhecidos ou desconhecidos.*

"Sim, mil vezes sim, 'os Fenômenos que pertencem à ordem dos fatos *espirituais* não são mais *miraculosos* que os fatos materiais, porquanto o *elemento* espiritual é uma das forças da Natureza, do mesmo modo que o *elemento* material', dizeis vós.

"Sim, senhores, mil vezes sim, nós partilhamos vosso sentimento, mas *protestamos* contra a expressão *elemento,* tanto quanto vós *protestastes* contra a *qualificação de taumaturgo* dada por nós a um *espírita consciente* ou *inconsciente.*

"O vocábulo *taumaturgo* vos choca; dai-me um outro, racional, lógico, compreensível... eu o aceitarei.

"Por consequência lógica, a palavra milagre vos deve chocar. Dai-me uma outra para significar, para exprimir o que significa, o que exprime a palavra *milagre,* e eu a adotarei. Mas enquanto o vosso, enquanto o nosso dicionário não for feito, não for conhecido, teremos que recorrer ao *dicionário da Academia.* Na verdade, senhores espíritas, não há que outorgar-se a pretensão de ter um outro vocabulário senão o dos *Senhores Quarenta.*

"Linguisticamente, academicamente falando, que é um taumaturgo? Um fazedor de milagres.

"Que é um milagre? – Um ato da força divina, contrário às leis *conhecidas* da Natureza.

"Portanto, os senhores curadores, os Hohenlohe, os Gassner, os Jacob são *taumaturgos, fazedores de milagres,* porque agem fora das leis *conhecidas* da Natureza.

"Inventai, criai, dai, promulgai uma nova palavra e nós a adotaremos, mas, até lá, permiti que conservemos o velho vocabulário e que a ele nos conformemos até nova instrução. Não podemos fazer de outro modo.

"Sabeis como age Jacob? Dizei-o. Se não o sabeis, fazei como nós, reconhecei que ele age fora das leis *conhecidas* da Natureza, portanto que ele é taumaturgo.

"De nossa parte, como dissemos, protestamos contra a palavra *elemento,* por uma razão muito simples: é que declaramos ignorar completamente qual é e o *que é o elemento espiritual,* assim como não sabemos o que é *o elemento material.*

"No caso de *elemento espiritual* não reconhecemos senão o elemento criador: *Deus...* – Com toda a humildade, com toda a veneração, curvamos a cabeça e respeitamos o inexplicável mistério da *encarnação do sopro de Deus em nós...* limitando-nos a repetir o que dissemos: *"Há em nós um desconhecido que somos nós, que ao mesmo tempo comanda o nosso eu matéria e lhe obedece."*

"Quanto ao que é o *elemento material,* proclamamos com toda a força de nossa sinceridade que não estamos menos embaraçados... a criação do primeiro homem, da primeira mulher, como seres *materiais,* é um mistério tão inexplicável quanto o da espiritualização desse ser criado.

"Véu de trevas, segredo do Criador, que não é permitido erguer, penetrar.

"O elemento primitivo é Deus, ou está em Deus.... Não procuremos, e digamos com o mais sábio dos doutores da Igreja: 'Não procureis penetrar este mistério, pois ficaríeis louco.'

"Agora perguntaremos aos senhores da *Revista Espírita,* que creem na *dupla vista,* na *visão espiritual,* por que eles se erguem *contra os fenômenos físicos considerados como precursores de acontecimentos felizes ou infelizes.*

"Dizeis que esses fenômenos em geral não têm qualquer ligação com as coisas que parecem pressagiar. Eles podem ser os precursores de efeitos físicos que são a sua consequência, como um ponto negro no horizonte pode ao marinheiro pressagiar a tempestade, ou certas nuvens anunciar o granizo, mas a significação destes fenômenos para as coisas da ordem moral, acrescentais, devem ser postas entre as crenças supersticiosas que não poderíamos combater senão com muita energia.

434 | REVISTA ESPÍRITA

"Explicai-vos um pouco melhor, senhores, porque aqui tocais uma das graves questões de ciências cabalísticas, de previsões proféticas.

"Dizei-nos francamente, lealmente, em que categoria classificais as *influências numéricas*. Vós as negais? Vós as contestais? Acreditais nelas? Alguma vez refletistes nestas questões? "Tomai cuidado. Tudo se encadeia nos mistérios da criação, no segredo das correlações dos mundos, das correlações planetárias. Acreditais em vós mesmo, no vosso eu espiritual, *em vosso Espírito encarnado,* e credes, também, *nos Espíritos desencarnados*, portanto, nos Espíritos que foram *encarnados* e que, depurados de sua *encarnação* precedente, esperam uma *encarnação* não diremos mais celeste, mais divina, porém mais angélica... Eis a vossa fé. E depois parais a matemática divina e dizeis: Não creio nesta presciência regular, que atingiria o meu livre-arbítrio; não creio nestes cálculos de detalhe... Limitai-vos a duvidar, senhores, mas não negais.

"Se estudásseis a História da Humanidade tomando por guia *as concordâncias numéricas,* ficaríeis esmagados e não mais ousaríeis dizer que não se poderia combater essa crença supersticiosa com demasiada energia.

"Podemos pôr sob as vossas vistas mais de *quatro mil* concordâncias numéricas históricas indiscutíveis. Fazei chegar um acontecimento, nascer ou morrer um ano mais cedo ou mais tarde, e a concordância cessa... Que lei as rege?... Mistério de Deus, – segredo desconhecido da criatura... – e como tudo se liga e se encadeia, ousai, vós que na vossa qualidade de espírita deveis crer no magnetismo, na *sono-atividade,* no sonambulismo; vós que deveis no *agente* (e não *elemento*) espiritual, como podeis *negar* as leis desconhecidas que regem as relações dos mundos entre si?... Credes nas relações dos Espíritos *encarnados* com os Espíritos *desencarnados!* Então sede lógicos e não recueis diante de nenhuma possibilidade ainda oculta nas trevas do desconhecido.

"Voltaremos a esta questão, que não é nova, mas que sempre ficou nos *limbos da Ciência.* (Servimo-nos desta palavra intencionalmente)."

Resposta
As razões pelas quais o Espiritismo repudia a palavra *milagre,* no que lhe concerne em particular, e em geral para os fenômenos

que não fogem das leis naturais, foram muitas vezes desenvolvidas, quer em nossas obras sobre a Doutrina, quer em vários artigos da *Revista Espírita*. Elas estão resumidas na passagem seguinte, tirada do número de maio de 1867.

"Na sua acepção usual, o vocábulo *milagre* perdeu sua significação primitiva, como tantos outros, a começar pela palavra *filosofia* (amor à sabedoria), da qual se servem hoje para exprimir as ideias mais diametralmente opostas, desde o mais puro espiritualismo até o materialismo mais absoluto. Ninguém duvida que, no pensamento das massas, *milagre* implica a ideia de um fato extranatural. Perguntai a todos os que acreditam nos milagres se os olham como efeitos naturais. A Igreja está de tal modo fixada nesse ponto que anatematiza os que pretendem explicar os milagres pelas leis da Natureza. A própria Academia assim define este vocábulo: *Ato do poder divino, contrário às leis conhecidas da Natureza. – Verdadeiro, falso milagre. – Milagre certificado. – Operar milagres. O dom dos milagres.*

Para ser por todos compreendido, é preciso falar como todo mundo. Ora, é evidente que se tivéssemos qualificado os fenômenos espíritas de *miraculosos,* o público ter-se-ia enganado quanto ao seu verdadeiro caráter, a menos que de cada vez empregássemos um circunlóquio e disséssemos que há milagres que não são milagres como geralmente eles são entendidos. Considerando-se que a generalidade a isto liga a ideia de uma derrogação das leis naturais, e que os fenômenos espíritas não passam de aplicação dessas mesmas leis, é bem mais simples, e sobretudo mais lógico, dizer claramente: Não, o Espiritismo não faz milagres. Dessa maneira, não há engano nem falsa interpretação. Assim como o progresso das ciências físicas destruiu uma porção de preconceitos, e fez entrar na ordem dos fatos naturais um grande número de efeitos outrora considerados como miraculosos, o Espiritismo, pela revelação de novas leis, vem restringir ainda o domínio do maravilhoso; dizemos mais: dá-lhe o último golpe, e é por isto que ele não está por toda parte em odor de santidade, assim como a Astronomia e a Geologia."

Aliás, a questão dos milagres é tratada de maneira completa e com todos os desenvolvimentos que comporta, na segunda parte da nova obra que publicamos sob o título de *A Gênese, os Milagres e as Predições segundo o Espiritismo*. A causa natural dos fatos reputados *miraculosos,* no sentido vulgar do termo, é explicada. Se o autor do artigo acima se der ao trabalho e a

436 | REVISTA ESPÍRITA

ler, verá que as curas do Sr. Jacob e todas as do mesmo gênero não são um problema para o Espiritismo, que há muito tempo sabe a que se ater nesse ponto. É uma questão quase elementar.

A acepção da palavra *milagre,* no sentido de fato extranatural, está consagrada pelo uso; a Igreja a reivindica para si, como parte integrante de seus dogmas. Parece-nos, pois, difícil fazer esta palavra voltar à sua acepção etimológica, sem nos expormos a quiproquós. Seria preciso, diz o autor, um vocábulo novo. Ora, como tudo o que não está fora das leis da Natureza é natural, não vemos outro podendo abarcá-los todos senão o de *fenômenos naturais.*

Mas os fenômenos naturais, reputados miraculosos, são de duas ordens: uns dependem de leis que regem a matéria, outros de leis que regem a ação do princípio espiritual. Os primeiros são do campo da Ciência propriamente dita; os segundos estão mais especialmente no domínio do Espiritismo. Quanto a estes últimos, como são, na maior parte, uma consequência dos atributos da alma, a palavra existe: são chamados *fenômenos psíquicos;* e quando combinados com os efeitos da matéria, poderiam ser chamados *psicomateriais* ou *semipsíquicos.*

O autor critica a expressão *elemento espiritual,* pela razão, diz ele, que o único elemento espiritual é Deus. A resposta para isto é muito simples. A palavra *elemento* não é aqui tomada no sentido de *corpo simples, elementar,* de *moléculas primitivas,* mas no de *parte constituinte de um todo.* Neste sentido, pode-se dizer que o *elemento espiritual* é uma parte ativa na economia do Universo, como se diz que o *elemento civil* e o *elemento militar* figuram em tal proporção na cifra de uma população; que o *elemento religioso* entra na educação; que na Argélia há o *elemento árabe* e o *elemento europeu* etc. Por nossa vez, diremos ao autor que, por falta de uma palavra especial para esta última acepção do vocábulo *elemento,* somos forçados a dele nos servirmos. Aliás, como essas duas acepções não representam ideias contraditórias, como a do vocábulo *milagre,* não há confusão possível, pois a ideia radical é a mesma.

Se o autor se der ao trabalho de estudar o Espiritismo, contra o qual constatamos com prazer que ele não tem uma preconcebida ideia de negação, nele encontrará a resposta às dúvidas que algumas partes de seu artigo parecem exprimir, no que se refere à maneira de encarar certas coisas, salvo, contudo, no que concerne à ciência das concordâncias numéricas, da qual jamais nos ocupamos, e sobre a qual, por conseguinte, não poderíamos ter opinião formada.

O Espiritismo não tem a pretensão de dar a última palavra sobre todas as leis que regem o Universo, razão pela qual ele jamais disse: *Nec plus ultra.* Por sua própria natureza, ele abre caminho a todas as novas descobertas, mas até que um princípio novo seja constatado, ele não o aceita senão a título de hipótese ou de probabilidade.

O ABADE DE SAINT-PIERRE

As Efemérides do *Siècle* de 29 de abril último traziam a seguinte notícia:

1743. – Morte do abade de Saint-Pierre (Charles-Irénée Castel de), escritor e filantropo, a cujo nome ficará eternamente ligada a lembrança do *projeto de paz perpétua,* cuja concepção parece tornar-se cada dia mais impraticável. A vida inteira desse digno abade se consumou em trabalhos e ações que tinham por objetivo a felicidade dos homens. Dar e perdoar devia ser, na sua opinião, a base de toda a moral, e ele a punha em prática constantemente. Foi ele, também, que criou, ou pelo menos ressuscitou a palavra *beneficência,* exprimindo uma virtude que exercia diariamente. O abade de Saint-Pierre nasceu a 18 de fevereiro de 1658, e a Academia Francesa lhe havia aberto suas portas em 1695. Mas um dia, na sua *Polysynodie,* o abade exprimiu-se severamente sobre o reinado de Luís XIV. O cardeal de Polignac denunciou o livro à Academia, que condenou o autor sem se dignar ouvi-lo, e o excluiu de seu seio em 1718. J. J. Rousseau, que compartilhou e desenvolveu algumas das ideias do Abade de Saint-Pierre, dele disse: "Era um homem raro, a honra de seu século e de sua espécie."

O abade de Saint-Pierre era um homem de bem e de talento, justamente estimado. Nas circunstâncias presentes, a ideia que ele tinha perseguido em vida dava à sua evocação uma espécie de atualidade.

438 | REVISTA ESPÍRITA

(Sociedade de Paris, 17 de maio de 1867 - Médium, Sr. Rul)

Evocação. A nota que acabamos de ler nas efemérides do *Siècle* nos recordou vossa memória e lemos com interesse o justo tributo de elogios prestado às qualidades que vos ensejaram merecer a estima de vossos contemporâneos e vos asseguram a da posteridade. Um homem que teve ideias tão elevadas não pode ser senão um Espírito adiantado. Eis por que ficaremos felizes por tirar proveito de vossas instruções, se tiverdes a bondade de vir ao nosso meio. Ficaremos particularmente encantados de conhecer a vossa opinião atual sobre a paz perpétua, que constituiu o objeto de vossas preocupações.

Resposta. Venho com prazer responder ao apelo do presidente. Sabeis que em todas as épocas Espíritos vêm encarnar-se na Terra, para ajudar o avanço de seus irmãos menos adiantados. Fui um desses Espíritos. Eu tinha o dever de procurar persuadir os homens que têm o hábito das lutas fratricidas, que viria numa época em que as paixões que engendram a guerra dariam lugar ao apaziguamento e à concórdia. Eu queria fazê-los pressentir que um dia os irmãos inimigos se reconciliariam e se dariam o beijo de paz; que não haveria lugar em seus corações senão para o amor e a benevolência, e que eles não mais pensariam em forjar as armas que semeiam a morte, a devastação e a ruína! Se fui benevolente, era o efeito de minha natureza mais adiantada que a dos meus contemporâneos. Hoje, muitos dentre vós praticais esta virtude evangélica, e se ela é menos notada, é que se espalhou mais e os costumes se abrandaram.

Mas volto à questão que é o objeto desta comunicação, a paz perpétua. Não há um só espírita que duvide que aquilo que se chama uma utopia, um sonho do abade de Saint-Pierre, mais tarde não se torne uma realidade.

Hoje não se consegue, em meio a todos esses clamores que anunciam a aproximação de graves acontecimentos, falar de paz perpétua. Mas ficai bem persuadidos que essa paz descerá sobre a vossa Terra. Assistis a um grande espetáculo, o da renovação do vosso globo, mas quantas guerras antes! quanto sangue derramado! quantos desastres! Desgraça àqueles que, por seu orgulho, por sua ambição, tiverem desencadeado a tempestade! Eles terão que dar conta de seus atos àquele que julga os grandes e os poderosos, como julga os menores de seus filhos!

Perseverai todos, irmãos, que também sois os apóstolos da paz perpétua, porque ser discípulos do Cristo é pregar a paz, a concórdia. Entretanto, digo-vos ainda, antes que sejais testemunhas desse grande acontecimento, vereis novos engenhos de destruição, e quanto mais se multiplicarem os meios de se entrematar, mais depressa os homens prepararão o advento da paz perpétua.

Deixo-vos, repetindo as palavras do Cristo: "Paz na Terra aos homens de boa vontade."

Aquele que foi o

ABADE DE SAINT-PIERRE

DISSERTAÇÕES ESPÍRITAS

ERROS CIENTÍFICOS

(Paris, 20 de março de 1867 – Grupo do Sr. Lampérière)

Assim como o corpo tem os seus órgãos de locomoção, de nutrição, de respiração etc., também o Espírito tem faculdades variadas, que se relacionam respectivamente a cada situação particular de seu ser. Se o corpo tem a sua infância; se os membros desse corpo são fracos e débeis, incapazes de mover fardos que mais tarde carregarão sem esforço, o Espírito possui, de início, faculdades que devem, como tudo o que existe, passar da infância à juventude e da juventude à idade madura. Pedireis à criança no berço que aja com a rapidez, a segurança e a habilidade do homem feito? Não; seria loucura, não é? Não se deve exigir de cada um senão o que entra no quadro de suas forças e de seus conhecimentos. Pedir àquele que jamais tocou num livro de Matemática ou de Física, que raciocine sobre um ramo qualquer dos conhecimentos que dependem dessas ciências, seria tão pouco lógico quanto pretender exigir uma descrição exata de uma região longínqua de um parisiense que jamais tivesse deixado os limites de sua cidade natal e, por vezes, o seu bairro!

É, pois, necessário, para julgar uma coisa corretamente, ter dessa coisa um conhecimento tão completo quanto possível. Seria absurdo submeter a um exame de leitura corrente aquele que apenas começa a deletrear; e contudo!... contudo, o homem, esse *humanimal* dotado de raciocínio, esse poderoso da criação, para quem tudo é obstáculo no livro dos mundos, essa criança terrível que apenas gagueja as primeiras palavras da verdadeira Ciência, esse mistificado da aparência, pretende ler, sem hesitação, as mais indecifráveis páginas do manual que a Natureza diariamente apresenta aos seus olhos. O desconhecido nasce sob os seus passos; bate-o em seu lado; à frente, atrás, por toda parte, em tudo não estão senão problemas sem solução, ou cujas soluções são ilógicas e irracionais, e a criança crescida desvia os olhos do livro, dizendo: Eu te conheço; passemos para outro!... Ignorante das coisas, liga-se às causas das coisas e, sem bússola, sem compasso, embarca no mar tempestuoso dos sistemas preconcebidos que o conduz fatalmente a um naufrágio, cujos resultados são a dúvida e a incredulidade! O fanatismo, filho do erro, o mantém sob o seu cetro, porque, sabei-o bem, o fanático não é aquele que crê sem provas e que, por uma fé incompreendida, daria a sua vida. Há fanáticos da incredulidade, como há fanáticos da fé!

O caminho da verdade é estreito e é necessário sondar o terreno antes de avançar, para não se precipitar nos abismos que o circundam, à direita e à esquerda.

Apressa-te devagar, diz a sabedoria das nações, e como sempre que ela está de acordo com o bom senso, a sabedoria das nações tem razão. – Não deixes inimigos atrás de ti, e não avances senão quando estiveres seguro de não seres obrigado a retroceder. – Deus é paciente porque é eterno; o homem, que tem a eternidade diante de si, também pode ser paciente.

Se ele julga pela aparência; se se engana e reconhece o seu erro no futuro, é lógico, mas se pretende não poder enganar-se; se marca um limite qualquer ao entendimento humano, o menino reaparece sobre a água com seus caprichos e suas cóleras impotentes!... O potro ainda não tirou a bride; irrita-se, salta! O sangue quente lhe ferve nas veias!... Deixa-o, pois a idade saberá acalmar o seu ardor sem destruí-lo, e disso ele tirará mais proveito, medindo mais sabiamente o custo!

Ao nascer, o homem viu uma planície formada de Terra e de rocha estender-se sem limites sob os seus passos; uma planície de azul semeada de fogos cintilantes estendia-se sobre a sua cabeça e parecia mover-se regularmente; daí concluiu que a Terra era um largo planalto acidentado, encimado por uma cúpula animada de um movimento constante. Relacionando tudo a si, fez-se o centro de um sistema por ele criado, e a Terra imóvel contemplou o Sol girando na planície celeste. Hoje o Sol não gira mais e a Terra se pôs em movimento; o primeiro ponto talvez não fosse difícil de elucidar *segundo a Bíblia,* porque se Josué um dia mandou o Sol parar, não se vê em parte alguma que tenha mandado retomar o seu curso.

A inteligência humana de hoje dá um desmentido aos trabalhos das inteligências de uma época mais recuada e, assim, de idade em idade, até a origem; contudo, a despeito das lições do passado, embora se aperceba, pelos precedentes, que a utopia de ontem muitas vezes amanhã é a realidade, o homem se obstina em dizer: Não! Não irás mais longe! Quem poderia fazer mais que nós? A inteligência está no topo da escada; depois de nós não se pode senão descer!... Entretanto, os que dizem isto são testemunhas, propagadores, promotores das maravilhas realizadas pela Ciência atual. Fizeram numerosas descobertas que modificaram singularmente as teorias de seus predecessores; mas, que importa!... O *eu* neles fala mais alto do que a razão. Gozando de uma realeza de um dia, não podem admitir que amanhã sejam submetidos a um poder que o futuro mantém ao abrigo de seus olhares.

Eles negam o Espírito, como negavam o movimento da Terra!... Lamentemo-los e consolemo-nos de sua cegueira dizendo-nos que o que é não pode ficar eternamente oculto; a luz não pode tornar-se sombra; a verdade não pode tornar-se erro; as trevas se desfazem ante a aurora.

Ó Galileu!... Onde quer que estejas, tu te alegras, porque *ela se move...* E podemos alegrar-nos, nós também, porque nossa Terra, nosso mundo, a inteligência, o Espírito também tem o seu movimento incompreendido, desconhecido, mas que em breve tornar-se-á tão evidente quanto os axiomas reconhecidos pela Ciência.

FRANÇOIS ARAGO

A EXPOSIÇÃO

(Paris, grupo Desliens – Médium, Sr. Desliens)

O observador superficial que neste momento lançasse os olhos sobre o vosso mundo, sem se preocupar muito com algumas pequenas manchas disseminadas na superfície, e que parecem destinadas a fazer ressaltar os esplendores do conjunto, sem a menor dúvida diria que jamais a Humanidade apresentou uma fisionomia mais feliz. Por toda parte celebram-se à porfia as núpcias de Gamache. Não são senão festas, trens de prazer, cidades enfeitadas e rostos alegres. Todas as grandes artérias do globo trazem à vossa capital muito apertada a multidão colorida, vinda de todos os climas. Em vossos bulevares, o chinês e o persa saúdam o russo e o alemão; a Ásia em casimira dá a mão à África em turbante; o novo mundo e o antigo, a jovem América e os cidadãos do mundo europeu se chocam, se acotovelam, se entretêm num tom de amizade inalterável.

Estará o mundo realmente convidado para a festa da paz? A Exposição francesa de 1867 seria o sinal tão esperado da solidariedade universal? – Seríamos tentados a crer, se todas as animosidades estivessem extintas; se cada um, pensando na prosperidade industrial e na vitória da inteligência sobre a matéria, deixasse tranquilamente os engenhos de morte, os instrumentos de violência e de força, dormir no fundo de seus arsenais em estado de relíquias próprias para satisfazer a curiosidade dos visitantes.

Mas estais nisto? Claro que não! O rosto faz careta debaixo do sorriso, o olhar ameaça quando a boca cumprimenta, e apertam-se cordialmente as mãos no momento mesmo em que cada um medita a ruína de seu vizinho. Riem, cantam, dançam. Mas escutai bem, e ouvireis o eco repetir esses risos e esses cantos como soluços e gritos de agonia!

A alegria está nos rostos, mas a inquietude está nos corações. Alegram-se para se atordoar e, se pensarmos no dia seguinte, fecharemos os olhos para não ver.

O mundo está em crise, e o comércio pergunta o que fará quando o grande zum-zum da Exposição tiver passado. Cada um medita sobre o futuro, e sentimos que neste momento só vivemos hipotecando o tempo futuro.

Que falta, pois, a todos esses felizes? Não são hoje o que eram ontem? Não serão amanhã o que são hoje? Não, o arco comercial, intelectual e moral se verga cada vez mais, a corda se distende e a flecha vai partir! – Onde os levará ela? – Eis o segredo do medo instintivo que se reflete em muitas frontes. Eles não veem, não sabem, pressentem um não sei que; um perigo está no ar, e cada um treme, cada um se sente moralmente oprimido, como quando uma tempestade, prestes a desabar, age sobre os temperamentos nervosos. Cada um está à espera, e o que acontecerá? Uma catástrofe ou uma solução feliz? Nem uma nem outra; ou melhor, os dois resultados coincidirão.

O que falta às populações inquietas, às inteligências em apuros, é o senso moral atacado, macerado, semidestruído pela incredulidade, pelo positivismo, pelo materialismo. Acreditam no nada, mas o temem; sentem-se no pórtico desse nada, mas tremem!... Os demolidores fizeram a sua obra, o terreno está limpo. – Construí, então, com rapidez, para que a geração atual não fique mais tempo sem abrigo! Até aqui o céu se manteve estrelado, mas uma nuvem aparece no horizonte. Cobri depressa os vossos tetos hospitalares; convidai todos os hóspedes das planícies e das montanhas. O furacão em breve vai destruir com vigor, e então, desgraçados dos imprudentes, confiantes na certeza do bom tempo. Eles terão a solução de seus vagos receios, e, se saírem da liça semimortos, rasgados, vencidos, não deverão culpar senão a si próprios, à sua recusa em aceitar a hospitalidade tão generosamente oferecida.

À obra, pois. Construí cada vez mais depressa. Acolhei o viajante que vem a vós, mas ide também procurar e tentai trazer a vós, aquele que se afasta sem bater à vossa porta, porque Deus sabe a quantos sofrimentos ele estaria exposto antes de encontrar o menor retiro capaz de preservá-lo do alcance do flagelo.

MOKI

ALLAN KARDEC

SUMÁRIO

JANEIRO

Aos nossos correspondentes............5
Olhar retrospectivo sobre o Movimento Espírita............7
Pensamentos espíritas que correm o mundo............15
Os romances espíritas: *O Assassinato da Ponte Vermelha* - por Ch. Barbara............19
Variedades: Retrato físico dos espíritas............29
Necrologia: Sr. Leclerc............33
Notícias bibliográficas:
    Poesias diversas do mundo invisível............37
    Retrato do Sr. Allan Kardec (Pelo Sr. Bertrand)............37
    Union Spirite de Bordéus............38
    La Voce di Dio............38
Aviso aos senhores assinantes............40

FEVEREIRO

Livre pensamento e livre consciência............41
As três filhas da Bíblia............50
O abade Lacordaire e as mesas girantes............52
Refutação da intervenção do demônio (pelo bispo de Hermópolis)............54
Variedades:
    Eugénie Colombe. Precocidade fenomenal............57
    Tom, o Cego, Músico natural............60
    Suicídio dos animais............61
Poesias espíritas: Lembrança............63
Dissertações espíritas:
    As três causas principais das doenças............66
    A clareza............68
    Comunicação providencial dos Espíritos............70
Notícias Bibliográficas:
    Mirette............71
    Echos poétiques d'outre-tombe............77
    Nova teoria médico-espírita............78
    O Livro dos Médiuns em espanhol............78

MARÇO

A Homeopatia nas moléstias morais 79
Exploração das ideias espíritas: A propósito dos relatos de Mirette
....85
Robinson Crusoé espírita 89
Tolerância e caridade - Carta do novo Arcebispo de Argel 91
Lincoln e o seu matador (Extraído do *Banner of Light*, de Boston)
....92
Poesias espíritas: A Bernard Palissy 94
A liga do ensino 95
Dissertações espíritas:
    Comunicação coletiva 96
    Mangin, o charlatão 104
    O lápis 105
    O papel 106
    A solidariedade 107
    Tudo vem a seu tempo 108
    Respeito devido às crenças passadas 110
    A comédia humana 111
Notícias bibliográficas:
    Lumen - Relato extraterreno 113
    Nova teoria médico-espírita - (Pelo doutor Brizio, de Turim)
....117
    O Livro dos Médiuns em espanhol 117

ABRIL

Galileu - A propósito do drama do Sr. Ponsard 118
Do espírito profético (Pelo Conde Joseph de Maistre) 122
Comunicação de Joseph de Maistre 129
A liga do ensino (2º artigo) 131
Reflexões sobre as cartas precedentes 135
Manifestações espontâneas:
    Moinho de Vicq-Sur-Nahon 140
    Manifestações de Ménilmontant 147
Dissertações espíritas: Missão da mulher 148
Bibliografia:
    Mudança de título da *Verité* de Lyon 151
    Carta de un espiritista (Ao doutor Francisco de Paula Canalejas)
....152

MAIO

Atmosfera espiritual 153
Do emprego da palavra milagre..156
Visão retrospectiva das ideias espíritas - Punição do ateu 160
Uma expiação terrestre - O jovem Francisco...............................165
Galileu - Fragmentos do drama do Sr. Ponsard..........................170
Lúmen - Por Camille Flammarion – 2º Artigo 178
Dissertações espíritas:
    A vida espiritual *184*
    Provas terrestres dos homens em missão...........................*186*
    O gênio..188

JUNHO

Emancipação das mulheres nos Estados Unidos 190
A homeopatia no tratamento das moléstias morais 197
O sentido espiritual 202
Grupo curador de Marmande - Intervenção dos parentes nas curas
....205
Nova Sociedade Espírita de Bordéus 208
Necrologia:
    O Sr. Quinemant, de Sétif 213
    O Conde de Ourches..217
Dissertações espíritas: O magnetismo e o Espiritismo comparados
....218
Bibliografia:
    União Espírita de Bordéus *222*
    Progresso espiritualista..*223*
    Pesquisas sobre a causa do ateísmo..................................*224*
    O Romance do Futuro - (Por E. Bonnemère) 225

JULHO

Curta excursão espírita...226
A lei e os médiuns curadores 230
Illiers e os espíritas..234
Epidemia na Ilha Maurício 243
Variedades: Caso de identidade 247
Poesia espírita: Aos Espíritos protetores...................................249

Notícias bibliográficas: *Le roman de l'avenir* - (Por E. Bonnemère) 251

Dissertações espíritas: Luta dos Espíritos pela volta ao bem 260

AGOSTO

Fernanda - Novela espírita....262
Simonet - Médium curador de Bordéus....269
Entrada dos incrédulos no mundo dos Espíritos:
    O doutor Claudius....273
    Um operário de Marselha....276
Variedades:
    A liga do ensino....279
    Senhora Walker, doutora em Cirurgia....279
    O Iman, grande esmoler do sultão....280
Jean Ryzak. A força do remorso - Estudo moral 281
Dissertações espíritas:
    Plano de campanha. A era nova. Considerações sobre o sonambulismo espontâneo 285
    Os espiões....290
    A responsabilidade moral 294
Reclamação ao jornal *La Marionnette*....296

SETEMBRO

Caracteres da revelação espírita....298
Robinson Crusoé espírita - Continuação)....325
Notícia bibliográfica: *Deus na Natureza* - Por Camille Flammarion 333

OUTUBRO

O Espiritismo em toda parte. A propósito das poesias do Sr. Marteau 337
Senhora Condessa Adélaïde de Clérambert - Médium médica ...343
Os médicos médiuns....347
O caïd Hassan, curador tripolitano (Ou a bênção do sangue) 351
O zuavo Jacob 355
Dissertações espíritas:
    Conselhos sobre a mediunidade curadora....362
    Os adeuses....366

NOVEMBRO

Impressões de um médium consciente. A propósito do *Romance do Futuro* 373
O cura Gassner - Médium curador...............384
Pressentimentos e prognósticos...............386
O zuavo Jacob - (Segundo artigo. Vide o número de outubro) ..393
Notícias bibliográficas:
   A razão do Espiritismo - (Por Michel Bonnamy) 398
   A Gênese, os Milagres e as Predições sobre o Espiritismo
Aviso - Resposta ao Sr. S. B., de Marselha...............408

DEZEMBRO

O homem diante da História. Ancianidade da raça humana 409
Um ressurrecto contrariado - Extraído da viagem do Sr. Hugo a Zelândia...............413
Carta de Benjamin Franklin à Sra. Jone Mecone - Sobre a preexistência...............417
Reflexo da preexistência - (Por Jean Raynaud) 419
Joana d'Arc e seus comentadores...............420
A jovem camponesa de Monin - Caso de aparição...............428
Algumas palavras à *Revista Espírita* (Pelo Jornal "L'Exposition Populaire Illustrée")...............431
O Abade de Saint-Pierre 437
Dissertações espíritas:
   Erros científicos...............439
   A Exposição 442